Ne soyez
pas un
ni multiple,
soyez
des
multiplicités!

Gilles Deleuze et Félix Guattari
Rhizome, 1976

Sous la direction de
Blandine Chavanne et Jean-Jacques Lebel
avec Andreas Beitin et Jean François Chougnet

Mucem

HATJE
CANTZ

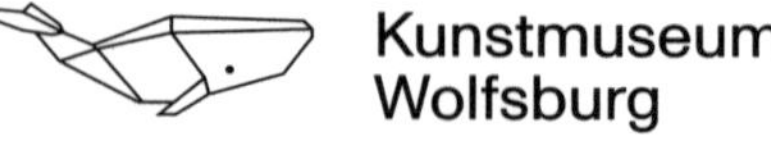

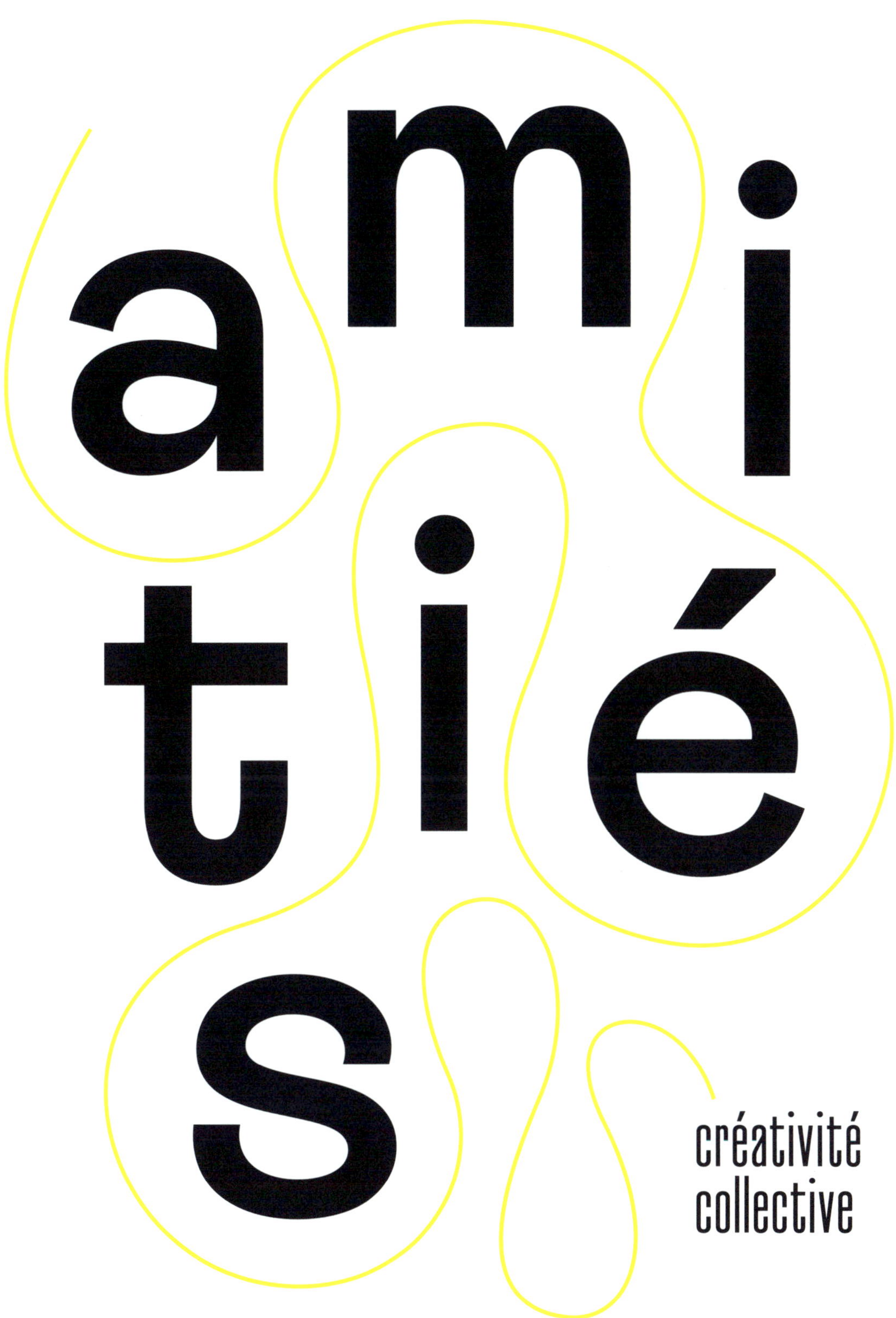
amitiés
créativité
collective

Commissariat
de l'exposition

Commissaire
Blandine Chavanne
Conservatrice générale
honoraire du patrimoine

Conseiller scientifique
Jean-Jacques Lebel
Artiste, écrivain et
organisateur de festivals
de poésie directe
et de montrages

Auteurs

Cécile Bargues
Historienne de l'art,
pensionnaire à l'Institut
national d'histoire de l'art.

Andreas Beitin
Historien de l'art
et commissaire
d'expositions, il dirige
le Kunstmuseum
Wolfsburg depuis 2019;
Auparavant, il a dirigé
le Ludwig Forum für
Internationale Kunst
à Aix-la-Chapelle et le ZKM |
Museum für Neue Kunst
à Karlsruhe.

Carole Boulbès
Auteure et critique d'art,
spécialiste des écrits
de Francis Picabia,
Carole Boulbès enseigne
l'histoire et la théorie
des arts à l'École
nationale supérieure
d'art de Paris-Cergy.

Jean Brolly
Collectionneur engagé
dans l'art contemporain
et galeriste, Jean Brolly
œuvre depuis de nombreuses
années à défendre et
promouvoir les jeunes
artistes.

Jean François Chougnet
Président du Mucem
depuis 2014.

Elena Engelbrechter
Historienne de l'art,
conservatrice junior
au Kunstmuseum
Wolfsburg depuis 2020.

Paolo Fabbri (1939-2020)
Sémiologue, critique d'art
et philosophe.

Harald Falckenberg
Éminent collectionneur
international d'art
contemporain américain
et allemand et professeur
de théorie de l'art
à l'Académie des arts
de Hambourg.

Robert Fleck
Directeur de l'École
des beaux-arts de Nantes
de 2000 à 2003, puis des
Deichtorhallen de Hambourg
et de la Bundeskunsthalle
de Bonn, co-directeur
de la Kunstakademie
Düsseldorf depuis 2012.

Antoine Gentil
Historien de l'art brut
autodidacte et organisateur
d'expositions.

Eckhart J. Gillen
Historien de l'art,
conservateur indépendant
basé à Berlin, spécialiste
de l'art russe, allemand et
américain du XXe siècle,
professeur adjoint
d'histoire de l'art à
l'Université du cinéma
de Potsdam-Babelsberg.

Patrick de Haas
Historien de l'art
(Université Paris-1).

David Lapoujade
Philosophe, professeur
à l'université de Paris-1
Panthéon-Sorbonne.

Francis Marmande
Universitaire, chroniqueur
régulier au Monde (Service
culturel), Francis Marmande
est l'auteur d'essais (*Le Pur
Bonheur*, *Georges Bataille*),
de récits (*La Housse partie*,
Faites les fêtes) et de très
nombreux articles (journaux
et revues), mais aussi
contrebassiste (jazz).

Barry Miles
Historien de la culture
et auteur spécialisé
dans la Beat Generation.

Andres Pardey
Historien de l'art,
directeur adjoint du musée
Tinguely de Bâle.

Gavin Parkinson
Professeur de modernisme
européen au Courtauld
Institute of Art de Londres,
Gavin Parkinson a été
rédacteur en chef de la
collection « Studies in
Surrealism » aux éditions
Ashgate/ Routledge.
Il a publié de nombreux
essais et articles,
principalement sur
le surréalisme.

Thierry Raspail
Fondateur du musée d'Art
contemporain et de la
Biennale de Lyon. Historien
de l'art, commissaire.

Peter Weibel
Philosophe de l'art, critique
radical de la société,
directeur du ZKM | Centre
d'Art et des Médias Karlsruhe
et du Peter Weibel Research
Institute for Digital Cultures
à l'université d'Arts appliqués
de Vienne.

Siegfried Zielinski
Chaire Michel Foucault
d'archéologie des médias
et de techno-culture à la
European Graduate School
(Suisse), professeur invité
à la Tongji University
(Shanghai), professeur
honoraire à la Budapest
University of Arts, et
professeur émérite en
théorie des médias
à l'Université des arts
de Berlin.

Les numéros des images renvoient, en fin d'ouvrage, à leurs légendes développées (voir Liste des œuvres page 290).

La mention (ill.) désigne des œuvres reproduites mais non exposées (voir Liste des illustrations page 295).

Avant-propos

Travailler en équipe est une pratique établie, qui a fait ses preuves depuis longtemps, et un concept bien enraciné dans les deux langues – en français comme en allemand. Mais travailler en équipe – ou plutôt le travail d'équipe – décrit bien autre chose que la collaboration purement mécanique : c'est aussi, nécessairement, un esprit, qui dépasse le fait de travailler ensemble et produit une synergie conduisant au-delà de la simple somme des différentes étapes ou des différents éléments du processus créatif. Depuis la fabrique médiévale jusqu'aux configurations actuelles en duos, en groupes ou par le biais de collectifs, en passant par les ateliers, du début des Temps modernes à ceux du XXe siècle – tel que celui de Peter Paul Rubens ou la célèbre et parfois très critiquée Factory d'Andy Warhol –, cette pratique fonctionne dans bien des domaines de la création. Elle se répand de plus en plus dans les institutions culturelles où les fonctions (dirigeantes) se répartissent entre deux ou trois personnes. Aujourd'hui, certains musées et galeries sont gérés par une direction à deux têtes, beaucoup de festivals ou de biennales sont organisés par des équipes entières, pour rassembler les compétences isolées et démocratiser les procédures de sélection et de travail – qu'on songe par exemple à la biennale nomade Manifesta ou à la quinzième édition de la documenta.

Toutefois, notre projet franco-allemand d'exposition et de publication « Amitiés et créativité collective » / « Freundschaften. Gemeinschaftswerke von Dada bis heute » ne se limite pas à montrer des œuvres d'art créées par des duos d'artistes constitués ou par des groupes ou collectifs travaillant ensemble de façon permanente ; il explore pour la première fois des œuvres apparues dans le cadre d'amitiés. C'est là une particularité de la production artistique des XXe et XXIe siècles : des personnes plus ou moins proches, des amis, des amants, parfois même des concurrents momentanés se rejoignent dans certaines circonstances ou constellations temporelles, afin de travailler en commun à la réalisation d'une œuvre d'art. L'exposition explore les conditions dans lesquelles ces énergies créatives ont pu se focaliser et se catalyser pour produire des œuvres de genres très divers et faisant appel à des techniques très variées.

Les questions fondamentales de l'exposition, peu étudiées jusqu'à présent, sont les suivantes : comment se fait-il que plusieurs artistes décident de créer ensemble une œuvre d'art, et sur quel arrière-plan de l'histoire de l'art, de l'Histoire en général ou de leur histoire personnelle ? Leur association ponctuelle ou limitée dans le temps risque-t-elle de mettre en danger leur méthode de travail habituelle ? Quels sont les effets rétroactifs produits par ces collaborations temporaires sur leur travail individuel ultérieur, notamment quand les limites des genres sont transgressées ? Quels sont les autres effets de synergie que peut produire le partage de la paternité d'une œuvre, et quels sont les défis, calculés ou non, auxquels est confronté le marché de l'art ?

Il est facile d'idéaliser les amitiés existantes entre artistes, la communauté collégiale et la genèse des œuvres. Pourtant, la création en commun n'a jamais été et n'est pas toujours forcément une affaire plaisante. La collaboration peut être agressive, révéler des antagonismes et parfois même déraper complètement. Les surréalistes n'ont pas cessé de se disputer et/ou de nouer entre eux des relations amoureuses pendant qu'ils créaient ce qui fut peut-être le plus important : des œuvres déterminées par le hasard, l'improvisation et le jeu, les cadavres exquis, une invention qui – en raison de la paternité partagée – devait modifier le paradigme de l'expression artistique originelle. Les dadaïstes ont inventé l'art collectif actionniste, qui a été investi par des thèmes nouveaux et développé par les artistes de Fluxus. Dans les années 1960, les énergies artistiques se sont à nouveau rassemblées, poussées par un engagement socio-politique commun, par exemple pour dénoncer le colonialisme, la torture et le viol. En 1960, quelques artistes ont ainsi créé à Milan le *Grand Tableau Antifasciste Collectif*, réaction commune au viol d'une femme algérienne du FLN par un groupe de soldats français. En raison de son caractère politique explosif, le tableau fut saisi par la police, gardé sous séquestre pendant près de trente ans et donc soustrait à la vue du public.

À la même époque, en Allemagne, Georg Baselitz et Eugen Schönebeck s'en prenaient aux conventions sociales dans leurs « Manifestes pandémoniques » *(Pandämonisches Manifest)*, en déclarant comme nouveaux thèmes de la peinture du futur tout ce que l'on considérait comme laid, obscène ou blasphématoire. Salvador Dalí et Luis Buñuel, René Clair et Francis Picabia, Martin Kippenberger et Werner Büttner, Salomé et Luciano Castelli, ou encore Jenny Holzer et Lady Pink – pour n'en citer que quelques-uns – en sont venus à collaborer amicalement dans certaines circonstances sociales ou à propos de problématiques immanentes à l'art. Dieter Roth et Arnulf Rainer buvaient beaucoup lorsqu'ils dessinaient et peignaient ensemble, et ils sont assez souvent devenus violents. Ce qui n'a pas été le cas pour William Burroughs et Brion Gysin, qui sont restés bons amis tout en développant leur technique des *cut-ups*, une sorte de collage. Les Guerilla Girls se sont associées pour former un groupe féministe, afin de démonter le machisme impérialiste et de militer activement pour l'égalité des hommes et des femmes dans l'art. Certaines de ces rencontres et de ces amitiés avaient été initiées et rendues possibles par des acteurs ou des manifestations du marché de l'art, que bon nombre de ces actions et travaux artistiques contestaient pourtant explicitement.

Le projet international d'exposition et de publication « Amitiés » / « Freundschaften » – qui ne rassemble bien évidemment qu'une modeste partie, avec un focus français, des œuvres collaboratives – déploie en un large spectre des exemples extrêmement divers, cherchant à mettre en lumière les événements particulièrement pertinents ayant présidé à l'élaboration de ces œuvres. Dans une époque marquée par les crises et les incertitudes, qui concernent et travaillent aussi le monde de l'art, il semble nécessaire de porter une attention renouvelée aux expérimentations artistiques des XXe et XXIe siècles, afin de mesurer à nouveau les potentialités de ces processus créatifs et collectifs, et d'étudier la possibilité de reporter ces effets synergiques sur la société.

D'une certaine façon, cette exposition est elle-même l'expression d'une collaboration amicale entre la commissaire Blandine Chavanne et l'artiste Jean-Jacques Lebel, conseiller scientifique. Les pays de nos deux institutions partenaires, la France et l'Allemagne, ont noué des liens d'amitié étroits, que ce projet d'exposition commun entretient et consolide sur le plan institutionnel des deux musées.

En tant que directeurs de nos musées respectifs, nous remercions très chaleureusement en premier lieu Blandine Chavanne et Jean-Jacques Lebel, à l'initiative du projet, et qui ont choisi de réunir nos deux maisons pour le réaliser. Nous saluons tout spécialement leur grande compétence et la richesse de leur expérience, ferments du succès de cette exposition et de son catalogue. Grâce à l'ampleur de leurs recherches, de leurs réseaux communs ou personnels, il a été possible de rassembler dans les meilleures conditions une foule d'œuvres collectives, encore complétées par des propositions venues de chacune des deux équipes, de sorte qu'on peut aussi voir « Amitiés » / « Freundschaften » comme une grande œuvre collective née dans un esprit d'équipe à la synergie efficace.

Ensemble, nous adressons nos très vifs remerciements d'abord à tous les artistes dont les travaux impressionnants ont inspiré ce projet, et ont si aimablement été mis à notre disposition. Et nos remerciements vont aussi aux nombreux prêteurs institutionnels, aux musées et galeries, ainsi qu'à tous les collectionneurs privés qui ont contribué eux aussi au succès des expositions par leurs prêts généreux.

Nous remercions la maison d'édition Hatje Cantz d'avoir accueilli cette publication dans son programme éditorial, et pour sa collaboration avec les éditions du Mucem. Trouver la forme d'un tel ouvrage, qui doit orchestrer de nombreux intervenants à l'expérience aussi riche que variée, représente un certain défi : le duo des graphistes Wijntje van Rooijen et Pierre Péronnet peut être fier de l'avoir si bien relevé et maîtrisé. Nous les remercions l'un et l'autre pour avoir mis en page nos visions et nos idées à tous, ainsi que pour la très belle conception de cette publication.

Pour conclure, nous aimerions remercier aussi l'ensemble des équipes des deux maisons, qui pendant la longue durée de préparation intensive et de production du projet l'ont accompagné avec engagement et enthousiasme, contribuant pour une large part à son succès. Nous remercions les deux équipes, représentées au Mucem par Clarisse Le Bas, chargée de production, et Chloé Chéronnet, assistante de production, et au Kunstmuseum Wolfsburg par Elena Engelbrechter, collaboratrice scientifique, et Manfred Müller, chef de projet, qui ont permis la réalisation de ces expositions à Marseille et à Wolfsburg.

À tous, nous exprimons notre sincère et très profonde gratitude.

Andreas Beitin,
directeur du Kunstmuseum Wolfsburg

Jean François Chougnet,
président du Mucem, Marseille

Amitiés, créativité collective

Jean-Jacques Lebel

« C'est à l'amitié de concilier l'intégrité
de l'essence et la rivalité des prétendants.
N'est-ce pas une trop grande tâche ?
L'ami, l'amant, le prétendant, le rival
sont des déterminations transcendantales
qui ne perdent pas pour cela leur existence intense
et animée, dans un même personnage ou dans plusieurs. »

Gilles Deleuze et Félix Guattari,
Qu'est-ce que la philosophie ?, Paris, Éd. de Minuit, 1991, p. 8.

Ce que nous allons vous proposer est un voyage dans le temps et dans l'espace : départ en 1871 avec *l'Album zutique*, arrivée en 1961, et les années suivantes, avec l'album *Free Jazz/A Collective Improvisation*.

L'*Album zutique*, comme son nom semble le suggérer, est un objet inclassable, hors normes, difficile sinon impossible à identifier. Ni bréviaire, ni ouvrage savant, ni manuel littéraire, ni *album amicorum*, ni livre d'art au sens classique du terme, c'est plutôt un assemblage bariolé de plusieurs types de langages, signé non par un mais par une pluralité d'auteurs – usant souvent de « noms de plume » – agrémenté de dessins délibérément obscènes très sulfureux, de textes disconnectés rédigés par quelques-uns des plus grands poètes de l'époque (Arthur Rimbaud, Paul Verlaine, Germain Nouveau ou Charles Cros qui fut de surcroît l'inventeur du phonographe avant Edison et l'amant de la seule femme de lettres un tant soit peu associée aux zutistes, Nina de Villard) et contenant surtout le « chef-d'œuvral » sonnet scatophilique écrit de concert par Rimbaud et Verlaine, attribué diaboliquement à Albert Mérat mais paraphé de leurs vraies initiales, qui couronne le tout d'un grandiose et subversif diamant noir. Les flamboiements des sonnets amoureux ou stercoraires de Quevedo, joyaux incontestés de la grande poésie baroque espagnole, n'y sont pas étrangers. Outrancier à l'extrême, d'inspiration à la fois rabelaisienne et sadienne, ce sonnet dû aux deux « poètes maudits » – expression forgée par Verlaine – anticipe sur la géniale pièce radiophonique d'Antonin Artaud, *Pour en finir avec le jugement de dieu* (enregistrée en 1947 et immédiatement interdite d'antenne) dont le chapitre « La recherche de la fécalité » provoqua la censure. Les monothéistes ne tolèrent pas que des visionnaires puissent oser leur présenter des « *renvois mirroiriques* » (Marcel Duchamp) de leurs propres déchets, fussent-ils nucléaires ou non. Objet unique, donc comparable à aucun autre que cet album composite dans l'histoire de la littérature et des arts visuels, car absolument collectif. Sans le moindre schéma directeur ni la moindre unité thématique ou stylistique, l'*Album* est un pur *« agencement collectif d'énonciation »* (→ p. 28-35) avant la lettre et un protocole d'expériences improvisées résultant d'une sorte de transe chorale épisodique – alcools et haschich aidant – vécue en un laps de temps élastique et imprécis dans une chambre laboratoire du très bien nommé hôtel des Étrangers (au coin du boulevard Saint-Michel et de la rue Racine), peu de temps après la Semaine sanglante et le crève-cœur que fut la victoire militaire des versaillais sur les communards. Il fit une entrée si gênante et si fracassante, mais clandestine, dans l'histoire de la pensée poétique francophone, que son existence n'a toujours pas été saluée ni reconnue pour ce qu'elle est – un changement de paradigme de première importance – par les historiens officiels, universitaires et autres, de la modernité, plus d'un siècle et demi après les faits – à l'exception des excellents Pascal Pia et Bernard Teyssèdre et du docte trio Solenn Dupas, Yann Frémy et Henri Scapi. Ce que l'idéologie dominante (celle du capitalisme universel) a voulu passer sous silence, c'est précisément que la Commune de Paris a provoqué ce changement de paradigme en introduisant dans les esprits la notion de démocratie directe et que certains visionnaires, dont plusieurs coauteurs de l'*Album*, ont été parmi les premiers à en tenir compte avec Marx, Bakounine et quelques autres communards. C'est que la relation intime incarnée et corporelle de l'*Album* à la Commune n'a rien de mécanique et tout du rhizome, même si plusieurs des contributeurs furent eux-mêmes effectivement des communards. C'est de ce qui ne se gouverne pas qu'il s'agit et c'est pour cela que nous avons choisi de commencer par là notre « montrage ». À sa manière, *l'Album zutique* portait déjà les couleurs de Dada.

Étincelants virtuoses de la magie du verbe, subtils praticiens de l'humour parodique, corrosifs dessinateurs de caricatures obscènes, les zutistes n'ont reculé devant rien pour régler leurs comptes avec Coppée, Leconte de Lisle et les anti-communards de tout poil. Ils n'eurent que faire du « bon goût » à la Badinguet (sobriquet populaire désignant Napoléon III). Tout ce dont la bonne bourgeoisie versaillaise ne veut pas entendre parler – analité, déjections corporelles, masturbations, foutres homosexualités joyeuses, utopies socialistes – revient en force dans *l'Album zutique*, comme pour reprendre le combat d'Aristophane, de Juvénal, de Martial, de Rabelais, de Sade qui ne respectaient aucun tabou. Cet album est bien davantage qu'une œuvre collective : un chant d'amour choral – discordant à souhait – au « dérèglement de tous les sens », à la révolution des mœurs assortie de son corollaire, la révolution sociale. Les zutistes en appellent à l'insurrection du stupre. En cela, ils n'anticipaient pas vraiment sur la trop guindée Valentine de Saint-Point et son *Manifeste futuriste de la Luxure* (1913) mais, plutôt, sur le *Sex Pol* prolétarien du jeune freudien subversif Wilhelm Reich, sur la pansexualité libertaire du Living Theatre et sur la très mal nommée « révolution sexuelle » des années 1960-1970 qui a néanmoins ébranlé les assises du Vieux Monde.

L'art et la poésie comme signes avant-coureurs, comme expériences de laboratoire de civilisations à venir ? Pourquoi pas ? Parthénogénèse ou influence extérieure ? Pulsion intime de nature endogène ou, au contraire, mouvement social ? Pourquoi pas les deux à la fois ?

Si ce n'est par sentiment d'amour/haine, d'attraction/répulsion, qu'est-ce qui incite un individu à entrer en crise, à se mettre à penser, à écrire, à peindre, à dessiner, à sculpter, à faire de la musique – et, plus tard, à filmer – avec l'aide d'une autre, voire plusieurs autres personnes ? L'œuvre commune est-elle l'aboutissement ou bien le point de déclenchement d'une schize ? Qu'est-ce qui pousse à sortir de soi, à changer la règle du jeu, à se métamorphoser au point de *risquer le tout pour le tout* en devenant autre ? Dans la mesure où elle n'est pas simple juxtaposition ni addition de deux ou plusieurs individualités (ce qui, hélas, est souvent le cas), l'œuvre collective – au même titre que l'action collective sur le plan social – n'introduit-elle pas la question de l'altérité au cœur même du processus désirant ? Qu'est-ce qui déclenche la volonté de sauter du « moi, je » au « nous », de changer de manière de penser, de sentir, de s'exprimer et de vivre ?

Faute de place, il ne pourra être longuement question dans ce catalogue du Living Theatre, mais ce n'est que partie remise. Sous l'égide de Judith Malina et de Julian Beck, le « Living » – dans les années 1950, 1960 et 1970, grosso modo – a fourni de scintillants exemples d'inventivité tribale. *Mysteries and Smaller Pieces*, *Paradise Now*, *Frankenstein* et bien d'autres créations collectives de cette troupe internationale, nomade et protéiforme, ont énormément contribué, sur le plan théâtral, comme sur les plans politique et intersubjectif, à la prise de conscience d'une nécessaire mutation sociale dans la mesure même où la survie de chacun, de chacune dépendait et dépend toujours d'une mise en commun des ressources et, en fin de compte, d'une mise en œuvre globale des rapports humains.

Telles sont quelques-unes des questions sans réponses que nous nous sommes posées en rêvant, au cours de plusieurs décennies, à cette exposition qui a pour titre « Amitiés, créativité collective ».

Attention ! « œuvre collective » n'est pas synonyme de « vie en rose » ni de rapports idylliques. N'oublions pas, en dépit des merveilles auxquelles leur coopération a donné lieu dans l'*Album zutique*, que Verlaine, dans une crise de jalousie, a fini par tirer au revolver sur Rimbaud. Quant aux coauteurs surréalistes des plus beaux cadavres exquis des années 1930, ils se sont ensuite séparés et affrontés, de part et d'autre du rideau de fer stalinien. Arnulf Rainer et Dieter Roth, après avoir longuement collaboré, se sont tapés dessus. Salomé, Castelli, Fetting se sont fâchés à mort. Vostell et Beuys aussi. La plupart des contributeurs du *Mural de La Havane* ont tourné casaque et sont passés du tiers-mondisme estival au carriérisme le plus rentable. Néanmoins, toute œuvre collective demeure précieuse en tant que prototype d'un univers hors normes, idéalisé, où les lois du marché n'ont pas cours, où les affects n'ont pas été réduits à l'état de marchandise.

L'œuvre collective est un espace/temps expérimental, une utopie picturale, sculpturale, scripturale, philosophique ou scientifique, un « travail d'équipe » lourd de conséquences rhizomiques dans le réel, certes, presque toujours marginalisé voire rejeté par les instances institutionnelles qui réagissent en forteresses assiégées. L'œuvre collective est le plus souvent considérée comme anhistorique par la culture dominante contre laquelle elle se soulève. Cela explique, en partie, pourquoi les historiens patentés en tiennent si peu compte. Disons que parce qu'elle est collective, cette sorte d'œuvre est avant tout un laboratoire social et libidinal de potentialités innovantes, forcément disruptif qui, à l'instar de l'*Album zutique*, des cadavres exquis, de l'album *Free Jazz* d'Ornette Coleman, des ouvrages consacrés à l'analyse du capitalisme et de la schizophrénie coécrits par Gilles Deleuze et Félix Guattari, annonce et déclenche tout à la fois de profondes mutations sociétales.

Les modalités d'expression, dans quelque domaine que ce soit, sont heureusement diverses et variées. Il y a autant de cas de figures que de participants, cela vaut pour un mouvement social comme pour une peinture ou une sculpture collective. Il ne peut être question, ici, de nous livrer à une étude comparative de toutes les œuvres collectives retenues pour ce montrage. Nous nous contenterons aujourd'hui d'en comparer deux particulièrement emblématiques : le *Grand Tableau Antifasciste Collectif* (*GTAC*, 1960) et le *Mural de La Havane* (1967), deux œuvres indiscutablement collectives l'une autant que l'autre, et pourtant diamétralement opposées dans leurs contenus et dans leurs formes, à telle enseigne que ces deux peintures pourraient être considérées (et ont, de fait, été considérées) comme deux conceptions du monde antagonistes, deux points de vue que rien ne semble rapprocher. Ce sont deux peintures de très grandes dimensions, 4 × 5 mètres pour le *GTAC* et sept grands panneaux de bois s'étendant sur 55 mètres carrés pour le *Mural*. De surcroît, deux peintres ont participé aux deux entreprises : Erró et Recalcati. Un esprit superficiel pourrait en conclure qu'elles sont interchangeables. Or, il n'en est rien : elles sont absolument incompatibles. De plus, le promoteur/initiateur de la deuxième œuvre, Wifredo Lam, était présent à Milan lors de l'élaboration de la première, sept ans plus tôt : un reportage photo d'Ettore Sottsass (sauvegardé à la bibliothèque Kandinsky du Centre Pompidou) nous montre Lam visitant avec Sottsass et sa femme Fernanda Pivano, ainsi qu'Alain Jouffroy, l'atelier de Roberto Crippa précisément pendant que le *GTAC* y était peint. Il y a par conséquent un lien de causalité entre la première œuvre collective et la seconde. Mais lequel ? Lam fut invité spontanément à se joindre aux coauteurs du *GTAC*, mais il déclina l'invitation. Quelque chose, dans cette œuvre en train de se faire, l'a heurté, l'a dérangé, l'a empêché d'y participer. Mais quoi ? L'énergie brute, informe, indisciplinée et pour tout dire anarchique de ce qui naissait sous ses yeux, peut-être. L'aspect désordonné, improvisé, pulsionnel du *Grand Tableau* aura sans doute provoqué chez lui – qui était pourtant un ex-surréaliste rompu au jeu du cadavre exquis – une schize. Il refusa en tout cas d'y prendre part et, sept ans plus tard, organisa une riposte en forme d'antithèse en bonne et due forme qui prit l'exact contrepied du *GTAC* : le *Mural Cuba Colectiva* (« *Mural de La Havane* »).

Examinons d'un peu plus près en quoi ces deux peintures collectives s'opposent et se contredisent. Écartons d'emblée toute interprétation psychologisante : l'initiateur du *GTAC* – qui n'est autre que le signataire de ces lignes – et le promoteur du *Mural*, Wifredo Lam, étaient amis. Ils ont même réalisé ensemble à Venise en 1958 (où ils se sont rencontrés par hasard) trois poèmes-objets – rédigés par l'un, illustrés par l'autre et exposés à maintes reprises depuis –, ce qui pour le moins atteste de relations affectueuses incontestables. L'un des trois poèmes-objets fut offert à leur ami commun André Breton. La clé du différend – car profond différend il y a – se trouve probablement ailleurs, du côté de la politique. Wifredo Lam, qui était de loin l'aîné des deux, avait combattu en sa jeunesse dans les rangs d'une organisation marxiste lors de la guerre civile espagnole, avant de venir s'installer à Paris. L'initiateur du *GTAC* était, quant à lui, un anarchiste convaincu. Or, quelques mois avant le déclenchement de la plus grande grève généralisée (avec occupations d'usines, de facultés, de gares et d'aéroports) de l'histoire du capitalisme, alors que l'explosion de Mai 68 était dans l'air, la vieille querelle entre marxistes et anarchistes, qui remontait au siècle précédent, avait pris une ampleur considérable en se traduisant au cœur du combat social généralisé par des comportements opposés, carrément conflictuels. C'est dans l'adoption de deux stratégies subversives antinomiques qu'eut lieu la rupture. Il y avait bien eu, en 1968, le Mouvement du 22 mars qui avait innové en tentant de réconcilier Marx et Bakounine et qui essaya de synthétiser dans le feu de l'action, la révolution par le haut et la révolution par le bas – tentative qui faillit bien démolir le capitalisme par la base –, mais le triomphe électoral passager des « modernes »

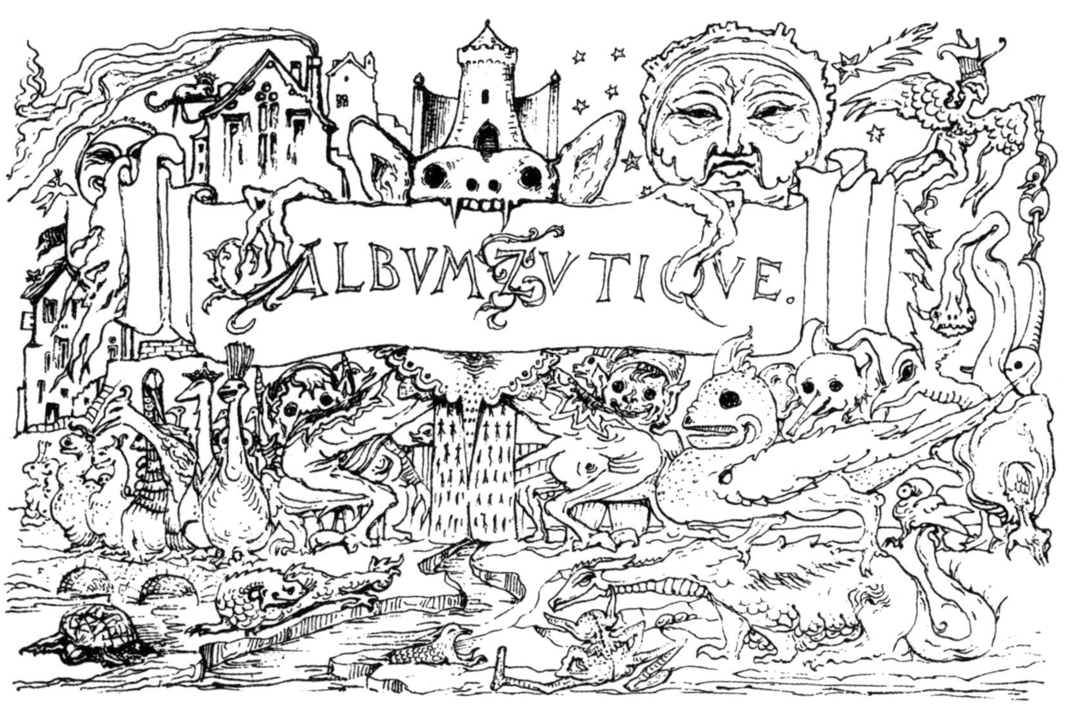

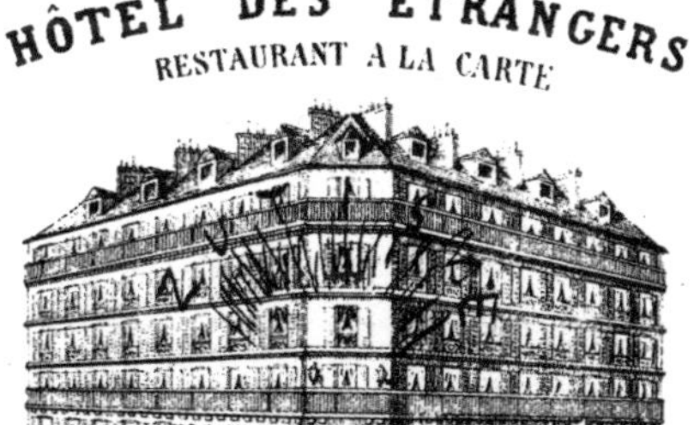

1 · *Album zutique*, couverture, dessin d'Antoine Cros

2 · *Album zutique*, frontispice. L'hôtel des Étrangers, où fut réalisé l'*Album zutique*

Avril, où le ciel est pur,
Où les cadavres verdoient,
Où les gourmes se nettoient
Où Dieu dit : FVTVATVR ;

Avril où ceux qui s'emploient
A tailler des plumes sur
Les registres qui poudroient,
Se cachent derrière un mur

Je t'aime, car tes arômes,
Les floraisons polychrômes
Galvanisent tous mes nerfs,

Et font vibrer dans les brèches
Des Cydalises farouches
Les langues des Cabaners.

Charles Cros
Camille Pelletan

Autres propos du cercle.

Dans ce taudis sombre où le blond Jacquet se sert de tapis infects ainsi que de crachoirs (verrat Hideux), Valade dit « Merde ! » L'âpre Mérat Répond « Merde ! » Henri Cros dit : « Merde, merde, merde ! »

Camille Pelletan.

pour cop. conf. P.V.

L'Idole.
Sonnet du Trou du Cul

Obscur et froncé comme un œillet violet
Il respire, humblement tapi parmi la mousse
Humide encor d'amour qui suit la fuite douce
Des Fesses blanches jusqu'au cœur de son ourlet.

Des filaments pareils à des larmes de lait
Ont pleuré, sous le vent cruel qui les repousse,
À travers de petits caillots de marne rousse
Pour s'aller perdre où la pente les appelait.

Mon Rêve s'aboucha souvent à sa ventouse ;
Mon âme, du coït matériel jalouse,
En fit son larmier fauve et son nid de sanglots.

C'est l'olive pâmée, et la flûte câline ;
C'est le tube où descend la céleste praline :
Chanaan féminin dans les moiteurs enclos !

Albert Mérat.
P.V.-A.R.

Lys.

O balançoirs ! ô lys ! clysopompes d'argent !
Dédaigneux des travaux, dédaigneux des famines !
L'Aurore vous emplit d'un amour détergent !
Une douceur de ciel beurre vos étamines !

Armand Silvestre.
A.R.

Malgré son nez d'argent et sa tête de bois
L'Invalide, portant gaillardement le poids
D'un siècle, va, l'aisselle appuyée aux béquilles,
Flâner autour du mail qu'égaie un jeu de quilles.
Le vieux brave regarde et sourit sans dédain.
Puis il hume à loisir une prise et soudain
Se mouche avec un bruit prolongé de fanfare
Dont l'enfance timide et naïve s'effare...
Mais lui, sur le mouchoir déployé dans sa main
Fait sécher son tabac qu'il raclera demain.

— François Coppée. — P.V.

Ventre de jade blanc, poli,
Veiné de lapis-lazuli,
Comme ces songes que Desgoffe
Peint sur un fond de lourde étoffe,

Ventre de nacre, dont nul pli
Ne ride le cintre assoupli,
Je veux, paphique philosophe,
Sur ta blancheur graver ma strophe.

Ventre de satin, emperlé
Par le frisson qui t'a frôlé,
Ventre frais, je t'aime et te baise.

Ventre de neige, ton nombril
Rose comme un bouton d'avril
Sourit au désir et l'apaise.

José Maria de Hérédia.
G.N. et C.C.

Le petit chose.

À un Caricaturiste.

ose !
touche
Bouche
rose.
Couche
Chose :
pose
mouche !
lèche
mèche,
large
aile !
quelle
Charge !

Intérieur matinal

Joujou, pipi, caca, dodo...
Do, ré, mi, fa, sol, la, si, do...
Le moutard gueule, et sa sœur tape
Sur un vieux clavecin de Pape.
Le père se rase au carreau
Avant de se rendre au bureau.
La mère émietta une panade
Qui mijote, gluante et fade,
Dans les cendres. Le fils aîné
Cire avec un air étonné
Les souliers de toute la troupe.
Car ce soir même après la soupe
Ils iront autour du Musard
Et ne rentreront pas trop tard ;
Afin que demain l'on s'éveille
Pour une existence pareille :
Do, ré, mi, fa, sol, la, si, do....
Joujou, pipi, caca, dodo...!

Alph. Daudet

Charles Cros. Los. ung. cinque. quattro. pente. C.C.
fünf. doigts.

3 et 4 · **Pages de l'*Album zutique*. En haut, le « Sonnet du Trou du Cul » rédigé par Arthur Rimbaud et Paul Verlaine, et attribué par eux à Albert Mérat**

versaillais mit fin à cette somptueuse utopie, temporairement du moins. Au même titre que la quadrature du cercle, cette utopie-là n'a cessé de hanter l'histoire de l'humanité. Il se pourrait que la lecture la plus profonde de l'affrontement entre le *GTAC* et le *Mural de La Havane* soit la transposition – pour ne pas dire carrément la transsubstantiation – sur le plan pictural, esthétique, libidinal et formel, de l'incompatibilité rédhibitoire entre marxisme et anarchisme ou, pour emprunter les termes plus précis de Deleuze et Guattari, entre « paranos » et « schizos ».

Rien de tout cela n'est clairement signifié dans les titres des deux peintures et, pourtant, pourvu que les regardeurs fassent leur travail en réfléchissant à ce qui leur crève les yeux, l'antagonisme et l'incompatibilité totale entre ces deux œuvres collectives éclate au grand jour. En quoi exactement consiste cette incompatibilité ? En leurs contenus et leurs formes, tout simplement. Le *GTAC* fut improvisé spontanément sous le coup d'un trauma émotionnel – déclenché par la torture et le viol de Djamila Boupacha (→ p. 164-173) – tandis que le *Mural* fut longuement préparé, calculé, supervisé, après avoir fait l'objet d'une commande officielle de la part du gouvernement cubain – par l'entremise de Carlos Franqui (délégué cubain à l'Unesco et futur opposant au régime castriste) et Wifredo Lam, initiateur du projet et du Salón de Mayo, manifestation progouvernementale à La Havane à l'occasion de laquelle les artistes sélectionnés furent invités à Cuba. Le *GTAC* est pulsionnel, le *Mural,* au contraire, est hyper rationnel. Le *GTAC* ne respecte pas le moindre schéma directeur, ni la moindre structure unificatrice ; ici ni plan d'ensemble, ni mise en ordre postérieure. À l'inverse, le *Mural* fut très rigidement structuré en cercles concentriques délimitant avec précision les petites cases (ou les créneaux rectangulaires soigneusement limités) assignées à chaque intervenant, l'espace central autour duquel l'ensemble s'agglutine étant réservé au *Lider Maximo*, Fidel Castro lui-même, lequel d'ailleurs, fera faux bond et sera remplacé, au centre et au sommet du dispositif, par Wifredo Lam. On peut se demander pourquoi Castro n'a pas, comme prévu, occupé la place royale qui lui avait été assignée. A-t-il pris conscience qu'en assumant cette fonction régalienne, carrément monarchique, il se révélait pour ce qu'il était réellement : un tyran ? La topographie du *Mural* est précisément celle de la société marxiste-léniniste, pyramidale et totalitaire, qui ne tolère aucune schize, aucune opposition, aucun pluralisme politique ou culturel, qui exclut, jette en prison ou qui liquide les grévistes, les dissidents politiques, les homosexuels, les artistes indépendants et toutes celles et ceux qui dérogent à la règle imposée par l'État/Parti. Le *GTAC* est « alloveriste » (terme se référant à la peinture « all-over », toute la surface de la toile étant peinte, surchargée, envahie), tandis que le *Mural*, structuré qu'il est par une compartimentation contraignante de l'espace, suite à l'asservissement imposé au départ par un arpenteur/géomètre chargé de contrôler minutieusement les limites de chaque case, ne tolère aucune béance, aucun interstice, aucune errance. Dans le *GTAC*, chacun s'exprime tous azimuts, débordant parfois sur l'intervention voisine, sur le mode ludique, dansant, ingouverné. Le *Mural*, à l'inverse, est hypergouverné, contrôlé, embrigadé et d'ailleurs, il répond à une commande – au sens plein du mot – du gouvernement cubain qui le conservera au Museo Nacional de Bellas Artes de La Havane. Le contexte et les circonstances dans lesquels les deux peintures ont été créées offrent, eux aussi, un contraste fondamental. Le *GTAC* fut élaboré spontanément par six amis à l'occasion de l'« Anti-Procès 3 », à Milan en 1960-1961, une manifestation internationale et pluraliste entièrement conçue autour d'un principe non pas esthétique (comme toutes les expositions du monde) mais éthique : le refus catégorique du colonialisme en général et la dénonciation en particulier de la torture à l'électricité et du viol de Djamila Boupacha à Alger par des soldats français, le *Manifeste des 121* – un appel à la désertion anticolonialiste – étant intégré à la peinture. Le *Mural* eut pour contexte, quant à lui, la *Tricontinentale*, c'est-à-dire le combat contre l'impérialisme américain qui, en l'espèce, faisait totalement silence sur l'impérialisme russe (vis-à-vis des pays satellites occupés par l'armée russe) et sur l'impérialisme chinois écrasant la population tibétaine dont le pays fut occupé militairement et administrativement par l'armée maoïste. Les deux peintures expriment nettement deux visions du monde opposées et inconciliables, deux éthiques incompatibles. Anticolonialisme global d'un côté, anticolonialisme sélectif de l'autre. Le *GTAC* est chaotique, chaosmotique, même, alors que le *Mural* est rationaliste et ne laisse strictement rien à l'improvisation, à la schize, et pour tout dire, à la libre expression.

De par sa méthode de fabrication, plus pulsionnelle que bureaucratique, le *GTAC* relève de l'utopie libertaire, prémonitoire à plus d'un égard du massif soulèvement populaire qui allait surgir simultanément huit ans plus tard sur le mode d'un rhizome planétaire en France, au Japon, en Allemagne, aux États-Unis, au Mexique, en Tchécoslovaquie et ailleurs. Le *Mural de La Havane*, par contre, relève d'un rhizome absolument incompatible, celui du totalitarisme d'essence léniniste et étatique, comme celui qui régit actuellement les sociétés cubaine, chinoise, russe et biélorusse. La discordance est organique et irrémédiable, elle n'est pas uniquement d'ordre esthétique, elle est aussi programmatique et politique. L'utopie libertaire qui ne s'est à ce jour concrétisée que pendant la révolution espagnole à l'échelle d'un corps social tout entier – en 1936 à l'apogée du mouvement impulsé par la Fédération anarchiste ibérique (FAI) et la Confédération nationale du travail (CNT) – était de nature autogestionnaire et acéphale. À l'inverse, de par sa charpente géométrique circulaire et concentrique, instaurant la centralité du Lider Maximo (qui règne sans partage et exerce le pouvoir absolu via le Parti et l'État), le *Mural de La Havane* schématise picturalement une sorte de *République* de Platon dirigée non par des philosophes émérites mais par des bureaucrates d'appareil formant une caste dominante indéboulonnable selon le classique schéma lénino-stalinien.

Certes, aucune œuvre d'art individuelle ou collective n'est tenue de ressembler à une métaphore du pouvoir devant lequel elle se prosterne, contre lequel elle s'élève ou qu'elle décide d'ignorer, mais il se trouve que les participants au *Mural de La Havane*, en répondant à la demande du gouvernement castriste (via Carlos Franqui et Wifredo Lam), répondaient bel et bien à une commande d'État effectuée par un régime totalitaire. C'est peut-être ce qu'explique le troublant parallélisme entre la structure du *Mural* et la structure du pouvoir tel que l'exerce le régime castriste. En pleine mode du tiers-mondisme touristique et mondain, vingt-six artistes venus de Paris bénéficieront – en échange de leur collaboration – d'un séjour tous frais payés. Les six participants au *GTAC*, eux, n'ont bénéficié d'aucune villégiature aux Caraïbes, c'est tout juste s'ils ont bu, à leurs frais, un verre au café du coin. Et lorsque le *GTAC* fut rendu à ses artistes, après avoir été séquestré pendant vingt-six ans (→ p. 164-173), il fut exposé dans une dizaine de grands musées d'Europe. Quant au *Mural*, il réside officiellement au musée de La Havane. Deux destins contraires, cela ne fait pas l'ombre d'un doute.

On retrouvera, articulé de façon plus ou moins évidente, le même affrontement à la fois pictural et politique ou sculptural et politique, dans toutes les œuvres collectives réunies ici. Les cadavres exquis, dont la plupart ne sont pas signés – les noms des auteurs étant parfois écrits au verso de la main d'André Breton – sont habités par les mêmes forces antagonistes, libidinales – et même parfois expressément sexuelles –, intellectuelles ou politiques. Ce que toute œuvre collective met en question et en jeu, ce n'est pas seulement l'individualité – ses frontières, ses modes de perception, ses codes linguistiques ou de comportement ; c'est la finalité socio-culturelle même de son combat existentiel. Le pluralisme n'est pas antinomique de la radicale subjectivité, il en est l'expression sociale et artistique la plus aiguë. Cette exposition en apporte la preuve éclatante. Si « le moi est haïssable » – dixit Pascal –, le « nous » s'avère non seulement aimable mais vivable et éminemment respirable.

En guise de conclusion – jamais définitive –, je citerai un homme pluriel, personnage conceptuel s'il en fut, Ornette Coleman, inventeur du free jazz. Son fameux album-manifeste, enregistré en 1960 et sorti en 1961, a déclenché un séisme. Son titre – *Free Jazz/A Collective Improvisation* – et son format, un double quartet, chaque instrumentiste ayant été dédoublé, bouleversa la pensée musicale et, au-delà, la pensée tout court (→ p. 54-67). Sur la couverture de cet album était reproduite un détail d'une peinture de Jackson Pollock datée de 1954, intitulée *White Light*, ce qui, bien sûr, suggérait une affinité organique entre action painting et action music. Le nom de l'album, *Free Jazz*, fut aussitôt adopté pour désigner le nouveau mouvement dans son ensemble. Sur la pochette, Ornette déclara ceci : « On peut entendre les autres musiciens continuer à construire ensemble si magnifiquement que la liberté elle-même en devient impersonnelle. »

C'est à cet instant et de cette manière que les notions, prémonitoires par excellence, de liberté et de mise en œuvre collective prennent leur essor ●

Post-scriptum

Il est une forme suprême de créativité collective qui fleurit spontanément en période insurrectionnelle. On l'a constaté pendant La Commune de Paris, pendant le soulèvement spartakiste à Berlin, pendant la révolution sociale en Catalogne en 1936, un peu partout en Mai 68 et à bien d'autres occasions en bien d'autres endroits. Ce sont des assemblages bricolés de bric et de broc à partir d'objets hétéroclites de toute sorte – pavés, véhicules ennemis incendiés, troncs d'arbres abattus, poteaux indicateurs arrachés, panneaux d'affichage, vieux vélos, sacs de sable… Censées abriter des francs-tireurs, les barricades symbolisent, de fait, les pulsions libératrices de celles et ceux que la société « normale » (sic) ne veut pas entendre. Elles sont vivantes donc éphémères. Les barricadiers et les barricadières sont des *anartistes duchampiens* qui s'ignorent. Leurs assemblages relèvent du réel, ils échappent donc à la muséification.

Coopératif, collaboratif et collectif

Blandine Chavanne

L'exposition « Amitiés, créativité collective » se propose de désigner et présenter des œuvres collectives dont les auteurs se sont investis dans un processus créatif qui les amène à dépasser ou à contourner leurs limites individuelles. Ce processus peut être déclenché de diverses manières et en diverses circonstances – artistiques, politiques ou affectives, ou les trois à la fois – et, le plus souvent, les règles du jeu esthétique, comme les conventions sociales, y sont subverties.

Le projet a vu le jour il y a plus de trente ans dans l'imagination de Jean-Jacques Lebel – l'initiateur et l'incitateur en 1960 du *Grand Tableau Antifasciste Collectif*, exposé et saisi par la police italienne à l'« Anti-procès 3 » de Milan en 1961. Le Mucem et le Kunstmuseum Wolfsburg accueillent aujourd'hui cette exposition où se croisent des moments artistiques, des moments de combat, des moments de partage et d'amitié. Des œuvres collectives dans lesquelles les artistes sont engagés intensément pour une cause, un idéal, très souvent aussi dans un réel rapport d'amitié et de connivence : voici ce que cherche à appréhender et articuler « Amitiés, créativité collective ».

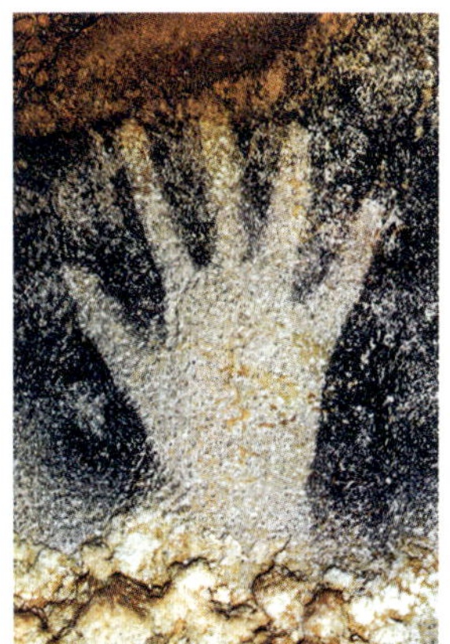

1 (ill.) • Main négative noire, extrait du panneau des Chevaux ponctués, grotte de Pech-Merle, Cabrerets, Lot

Nous sommes donc allés à la recherche de pièces qui répondent au plus près à ces critères, et il nous a fallu faire des choix, car si nombreuses sont les œuvres relevant du collaboratif, le travail collectif nécessite d'autres dimensions : il faut que tous les artistes impliqués se retrouvent autour d'objectifs communs, autour d'un projet de création, d'une visée, d'une esthétique, d'un engagement. L'amitié est souvent le ciment de ces œuvres. Mais cette amitié, parfois dévorante, peut aussi se transformer en hostilité ouverte ; ainsi celle qui liait Salomé et Castelli, deux artistes qui aujourd'hui ne veulent plus voir leurs noms associés ; ainsi Arnulf Rainer et Dieter Roth dont la collaboration s'est terminée par des cris et des injures.

Si, donc, les travaux collectifs sont issus de collaborations, les travaux collaboratifs ne sont pas toujours collectifs. Il existe dans l'histoire de l'art, comme nous allons le montrer, beaucoup d'œuvres collaboratives où chaque participant intervient dans un projet coordonné par un maître d'œuvre qui décide des grandes directives et établit les grands axes.

Petite histoire des œuvres à plusieurs mains. Ce texte a pour objet une courte recension de quelques travaux collaboratifs qui n'ont pas été retenus pour l'exposition. Ils ont cependant nourri notre réflexion et nos choix. Des collaborations techniques et artistiques sont identifiées dès les premiers frémissements créatifs. Déjà dans les grottes ornées, nos ancêtres du paléolithique supérieur travaillaient sans doute à plusieurs. Emmanuel Guy, éminent préhistorien, a émis l'hypothèse que des ateliers constitués œuvraient sur les parois, avec maîtres et élèves, et se déplaçaient de grotte en grotte[1].

Autre forme de collaboration, de Titien à Charles Le Brun ou encore à Jeff Koons, les ateliers d'artistes sont des lieux d'apprentissage et de constantes activités communes. Parmi les plus célèbres, il y a celui de Peter Paul Rubens. En 1609, alors qu'il a déjà produit plus de deux mille tableaux, Rubens crée dès son retour à Anvers un atelier où il œuvre avec des apprentis, des élèves et des artistes confirmés, à qui il confie l'élaboration de quelques motifs spécifiques (les fleurs, les natures mortes, les paysages ou bien les animaux), se réservant toujours l'exécution des mains et des visages. Jacques Jordaens ou Antoon Van Dyck ont fait partie de ses élèves, qui ont poursuivi chacun une

1 Emmanuel Guy, *Ce que l'art préhistorique dit de nos origines*, Paris, Flammarion, 2017.

brillante carrière autonome. Rubens ne cachait nullement ces collaborations, « puisqu'il avait prévu cinq catégories de prix pour "ses" tableaux : les tableaux faits de sa main étaient les plus chers. Puis venaient les tableaux réalisés par Van Dyck mais retouchés par lui. Ensuite les tableaux réalisés par un autre collaborateur et retouchés par le maître. Enfin, un tableau d'un collaborateur non retouché par Rubens et, en queue de liste, une simple copie[2]. »

Aujourd'hui encore, nombreux sont les artistes contemporains qui perpétuent la tradition du travail d'atelier : Jeff Koons, par exemple, emploie plusieurs dizaines d'assistants. De fait, il agit en dirigeant d'entreprise plutôt qu'en artiste. Francis Alÿs, quant à lui, réalise des « poncifs », des modèles, qu'il confie à des artistes de rue de Mexico pour qu'ils reproduisent ses œuvres à l'infini. Autre exemple, Wim Delvoye dessine sur ordinateur et fait réaliser ses œuvres en bois ou en acier par des artisans indonésiens ou des industriels européens. Ce type de production industrielle ne concerne en rien notre projet.

Il faut également citer les expériences pédagogiques du XXe siècle comme celles du groupe Ounovis [Unovis, acronyme de *Utverditeli Novogo Iskusstva*, « Affirmateurs du nouvel art »] créé en 1920 à Vitebsk, sous l'impulsion de Malevitch : son fondement réside dans « l'idée de collectivisme selon laquelle chaque artiste doit se percevoir non comme un individu mais comme une unité créatrice de l'Ounovis[3] ». Et plus tard le Bauhaus de Weimar, entre 1919 et 1933, dont la pédagogie innovante se caractérise par le compagnonnage entre artisans et artistes, le croisement des disciplines, l'expérimentation et l'intelligence collective.

Parmi les œuvres à plusieurs mains, il faut aussi noter celles qui rassemblent les signatures de plusieurs artistes en fonction de leur spécialité. Déjà autour de 500 avant notre ère, nous trouvons un des premiers témoignages de collaboration technique et artistique identifié : celui des potiers et peintres grecs, qui travaillaient de concert pour réaliser les formidables vases conservés aujourd'hui dans les plus grands musées du monde. Prenons pour exemple Euphronios et Euxithéos, qui durant la seconde moitié du VIe siècle avant notre ère réalisent et co-signent le remarquable *Cratère de Sarpédon* (conservé au musée national archéologique de Cerveteri), Euphronios peignant les figures sur la pièce tournée par Euxithéos.

Au XVIIe siècle en Europe, avec le développement de la peinture de genre, des petits formats et du marché privé, quelques peintres se spécialisent dans un seul genre pictural : paysage, portrait, scène de genre, nature morte, architecture, figures… C'est particulièrement important dans les Pays-Bas du Nord et du Sud où certains peintres se consacrent à un type de tableau – marine, paysage hivernal, scène de café… Cette spécialisation peut être organisée au sein d'un atelier où chacun se voit confier une partie de l'œuvre ; mais l'association peut aussi naître pour les besoins d'un client. Ainsi, l'*Allégorie de l'automne*[4] est due aux pinceaux de Christian Berentz (1668-1722), spécialiste de natures mortes, et Giacinto Brandi (1621-1691), renommé pour ses modèles grandeur nature. La collaboration entre les deux peintres permet alors de répondre plus rapidement à une commande décorative.

Bel exemple de défi collaboratif : *Le Martyre de sainte Rufina et sainte Secunda*[5] est conservé à la Pinacothèque de Brera à Milan. En 1620, le riche collectionneur Scipione Toso commande cette œuvre à Giovan Battista Crespi dit le Cerano, à Pier Francesco Mazzucchelli

2 Guy Duplat, « Plongée au cœur de l'atelier de Rubens », *La Libre Belgique*, 3 septembre 2007. L'article dresse le compte-rendu de l'exposition de référence et du catalogue *Rubens : l'atelier du génie* (cat. exp.), Bruxelles, Musées royaux des Beaux-Arts de Belgique, 2007-2008 [Tielt, Lannoo, 2007]

3 Tatiana Goriatcheva, « L'Ounovis : organisation et idéologie », in *Chagall, Lissitzky, Malévitch, l'avant-garde russe à Vitebsk, 1918-1922* (cat. exp.), Paris, Centre Pompidou, 2018, p. 134.

4 Huile sur toile, 173 × 123 cm, musée d'Arts de Nantes, inv. 384. Voir Adeline Collange-Perugi, in *De Véronèse à Casanova*, Lyon, Lieux Dits, 2013, p. 74.

5 Huile sur toile, 192 × 192 cm.

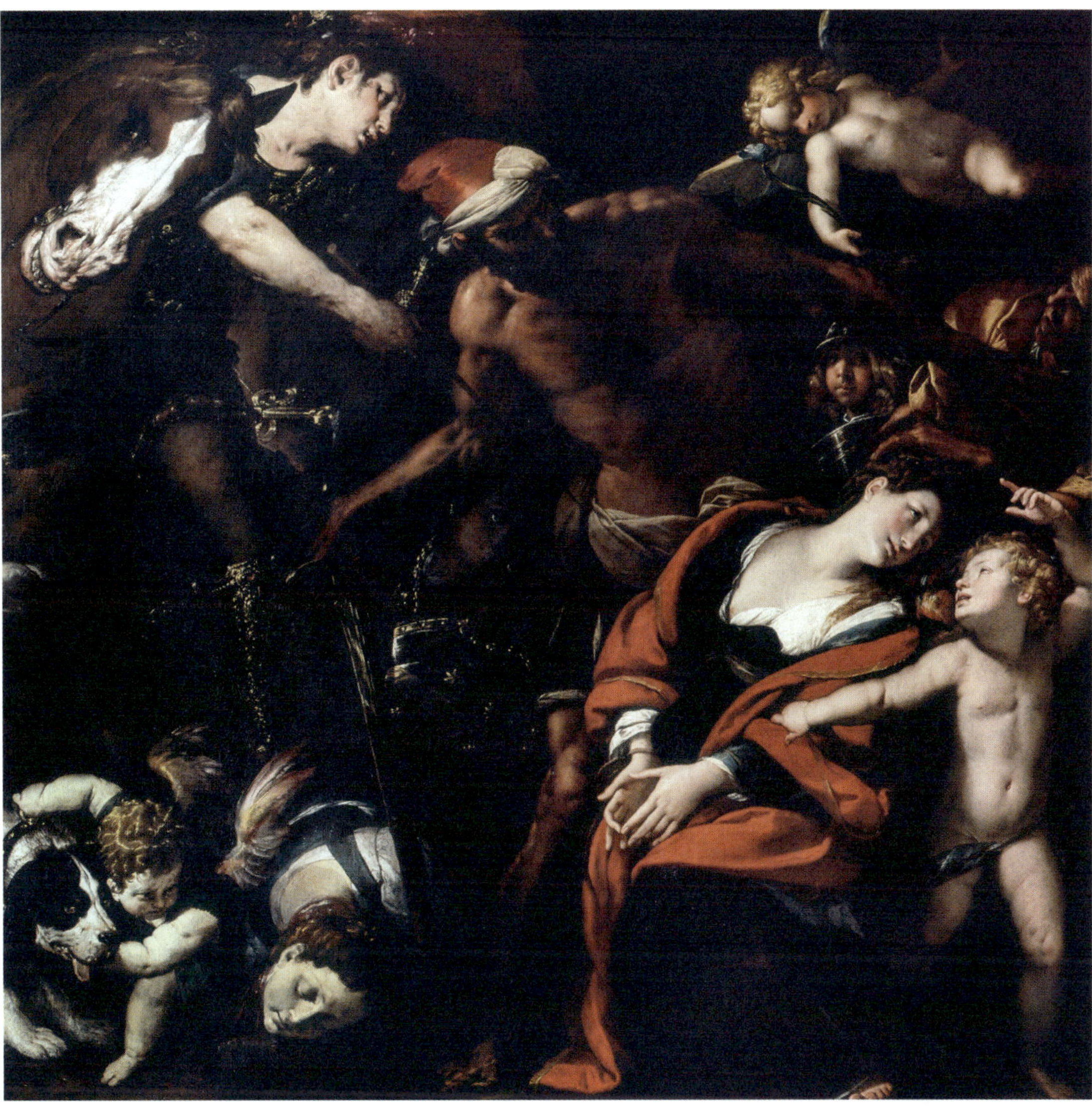

2 (ill.) • Giovan Battista Crespi dit le Cerano, Pier Francesco Mazzucchelli dit Morazzone et Giulio Cesare Procaccini, ***Le Martyre de sainte Rufina et sainte Secunda*****, 1620**

dit Morazzone et à Giulio Cesare Procaccini, afin de les mettre en concurrence. Ces trois artistes comptent en effet parmi les plus célèbres de leur temps en Lombardie : Cerano est connu pour son goût macabre et ses animaux, Morazzone pour ses batailles et Procaccini pour ses expressions puissantes et pathétiques. Le premier réalise sainte Secunda décapitée, le chevalier, le chérubin et le chien. Le second peint le bourreau, le soldat, l'ange et la palme du martyre. Enfin le dernier peint sainte Rufina et l'ange consolateur. Cette compétition avait sans doute été suggérée à Toso par Girolamo Borsieri, bon connaisseur de la scène artistique lombarde de l'époque, voulant démontrer la capacité des artistes à travailler de façon complémentaire, chacun donnant le meilleur de son art tout en s'attachant à la cohérence de l'ensemble.

On peut comparer cette façon de travailler aux groupements d'artistes dans lesquels chacun apporte son savoir-faire : vidéaste, spécialiste du numérique, performer ou designer peuvent s'associer à des plasticiens, abolissant les cloisons pour définir de nouveaux champs artistiques. Ainsi Auto Italia South East[6], atelier d'artistes londoniens fondé en 2007, commande et produit des œuvres en collaboration directe avec de jeunes artistes émergents, visant à fournir un cadre pour le développement de formats alternatifs de création et d'exposition. Le Studio Azzurro, excellente entreprise de vidéastes associés milanais, fonctionne pareillement. Le projet *Labor Zéro Labor*, créé en 2016 à la Friche de La Belle de Mai à Marseille, offre aux artistes la possibilité de participer à l'élaboration d'œuvres destinées à une diffusion télévisée.

Les groupes constitués d'artistes n'ont pas été retenus pour l'exposition car, s'ils ont un objectif commun affiché, leurs travaux ne sont pas le fruit d'une rencontre ponctuelle et fortuite mais au contraire d'un engagement sur le long terme, donnant souvent lieu à un partage d'outils, de locaux, d'espaces de travail, de lieux d'exposition : un processus plus durable, plus militant, plus global. C'est le cas, par exemple du Living Theatre, qui a révolutionné l'art dramatique dans les années 1950-1960. Le Living Theatre était non seulement une troupe de théâtre internationaliste et nomade mais une communauté de vie dont les ressources et les énergies vitales étaient partagées[7]. Pour passionnante qu'elle fut, la pratique communautaire ou communaliste du « Living » ne concerne pas notre projet.

Pas plus d'ailleurs que celle des Malassis[8]. Cette coopérative, fondée en 1970 par les peintres Henri Cueco, Lucien Fleury, Jean-Claude Latil, Michel Parré, Gérard Tisserand et Christian Zeimert, sur le modèle d'une coopérative agricole, ne relève pas d'une association occasionnelle mais d'un engagement politique fort : les Malassis partagent leurs compétences techniques particulières si bien que, dans le résultat final, il n'est plus possible de dire quel peintre a réalisé quelle partie du tableau. Par ce biais, ils remettent en cause l'un des ressorts du marché de l'art, la signature originale. Les artistes mettent fin à cette expérience en 1981, chacun retournant à sa pratique individuelle. Autre exemple, le groupe UNTEL[9], un collectif d'artistes créé en 1975 à Paris par Jean-Paul Albinet, Philippe Cazal et Alain Snyers, a principalement œuvré de façon improvisée dans l'espace urbain utilisant, lors d'actions publiques, des affiches, tracts, photographies, images, objets, notes et sons.

Ces collectifs d'artistes se sont multipliés depuis le début du XXe siècle : ils ont notamment fait récemment l'objet d'une grande exposition au Lenbachhaus à Munich, « Dynamique de groupe – collectifs de la période moderniste[10] ». Nombreux sont les articles faisant le point sur le sujet[11]. Par ailleurs, c'est un collectif d'artistes, le groupe indonésien Ruangrupa, fondé à Jakarta en 2000, qui a été sélectionné pour la direction artistique de la documenta 15 à Kassel en 2022.

Depuis le milieu du XIXe siècle, on voit naître associations ou mouvements au sein desquels les artistes adhèrent à certains choix esthétiques et signent des manifestes : du *Manifeste du Réalisme* de Gustave Courbet en 1855 au *Manifeste des Nouveaux Réalistes*[12] cosigné par les artistes et le critique d'art Pierre Restany en 1960, en passant par le *Manifeste futuriste* publié en 1919 par Marinetti dans *Le Figaro*. Depuis, les associations d'artistes continuent de fleurir. Citons parmi les plus connues : BMPT (1966-1967)[13], General Idea (1967-1994)[14], Art & Language (créé en 1968)[15], Présence Panchounette (1968-1990)[16], Supports/Surfaces (1969-1972)[17], IFP Information-Fiction-Publicité (1984-1994)[18], leurs noms singeant parfois des logos et des emblèmes d'entreprises ou de sociétés de communication.

6 Auto Italia est actuellement dirigé par Kate Cooper, Marianne Forrest et Edward Gillman.

7 Jean-Jacques Lebel, *Entretiens avec le Living Theatre*, Paris, Belfond, 1969.

8 Véronique Goudinoux, *Les Malassis : une coopérative de peintres toxiques (1968-1981)*, Montreuil, L'échappée, 2014.

9 *UNTEL Archives 1975-1980*, monographie coéditée en 2004 par l'École nationale supérieure des Beaux-Arts de Paris, La Galerie, Noisy-le-Sec, l'École supérieure d'art et design de Dijon et le Centre national édition art image (CNEAI). UNTEL questionne différentes composantes de la société à travers des références à l'audiovisuel (TV et radio), aux jardins publics, au sexe, à la police, aux vacances, aux musées, au métro, au chômage, aux banques ou au logement. Loin de vouloir apporter des réponses, UNTEL s'est présenté comme un miroir critique et dynamique de l'art au contact du réel. Le groupe suspend ses activités en 1980 et chacun poursuit sa carrière.

10 Exposition organisée du 19 octobre 2021 au 24 avril 2022.

11 Par exemple, Roxana Azimi, « L'Art en bande organisée », *Le Monde*, 18 avril 2014.

12 Klein, Tinguely, Hains, Arman, Dufrêne et Villeglé.

13 Buren, Mosset, Parmentier, Toroni.

14 Collectif de trois artistes canadiens : Felix Partz, Jorge Zontal et AA Bronson.

15 En Angleterre, Art & Language a pu compter jusqu'à trente contributeurs, et est encore aujourd'hui animé par les seuls Michael Baldwin et Mel Ramsden.

16 Christian Baillet, Pierre Cocrelle, Didier Dumay, Michel Ferrière, Jean-Yves Gros, Frédéric Roux et Jacques Soulillou.

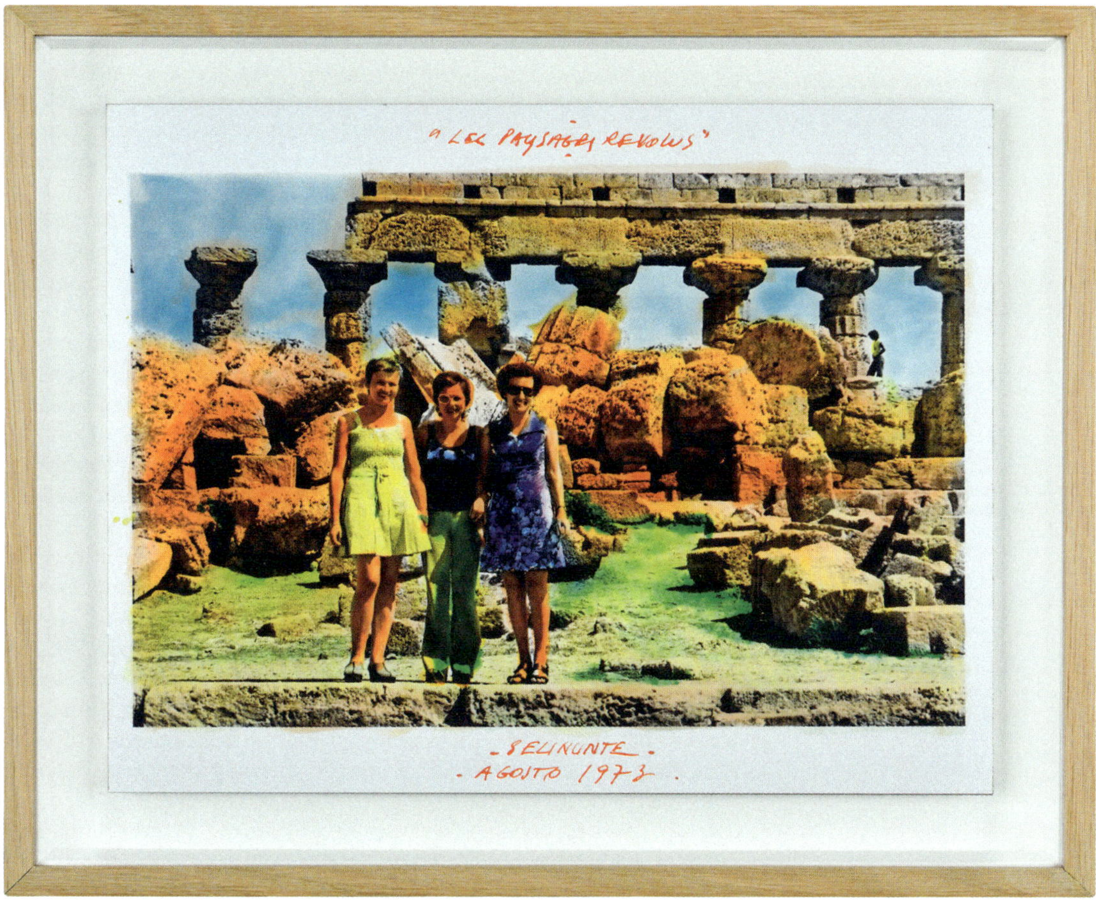

3 (ill.) · **Anne et Patrick Poirier, *Selinunte, Agosto 1973*, Série « Les Paysages Révolus », 1973**

Enfin, nous avons d'emblée écarté les fratries d'artistes, comme les Brueghel, les Van Eyck, Hippolyte et Paul Flandrin[19], ou plus récemment les frères Florian et Michael Quistrebert qui, comme les couples d'artistes[20], cosignent des œuvres et connaissent souvent des carrières conjointes : Robert et Sonia Delaunay, Jean et Sophie Taueber-Arp, Gilbert & George, Coosje van Bruggen et Claes Oldenburg, Anne et Patrick Poirier, Pierre & Gilles, et bien d'autres encore. Nous sommes là devant des pratiques conjugalistes, reflets de relations affectives qui ne concernent pas notre projet.

Aujourd'hui, de nombreux artistes pratiquent différents médiums, faisant souvent appel à d'autres créateurs. Ainsi, bien que remarquables pour certaines, nous n'avons pas pris en compte les activités artistiques incluant le travail de plusieurs métiers : le cinéma, l'opéra, le théâtre ou la danse nécessitant l'intervention de plusieurs métiers (musiciens, chanteurs, auteur, metteur en scène, réalisateurs, acteurs, danseurs ou comédiens, costumiers, décorateurs, éclairagistes…).

Quelques absents. Certaines œuvres n'ont pu être présentées dans cette exposition en raison de leurs dimensions. Il en est ainsi pour le *Jardin Théâtre Bestiarium,* très importante installation créée en 1988 au MoMA PS1 à New York[21]. C'est d'abord le résultat « d'un mode de travail alors novateur, coopératif, éclaté, non hiérarchique. Le critique

17 Jean-Pierre Arnal, Vincent Bioulès, Louis Cane, Marc Devade, Daniel Dezeuze, Noël Dolla, Toni Grand, Bernard Pagès, Jean-Pierre Pincemin, Patrick Saytour, André Valensi et Claude Viallat.

18 Jean-François Brun, Dominique Pasqualini et Philippe Thomas qui n'y participe que jusqu'en 1985.

19 Musée des Beaux-Arts de Lyon, exposition « Hippolyte, Paul, Auguste : les Flandrin, artistes et frères », du 19 mai au 5 septembre 2021.

20 *Couples modernes* (cat. exp.), Centre Pompidou Metz, 28 avril – 20 août 2018 [Paris, Gallimard, 2018].

21 Elle sera ensuite présentée au Théâtre Lope de Vega de Séville, au Confort Moderne à Poitiers sur l'impulsion de Guy Tortosa, et enfin en 2008 au Fresnoy.

et galeriste Rüdiger Schöttle assemble treize artistes[22] de huit pays et, sans leur imposer de thème précis, les laisse donner libre cours à leur créativité selon quelques grandes lignes. C'est plus une œuvre d'art totale qu'une exposition, mêlant des formes artistiques (peinture, architecture, sculpture, photographie), des modes de représentation (théâtre, cinéma, art paysager), des images (actualité, film), le tout dans un espace construit, structuré comme une expérience totale. À la fois jardin paysager en miniature et plateau de théâtre, c'est avant tout une réflexion sur le statut et la production des œuvres d'art, et sur la convergence des disciplines et des sens. C'est une addition concertée de plusieurs recherches davantage qu'une banale juxtaposition, chaque œuvre rebondissant sur les autres, aucune ne pouvant exister de manière autonome, sans les autres[23]. » Autres œuvres qui n'ont pu être intégrées à cette exposition par manque de place, *Si vous voulez tirer, signez* présenté au Salon de mai de 1964 par Grinberg, Oleg Goudcoff, Antonio Seguí et Eduardo Arroyo, ou *Charger / Décharger*, une très grande installation de Seza Paker et Anabelle Hulaut réalisée en 2000 à Istanbul.

On pourra regretter l'absence de certaines œuvres, indisponibles pour diverses raisons : la collaboration entre Picasso et Derain (*Quatre peintures sur un carreau*[24]), le dessin à quatre mains de Marcel Duchamp et Salvador Dalí (→ p. 100)[25], la sculpture trop fragile de Hans Hartung et Germaine Richier, *La Toupie* de 1953[26], *Erased De Kooning Drawing*, l'une des premières œuvres de l'artiste américain Rauschenberg en 1953 (→ p. 141)[27], les tableaux peints de concert par Matta et Victor Brauner *Intervisions* et *Innervisions* en 1955-1956 (→ p. 118)[28], enfin l'œuvre de Jasper Johns et Robert Rauschenberg, *Short Circuit*, 1955 (→ p. 147)[29] ou celle réalisée par Allan Kaprow, Robert Rauschenberg et Jasper Johns en 1959, *Untitled [Remnant from 18 Happenings in 6 Parts]*[30]. Provoquée par le marchand suisse Bruno Bischofberger, la collaboration entre Andy Warhol, Francesco Clemente et Jean-Michel Basquiat a donné lieu à une exposition dont les œuvres sont aujourd'hui dispersées à travers le monde. Cette relation entre Basquiat et Warhol est à la fois mythifiée et instrumentalisée au point de faire l'objet actuellement d'une pièce de théâtre, *The Collaboration*, donnée à Londres au Young Vic Theatre et programmée à Broadway. Nous aurions pu présenter aussi *La Prose du Transsibérien et de la petite Jehanne de France* (1933), collaboration entre Blaise Cendrars et Sonia Delaunay[31] ; beaucoup plus qu'un livre illustré, cet objet (un leporello) fut conçu conjointement par les deux artistes : alors que Cendrars pensait son poème, Sonia Delaunay inventait sa mise en forme, chacun donnant à l'autre des éléments pour avancer dans cette création.

Toutes ces œuvres, fruits de rencontres parfois fortuites, de désirs non planifiées, ces créations étonnantes et uniques dont nous nous sommes efforcés de rassembler un ensemble cohérent et représentatif, de l'*Album zutique* à nos jours, sont avant tout l'expression – autour d'un engagement commun fort, politique ou artistique – de toute la puissance de l'amitié : « une âme en deux corps », selon Aristote ●

22 Bernard Bazile, Glenn Branca, James Coleman, Irène Fortuyn O'Brien, Ludger Gerdes, Dan Graham, Rodney Graham, Marin Kasimir, Christian-Philipp Müller, Juan Muñoz, Hermann Pitz, Alain Séchas et Jeff Wall.

23 Tiré du blog de Lunettes Rouges, « Amateur d'art », 27 août 2010.

24 Huile sur quatre tomettes en céramique réunies au plâtre, 1914 ; New Haven, Yale University Art Gallery.

25 Collection privée, New York.

26 Lehmbruck Museum, Duisburg.

27 San Francisco Museum of Modern Art.

28 Musée national d'Art moderne, en dépôt au musée d'Arts de Nantes.

29 Foundation Rauschenberg / Art Institute of Chicago.

30 The Metropolitan Museum de New York.

31 Conservé au Centre Pompidou.

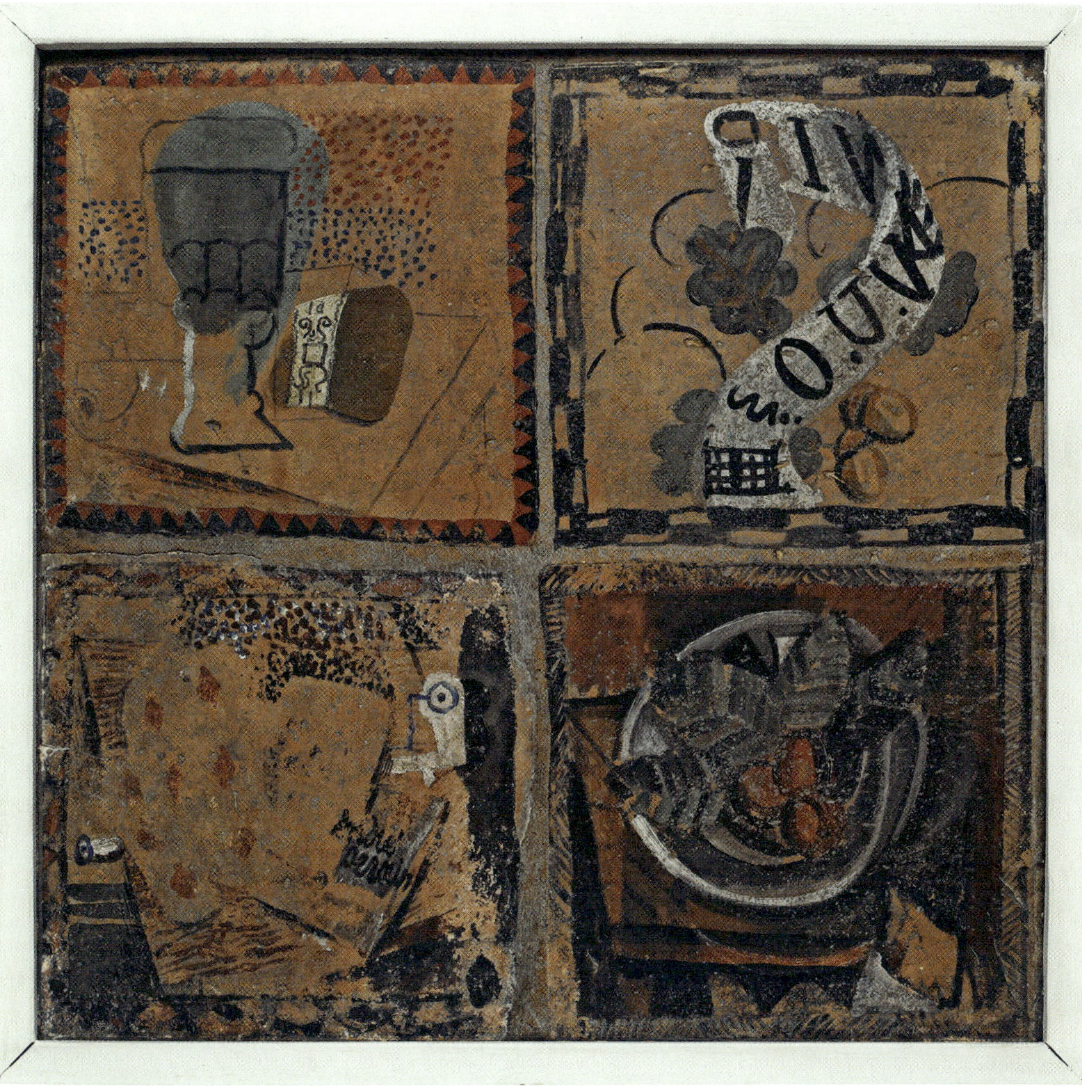

4 (**ill.**) · **André Derain et Pablo Picasso,** ***Quatre peintures sur un carreau*****, 1914**

Qu'est-ce qu'un agencement collectif d'énonciation ?

David Lapoujade

Présenter un ensemble d'œuvres « collectives » sous le signe de l'amitié : telle est l'idée qui tenait à cœur à Jean-Jacques Lebel et Blandine Chavanne. Gilles Deleuze disait de l'idée qu'elle est à la fois amour et colère. On peut se demander quelle part d'amour – ou d'amitié – et quelle part de colère animent l'idée de cette exposition. On sait que Jean-Jacques Lebel est d'abord et avant tout un homme de rencontres, qu'il n'a cessé de faire des rencontres et de les favoriser comme autant d'expérimentations vitales, affectives, politiques et artistiques. Chaque rencontre est justement vécue comme un jeu amical, c'est-à-dire comme une expérimentation, selon le crédo de l'expérimentateur : on verra bien ce que ça donne... La part d'improvisation collective y est essentielle. Mais cette forme d'amitié est inséparable d'une colère contre les forces qui tendent à séparer l'art du collectif, qui tendent à le décollectiviser, à le dépolitiser et à le dévitaliser. On ne compte plus en effet les forces qui ont tendu et qui tendent encore à individualiser et isoler l'artiste et ses œuvres, à les enfermer dans des lieux où ne circulent plus que des visiteurs individuels, des lieux non collectifs.

En effet, ce n'est pas seulement l'artiste qu'on a individualisé sous les traits du « génie », le créateur souverainement original, affranchi de ses prédécesseurs, avec son nom propre, son style inimitable et sa signature. Ce sont aussi les œuvres qu'on a enfermées ; la peinture qui s'exposait partout s'est trouvée progressivement enfermée chez les mécènes, dans les lieux de culte, puis dans les Salons, encadrée, avant de finir dans les appartements privés et les musées. Il n'est pas jusqu'à la définition des arts qu'on voulait rendre autonomes au point de les enfermer en eux-mêmes : une peinture qui ne serait que peinture, une poésie qui ne serait que poésie, une musique enfin « pure ». Chaque art serait ainsi destiné à rejoindre son essence. À tous les niveaux, la même promotion d'une forme d'intériorité individuelle autonome : spécificité des arts (essence), individualité des œuvres (existence), singularité de l'artiste (agent). L'artiste est alors perçu comme l'agent qui fait passer l'essence à l'existence, fusion des trois individualités et triple enfermement.

Mais comme le dit Herman Melville, les événements « ne peuvent aller continûment dans le même sens et dire une seule et même histoire ». D'abord, il est bien évident, à un autre niveau, que les arts captent l'air du temps, les particules sensibles, affectives, politiques sociales de leur époque, et que les artistes n'ont pas cessé de former des groupes, des écoles, des collectifs dont l'existence récuse la légende dorée de l'artiste individuel. Il suffit de mentionner les constellations qui se sont formées – fauves, Dada, surréalistes, Fluxus, etc. – qui, non seulement ont travaillé collectivement, mais ne voulaient plus d'un art séparé de la vie ni d'arts séparés les uns des autres. À cet égard, la proposition de Jean-Jacques Lebel et Blandine Chavanne se présente comme une farouche contestation de ces conceptions individualisantes, essentialisantes, abstraites, mais surtout dépolitisées et dévitalisées. Voilà pour la colère. Et derrière la notion d'« amitié », Lebel a en tête autre chose ; il veut faire entendre le concept d'« agencement collectif d'énonciation » forgé par Deleuze et Guattari (dont il était proche). D'où ce « montrage » d'œuvres collectives ou, du moins, pluri-individuelles, poly-encéphaliques. Si donc on veut comprendre ce que signifie l'amitié pour Lebel, c'est ce concept qu'il faut expliquer.

Qu'est-ce qu'un agencement collectif d'énonciation ? Sans même savoir quelle réalité recouvre ce concept, on voit bien que tout se trouve redistribué d'un coup. Il n'y a plus d'*agents*, rien que des *agencements*.

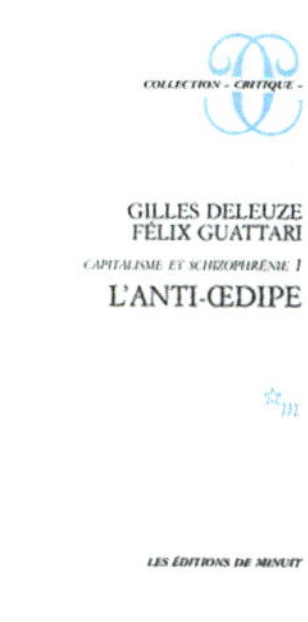

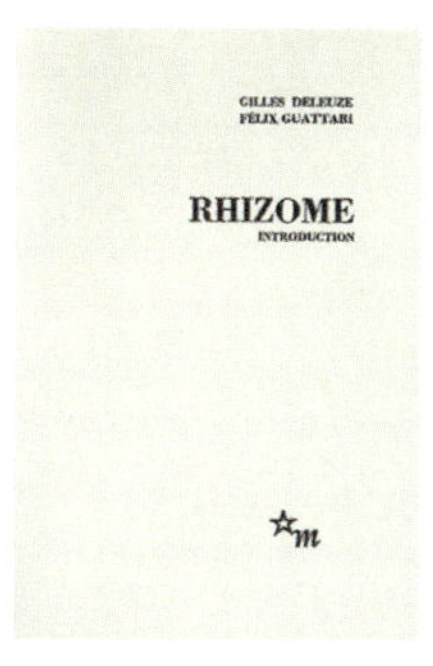

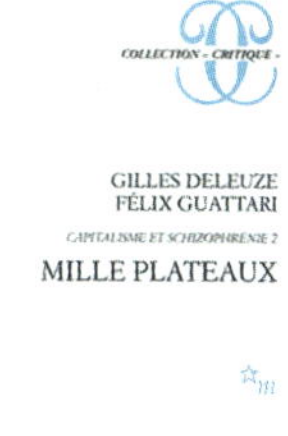

5-6-7 · Trois des quatre ouvrages écrits par Gilles Deleuze et Félix Guattari

Ou plutôt les agents sont eux aussi des agencements puisqu'il n'y a rien d'autre. Et ces agencements ne sont plus individuels, ils sont toujours collectifs, *nécessairement* collectifs. Un individu est en lui-même une foule, une meute, un ensemble de populations. Il est en lui-même un agencement collectif d'énonciation. Un individu a beau dire « moi » ou « je », il n'est que la caisse de résonance de toutes les voix du champ social qui le traversent et qui vibrent dans chacune de ses paroles. « Il y a beaucoup de passions dans une passion, et toutes sortes de voix dans une voix, tout une rumeur, glossolalie[1] ». On devine déjà le rôle que joue ici l'énonciation. Le concept forgé par Deleuze et Guattari n'est pas séparable d'une critique de la langue conçue par la linguistique comme un système autonome. Peut-être retrouve-t-on la même colère que celle dont nous parlions, la manière dont le langage a été pensé pour lui-même, indépendamment de sa fonction sociale, de son efficience politique, vitale. Peut-être est-ce de la critique de cette autonomie abstraite dont Lebel se sent proche.

Car, pour se constituer, la linguistique a dû faire de la langue un « objet de science » et, pour cela, la séparer de tous ses usages circonstanciels (la parole, par opposition à la langue), usages tenus pour des variables extrinsèques au sens où ils n'affectent pas le système de la langue en elle-même, pas plus que la pratique des joueurs n'affecte les règles qui régissent le jeu d'échecs. Bien sûr, ces usages existent mais sont considérés comme inessentiels, non linguistiques. La linguistique peut même s'augmenter d'une personnologie, c'est-à-dire de *sujets d'énonciation* comme autant d'opérateurs ou d'agents de la langue. Cela ne veut pas dire que la langue s'ouvre sur ceux qui la parlent, mais plutôt l'inverse : le sujet d'énonciation est intérieur à la langue en raison de la place privilégiée que lui aménagent les pronoms personnels.

D'où vient que la langue est ainsi abstraite de toute réalité sociale, politique, existentielle ? C'est qu'on s'est mépris sur sa *fonction*. On a voulu voir dans le langage un instrument destiné à communiquer ou à transmettre des informations. Le langage serait informatif ou communicatif. Or, selon Deleuze et Guattari, cette fonction n'est pas propre au langage puisqu'elle vaut pour tous les systèmes signalétiques ou même pour le « pseudo-langage des abeilles[2] ». Un changement s'opérait avec la linguistique pragmatique et ses fameux performatifs : des énoncés qui n'ont de sens que tant qu'on fait quelque chose en *les* disant, le maire qui unit un couple en le déclarant marié, le chef d'État qui décrète la mobilisation générale. Les performatifs n'informent ni ne communiquent, ils agissent. C'est une première intrusion du champ social au sein de la langue elle-même puisque ces énoncés ne doivent leur performativité qu'aux institutions qui la rendent possible. Mais la pragmatique ne devient intéressante pour Deleuze et Guattari que lorsqu'elle découvre que *tous* les énoncés sont doués d'une force illocutoire, tout ce qu'on fait *en disant*, quoi qu'on dise – au lieu de se limiter aux seuls performatifs (ce qu'on fait en *le* disant).

Alors, et alors seulement, la langue et le champ social deviennent en droit inséparables. C'est alors qu'apparaît la fonction coextensive au langage : le mot d'ordre. Le langage ne sert pas à communiquer ou à informer, mais à ordonner, transmettre des mots d'ordre. Communiquer ou informer ne sont plus que des manières de transmettre un mot d'ordre. Ce ne sont pas seulement les commandements ou les impératifs, ce sont tous les énoncés, même « bonjour », même « je », qui sont des mots d'ordre au sens où ils « interviennent » dans chaque

1 Gilles Deleuze et Félix Guattari, *Mille plateaux*, Paris, Éditions de Minuit, 1980, p. 97 et p. 107 : « Écrire, c'est peut-être amener au jour cet agencement de l'inconscient, sélectionner les voix chuchotantes, convoquer les tribus et les idiomes secrets, d'où j'extrais quelque chose que j'appelle Moi. »

2 Deleuze et Guattari, *op. cit.*, p. 97 : « L'abeille qui a perçu un butin peut communiquer le message à celles qui n'ont pas perçu ; mais celle qui n'a pas perçu ne peut pas le transmettre à d'autres qui n'auraient pas davantage perçu. Le langage ne se contente pas d'aller d'un premier à un second, de quelqu'un qui a vu à quelqu'un qui n'a pas vu, mais va nécessairement d'un second à un troisième, ni l'un ni l'autre n'ayant vu. »

situation et en modifient la configuration momentanée[3]. Ce que découvre la linguistique était déjà bien connu des romanciers. C'est par exemple ce que décrit Nathalie Sarraute, qu'elle explore dans tous ses romans et pièces de théâtre, la force illocutoire du moindre énoncé à un niveau microphysique et micropsychique. Se déploie littéralement la mise en scène d'agencements collectifs d'énonciation au cœur de la plus stricte intimité des psychismes. Une chose est sûre : dégager la fonction du langage le rend inséparable des corps sociaux sur lesquels il intervient[4]. Une des raisons pour lesquelles Jean-Jacques Lebel invoque le concept d'agencement collectif d'énonciation obéit peut-être au motif suivant : les œuvres ne communiquent pas de messages, elles n'informent pas, mais elles « interviennent » dans le champ social à la manière de mots d'ordre.

Mais de quelle nature est alors cette intervention ? Quels sont les *actes* propres au langage, par quoi il se distingue des *actions* et des *passions* des corps ? Pour l'illustrer, il faut reprendre un exemple de Deleuze et Guattari : « Dans un détournement d'avion, la menace du pirate qui brandit un revolver est évidemment une action ; de même l'exécution des otages si elle a lieu. Mais la transformation des passagers en otages, et du corps-avion en corps-prison, est une transformation incorporelle instantanée [...]. Les mots d'ordre ou les agencements d'énonciation dans une société donnée, bref l'illocutoire, désignent ce rapport instantané des énoncés avec les transformations incorporelles ou attributs non corporels qu'ils expriment[5] ». Le mot d'ordre est l'*acte* de l'énoncé, mais c'est un acte de nature incorporelle. Tel est son mode d'« intervention » ; il produit une transformation instantanée des corps ; il agit comme une césure temporelle. « Tu n'es plus un enfant...[6] » et, instantanément, tout change. Mais on peut dire aussi bien qu'il déterritorialise les corps au sens où il les arrache à leur territorialité initiale, par exemple la petite territorialité momentanée du passager de l'avion reterritorialisé d'un seul coup sur d'autres corps, le corps de l'avion-prison et le corps-otage. C'est un événement en ceci que l'énoncé opère une redéfinition et une déterritorialisation des corps dont il parle, corps politiques, sociaux, monétaires, organiques, artistiques. Même les âmes doivent être définies comme des corps pour autant qu'elles conservent l'empreinte ou l'image des autres corps en elles. Et chaque énoncé précipite la déterritorialisation de ces corps, leur reterritorialisation sur tel ou tel nouveau corps social, politique, vital.

C'est une sorte de dualisme : d'un côté, les sociétés sont perçues comme une pluralité de corps de toutes natures qui agissent les uns sur les autres, qui pâtissent les uns des autres, qui se mélangent, composent de nouveaux corps. Sous ce premier aspect, il n'y a rien que des corps. Mais de l'autre côté, il n'y a que des « actes » incorporels qui transforment instantanément ces corps, qui les déterritorialisent ou les reterritorialisent comme les passagers sont subitement transformés en otages indépendamment de toute action ou passion : transformation incorporelle. On en a la confirmation à travers un exemple de Guattari, lorsqu'il parle de « coupure signifiante » : « Il s'est passé quelque chose. Le type qui est venu en Russie en 1916 et qui revient en 1918 s'aperçoit que les gens ne sont plus au même endroit. Ça, on le lit dans le signifié [*dans les corps*]. Les journalistes écriront, par exemple, que "sur les champs de courses on ne voit plus personne", que "le palais d'Hiver n'a plus la même gueule"..., mais ce n'est pas de cela qu'il s'agit : ce qui a complètement changé, c'est le sens de toutes les significations,

3 Deleuze et Guattari, *op. cit.*, p. 107 : « JE est un mot d'ordre. »

4 Deleuze et Guattari, *op. cit.*, p. 101 : « C'est la notion d'agencement collectif qui rend compte du caractère nécessairement social de la langue. »

5 Deleuze et Guattari, *op. cit.*, p. 103.

6 « Les corps ont un âge, une maturation, un vieillissement ; mais le majorat, la retraite, telle catégorie d'âge, sont des transformations incorporelles qui s'attribuent immédiatement au corps, dans telle ou telle société. "Tu n'es plus un enfant..." : cet énoncé concerne une transformation incorporelle, même si elle se dit des corps et s'insère dans leurs actions et passions », Deleuze et Guattari, *op. cit.*, p. 102.

5 (ill.) → **p. 32-33**
Gilles Deleuze et Félix Guattari en 1980 dans une réunion publique. Photo : Marc Gantier

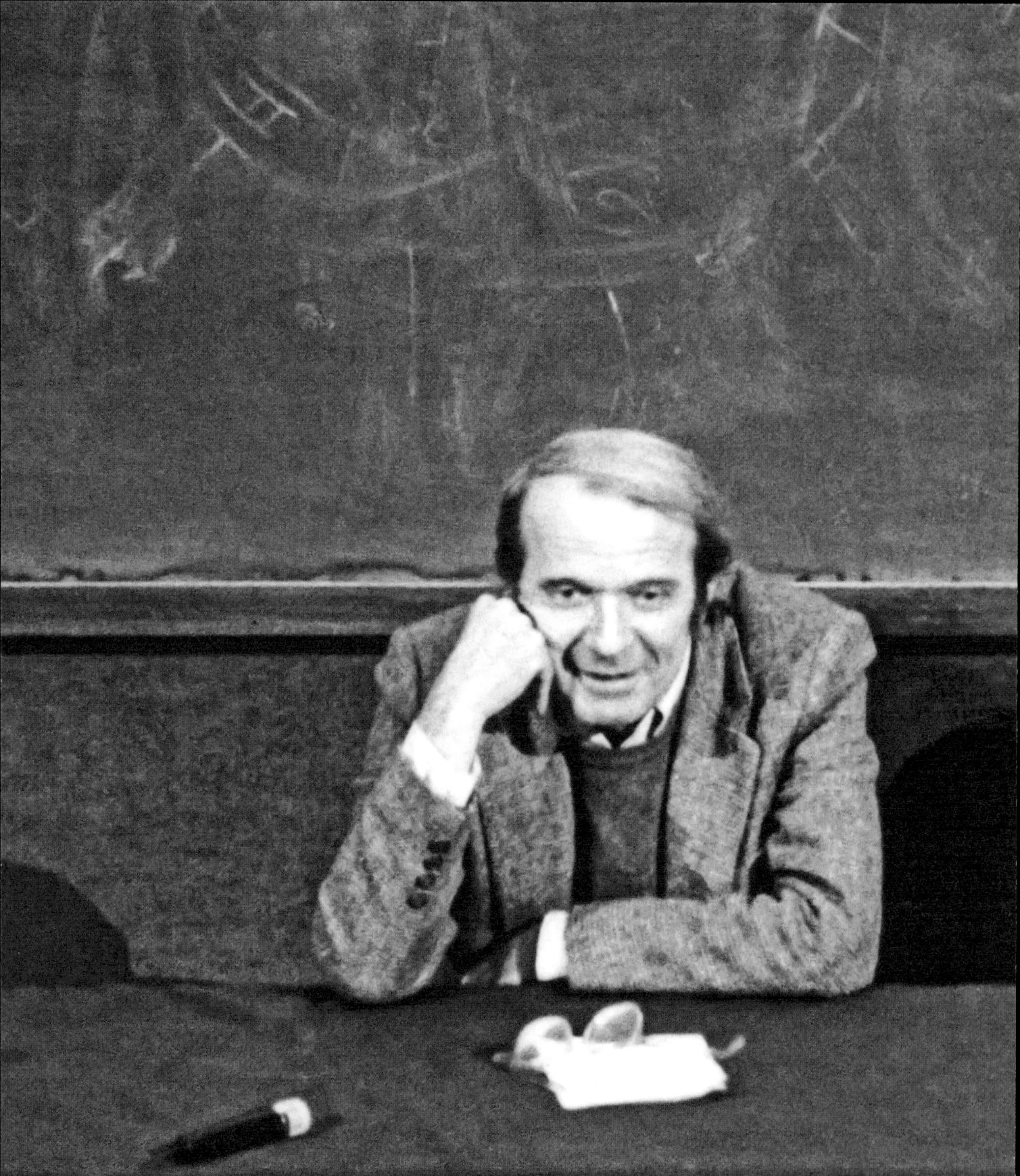

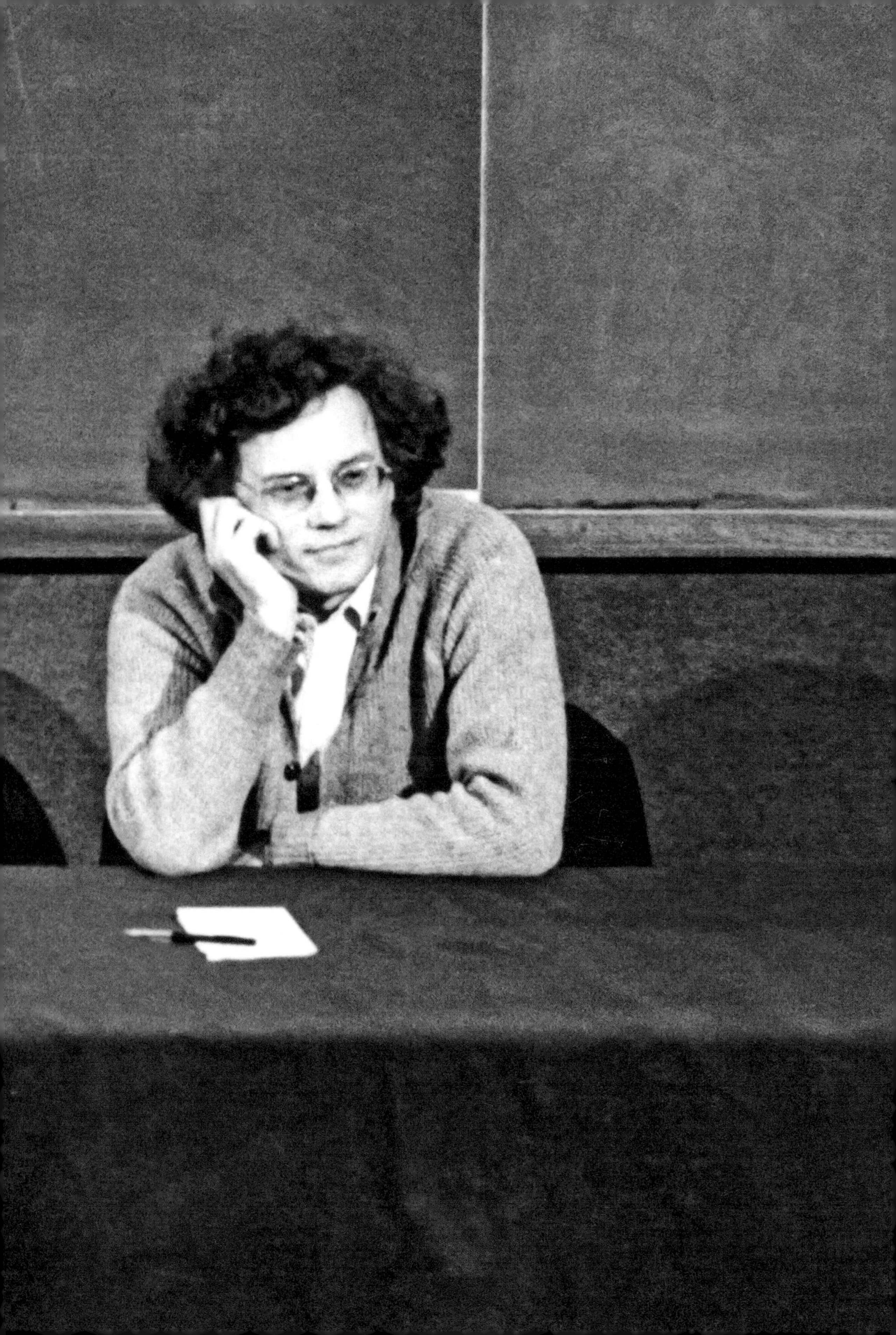

c'est-à-dire quelque chose qui s'est produit dans le signifiant [*comme coupure incorporelle*][7]. »

Que Jean-Jacques Lebel et Blandine Chavanne aient décidé d'ouvrir leur « montrage » par l'*Album zutique* n'est pas indifférent. Parce que justement l'album obéit à un mot d'ordre fédérateur : zut ! zut à tout ! « Zut » est l'énoncé-coupure incorporelle, le cri de ralliement en fonction duquel se redistribue l'ensemble des protagonistes, leurs réunions, leurs discussions, leurs représentations psychiques, leurs provocations, leurs parodies. Et sans doute peut-on dire la même chose des multiples mots d'ordre de Dada (« dada » étant lui-même le premier mot d'ordre du mouvement : dada ![8]), des surréalistes, des néo-dadaïstes, des happenings, de Fluxus, etc., tous les mouvements artistiques traversés par des mots d'ordre comme autant de cris guerriers ou de cris de ralliement. Amour et colère. Mais cela ne suppose aucun « esprit de groupe », aucun « collectivisme » puisque chacun se rapporte au mot d'ordre à sa façon ; le mot d'ordre agit distributivement et déterritorialise chacun en fonction de ses territorialités propres. Il ne faut donc pas percevoir les œuvres en tant qu'elles communiquent un message ou livrent des informations, mais comme l'effet de mots d'ordre qui transforment les corps et déterritorialisent les perceptions. Une fois encore, est-ce cela que Lebel veut « montrer », les peintures comme des corps, inséparables d'énoncés incorporels collectifs qui en sont la part d'événement – événements politique, sociaux, existentiels ?

Voilà ce qu'implique le concept d'agencement collectif d'énonciation : la langue ne peut plus être séparée des corps sociaux dont la linguistique a voulu l'abstraire. Elle ne peut plus être enfermée en elle-même, car elle serait privée de toute fonction, de tout pouvoir d'intervention sur les corps sociaux, politiques, organiques, etc. Comment les corps sociaux ne deviendraient-ils pas intérieurs à la langue puisque c'est par ses « actes » illocutoires, ses « interventions » sur les corps *dont elle parle* et qu'elle transforme qu'elle acquiert une véritable fonction ? Voilà désormais la langue ouverte sur autre chose que sur son propre système ou sur ses sujets d'énonciation[9].

Mais on ne peut pourtant pas en rester là. Peut-être y a-t-il encore autre chose au-delà de l'extériorité des corps sociaux, quelque chose de plus extérieur encore ? Non plus une réalité sociale extérieure à la langue (mais désormais inséparable d'elle), mais un *dehors de la langue*. Le dehors ne renvoie pas ici à ce qui serait au-dehors de la langue, mais à ce qui constitue son dehors, le dehors de la langue même, ce qu'elle ne peut pas dire parce que c'est inexprimable, mais qu'elle doit cependant dire, qu'elle doit tenter de dire comme sa dimension la plus propre, la plus « intérieure ». Ce n'est pas un au-delà du langage, une transcendance inaccessible ou un indicible ; c'est au contraire ce qui lui est le plus intérieur, le plus immanent, son dedans. Comme le dit Deleuze : un dedans plus proche que tout monde intérieur, un dehors plus lointain que tout monde extérieur[10].

Il y a comme un *tenseur* qui entraîne la langue vers une matière non verbale, proche de la musique, du cri, du bruit ou du silence, en tous cas proche d'une matière sonore non verbale que la langue ne peut rejoindre – ou tenter de rejoindre – qu'à condition de se désarticuler, de se réarticuler autrement. On n'est plus chez Sarraute, mais chez Beckett : je ne peux pas le dire, mais je vais le dire, je ne peux pas le dire... « Essayer encore. Rater encore. Rater mieux encore. Ou mieux plus mal. Rater plus mal encore. Encore plus mal encore[11]. » C'est comme un

7 Félix Guattari, *Psychanalyse et transversalité*, Paris, La Découverte, 1974, rééd. 2003, p. 178 (nous ajoutons les précisions entre crochets).

8 Au sujet du mot « dada », voir la déclaration d'Hugo Ball dans le manifeste dada du 14 juillet 1916 : « C'est un mot international. Seulement un mot. Et ce mot comme mouvement. »

9 On a même conçu les peintres comme des sujets d'énonciation. Voir par exemple Daniel Arasse, *Le Sujet dans la peinture*, Paris, Flammarion, coll. « Champs », 2010, p. 15-16.

10 Gilles Deleuze, *Cinéma 2*, Paris, Éditions de Minuit, 1985, p. 275, 341 et *Foucault*, Paris, Éditions de Minuit, 1986 p. 92, 117.

11 Samuel Beckett, *Cap au pire*, Paris, Éditions de Minuit, 1991, p. 8-9.

dernier état : ce qui travaille la langue, ce ne sont plus les corps sociaux, mais la matière intense qui circule à travers ces corps et qui joue le rôle de tenseur ou d'attracteur au sens où la langue tend désormais vers sa limite ; elle se déterritorialise. On atteint un nouvel état où les corps rejoignent la matière et la langue rejoint le cri ou la musique. Ce n'est plus le langage qui déterritorialise les corps sociaux, c'est la matière non verbale comme dehors du langage, qui déterritorialise la langue et qui fait de chacun un étranger dans sa propre langue. C'est la fameuse phrase de Proust dans *Contre Sainte-Beuve* que Deleuze cite souvent : « Les beaux livres sont écrits dans une sorte de langue étrangère[12]. » Une fois encore, c'est un dehors plus lointain, plus extérieur que l'extériorité des corps sociaux, mais qui agit au plus intérieur de la langue puisqu'il en désarticule la syntaxe et la libère de ses règles grammaticales. « Le langage est poussé par ce mouvement qui le fait tendre vers ses propres limites[13]. »

Alors on comprend que la distinction entre les corps et les incorporels tend à fondre : la langue est directement aux prises avec une matière intense non formée. La langue se retourne contre sa propre articulation en même temps que la limite qui distingue les corps tend à s'effacer. Les corps se désorganisent en même temps que la langue se désarticule. On ne perçoit plus que la matière intense qui les traverse, les fait vibrer, une vitalité non organique comme les vibrations encéphalographiques des dessins mescaliniens de Michaux. Une vitalité extrême mais qui ne s'organise plus, ne s'« organicise » plus. La langue ne concerne plus les corps sociaux, mais la matière intense, vitale, affective de ces corps. Les agencements collectifs vont jusque-là : ils interviennent sur les corps sociaux, mais font également monter les variations intensives de ces corps dans le langage, non sans le soumettre à une créativité qui le désarticule et le conduit à ce que Deleuze et Guattari appellent le *style*.

C'est peut-être cela que Jean-Jacques Lebel et Blandine Chavanne veulent finalement « montrer », la manière dont les œuvres, loin d'être enfermées dans leur forme individuelle autonome, renvoient à des corps sociaux sur lesquelles elles interviennent, constituent elles-mêmes des corps sociaux, politiques, affectifs, sensibles, dont elles expriment les mots d'ordre (zut à tout !) toujours en prise avec une extériorité diffuse. Ce qui fait d'elles, à leur manière, des agencements collectifs. Parfois même, elles s'ouvrent à une extériorité plus lointaine encore ; elles témoignent d'une relation avec un dehors plus extérieur encore, avec l'extériorité des flux de désirs qui circulent à travers ces corps et constituent leur vitalité.

Destitution de « l'art » comme domaine séparé, car il est toujours en prise avec les corps sociaux avec lesquels il compose ses agencements collectifs. Destitution de l'artiste comme agent individuel au profit des agencements collectifs qu'il produit et par lesquels il est produit. Destitution de l'autonomie de l'œuvre ouverte sur le dehors d'une matière intense qui la travaille du dedans et conduit à sa déterritorialisation, son étrangeté, son étrange beauté. C'est donc une triple destitution où se conjuguent les forces de la colère et de l'amitié ●

12 Elle figure par exemple en exergue du livre de Deleuze, *Critique et clinique*, Paris, Éditions de Minuit, 1993.

13 Deleuze et Guattari, *op. cit.*, p. 137.

Surréalistes en jeu : signes et règles

Paolo Fabbri

L'art prend de plus en plus la forme d'un signe [...] ;
c'est ce sentiment qui m'a dirigé dans la vie. — Marcel Duchamp

Langages surréels du jeu. Au cours de leur longue et turbulente saison, les dadaïstes et les surréalistes ont longuement, sérieusement et collectivement joué avec tout type de signes : le langage et les images – écritures, pictogrammes, figures et objets. Ils estimaient, avec Freud et Huizinga, que l'activité ludique avait un sérieux sacré et permettait l'émergence d'un inconscient partagé, capable de rénover la banalité de la vie quotidienne et de décrypter les signes d'un nouveau style de l'imagination poétique. L'artiste surréaliste est un *médium* et toute chose un signe en puissance. Un parcours qui ne va pas des signes aux choses, mais de la réalité aux expressions originales qui découvrent et illustrent la richesse cachée du sens.

Pour le surréalisme, le jeu est forme et la forme est un jeu qui transcende les joueurs à travers lesquels il se réalise (Hans-Georg Gadamer). Jouer ensemble, en partageant librement signes et contraintes, crée avec curiosité et soin un espace-temps autonome pour les énigmatiques va-et-vient de l'existence et de l'expérience.

Dans l'épistémologie du siècle dernier, le jeu a été la métaphore privilégiée pour parler du langage avec le langage. Ferdinand de Saussure, Ludwig Wittgenstein, Raymond Roussel et Marcel Duchamp se sont servis des échecs pour nous dire que nous habitons par la parole et l'écriture un monde doté de signification et de valeur. Un espace communicatif réversible et régulé où chaque terme a une position définie, une morphologie et une syntaxe de coups possibles, c'est-à-dire d'actions discursives programmées. Pour André Breton, seul l'art magique des jeux pouvait faire germer le sens du matériau alchimique premier, le langage[1]. Pour Tristan Tzara aussi, « la pensée se fait dans la bouche ». Les jeux peuvent opérer sur les plans discursifs du langage – phonétiques, lexicaux, grammaticaux, rhétoriques, narratifs – à travers des figures de substitution telles que les homonymies et les synonymies, les calembours, les charades, les rébus ou des figures d'inclusion telles que les anagrammes, les palindromes, les métaboles.

Comme les langues, dont les caractéristiques essentielles sont la polysémie et l'absence de parallélisme entre signifiant et signifié, les jeux ne se limitent pas à suivre des règles, en générant des transformations phoniques et des translations lexicales. Jouer présuppose un fonctionnement symbolique qui permet des comparaisons et des confrontations interdépendantes entre locuteurs et scripteurs, lesquels élaborent les tactiques nécessaires à un exercice autonome de la liberté de parole. Une intelligence syntagmatique, une créativité selon les règles de la rhétorique et du discours, mais qui peut « jouer son propre jeu » pour aller poétiquement contre les règles et élaborer de nouveaux jeux de langage. C'est aussi un salut irrévérencieux à l'histoire de l'art (Tzara), en lui tirant la langue, pour faire surgir les mots et les images du quotidien – épaves d'une mer morte – et parvenir au marquage des choses, à la surréalité des « mondes renversés [...] se sont fait dans le langage une place que le réalisme primaire ne parviendra pas à leur reprendre » (Breton).

Tel est le projet sous-jacent aux actes de l'écriture automatique surréaliste, une sémiotique ludique qui porte sur la forme expressive des signifiants linguistiques et sur les mots d'esprit, qui sont leurs signifiés, mais qui ne se limite pas à la manifestation verbale[2]. Ainsi, même si « le langage a été donné à l'homme pour qu'il en fasse un usage

Extrait de « Surrealisti in gioco: i segni e le regole », in Marco Vallora (dir.), *Dal nulla al sogno. Dada e surrealismo. Dalla Collezione del Museo Boijmans Van Beuningen*, catalogue d'exposition (Alba, 27 oct. 2018-25 fév. 2019), Cinisello Balsamo, Silvana Editoriale, 2018. Traduit de l'italien par Isabelle Mallez.

1 In *L'Art magique* d'André Breton avec le concours de Gérard Legrand, Club français du Livre, 1957.

2 Nous savons que, devant l'énigme de la non-figuration, les peintres et les sculpteurs de l'abstractionnisme du XXe siècle ont également beaucoup écrit.

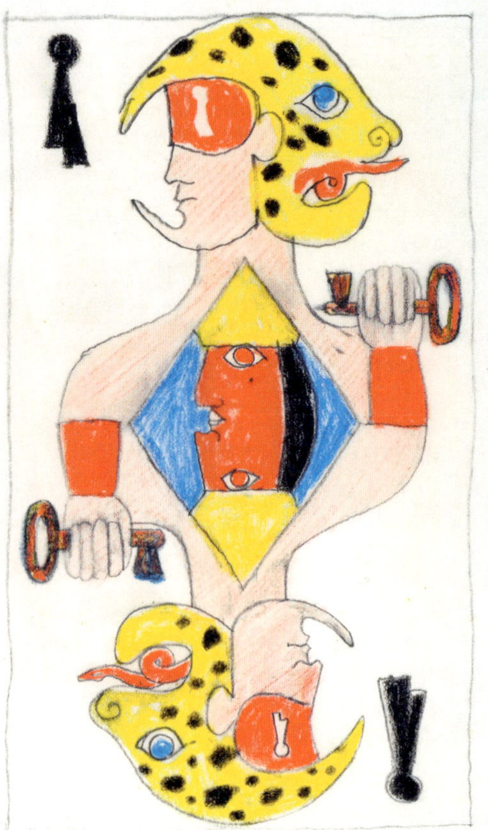

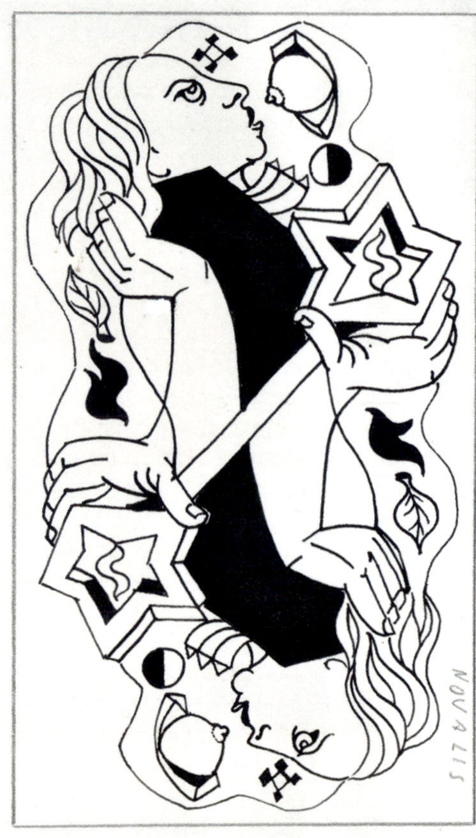

6 (ill.) · Cartes du jeu de Marseille, transformation des figures des Tarots de Marseille par les surréalistes. De gauche à droite, Hegel par Victor Brauner, Novalis par André Masson, Freud par Óscar Domínguez et Paracelse par André Breton, 1941

surréaliste » (Breton), la littérature n'est pas seulement discursive : le calligramme se sert de l'iconisme du langage écrit et des éléments diagrammatiques et mimétiques dans la peinture. « Parmi les écoles littéraires, le surréalisme [a] une connivence privilégiée, quasi exclusive, avec la peinture » (Caillois). En effet, l'activité surréaliste a fait un usage intensif de l'écriture, c'est-à-dire de l'image utilisée comme langue, à côté et surtout sur des textes iconiques, des tableaux, des photographies, des livres illustrés et des livres d'artistes, selon la typologie promue par Michel Butor qui, dans *Les Mots dans la peinture*, a créé tant un musée des mots qu'une galerie de tableaux sur lesquels sont tracés des termes « ekphrastiques ». De la signature aux écritures lisibles ou simplement imitées, l'interaction entre l'image et les propriétés plastiques et visuelles de l'écrit génère une expérience « amusée », c'est-à-dire ludiquement sérieuse, comme en témoigne un mémorable texte peint de Juan Gris. Une *ut pictura poesis* renouvelée qui, selon Michel Butor, retrouve vigueur et actualité grâce aux possibilités numériques de tracer et de remplacer l'écrit sur des surfaces iconiques. L'*homo ludens* surréaliste, en somme, a exploré et expérimenté les écritures qui concentrent les espaces et orientent la lecture des tableaux avec leur *ductus* ; qui entrent dans une relation de redondance ou d'opposition graphique et chromatique mais aussi sémantique et rhétorique. Et qui peuvent être lues de l'extérieur ou de l'intérieur du tableau, c'est-à-dire renversées par rapport à l'observateur (Meyer Schapiro). Pour parvenir jusqu'à leur effacement.

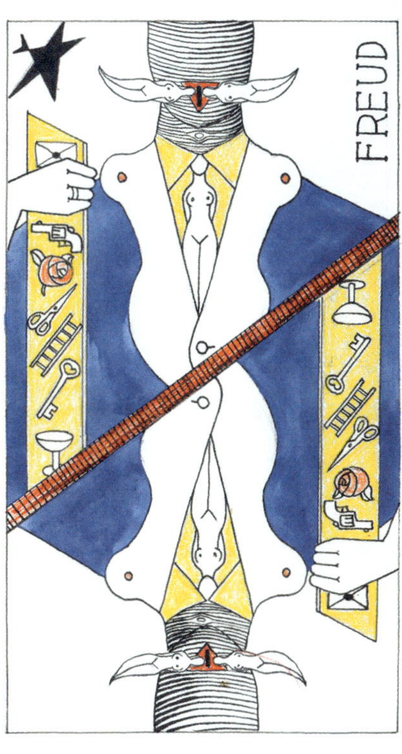

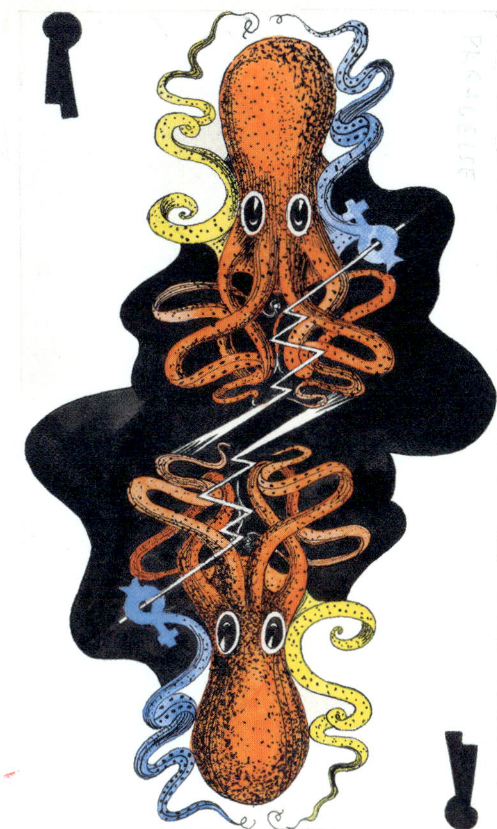

Jouer ensemble. Pendant toute sa durée, la saison surréaliste et dadaïste s'est prêtée à de multiples jeux. Dans le répertoire n° 5, *Archives du surréalisme*, dix-neuf jeux sont présentés comme des formes de vie collective, objectivée et valorisée. Des dispositifs machiniques, assemblés pour obtenir un résultat fortuit (voir la connaissance irrationnelle des objets ou d'un tableau par Giorgio De Chirico) et pour sauvegarder la liberté personnelle du joueur à entrer dans le jeu et la loyauté collective de le poursuivre. Comme c'était le cas de la distribution des rôles « myopes » (par exemple dans l'énonciation tripartite des syllogismes, les deux prémisses et la conclusion étaient confiées à des participants qui s'ignoraient l'un l'autre) ou dans la scission des paires adjacentes que le dialogue exige parfois comme une rime (par exemple, répondre à des questions que l'on ne connaît pas).

Les surréalistes s'opposaient à toute typologie générale de jeu, même élaborée par des personnages très proches de leur pratique et de leur sensibilité, comme Roger Caillois (« Je n'ai pas cessé d'être surréaliste ; et même je le fus avant de le devenir[3] »). Dans la liste ouverte des nombreux jeux inventés ou réélaborés par les surréalistes (*L'un dans l'autre, Les animaux surréalistes, Jeu des syllogismes, Les cartes d'analogie*, etc.[4]), le plus inventif et productif est celui du *Cadavre exquis*, que le *Dictionnaire abrégé du surréalisme* définit comme un « jeu de papier plié qui consiste à faire composer une phrase ou un dessin par plusieurs personnes sans qu'aucune d'entre elles puisse tenir compte de la collaboration ou des collaborations précédentes ». Un

3 Comme on le sait, Caillois avait classé l'amoncellement enchevêtré de jeux en quatre catégories de base : *Agôn*, la compétition ; *Alea*, le hasard ; *Mimicry*, le déguisement ; *Ilinx*, le vertige.

4 La liste des jeux comprend :
1. *Liquidation*, 1921
2. *Quelques préférences...*, 1922
3. *Le dialogue en 1928*
4. *Le dialogue en 1929*
5. *Le cadavre exquis*, 1931
6. *Recherches expérimentales*, 1933
7. *Le dialogue en 1934*
8. *Jeu des analogies : si c'était un animal*, 1952
9. *Le dialogue en 1952-1954*
10. *Jeu de syllogismes*, 1953
11. *Ouvrez-vous ?*, 1953
12. *Qui est médium*, 1954
13. *Les animaux surréalistes*, 1954
14. *Enquête sur la connaissance irrationnelle du métro* (non publié)
15. *Quelles sont les trois ?* (non publié)
16. *L'un dans l'autre*, 1954
17. *Les cartes d'analogie*, 1959
18. *Enrichissez votre vocabulaire*, 1962

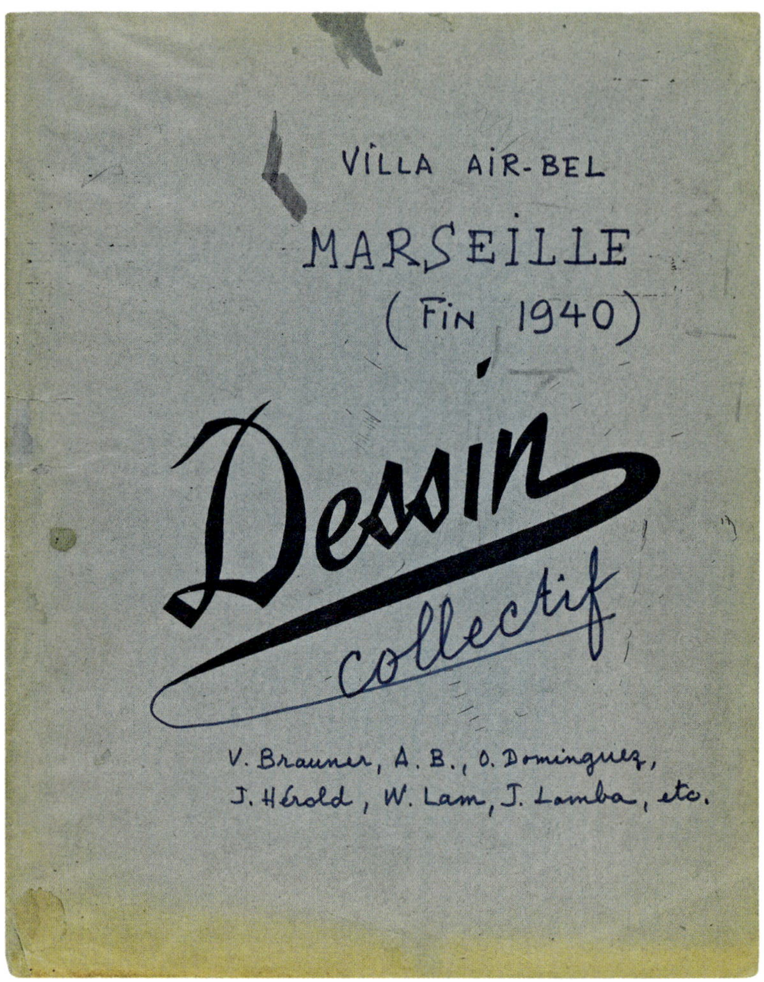

8 · Couverture d'un carnet de dessins collectifs, 1940-1941. Autographe d'André Breton

dispositif exprimé tout d'abord avec des matériaux linguistiques, qui produit des énoncés collectifs fortuits et apparemment incongrus, mais interprétables. La lecture de la première expérience de dix-huit textes causaux révèle en fait d'insoupçonnables régularités grammaticales : chaque énoncé phrastique complet est pourvu d'un verbe – quinze au présent et trois au futur, avec un seul imparfait dans la relative – ; les articles sont tous définis (15) à l'exception d'un seul indéfini ; les substantifs (un seul nom propre, Lautréamont, et un impersonnel) sont toujours accompagnés d'un adjectif ou d'un complément de nom. Derrière la transgression[5] se manifeste une productivité sémantique et poétique dans laquelle Gérard Genette a reconnu au surréalisme « le grand mérite [...] de l'avoir révélé parce qu'expérimenté : un coup de dés jamais n'abolira le sens ».

Il en va de même lorsque le procédé est ensuite étendu à l'image, avec le montage de dessins, de photographies, de collages et d'écrits. À la première règle proposée par Breton, générer des figures anthropomorphes verticales, s'est rapidement superposée, à partir d'Yves Tanguy (1925), l'acceptation ultra-dimensionnelle de graphismes divers et de pictographies abstraites autant qu'énigmatiques, non loin de l'art brut[6].

La singularité du jeu surréaliste est de générer dialogiquement l'équivalent d'une libre association collective, différente de la société secrète des apprentis sorciers du Collège de sociologie, mais pas contraire aux banquets simultanés des futuristes. Un « agencement collectif d'énonciation » qui avait un modèle dans l'improvisation du free jazz et qui trouvera son aboutissement pragmatique dans les happenings d'Allan Kaprow et de Jean-Jacques Lebel et dans la réflexion philosophique et politique de Gilles Deleuze et Félix Guattari. Breton, dans une longue note au *Second Manifeste*, réitérait son désintérêt pour les jeux d'ésotérisme ou les tours de prestidigitation comme celui de deviner le texte contenu dans une enveloppe fermée. Contre les oppositions canoniques du sérieux et du ludique, à travers les jeux de société médiumniques et récréatifs, « nous pensons avoir fait surgir une curieuse possibilité de la pensée, qui serait celle de sa mise en commun. Toujours est-il que de très frappants rapports s'établissent de cette manière, que de remarquables analogies se déclarent, qu'un facteur inexplicable d'irréfutabilité intervient le plus souvent, et qu'à tout prendre c'est là un des lieux de rencontres les plus extraordinaires. » Un espace interactif et tensif où les textes verbovisuels ne sont pas des cartes d'identité prescrites mais des dialogues passionnés et contagieux (« les mots font l'amour »), productifs d'une langue agglutinante qui exprime des significations imprévues. Comme les dialogues parapsychiques entre Duchamp à New York et Desnos à Paris dans la série aphoristique – échanges énigmatiques et contrepèteries – de Rrose Sélavy. Un ordre a-centré et non hiérarchique qui émerge des opérations individuelles d'acteurs myopes, qui, pour Breton, étaient des *eggrégores* : un terme dérivé d'une forme occultiste de pensée, Eggregora, une entité incorporelle émanant d'un collectif qui influence les manifestations de sens par des procédures de méditation partagée. L'étymologie de « mutuel » est / muter /.

L'effet d'un cadavre exquis collectif est l'équivalent contagieux d'un *fou-rire*, mais aussi la réalisation ludique d'un « système sémiotique global » (Lebel) utilisé par des auteurs non-surréalistes comme Otto Dix, mais caractéristique de la forme de vie dadaïste : simultanéisme, spontanéisme, polysémie, pluralité des voix, discontinuité stylistique et continuité télépathique et rhizomique – une « chaosmose » selon le terme de Guattari. D'ailleurs, l'abandon du projet surréaliste, pour des raisons politiques, esthétiques ou personnelles, a souvent adopté la formule « ne plus être dans le jeu ».

C'est avec de tels présupposés récréatifs et en ce sens « communincantatoire » que doit être comprise la transformation ésotérique et narrative des enseignes et des figures des Tarots de Marseille par Breton, André Masson, Max Ernst et d'autres, publiés à New York en 1943. En référence à Raymond Roussel, le groupe surréaliste persécuté par Vichy avait détrôné le Roi, la Reine et le Valet, remplacés respectivement par le Génie, la Sirène et le Mage ; les Épées par la Flamme, les Deniers par l'Étoile, les Coupes par la Roue sanglante et les Bâtons par la Serrure. Quant aux couleurs, l'Amour était en rouge comme la Révolution et le Rêve en noir comme la Connaissance. En outre chaque carte était intitulée selon un personnage réel ou imaginaire : Breton avait choisi Paracelse, Masson, Novalis et Max Ernst, Pancho Villa... Le Joker était Ubu Roi, d'après le dessin d'Alfred Jarry ●

5 « Qu'est-ce qui me retient de brouiller l'ordre des mots, et d'attenter de cette manière à l'existence apparente des choses ? » (André Breton, 1927).

6 Nous renvoyons à l'exposition « Juegos Surrealistas, 100 Cadaveres exquisitos » qui s'est déroulée en 1996-1997 au musée Thyssen-Bornemisza de Madrid, conçue et réalisée par Jean-Jacques Lebel, où fut réunie pour la première fois une sélection très variée d'une centaine de dessins, gouaches et collages produits à partir de 1925 par des surréalistes selon la méthode du cadavre exquis. Parmi les intervenants, on relève, entre autres, Simone Kahn, Jacqueline et André Breton, Jeannette et Yves Tanguy, Valentine Hugo, Tristan Tzara, Greta Knutson, Robert Desnos, Dora Maar, Salvador Dalí, Paul Éluard, Louis Aragon, Wifredo Lam, Hans Bellmer, etc. [Seul ouvrage à ce jour entièrement consacré aux cadavres exquis], l'important catalogue de cette exposition a consacré une fiche technique fort utile à chacune des œuvres collectives sélectionnées.

N.d.É Références des citations

André Breton, « Le Merveilleux contre le mystère", in *La Clé des champs*, Paris, Le Sagittaire, 1953

Roger Caillois, « Le Surréalisme comme univers de signes » in *Obliques*, Paris, Stock, 1975

Gérard Genette, *Palimpsestes. La littérature au second degré*, Seuil, 1982

Deux têtes et regard double

Jean François Chougnet

Il peut sembler malaisé de distinguer chez André Breton la question du groupe de celle du travail avec l'un de ses « amis », tant l'histoire du surréalisme est faite de cette cohabitation permanente entre le collectif, marqué comme l'on sait par d'incessantes crises, et les rapports amicaux. Et pourtant, il est évident que Breton séparait clairement les deux registres. Trois productions à quatre mains, ou plutôt, pour reprendre une belle formule d'Aragon, à deux têtes avec un « regard double », sont clairement identifiées : celles menées avec Philippe Soupault en 1919, notamment *Les Champs magnétiques*, celle menée avec Paul Éluard en 1930, *L'Immaculée Conception*, enfin les textes coécrits avec Louis Aragon, jusqu'à leur rupture en 1932.

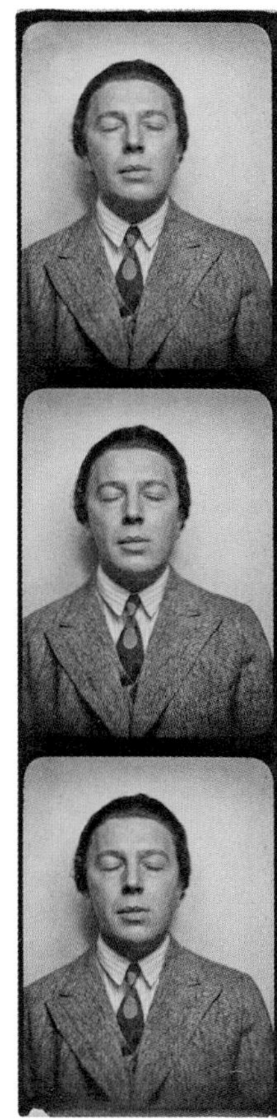

7 (ill.) • Portrait photomaton de Breton réalisé vers 1929 pour encadrer le tableau de Magritte *Je ne vois pas la femme cachée dans la forêt*, reproduit dans *La Révolution surréaliste* nº 12 du 15 décembre 1929 (détail)

Philippe Soupault est présenté à Breton par Apollinaire au début de l'année 1917. La rencontre d'Aragon et de Breton a lieu, elle, au Val-de-Grâce en septembre ou octobre 1917. Elle a, comme l'a dit Aragon plus tard, une « importance décisive, comme cela peut être à vingt ans[1]. » Nul est besoin de rappeler ici l'importance des croisements intellectuels et affectifs qui allaient jouer un rôle déterminant dans la dynamique des revues *Littérature* et *La Révolution surréaliste*. Dans ce groupe d'exacts contemporains, Philippe Soupault se sent alors plus proche d'Aragon, en qui il reconnaît son goût pour « l'indépendance, le mouvement et une certaine distance », que de Breton[2].

La rencontre avec Éluard est plus tardive : Paul Éluard publie, en 1917, un recueil de poèmes intitulé *Le Devoir et l'inquiétude* qu'il adresse à Breton. Mais ce n'est que le 4 mars 1919 que Breton prend contact avec lui, lui proposant de lui adresser quelques poèmes aux fins de publication dans le premier numéro de *Littérature*[3].

En filigrane des témoignages a posteriori de Breton et tardifs d'Aragon et de Soupault se dessinent les vases communicants de leurs réflexions, de leurs découvertes littéraires (Lautréamont en particulier, dont la première lecture est bien difficile à attribuer avec précision) et les tentatives d'écriture collaborative. Au sein des revues, les enjeux personnels de chacun se traduisent et se transfèrent donc dans les collages, les écritures et dessins automatiques, les cadavres exquis, les « dialogues » – comme celui sur la sexualité publié en 1928 dans *La Révolution surréaliste* – ou encore dans les sessions d'écritures partagées lors des séances de recherche et de réflexion collective.

Les lettres d'Aragon à Breton, de leur rencontre en 1917 jusqu'au tout début des années 1930, renseignent assez précisément sur les modalités collaboratives de leurs travaux, souvent initiés par des échanges épistolaires d'une grande intensité. Éditées par Lionel Follet[4], les lettres composent un roman passionnel, où Philippe Soupault (que l'on vouvoie) joue un rôle de tiers, et ce d'autant plus à partir de l'écriture des *Champs magnétiques*, premier exemple d'une collaboration sans Aragon, qui rend à l'évidence jaloux ce dernier.

Au printemps de 1919, André Breton et Philippe Soupault conçoivent et expérimentent en effet la méthode d'écriture d'où naîtront non seulement *Les Champs magnétiques*, livre publié en 1920 aux éditions du Sans pareil, mais aussi deux « sketches » théâtraux : *Vous m'oublierez* et *S'il vous plaît* (jointes à la réédition de 1962 à la demande de Breton) sans compter bon nombre de textes automatiques. Revenant sur la genèse de ces textes en 1924, Breton écrira : « Il m'avait paru et il me paraît encore [...] que la vitesse de la pensée n'est pas supérieure à celle de la parole, et qu'elle ne défie pas forcément la langue, ni même la plume

1 Louis Aragon, « Lautréamont et nous », *Les Lettres françaises*, nº 1185, 1er-7 juin 1967, p. 5.

2 Philippe Soupault, *Mémoires de l'oubli, 1923-1926*, Paris, Lachenal & Ritter, 1986, p. 56.

3 André Breton et Paul Éluard, *Correspondance 1919-1938*, éd. par Étienne-Alain Hubert, Paris, Gallimard, 2019.

4 Louis Aragon, *Lettres à André Breton, 1918-1931*, éd. par Lionel Follet, Paris, Gallimard, 2011.

qui court. C'est dans ces dispositions que Philippe Soupault, à qui j'avais fait part de ces premières conclusions, et moi, nous entreprîmes de noircir du papier, avec un louable mépris de ce qui pourrait s'ensuivre littérairement[5]. » Et il souligne que les résultats de Soupault et les siens « présentaient une remarquable analogie : même vice de construction, défaillance de même nature, mais aussi, de part et d'autre, l'illusion d'une verve extraordinaire ». Pour Aragon, premier lecteur d'une partie au moins de l'œuvre, ce texte est devenu celui « d'un seul auteur à deux têtes, et le regard double a seul permis à Philippe Soupault et André Breton d'avancer sur la voie où nul ne les avait précédés, dans ces ténèbres où ils parlaient à voix haute[6] ». Les deux auteurs avaient d'abord songé à appeler l'ouvrage *Les Précipités*, sans doute en référence à la réaction chimique. Le titre définitif « substituant à l'image du réactif celle de l'aimant, appelle l'idée de pôles – deux pôles comme il y eut deux "écrivants" – et celles de forces qui s'attirent ou se repoussent sur divers plans : à l'intérieur du livre même entre les deux consciences, ou les deux inconscients, aux prises ; en chacun d'eux ; entre le lecteur et l'œuvre[7]. »

Philippe Soupault a donné sa version de l'écriture en commun, qui ne porte d'ailleurs que sur une partie seulement des dix chapitres, ou « ensembles » du livre : « Face à face nous procédions à un dialogue écrit. L'un de nous lisait à haute voix ce qu'il venait d'écrire rapidement et l'autre y répondait sans réfléchir à l'instant même par écrit[8]. » Pour d'autres sections, comme « La Glace sans tain », il s'agirait d'une écriture successive. Il est établi, à l'analyse du manuscrit conservé par la Bibliothèque nationale de France, que cette écriture à plusieurs mains est moins « automatique » que la légende ne le prétend, et la collaboration amicale en réalité déterminante. « Breton et Soupault ont vraiment voulu parler ensemble dans ce livre, au point de reconnaître pour leur voix celle de l'autre. A-t-on le droit de les séparer ?[9] »

Les textes écrits à quatre mains par Aragon et Breton sont rares, l'expérience du « Cinquantenaire de l'hystérie » publié dans le 11e numéro de *La Révolution surréaliste* en 1928[10], l'une des plus singulières. Ce texte permet d'une part la synthèse des découvertes de Breton sur la créativité de la folie et d'autre part, l'amorce d'une condamnation du système psychiatrique officiel. Il revendique une parenté du surréalisme et de l'hystérie, « la plus grande découverte poétique de la fin du XIXe siècle ». Illustré par des photographies d'une des patientes de Jean Martin Charcot en 1878, l'article aura un certain écho. Le manuscrit débute par des phrases d'Aragon à la tonalité déclamatoire ; sa graphie est la seule présente sur le recto de la page, avant que Breton ne prenne le relais.

Luc Vigier a mis en évidence d'autres coécritures inédites des deux poètes, comme un travail de définition de la bibliothèque idéale que Jacques Doucet[11], le couturier collectionneur d'œuvres d'art, de manuscrits et de documents originaux, avait demandé en 1922 à Aragon et Breton de constituer pour lui. Les deux hommes de lettres détournent la commande pour en faire un jeu d'échanges et de croisements au point que, souvent, la phrase de l'un est interrompue et poursuivie par l'autre.

La légende raconte que c'est afin de « tuer le temps » que Breton et Éluard se lancèrent dans l'écriture du recueil intitulé, avec un sens certain de la provocation, *L'Immaculée Conception*. « À constater leurs différences, les hommes se veulent semblables. De cette seule volonté, tous les rapports humains prennent leur valeur. Être deux à détruire, à construire, à vivre, c'est déjà être tous, être *l'autre* à l'infini et non

5 André Breton, *Manifeste du surréalisme*, in André Breton, *Œuvres complètes*, t. I, Paris, Gallimard, Bibliothèque de la Pléiade, 1988, p. 326.

6 Louis Aragon, « L'Homme coupé en deux », *Les Lettres françaises*, nº 1233, 9-15 mai 1968, p. 5. On peut noter qu'Aragon n'a livré ses souvenirs, détaillés, qu'après la mort de Breton.

7 Marguerite Bonnet, notice sur *Les Champs magnétiques*, in André Breton, *Œuvres complètes*, *op. cit.*, t. I, p. 1122.

8 Propos tenus à Serge Fauchereau, *Digraphe*, nº 30, juin 1983, p. 1, cité par Marguerite Bonnet, notice sur *Les Champs magnétiques*, *op. cit.*, p. 1135.

9 Marguerite Bonnet, *André Breton et la naissance de l'aventure surréaliste*, Paris, Librairie José Corti, 1988, p. 172.

10 Manuscrit autographe de Louis Aragon et d'André Breton destiné au nº 11 de *La Révolution surréaliste* (15 mars 1928), collection particulière, en ligne sur le site andrebreton.fr. Il est publié dans ce numéro en petites capitales d'imprimerie (cf. la réédition des 12 numéros de *La Révolution surréaliste*, Paris, Jean-Michel Place, 1975, n.p.) avec la singulière signature : « Aragon, Breton ».

11 Luc Vigier, « Aragon/Breton : jeux de coécriture en 1922 et 1928 », *Genesis* [en ligne], nº 41, 2015 [http://journals.openedition.org/genesis/1556].

VOUS M'OUBLIEREZ

SKETCH

PERSONNAGES

Parapluie
Robe de Chambre
Machine à Coudre
Un Inconnu

VOUS M'OUBLIEREZ *a été représenté à la* Salle Gaveau, *le 27 mai 1920, au cours d'une* manifestation dada. *La distribution était la suivante : MM. André Breton (Parapluie) ; Philippe Soupault (Robe de Chambre) ; Paul Eluard (Machine à coudre) ; T. Fraenckel (Un Inconnu).*

I

Parapluie, Robe de Chambre.

Robe de Chambre. — Allons, allons, quoi ? Où vous voudrez. Dites-moi : quel est donc cet arbre, ce jeune léopard que j'ai caressé l'autre jour en rentrant ?

Parapluie. — A bonnet blanc, bonnet et demi. Comme je plains les coureurs cyclistes étendus à cette heure dans les flaques d'eau du printemps !

Robe de Chambre (*lui met la main sur l'épaule*). — Quel est donc cet arbre, ce jeune léopard que j'ai caressé l'autre jour en rentrant ?

Parapluie. — L'indulgence, père Robe de Chambre, est-il rien de plus beau que l'indulgence ? Rappelons-nous la physique amusante : une seule expérience réussit toujours, celle des rides qui se creusent et des cheveux qui blanchissent.

Robe de Chambre (*ouvre la fenêtre et crie*). — Quel est donc cet arbre, ce jeune léopard que j'ai caressé l'autre jour en rentrant ?

— 25 —

9 · André Breton et Philippe Soupault, extrait de *Vous m'oublierez*, sketch dada [mai 1920] publié dans *Littérature*, nouvelle série, nº 4, septembre 1922

10 · Paul Éluard, Philippe Soupault, André Breton et Théodore Fraenkel dans *Vous m'oublierez*, 1922

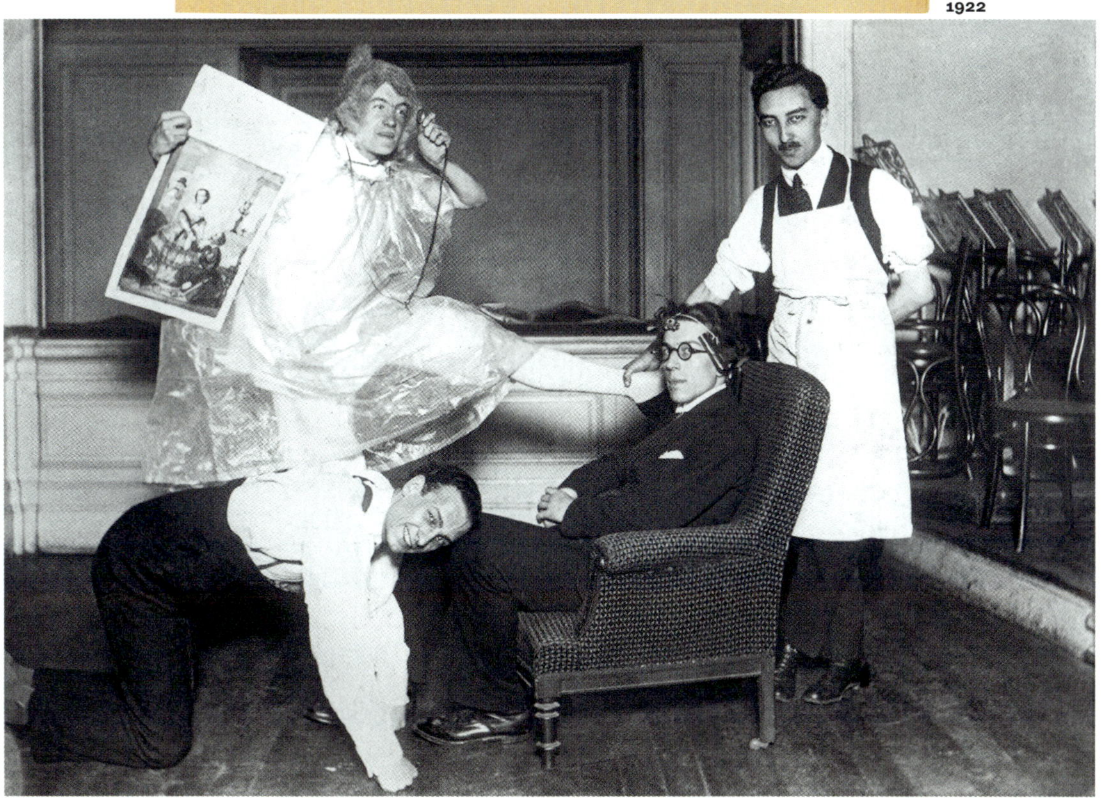

plus soi. [...] La connaissance parfaite que nous avions l'un de l'autre nous a facilité le travail. Mais elle nous incita surtout à l'organiser de telle façon qu'il s'en dégageât une philosophie poétique[12]. » Le manuscrit conservé au musée national Picasso à Paris montre une véritable écriture à deux : un paragraphe de l'un suivi d'un paragraphe de l'autre, une écriture méthodique, un peu sage pourrait-on dire.

La tension entre l'individuel et le collectif – et en l'occurrence le travail à deux, le travail en groupe ayant produit dans les premières années des déclarations portant essentiellement sur les faits politiques et de société – a curieusement été peu étudiée par les nombreux historiens du surréalisme. José Pierre s'en approche certainement lorsqu'il parle d'un mouvement d'individualistes forcenés, mais qui décident « de lui consacrer le plus clair de leurs énergies tant que ces énergies ne mettent pas en péril la fragile demeure issue de la convergence de ces individualismes[13]. »

La convergence de ces individualismes se fracassera sur les divergences politiques : autour de l'adhésion éphémère d'une large partie du groupe au parti communiste en 1927, les divergences ne tardent pas à se manifester. À l'occasion des longs débats de l'automne 1926 sur l'opportunité de s'inscrire au parti[14], la situation de Soupault apparaît problématique aux yeux du groupe. De là, la décision officielle de l'expulser. Puis, dans les trois années qui suivent, la situation s'inverse. Avec Aragon, les relations se compliquent en novembre 1930 à son retour du Congrès de Kharkov, où les Soviétiques stigmatisent les « erreurs » du surréalisme. La dernière lettre connue d'Aragon à Breton, au ton encore affectueux, date de novembre 1931, la rupture définitive étant officielle en mars 1932. Avec Éluard, qui a mené un violent combat contre Aragon à ce moment, les divergences ne tardent pas à apparaître. « Sur le plan politique, demande Éluard à Breton le 28 octobre 1936, ne nous sera-t-il donc pas permis de n'être pas d'accord occasionnellement, sûrs que nous sommes pourtant de notre bonne foi et de notre entente absolue sur le fond ?[15] » Pour Breton, la réponse ne pouvait être que négative. Si Éluard participe au groupe Contre-Attaque (1935-1936) très critique envers l'URSS, il ne dénonce pas clairement les vagues successives des procès de Moscou entre août 1936 et mars 1938. C'est dans un climat de tension qu'il travaille encore pour les expositions surréalistes de Londres (1936) et de New York (1942). La rupture est consommée en 1938. Dans le texte *Pour un art révolutionnaire indépendant* rendu public en juillet 1938, signé par André Breton et Diego Rivera mais en réalité écrit par André Breton et Léon Trotski, on lit cette violente attaque : « Sous l'influence du régime totalitaire de l'URSS et par l'intermédiaire des organismes dits "culturels" qu'elle contrôle dans les autres pays, s'est étendu sur le monde entier un profond crépuscule [...] de boue et de sang dans lequel, déguisés en intellectuels et en artistes, trempent des hommes qui se sont fait de la servilité un ressort, du reniement de leurs propres principes un jeu pervers, du faux témoignage vénal une habitude et de l'apologie du crime une jouissance. » Éluard, de plus en plus aligné sur les positions staliniennes, brocardera son ami dans un poème de 1938 :

« Qu'il prenne donc le deuil
De lui-même
Cet incurable...[16] »

Ainsi prit fin l'amitié entre l'auteur de *Nadja* et le futur auteur de l'*Ode à Staline* ●

12 « Note à propos d'une collaboration », page cosignée et datée de janvier 1935, consultable en ligne [www.andrebreton.fr]. Le livre est paru en 1930 aux Éditions surréalistes.

13 *Tracts surréalistes et déclarations collectives*, précédés d'un texte d'André Breton, présentation et commentaires de José Pierre, Paris, Le Terrain Vague, Éric Losfeld éditeur, 2 t., 1980 et 1982.

14 *Adhérer au Parti communiste ? Septembre-décembre 1926*, présenté et annoté par Marguerite Bonnet, Paris, Gallimard, Archives du Surréalisme, 1992. La séance du 27 novembre 1926 (p. 82) voit la mise en accusation de Soupault qui a publié un article dans une revue italienne.

15 André Breton et Paul Éluard, *Correspondance 1919-1938*, *op. cit.*, p. 408.

16 « Le Croyez-moi je suis la loi », in *Cours naturel*, Paris, Éditions du Sagittaire, 1938

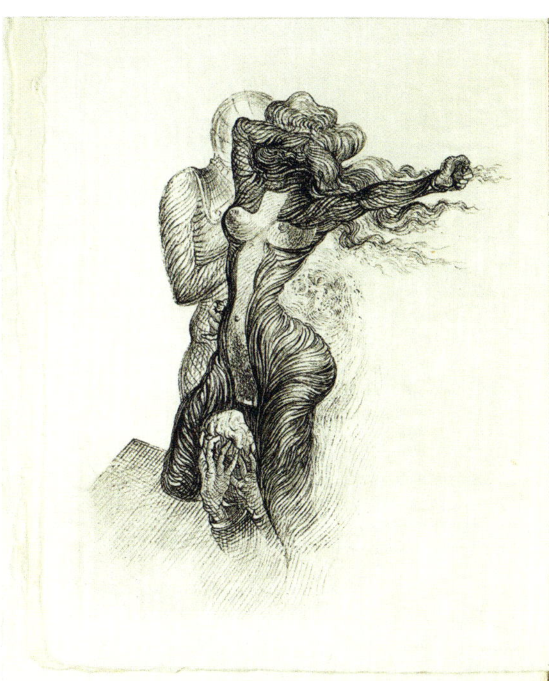

ANDRÉ BRETON ET PAUL ÉLUARD

L'Immaculée Conception

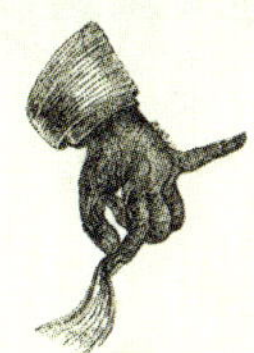

ÉDITIONS SURRÉALISTES

A PARIS

CHEZ JOSÉ CORTI, LIBRAIRE, 6, RUE DE CLICHY

1930

11 · André Breton et Paul Éluard, *L'Immaculée Conception*, Éditions surréalistes, Paris, 1930. Frontispice de Salvador Dalí

8 (ill.) · Manifeste rédigé par Léon Trotski et André Breton à Coyoacán (Mexique) en 1938 mais signé pour des raisons purement tactiques par André Breton et Diego Rivera

POUR UN ART RÉVOLUTIONNAIRE INDÉPENDANT

On peut prétendre sans exagération que jamais la civilisation humaine n'a été menacée de tant de dangers qu'aujourd'hui. Les vandales, à l'aide de leurs moyens barbares, c'est-à-dire fort précaires, détruisirent la civilisation antique dans un coin limité de l'Europe. Actuellement, c'est toute la civilisation mondiale, dans l'unité de son destin historique, qui chancelle sous la menace de forces réactionnaires armées de toute la technique moderne. Nous n'avons pas seulement en vue la guerre qui s'approche. Dès maintenant, en temps de paix, la situation de la science et de l'art est devenue absolument intolérable.

En ce qu'elle garde d'individuel dans sa genèse, en ce qu'elle met en œuvre de qualités subjectives pour dégager un certain fait qui entraîne un enrichissement objectif, une découverte philosophique, sociologique, scientifique ou artistique apparaît comme le fruit d'un *hasard* précieux, c'est-à-dire comme une manifestation plus ou moins spontanée de la *nécessité.* On ne saurait négliger un tel apport, tant du point de vue de la connaissance générale (qui tend à ce que se poursuive l'interprétation du monde) que du point de vue révolutionnaire (qui, pour parvenir à la transformation du monde, exige qu'on se fasse une idée exacte des lois qui régissent son mouvement). Plus particulièrement, on ne saurait se désintéresser des conditions mentales dans lesquelles cet apport continue à se produire et, pour cela, ne pas veiller à ce que soit garanti le respect des lois spécifiques auxquelles est astreinte la création intellectuelle.

Or le monde actuel nous oblige à constater la violation de plus en plus générale de ces lois, violation à laquelle répond nécessairement un avilissement de plus en plus manifeste, non seulement de l'œuvre d'art, mais encore de la personnalité « artistique ». Le fascisme hitlérien, après avoir éliminé d'Allemagne tous les artistes chez qui s'était exprimé à quelque degré l'amour de la liberté, ne fût-ce que formelle, a astreint ceux qui pouvaient encore consentir à tenir une plume ou un pinceau à se faire les valets du régime et à le célébrer par ordre, dans les limites extérieures de la pire convention. A la publicité près, il en a été de même en U. R. S. S. au cours de la période de furieuse réaction que voici parvenue à son apogée.

Il va sans dire que nous ne nous solidarisons pas un instant, quelle que soit sa fortune actuelle, avec le mot d'ordre : « Ni fascisme ni communisme! », qui répond à la nature du philistin conservateur et effrayé, s'accrochant aux vestiges du passé « démocratique ». L'art véritable, c'est-à-dire celui qui ne se contente pas de variations sur des modèles tout faits mais s'efforce de donner une expression aux besoins intérieurs de l'homme et de l'humanité d'aujourd'hui, ne peut pas ne pas être révolutionnaire, c'est-à-dire ne pas aspirer à une reconstruction complète et radicale de la

Freunde —Friends— d'Fründe

Jean François Chougnet

En 1969, Harald Szeemann, avec le sens du paradoxe qu'il cultivera toute sa vie, imagine de « faire une exposition où il n'aurait plus à intervenir[1] ». Une exposition qui serait comme l'œuvre collective d'artistes invités à jouer le rôle de commissaires. Ceci est le point de départ de l'exposition « Freunde–Friends–d'Fründe », soit une déclinaison en allemand, anglais et suisse allemand du mot « amis », présentée à la Kunsthalle de Berne, qu'il dirige, du 3 mai au 1er juin 1969. L'exposition sera reprise à Düsseldorf à partir du 26 juin 1969 pour quatre semaines.

Harald Szeemann et son complice de la Kunsthalle de Düsseldorf, Karl Ruhrberg relaient une proposition originale de Daniel Spoerri. Celui-ci développait depuis quelques années des projets d'expositions collectives, dont la plus notable est *Dylaby* (pour « Dynamique labyrinthe ») conçue avec Jean Tinguely pour le Stedelijk Museum d'Amsterdam (du 30 août au 30 septembre 1962).

Pour Berne, quatre artistes amis s'invitent : Dieter Roth (alors souvent orthographié Diter Rot), Karl Gerstner, André Thomkins et Daniel Spoerri. Dans le catalogue – qui se présente comme une compilation de quatre questionnaires adressés aux quatre artistes –, Spoerri reconnaît que les pratiques des quatre artistes n'ont rien en commun mais que ce qui les unit, c'est l'amitié, le fait d'avoir le même âge, d'être suisses et d'habiter Düsseldorf... Gerstner admet de son côté que les raisons de leur amitié sont « difficiles à comprendre ». André Thomkins discerne leur commun « rapport spéculatif à la réalité ». Chacun d'eux invite un ami qui à son tour invite un ami, jusqu'à rassembler une vingtaine d'artistes au final.

Au cours du montage de l'exposition survient un épisode marquant : l'œuvre de Dorothy Iannone, alors compagne de Dieter Roth, qu'il avait invitée à faire partie de l'exposition, est censurée. Le *Ta (Rot) Pack* consiste en une série de vingt-sept cartes, à la manière d'un jeu de tarot, illustrant la vie intime de Dieter Roth. Harald Szeemann et les trois autres artistes, découvrant au montage le caractère explicitement sexuel, auraient proposé de cacher les parties génitales, ce qui est naturellement refusé par l'artiste. Après la décision de Szeemann de les présenter non censurées, ce sont les autorités de la Kunsthalle qui en demandent le retrait. Par solidarité avec Iannone, Dieter Roth retire également ses œuvres. Dans *The Story of Bern*, un texte qu'elle publiera l'année suivante[2], Dorothy Iannone livrera l'histoire de cet acte de censure, le contexte de l'exposition à Berne et de la présentation de son œuvre dans une version finalement non censurée à Düsseldorf.

La crise couvait toutefois depuis quelques temps : le quotidien *Der Bund* attaquait régulièrement les choix de Szeemann. Dans un article intitulé « Kunsthalle oder Lunapark ?[3] », il lui est même reproché ses voyages, aux frais du contribuable. Des détracteurs avaient déposé un tas de fumier devant la porte de sa précédente exposition « Live in Your Head : When Attitudes Become Form » (→ p. 52, 230). Il est tout d'abord mis en « vacances » pour six mois et finalement démissionne. La censure d'Iannone et la protestation de Roth ont certainement pesé dans sa décision, après neuf années bien remplies à la tête de la Kunsthalle. Sa lettre de démission conservée aujourd'hui comme la plupart de ses archives au Getty Institute[4] est un modèle d'ironie polie, qui ne cache pas entre les lignes une vive opposition aux méthodes du conseil d'administration de l'établissement. Son départ est annoncé le 4 juin 1969, ce qui conduit quelques jours plus tard à l'annulation du projet

1 Préface du catalogue *Freunde — Friends — d'Fründe. Karl Gerstner, Diter Rot, Daniel Spoerri, André Thomkins und ihre Freunde und Freundesfreunde*, Stuttgart, Hansjörn Mayer, 1969.

2 Dorothy Iannone, *The Story of Bern, [or] Showing Colors*, textes de Dorothy Iannone et Frédéric Paul, Genève, JRP Éditions, 2019. La série des cartes du *Ta(Rot) Pack* a été rééditée en série limitée en 2009 par The New Museum, New York. L'exemplaire dédicacé à Spoerri conservé à Genève montre qu'elle ne lui a pas pardonné de ne pas l'avoir assez défendue...

3 *Der Bund*, vol. 119, n° 142, 20 juin 1968, consulté sur www.e-newspaperarchives.ch.

4 Reproduite dans le catalogue *Museum of Obsessions* (février-mai 2018), Getty Publications, 2018.

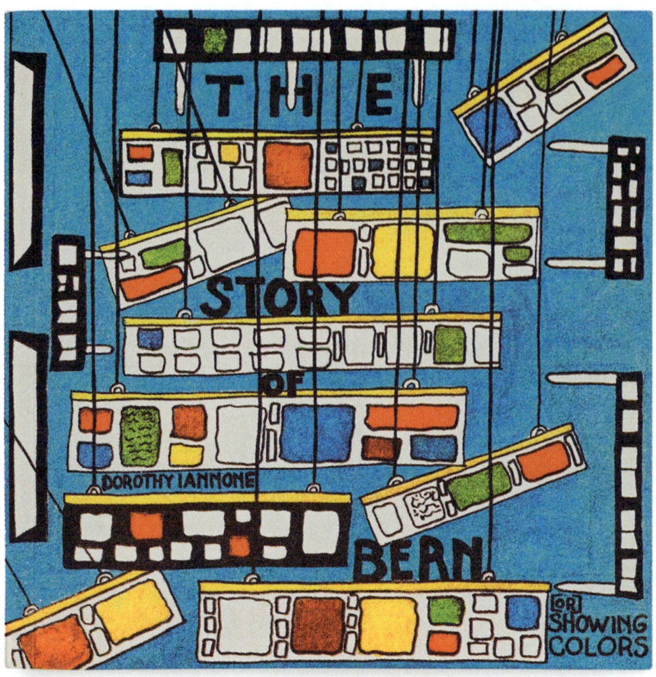

d'exposition en cours de préparation avec Joseph Beuys. À l'heure du bilan, les commentaires sont plus nuancés : « Le vent frais d'une scène artistique mondiale, peut-être l'agonie d'un art en plein bouleversement, n'a pas manqué de choquer la ville fédérale, qui heureusement a été largement épargnée d'autres troubles. Il y a eu des effets secondaires malheureux [...] et surtout un conflit de générations au sein des artistes[5]. »

En juillet 1969, dans un entretien accordé à *La Gazette de Lausanne*, journal qui avait accompagné et soutenu ses initiatives, Szeemann donne deux explications à sa sortie : des « problèmes financiers qui [le] tuent » et des désaccords de fond. « J'ai toujours été très bien compris par les autorités municipales. Mes ennuis viennent de la Société des peintres bernois. Chose curieuse, ces gens réagissent comme un syndicat lorsqu'on leur pose un problème artistique, et se réclament de l'art lorsqu'on leur parle syndicat[6]. »

Accusé par les uns d'être un « gauchiste », par les autres d'être l'agent d'artistes nord-américains – ce que dément la liste de ses expositions –, Szeemann sera choisi quelques mois plus tard comme commissaire d'expositions à Cologne (« happening & fluxus »), pressenti pour réaliser la deuxième biennale de Nuremberg (1971), et finalement appelé à préparer la documenta 5 à Kassel (1972).

« J'avais au fond atteint le but que je m'étais fixé dans le cadre d'une ville comme Berne. Je savais que, ni moralement, ni physiquement, je ne pouvais plus supporter le musée et ses tabous ni à Berne ni ailleurs. Je me trouvais dans une situation ambiguë : à la fois trop proche et trop éloigné de la création tout en dépendant de cette création même[7]. »

Revenant presque trente ans plus tard sur cet épisode, Harald Szeemann gardait de cette période un souvenir visiblement douloureux :

5 *Der Bund*, vol. 120, nº 226, 28 septembre 1969 (trad. par Jean François Chougnet).

6 *La Gazette de Lausanne*, 12 juillet 1969, p. 24 (propos recueillis par Diana de Rham).

7 Paris, *Chroniques de l'art vivant*, nº 10, avril 1970, p. 18.

8 Entretien avec Hans-Ulrich Obrist, *Artforum International*, vol. 35, nº 3, novembre 1996, p. 112 (trad. par Jean François Chougnet).

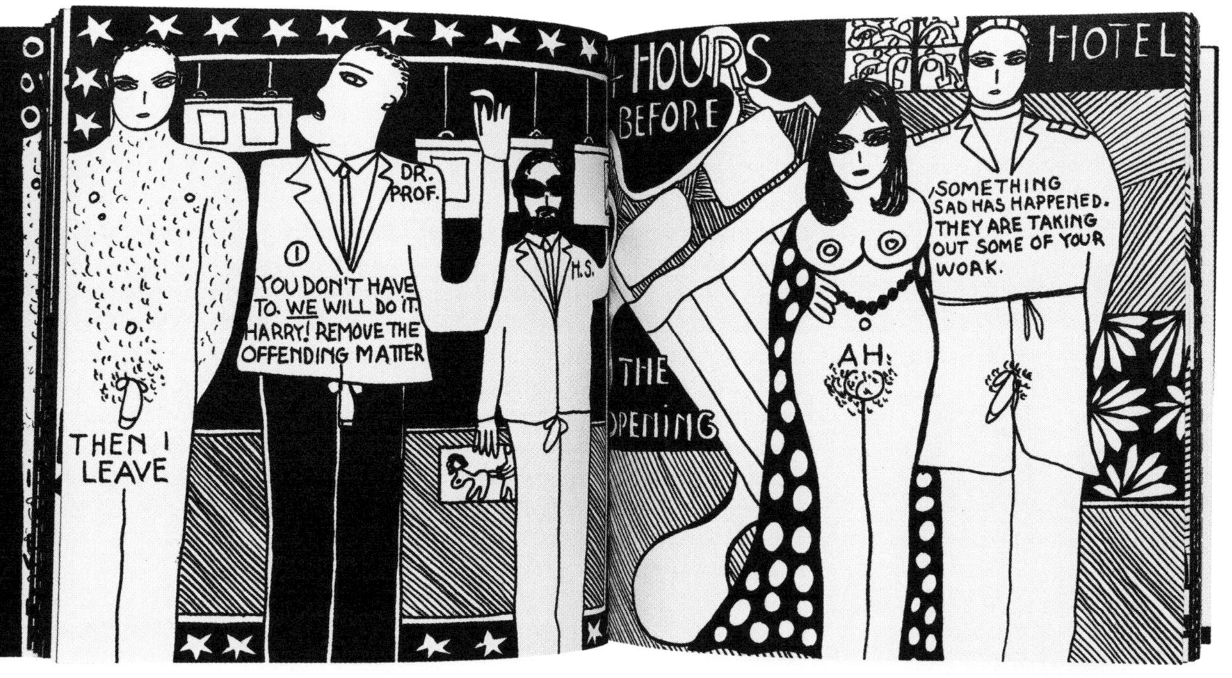

9 (ill.) • Dorothy Iannone, *The Story of Bern [or] Showing colors*, JRP Editions, Genève, 2019, fac-similé de l'édition originale publiée en 1970 par Dorothy Iannone et Dieter Roth. À gauche, couverture ; à droite, pages intérieures : Harald Szeemann est le troisième personnage en partant de la gauche, Dorothy Iannone s'est représentée sur la page de droite.

« "When Attitudes Become Form" et l'exposition suivante "Friends" ont provoqué un scandale à Berne. Pour moi, ce que je montrais était des œuvres d'art mais les critiques et le public n'étaient pas d'accord. Le gouvernement de la Ville et le Parlement se sont impliqués. Finalement, ils ont décidé que je pouvais conserver la direction si je ne mettais pas des vies humaines en danger – ils pensaient que mes activités étaient destructrices pour l'humanité. Pire encore, le comité d'exposition était principalement composé d'artistes locaux et ils ont décidé qu'ils dicteraient désormais les programmes. Ils ont rejeté l'exposition d'Edward Kienholz et celle de Beuys, pour lesquelles ils avaient déjà donné leur accord. Soudain, c'était la guerre, et j'ai décidé de démissionner pour devenir commissaire indépendant. C'est à cette époque que l'hostilité envers les travailleurs immigrés commence à se manifester ; un parti politique a même été fondé pour réduire le nombre d'étrangers en Suisse. J'ai été attaqué car mon nom n'était pas suisse mais hongrois. En réponse, j'ai fondé l'Agentur fur Geistige Gastarbeit, qui était une déclaration politique puisque les travailleurs italiens, turcs et espagnols en Suisse étaient appelés "travailleurs invités" [*Gastarbeiter*[8]]. »

L'exposition « Freunde–Friends–d'Fründe » n'a pourtant guère soulevé les passions, comme en témoigne le bref compte-rendu in extenso du quotidien bernois : « L'exposition "Freunde–Friends–d'Fründe" a été inaugurée à la Kunsthalle de Berne. Les "amis" sont quatre Suisses (en réalité à moitié suisses), tous nés en 1930, qui se sont rencontrés à Berne dans les années 1950 et se sont retrouvés plus tard à Düsseldorf, à savoir Karl Gerstner, Diter Rot, Daniel Spoerri et André Thomkins,

9 *Der Bund*, vol. 120, nº 103, 5 mai 1969, p. 23 (trad. par Jean François Chougnet).

10 Daniel Spoerri, *Anecdotomania*, Paris, Beaux-Arts de Paris éditions, 2021, p. 336, traduit de *Anekdotomania*, Bâle, Musée Tinguely, 2001.

et leurs amis et amis d'amis. Le directeur de la Kunsthalle, Szeemann a mis la galerie d'art à leur disposition sans interférer dans la conception de l'exposition. L'un des artistes, Daniel Spoerri, connu ici comme un ancien danseur solo du théâtre municipal de Berne, a prononcé les mots d'introduction lors du vernissage. Spoerri a présenté les artistes : Karl Gerstner dirige la succursale de Düsseldorf d'une agence de publicité bâloise, Diter Rot est professeur de graphisme à l'Académie des beaux-arts de Düsseldorf, Daniel Spoerri dirige un restaurant et Thomkins vit comme artiste indépendant à Essen[9]. »

Un an plus tard, Daniel Spoerri inaugure au premier étage de son restaurant à Düsseldorf la Eat Art Galerie (→ p. 232). À partir de la nourriture, il poursuit l'idée de la collaboration collective et amicale d'artistes. Il prévoit d'y présenter une exposition intitulée « In memoriam Friends », où il annonce ses trois amis de l'exposition de Berne, ainsi que Robert Filliou et Dorothy Iannone[10]. Cette exposition ne verra pas le jour dans cette composition et sera limitée à Karl Gerstner, André Thomkins, George Brecht et Robert Filliou ●

In memoriam friends...

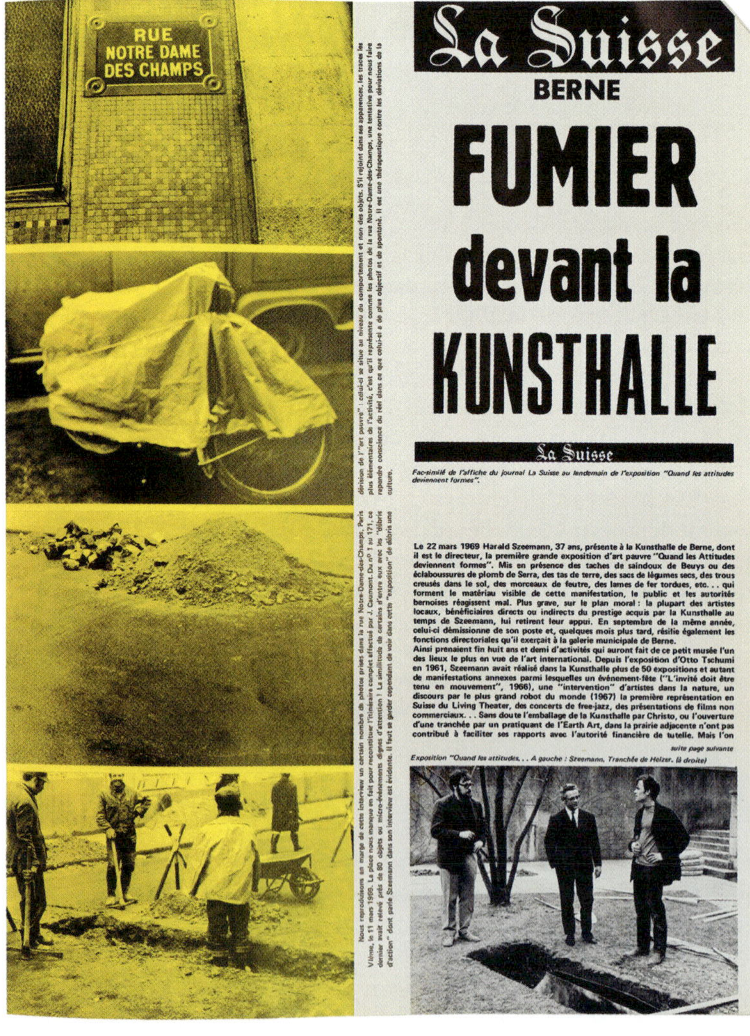

La Suisse
BERNE

FUMIER devant la KUNSTHALLE

Fac-similé de l'affiche du journal La Suisse au lendemain de l'exposition "Quand les attitudes deviennent formes".

Nous reproduisons en marge de cette interview un certain nombre de photos prises dans la rue Notre-Dame-des-Champs, Paris VIème, le 11 mars 1969. La place nous manque en fait pour reconstituer l'itinéraire complet effectué par J. Caumont. Du nº 1 au 171, ce dernier avait relevé près de 80 objets ou micro-événements dignes d'attention ! La similitude de certains d'entre eux avec les "débris d'action" dont parle Szeemann dans son interview est évidente. Il faut se garder cependant de voir dans cette "exposition" de débris une dérision de l'"art pauvre" : celui-ci se situe au niveau du comportement et non des objets. S'il rejoint dans ses apparences, les traces les plus élémentaires de l'activité, c'est qu'il représente comme les photos de la rue Notre-Dame-des-Champs, une tentative pour nous faire repandre conscience du réel dans ce que celui-ci a de plus objectif et de spontané. Il est une thérapeutique contre les déviations de la culture.

Le 22 mars 1969 Harald Szeemann, 37 ans, présente à la Kunsthalle de Berne, dont il est le directeur, la première grande exposition d'art pauvre "Quand les Attitudes deviennent formes". Mis en présence des taches de saindoux de Beuys ou des éclaboussures de plomb de Serra, des tas de terre, des sacs de légumes secs, des trous creusés dans le sol, des morceaux de feutre, des lames de fer tordues, etc. . . qui forment le matériau visible de cette manifestation, le public et les autorités bernoises réagissent mal. Plus grave, sur le plan moral : la plupart des artistes locaux, bénéficiaires directs ou indirects du prestige acquis par la Kunsthalle au temps de Szeemann, lui retirent leur appui. En septembre de la même année, celui-ci démissionne de son poste et, quelques mois plus tard, résilie également les fonctions directoriales qu'il exerçait à la galerie municipale de Berne.
Ainsi prenaient fin huit ans et demi d'activités qui auront fait de ce petit musée l'un des lieux le plus en vue de l'art international. Depuis l'exposition d'Otto Tschumi en 1961, Szeemann avait réalisé dans la Kunsthalle plus de 50 expositions et autant de manifestations annexes parmi lesquelles un événement-fête ("L'invité doit être tenu en mouvement", 1966), une "intervention" d'artistes dans la nature, un discours par le plus grand robot du monde (1967) la première représentation en Suisse du Living Theater, des concerts de free-jazz, des présentations de films non commerciaux. . . Sans doute l'emballage de la Kunsthalle par Christo, ou l'ouverture d'une tranchée par un pratiquant de l'Earth Art, dans la prairie adjacente n'ont pas contribué à faciliter ses rapports avec l'autorité financière de tutelle. Mais l'on

suite page suivante

Exposition "Quand les attitudes. . . A gauche : Szeemann. Tranchée de Heizer. (à droite)

10 (ill.) • **Extrait de *Chroniques de l'art vivant* nº 10, avril 1970, Paris. Article reproduisant la couverture polémique d'un quotidien au sujet de l'exposition qui a précédé « Friends », « When Attitudes Become Form »** (mars 1969)

Bern, 29. 3. 69

An den Vorstand des Vereins Kunsthalle

Bern

Bericht über die Fahrt der Kommissionsmitglieder Mumprecht und Plattner nach Düsseldorf.

Unsere Fahrt nach Düsseldorf hat uns Gelegenheit gegeben, drei von den vier Teilnehmern an der Ausstellung : " Vier Freunde " kennen zu lernen, nämlich Karl Gerstner, Daniel Spörri und André Thomkins, und ausserdem einen Teil der auszustellenden Werke zu besichtigen. Der vierte, Diter Rot, war leider von Düsseldorf abwesend. Von ihm konnten wir lediglich 2 Objets sehen und etwas Einblick erhalten in seine publizistische Tätigkeit.

Allgemein gesehen ist das Ausstellungsgut der vier Künstler in Richtung Dada – Surrealismus – Op-Art orientiert. Dazu kommt ein oft ausgeprägter Bezug zum Literarischen. Wenn grundsätzlich keine wesentlich neuenGesichtspunkte eingenommen sind, so gibt es doch Aufschluss über das Schaffen von vier eigenwilligen Persönlichkeiten. Dabei scheint uns von Belang, dass 4 ganz verschieden orientierte Künstler sich zu einer Gruppe zusammengeschlossen haben und einander gegenseitig verstehen und fördern können. Damit dürfte die Ausstellung gerechtfertigt und auch im Sinne der bisherigen Ausstellungskonzeption zu verantworten sein. Die von uns besichtigten Werke sind fertige Objekte, die keine grossen Einrichtungen verlangen.

Wir haben den Wunsch geäussert, dass, auch im Bezug auf Transport und Einrichtung des Ausstellungsgutes des weiteren Freundeskreises keine Komplikationen erwachsen.

Der Katalog, den wir als Blindband im Umfang von 2oo Seiten gesehen haben, soll von einem Verleger in Deutschland als Buch herausgegeben werden. Die Kunsthalle würde 5oo Ex. à Fr.1o.– (?) fest übernehmen. Auf diese Weise sollte die Herausgabe des Katalogs, trotz seines ungewöhnlichen Umfangs, die üblichen Kosten nicht überschreiten.

Hermann Plattner

Rudolf Mumprecht

FRIENDS —

Es war immer mein Traum eine Ausstellung zu machen, wo ich nicht mehr interveniere. Nun ist es soweit. Und erst noch mit Euch vier. Ihr habt Euch in Bern kennengelernt und lebt jetzt in Düsseldorf. Deshalb wird die Ausstellung an diesen beiden Orten gezeigt. Vielleicht beginnen mit dieser Ausstellung die Museen wieder mehr Lebensläufe aufzuzeichnen als Ausstellungen zu organisieren. Auf jeden Fall ist unser Unternehmen ein Testfall, auf jeden Fall für uns, denn Ihr seid eingespielt, wir nicht.

Ich wünsche Euch deshalb viel Glück für Eure Ausstellung in „unseren" Häusern

Harald Szeemann

11 (ill.) • Préface d'Harald Szeemann au catalogue publié à l'occasion de la présentation de l'exposition « Freunde + freunde / friends + fruend » à Düsseldorf, juillet 1969 : « J'ai toujours rêvé de faire une exposition où je n'aurais pas à intervenir. C'est maintenant chose faite. »

freunde + freunde

friends + fruend

edition hansjörg mayer

12 (ill.) • Couverture du catalogue de l'exposition à la Kunsthalle de Berne, édition Hansjörg Mayer, Stuttgart, 1969

Ornette Coleman en double quartet.

Harmolodie et amitié

Francis Marmande

Free Jazz / Improvisation collective
Lundi 18 septembre 1961, le secrétaire de l'ONU, Dag Hammarskjöld, meurt dans un accident d'avion, provoqué par un attentat, en Rhodésie du Nord. La lune est éclairée à 49,38 %. La vie n'est qu'une ombre qui passe…
Ce même 18 septembre 1961 à New York, Ornette Coleman en *double quartet* publie son sixième album.
Titre ?
On ne saurait faire plus simple : *Free Jazz/A collective improvisation.*
Ornette Coleman a 31 ans.

Tous les propos cités sont issus de conversations avec l'auteur.

Coup de tonnerre, déflagration cosmique, musiciens, public, camp contre camp, cris d'orfraie des critiques assermentés, un se divise en deux.

En face, immédiate adhésion des amants de la Révolution.

Ornette Coleman ?
Une douceur humaine, trop humaine, l'air un rien lunaire, toujours un peu gauche sur scène… Cette mine impayable de ne rien piger aux désordres qu'il crée, aux haines qu'il suscite.
Après mille galères, il vient de marteler coup sur coup cinq albums aux titres qui claquent ! Cinq albums dont les conceptions (structure, harmonies, morale, rythmes…) gorgées de blues et de bebop, clivent sec :
Something Else/The music of Ornette Coleman (1958), *To-Morrow is The Question* (1959), *The Shape of Jazz to Come* (1959), *Change of the Century* (1959), *This is Our Music* (1960).
Autour d'Ornette, un élan, une pléiade de musiciens aux convictions plus ou moins partagées (Don Cherry, Charlie Haden, Billy Higgins), de pointures (Shelly Manne, Red Mitchell…), d'anges tutélaires (Paul Bley, Gunther Schuller, John Lewis…).

12 · Ornette Coleman, *Free Jazz/ A Collective Improvisation*, Atlantic Records, 1961. Sur la couverture, détail de *White Light* de Jackson Pollock

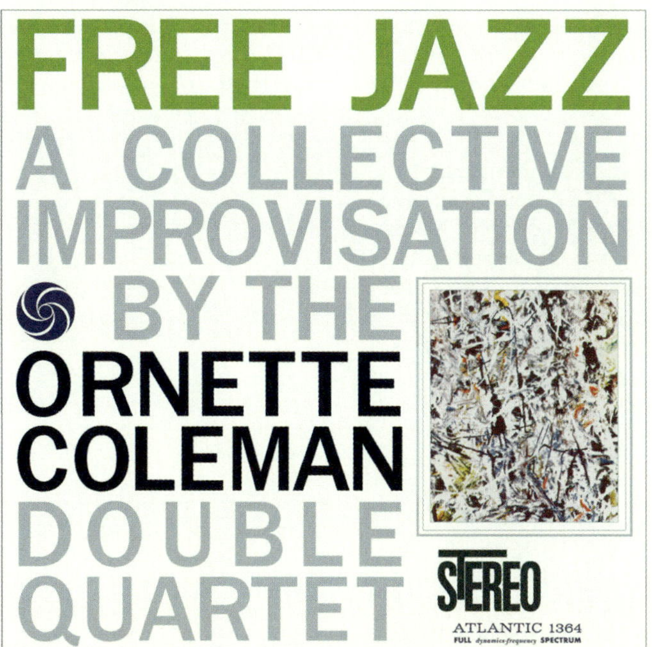

Compagnies de disques à la manœuvre : Contemporary (Lester Koenig), Atlantic (les frères Ertegün), Columbia (Teo Macero), « notes de pochette » (*liner notes*) et styles graphiques (photos, lettrage) jouent un rôle décisif.
Le moment « révolutionnaire » est marqué, on s'en doute, de tensions, de contradictions et de malentendus. En 1959, le Five Spot Café, club situé au 5 Cooper Square, dans le peu reluisant Bowery (entre l'East et le West Village) annonce le concert du groupe d'Ornette Coleman : ce soir, « *free jazz* ».
Free jazz, pour Ornette, c'est un mot d'ordre : libérons le jazz ! Libérons-le de la loi du marché, des moutons amateurs, de la routine qui guette, et même de ceux qui l'aiment ! À l'entrée du club, il s'en trouve pour vouloir entrer sans payer (*free* signifie aussi « gratuit »). L'anecdote est connue. Elle fait plaisir.

Soudain, Ornette dégaine ce truc insensé, *Free Jazz/A Collective Improvisation*. Un nouvel album enregistré en *double quartet*. On le sait abonné aux scandales : sur ce coup-là, il fait fort.

L'album fait sur-le-champ figure de manifeste.
Manifeste enregistré le mercredi 21 décembre 1960 pour Atlantic – label des frères Ertegün, Tom Dowd aux manettes. *White Light* de Jackson Pollock figure partiellement sur la pochette originale. Lettrage de grand style...

En son ventre ? Au creux du sillon ? Bordel surréel (à la première impression), grand chambardement sans précédent.
Fusion nucléaire inertielle... 37 minutes et des poussières de joie pure. Hymne à l'amour, allégresse de tous les instants... Telle sera jusqu'au bout la conviction d'Ornette Coleman.

Qu'est-ce qu'un double quartet ?

Double quartet ?
Octet ?
Ou alors deux quatuors en chien de faïence dans un miroir sans tain ?
Non : deux quartets en studio. Feu ! Huit spationautes à bord, le vaisseau du *free jazz* s'enfile dans une fracture spatio-temporelle où la plus fine des anguilles ne passerait pas les épaules.

Double quartet, stéréophonie des anges, danse d'inconscient à inconscient, pas-de-deux, ivresse plurielle où chacun trace sa voix – doubles anches, Ornette et Eric Dolphy, doubles trompettes (Freddie Hubbard et Don Cherry), double drums (Billy Higgins et Ed Blackwell), et doubles basses (Scott LaFaro, l'oiseau bleu, et Charlie Haden, la rondeur tellurique des grands fonds) –, huit musiciens inventent ensemble, sur schèmes plus dessinés que l'on ne croit, l'art de décoller, de spiraler, de prendre les ascendances, de revenir au calme.
Scansions, points d'orgue submergés d'un swing ravageur...
Voix qui émergent du chaos initial. Voix qui jaillissent de la plus primordiale des forêts primaires. Voix qui fleurissent une à une, voire ensemble.
On entend des voix.
Rien de plus, si l'on y songe, que l'ombre portée de l'impression que produisit le « jazz » au début. Ou de celle que firent les boppers en sortant de leur club expérimental, le Minton's, que le patron leur prêtait *after hours*. Rien de plus, rien de moins.

L'éternité retrouvée.

Huit *alter ego* embarqués sans leader sur la même pente du rêve.
Ornette : « Je veux que personne ne me suive, je tiens à ce que les musiciens qui jouent avec moi suivent leur propre route et se découvrent tels qu'ils sont. » Depuis quand jouent-ils avec cette allégresse ? Depuis toujours ? Une musique « toujours-déjà » jouée ?
Joueraient-ils le début de ce qui n'a pas de commencement ?
Le Big Bang illustré ? Captation saisie en plein élan ? Je me pose encore la question. Elle n'a pas le moindre sens. Ils jouent comme des enfants danseraient sur la lune.

Ornette : « Très vite, on a senti que la musique jouait d'elle-même. C'était bouleversant, on n'avait plus rien à faire, juste se laisser porter par elle. »

Déclaration sidérante, murmurée surtout à mi-voix, léger chuintement enfant...

Situations
1959 : Sidney Bechet et Babby Dodds, deux héros de La Nouvelle-Orléans, disparaissent. Les *amants célestes* des big bands, Lester Young et Billie Holiday, aussi.
1959 : Dave Brubeck enregistre *Time Out* et se prépare à faire le tour du monde avec *Blue rondo a la Turk* et *Take Five* sous le regard blanc des (bons) amateurs courroucés.
1959 : Miles Davis grave son chef-d'œuvre modal, définitif, parfait, encore plébiscité en 2022, à l'heure où je vous parle : *Kind of Blue*. Achèvement parfait d'un cycle, sans doute, avec John Coltrane, Julian Adderley, Bill Evans, Paul Chambers, etc. Miles a déjà une longue carrière. Et plein d'autres à inventer.
Un mois plus tard, « Trane » enfile des bottes de sept lieues : ce sera *Giant Steps*.

À propos ou hors de propos, peu importe, du côté de Mingus, acteur fondamental de la révolution des boppers, avec Bird, Bud, Max, Dizzy, Miles et les autres, que se passe-t-il ?
« Être nègre aux États-Unis ? C'est se réveiller en colère chaque jour. » Signé James Baldwin ? Mingus contresigne chaque jour que le diable fait.
Mingus publie en 1959 *Fables of Faubus*. Un album insensé. Formidable pamphlet radical... La musique littéralement transpercée de mots furibards, insultants, adressés au sinistre gouverneur Orval Faubus (Arkansas).

Le sinistre Faubus vient en effet d'empêcher l'entrée (fraîchement légale) de neuf élèves afro-américains au lycée de Little Rock en Arkansas. Émeutes, tremblement planétaire, l'Amérique ségrégationniste mise à nu... Le président Eisenhower fait donner la troupe. Pas moins.
Photo des *Little Rock Nine* à la une de tous les journaux du monde. L'image découpée dans *France Soir* en poche, j'ai douze ans, là-bas, à Bayonne (en bas, à gauche). Le temps ne fait rien à l'affaire. Avec la guerre d'Algérie qui ne dit pas son nom, l'image des *Neuf de Little Rock* accélère vertement les particules élémentaires de ma propédeutique politique.

Mingus Ah Hum, l'album de Mingus où figurent ses *Fables de Faubus*, radicalise vite fait toute initiation politico-poétique – *poïélitique*... Sur fond de blues et de gospel déchirés.
À ceci près que la prestigieuse firme Columbia refuse, censure et efface les imprécations et poèmes des *Fables de Faubus*. Mais oui... Ces sarcasmes hilarants que Mingus, la basse au bout des doigts, et Dannie Richmond, son batteur de toujours, se renvoient façon trottoirs, leur sève de « paroles » hurlées *dans* la musique même, sont gommées par le grand label américain.

So what ? En octobre 1960, Mingus reprend pour le petit label Candid, ses *Fables of Faubus* en quartet. Invectives, drôleries et imprécations comprises. Brûlures dans la chair du blues. Aux côtés de Mingus et de Richmond, Eric Dolphy au saxophone, prince définitif de la modernité, et Ted Curson à la trompette. La rage de jouer. Un acte poïélitique sans précédent – ou alors, c'est l'histoire entière de la musique afro-américaine et du blues qui y passerait. Un peu partout à travers le vaste monde, les plus audacieux guerroient encore en alexandrins démantibulés autour de la notion d'*engagement*. Y compris les « avant-gardes » françaises (c'est en 1960 qu'est créée la tranchante revue *Tel Quel*, par Philippe Sollers et Jean-Edern Hallier). Elles n'ont pourtant qu'un mantra : « L'éthique, c'est l'esthétique de l'avenir » (d'un auteur oublié). Que n'eussent-elles connu *Free Jazz/A collective improvisation*...

Mal à l'aise, comme ses pairs, avec l'étiquette de « jazz » – celle de « free jazz », n'en parlons pas ! – Ornette, seule provocation qu'on lui sache, assume vaguement, signe et confirme. *Free Jazz ? A Collective Improvisation.*

(Le sinistre gouverneur Faubus sera réélu six fois de suite ! Cela dit, c'est quoi, pour vous, en ce soir de 2022, le free jazz ?)

Ambiance
1960 : Les USA lancent leur premier satellite de détection d'armes nucléaires. Très intéressant.
Pas gênée, la France y va de son troisième tir nucléaire, « Gerboise rouge », à Reggane (Sahara). Les désastres et la mort aux dents vertes sont encore poussières dans l'atmosphère.
1960, grands disparus ? Fausto Coppi et Albert Camus.
Soulèvement universel, décolonisations en Afrique, rupture du pacte sino-soviétique, Cuba, Jordanie, partout...
Sur ce éclate la guerre du Vietnam, son ciel soudain obscurci de bombardiers géants.
Sous l'impulsion du BPP (Black Panthers Party), les ghettos changent radicalement de tempo. Marion Brown, Archie Shepp, Malcolm X, même combat ? Ce n'est pas si simple... Ce n'est qu'un combat, continuons le début...

Partout, de Chicago à Detroit en passant par New York, cent associations, mille mouvements surgissent, artistes, activistes, éducateurs, attelés à des explorations parallèles – l'AACM à Chicago, Bill Dixon, Cecil Taylor, Carla Bley... Les grands classiques poursuivent leur voie – à commencer par le très contesté Louis Armstrong qui pourtant, soit dit en passant, a refusé une tournée du Département d'État dans les « pays de l'Est », pour

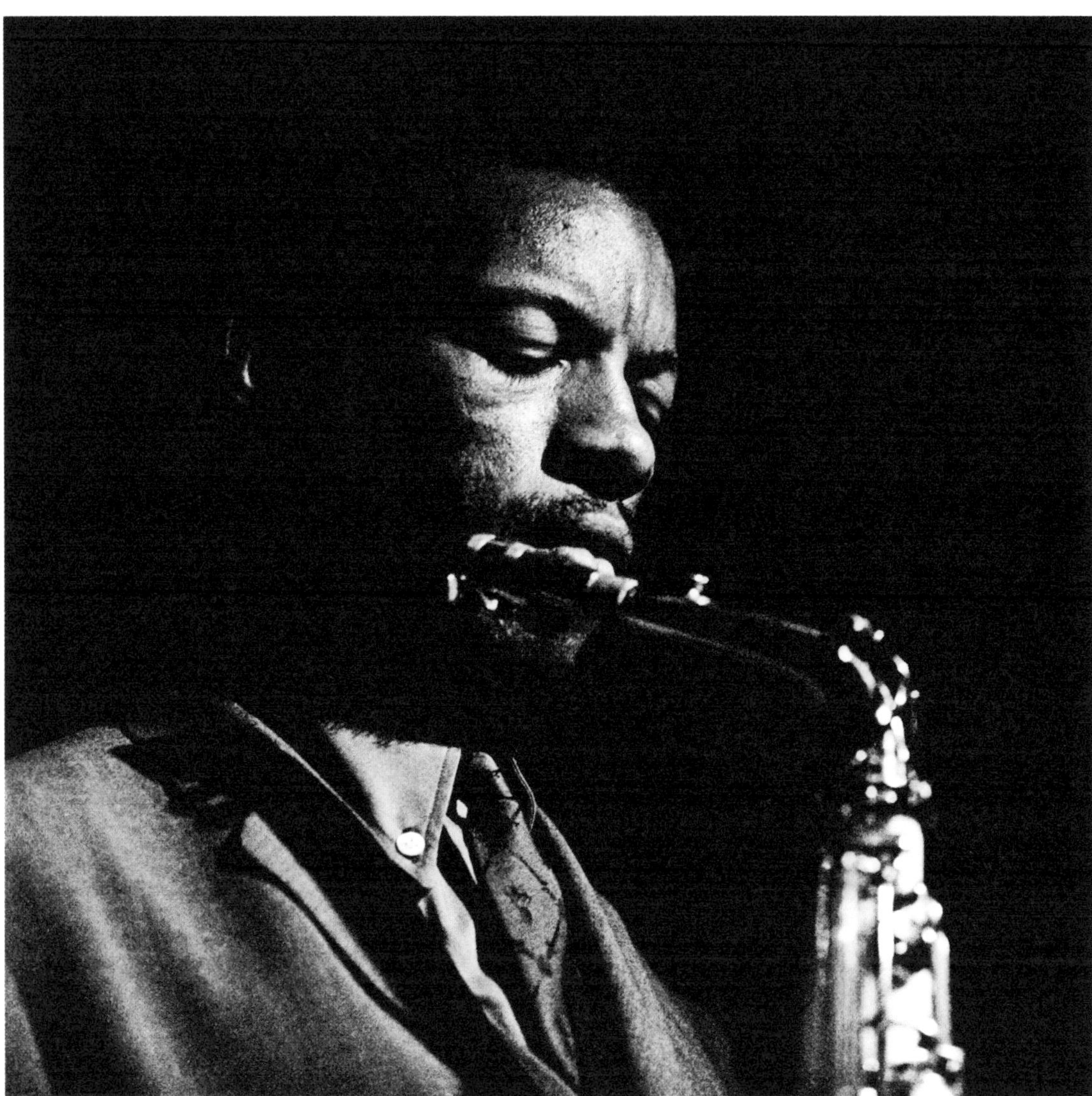

13 (ill.) • Ornette Coleman en action, vers 1965. Photo : David Montgomery

protester à sa façon contre le scandale de Little Rock. Le Département d'État qui utilisait les noirs d'Amérique comme ambassadeurs rayonnants le lui fait payer cash en dissimulant le refus. Cher Armstrong...
Ray Charles prépare le terrain pour Aretha Franklin, Max Roach l'a déjà fait pour Abbey Lincoln, *We Insist! Freedom Now Suite*, date de 1960, Monk est bien là, Sonny Rollins et Coltrane ont à peine trente ans... Bref... Étrange histoire accélérée des simultanéités (Shakespeare, Cervantes, Rimbaud, Beckett publieraient la même année) et du rythme – l'impensable philosophie du jazz...
The Great Black Music version Artavazd Pelechian... Leur siècle... Le nôtre.
Après celle du jazz moderne (les boppers, l'indépassable Charlie « Bird » Parker, Bud Powell, Dizzy Gillespie, Kenny Clarke, Monk, etc.), ce sera l'image canonique de la deuxième révolution en jazz. Selon les lieux, les origines, les programmes, on lui donne autant de noms : "Free Jazz", "New Thing" (Archie Shepp et John Coltrane), "Great Black Music" (Muhal Richard Abrams à Chicago)... Bientôt, au Cellar (Harlem), Bill Dixon animera The Free Form Improvisation Ensemble (Bill Dixon, Paul Bley, Jimmy Giuffre) ou The October Revolution in Jazz, embrayant sur la Jazz Composer's Guild, où se retrouvent, aux côtés de Dixon et de Cecil Taylor, nombre de musiciens émergents proches de Sun Râ, etc. Seul de sa génération, John Coltrane prête attention et amitié à cette nouvelle vague.
En 1959, le peintre Rebeyrolle exécute à Eymoutiers (Haute-Vienne), *Planchemouton* – du nom d'une rivière, commande de la première Biennale de Paris.
Du côté du cinématographe ? *Hallelujah The Hills* (Adolfas Mekas), *La Dolce Vita* (Fellini), *Les Yeux sans visage* (Franju), *Rocco et ses frères* (Visconti), *Tirez sur le pianiste* (Truffaut), *Le Masque du démon* (Mario Bava), *À bout de souffle* (Godard, musique de Martial Solal), *Psycho* (Hitchcock)...
Jean-Jacques Lebel fomente à Venise *L'Enterrement de la Chose de Tinguely*, premier happening européen. Il traduit Burroughs, Ginsberg (aux côtés de qui on apercevra Ornette Coleman), Ferlinghetti et toute sorte de poètes liés au « free jazz ».
La guerre d'Algérie bat son plein, ne dit toujours pas son nom.

Pour une non-théorie de l'harmolodie

Coleman (nom d'esclave plutôt banal), Ornette, de son prénom, a vu pour la première fois la nuit dans les quartiers les plus noirs de Fort Worth (Texas) le 9 mars 1930 : « Je suis né à la fin de la nuit. Ma mère m'a appelé Ornette. »
Pourquoi Ornette, ce curieux hapax des prénoms ?
« Parce que c'était son choix. »
J'ai eu beau poser onze mille fois la question (très finement, vous pensez...), et douze mille à son rassurant batteur de fils, Denardo, né de son union avec la poète Jayne Cortez : « Parce que c'était son choix », seule réponse. Définitive.
On est rien con, Ferdinand, quand on aime.
Ornette est un des artistes que j'ai aimés de l'amour le plus simple.

Adolescents, avec Dewey Redman (ténor sax que l'on retrouvera au Cellard), son voisin à Fort Worth, ils s'étaient lancés dans cette aventure de dingues sans presque rien savoir. Sans en avoir les moyens.

Leur point commun ? Le son des saxophonistes texans, ce son énorme, large, ce son de paquebot, ce son que l'on aurait pu reconnaître depuis la lune. Cette sonorité qu'augmente l'envie de tout renverser.
Au bout de la rue où sont nés Ornette et Dewey Redman, un type dans son garage comme d'autres ailleurs, montrait la voie, mine de rien.

Ornette ne discerne pas ce qui se fait de ce qui ne se fait pas. Il ne sait rien de ce qui ne se fait pas. Encore moins, de ce qui ne saurait se faire : jouer du violon ou de la trompette en scène, par exemple, hors piste, hors savoir, en toute liberté, enfantillage... Ça, les (bons) amateurs et nombre de musiciens – Miles, n'en parlons pas – ne le lui passeront jamais.
Ornette installe Denardo, douze ans, à la batterie de l'orchestre. On ne le lui pardonne toujours pas. Lui : « Si je jouais comme j'écris ma musique, je serais très loin de là où je suis, je serais ailleurs. J'écris aussi loin de moi que possible... »

Toutes ses initiatives, toutes ses directives, ses graphes sans partition, toutes ses intuitions, il les fédère très tôt, du côté de Fort Worth sous le nom d'« *harmolodics* ». « Free », expériences en tous genres qu'il ne vit jamais comme des expérimentations, écriture symphonique (*Skies of America*), *funk-rock-blues*, il n'en démord pas et les nomme « harmolodie ».
Harmolodie ? Charmant mot-valise (comme on dit), compréhensible par tous, immédiat, concept sans théorie que l'on moquera, jusqu'à sa mort. Il annonce un traité de mille pages. On fait semblant de ne pas comprendre. Le traité – Grothendieck mis en musique par Paul Bley, plus le type du bout de la rue de Fort Worth – repose en paix.

À Fort Worth, un derrick orne aujourd'hui la place centrale. Le reste a l'air propret. Civilisé, pour ainsi dire.
Et en 1950 ? « La ségrégation régnait sur le papier, mais pas dans les cœurs. Une nuit, j'invite trois drôles à la maison pour leur faire un petit plat à ma façon. Ma mère dormait sur la rue pour m'entendre rentrer. Elle se lève : "Non, Junior ! Tu exagères ! Tu sors, et tu ramènes des blancs !" Moi, je les avais branchés parce qu'ils aimaient passionnément la musique que je jouais au club. Blancs ou noirs. C'est tout. »

C'est tout en effet, et tout est dans ce tout.
Ornette, naïf (version sur-raciste) ou très matérialiste (au sens philosophe) : « De toute façon, la ségrégation tenait moins à la couleur de peau qu'à l'argent. À Fort Worth, vous aviez ceux qui en ont, ceux qui n'en ont pas et ceux qui n'en auront jamais. La mort n'a pas de couleur. Mais ce que j'ai compris, c'est que rien ne t'oblige à être injuste parce qu'on t'a maltraité. Si je peux faire partager ce sentiment aux musiciens qui jouent ma musique, l'essentiel est atteint. »
Ornette ne connaît pas la colère.

L'essentiel, il le nomme « harmolodie ».
« L'harmolodie ? Je sais que l'on ne me prend pas au sérieux... Jamais je ne l'ai posée comme un principe. C'est une aptitude ouverte à toutes, une virtualité qu'on explore. Ou pour mieux dire : c'est un art de vivre. L'espérance d'une expression humaine sans catégories. »

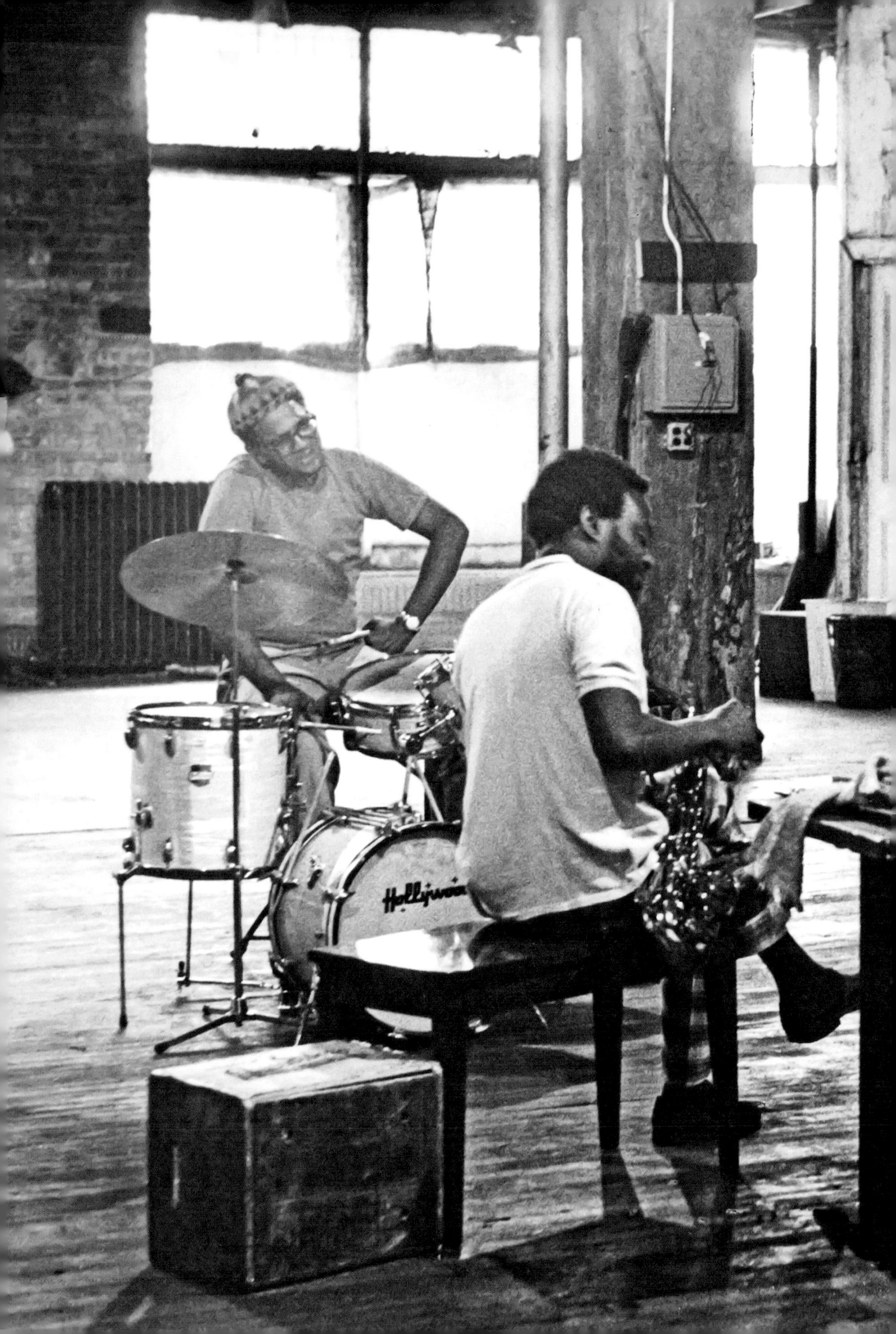

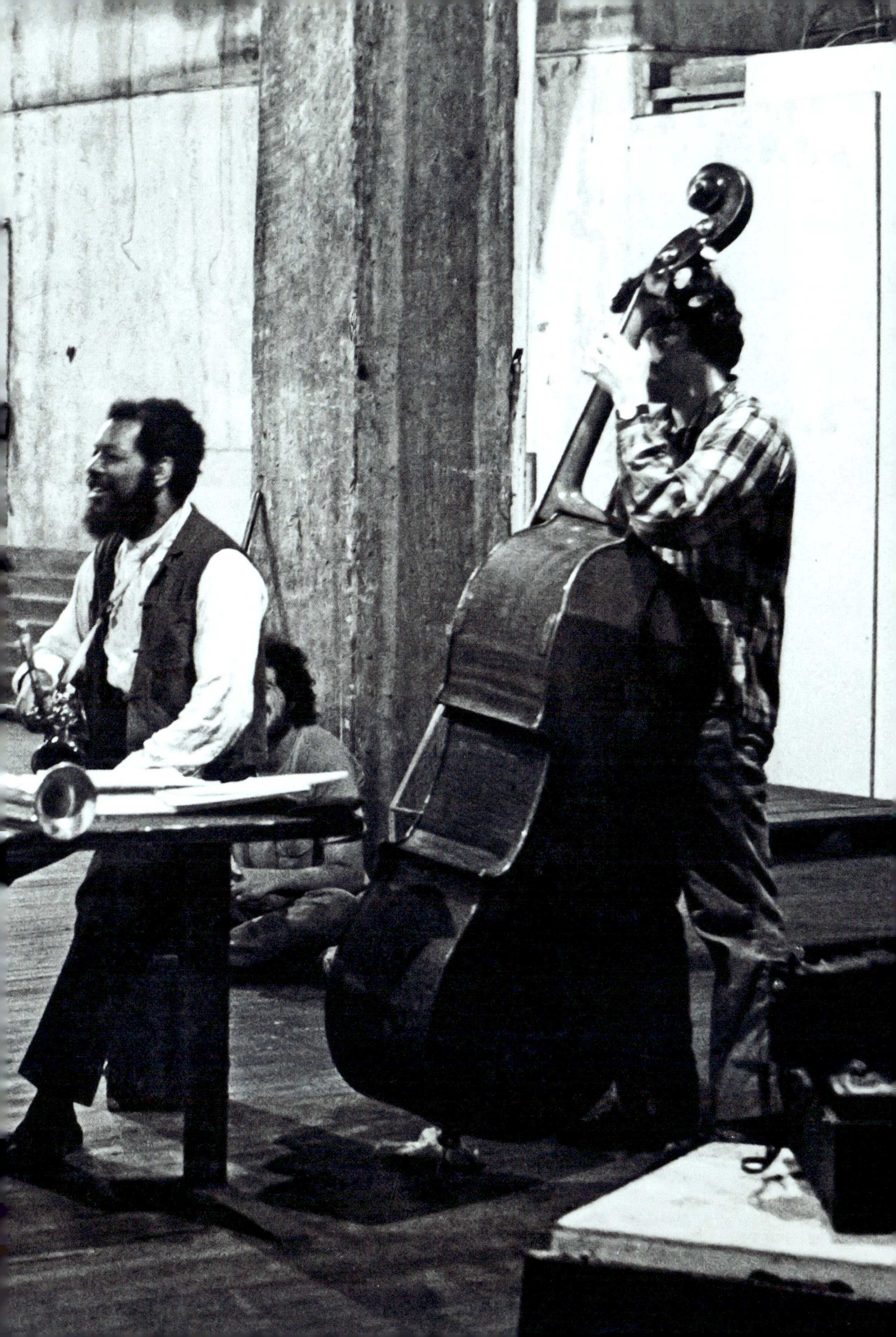

← p.62-63 · 14 (ill.) **Ornette Coleman Quartet, New York, 1971. De gauche à droite, Ed Blackwell à la batterie, Dewey Redman au saxophone ténor, Ornette Coleman au saxophone alto et Charlie Haden à la contrebasse. Photographie de Val Wilmer.**

Il se croit obligé de préciser – j'ai peu connu de douceurs d'élocution semblables, petits chuintement inclus : « Je n'ai jamais songé de ma vie à devenir musicien. La première fois que j'ai joué du saxophone, je le jure, c'était exactement comme aujourd'hui. Ma mère m'a mis un alto dans les mains à cinq ans, j'ai joué d'un coup comme je joue ce soir.
Jamais je n'ai dit cela à personne.
J'en ai le souvenir net, lumineux. De même que je me rappelle si distinctement comme nous avons joué à trois, un soir, à la fin d'un dîner, juste pour quelques amis : Bud Powell, Cecil Taylor et moi au violon. »
Bud, Cecil et Ornette au violon, pour une poignée de voisins et amis – *Friends and Neighbours*, un de ses titres à venir. Les connaisseurs apprécieront.
« C'était un soir de 1954 ou 1955, juste après le retour de Bud à New York. On a joué une musique si étrange, si belle, j'en garde un souvenir bouleversant. En arrivant en ville, j'avais rencontré tous les monstres du bebop. J'ai joué avec Dizzy Gillespie et tous les autres. Le bebop, ce fut la première révolution instrumentale de libération et d'autonomie. Les boppers voulaient jouer autre chose que ce qu'on leur imposait. Mais ils n'ont pas tenu le coup. Quand j'ai vu Charlie Parker au Tiffany Club, sur la côte Ouest, en 1952, j'ai été affreusement triste : il ne jouait rien de sa musique, mais toute sorte de chansonnettes à la mode... »
Obsession : tenir le coup sans jamais se laisser dominer. Au début, il eut beau faire le forcing, les monstres (de Lester à Bird) « jouaient des choses que je ne savais pas faire, refusaient que je me joigne à eux ». À Kansas City, Bird s'était fait virer de la même façon.
Une seule et même méthode : l'ascèse et un travail de fou.

Seule question
Comment un garçon au sourire d'enfant, quasi autodidacte (il apprend d'oreille, avant de travailler comme un nègre), fils d'ouvrier (« je l'ai peu connu, il était très grand, très noir ») et de Rosa, très grande aussi, fort digne employée des pompes funèbres du ghetto, aura rejoint le panthéon des artistes planétaires qui changent la vie ?
Par quel arrachement ?
Comme Sonny Rollins, sans doute (et tous les révolutionnaires du « jazz »), qui dira d'une voix douce, lui aussi, dans sa maison rouge de Woodstock, en 2014 : « On ne se posait pas la question. »

Va pour *free*... Le traite-t-on d'« assassin de la tendresse » ? On l'aura, il est vrai, traité de tout.
Il reste pourtant l'auteur de chansons irrésistibles (Dolphy, tout pareil), d'une période dont on dit qu'elle en était incapable (le « free » donc) : *Lonely Woman*, *Peace*, *Ramblin'*, *I Heard It Over The Radio*, *Blues Connotation*, *The Legend of Bebop*... pure affirmation du désir – petites mélodies poignantes, gaies, cuisantes, plus ces danses grappillées à quel folklore, grands dieux !
Dolphy ? Alter ego d'Ornette, de Mingus et de Coltrane. Le plus lyrique, le plus hardi des clarinettistes basse, allé si loin que personne ne l'a encore rejoint. Il se trouvera bien un petit universitaire satisfait, du nom de Maransin, ils n'en loupent pas une, pour dénoncer ses « phrases maltraitées ». Proverbe

girondin : « Il y a plus d'un âne du Maransin qui s'appelle Martin. » « Maltraitance » ! Mais c'est très mal vu, ce soir de 2022, la maltraitance, cher Maransin.
Au bois, il y a un oiseau, son chant vous arrête et vous fait rougir.
Quand Eric Dolphy retournait voir sa mère, en Californie, il jouait avec les oiseaux, elle adorait ça.

Le pire n'étant pas d'être pris pour un idiot musical – voir Lester Young, Charlie Parker, Thelonious « Sphere » Monk, Dolphy, et de proche en proche, aux yeux blancs de l'Amérique blanche, un peu tous les acteurs de la musique afro-américaine…
Ornette ? Dolphy ? On ne leur laisse même pas la case de *l'artiste maudit* (figure héroïque du XIXe siècle). Au mieux, on les tient pour simplets ou maltraitants. Ornette, comme Dolphy, purs mélodistes, c'est leur âme, ont connu la vraie pauvreté, la rue, sans s'en plaindre.
Un bon moment, à Los Angeles, Ornette faisait garçon d'ascenseur le jour, potassant l'harmonie la nuit. Ou l'inverse.

Archéologie de l'harmolodie
La scène se passe à Bâton-Rouge en Louisiane. Bien avant de rencontrer Lester et Bird, bien avant de devenir Ornette Coleman, notre simplet joue dans un groupe de blues pour public noir. Croyez-moi, ça ne rigolait pas : Coltrane, Rollins ont connu la même école.
Ce soir-là, le simplet inconnu au bataillon, mais simplement prié de faire le rude métier dans les règles, Ornette prend à son tour son chorus de blues.
En plein milieu, il lui vient, sans faire gaffe de s'envoler selon ses idées.
À la fin, un type se pointe, demande très poliment au chef l'autorisation de sortir avec le petit sax qui vient de chorusser comme un fou. Sans ménagement, il le précipite sur le trottoir où six malabars de couleur, des « *brothers* », lui cassent le bec du ténor dans la bouche. Lui cassent les dents, et enfoncent le bec dans le palais, avant de piétiner le sax sur le parking.
Le traitant de « *nigger* » tout du long.
Au commissariat, les flics le traitent à nouveau de « *nigger* ».

Ornette abandonne le ténor, insecte écrabouillé sur le macadam, et se procure un alto revêtu de plastique blanc, comme celui que jouait Bird.
Ornette, le plus doux des traqueurs de folie, a toujours payé son art de sa personne, de son corps, de sa bouche. Peut-on s'extasier dans la destruction, se rajeunir par la cruauté ? Le peuple ne murmura pas. Personne n'offrit le concours de ses vues. « Personne n'est tranquille avec cette étiquette de "jazz", moi non plus. Mais je ne suis pas contre ce qui peut aider les êtres humains à penser, à faire ce qu'ils aiment… » Lorsqu'il prononce ces mots, un après-midi de juin 1997, dans ses studios Harmolodics de la 125e rue, à Harlem, il sait qu'il sème un doute. « Personne n'a besoin de catégories, notamment pour mourir… On ne doit jouer que ce que chacun sent dans le jeu. La démocratie totale est ce qui règle la musique. La démocratie et l'amour. »
Harmolodie : démocratie totale et amour.

Nigger? Black (comme on dit désormais en France, pour faire pas raciste du tout)? De sa voix douce: «ça n'a pas la moindre importance. Si dire afro-américain, ça peut aider un noir à se sentir plus heureux, alors d'accord. Mais je ne veux pas penser en termes de race. Évidemment, ça n'a pas facilité ma vie, de dire cela, mais je ne veux pas changer.»

L'harmolodie sous le ciel des rencontres

Il s'absente souvent de la scène new-yorkaise. On l'oublie. À Paris, au début des années 1980, le Festival d'automne peine à remplir une demi-salle. Faute de réservation, l'Olympia annule son concert en 1989. Woody Allen, minable clarinettiste country, bourre la salle huit jours plus tard (soyons honnête, il s'en déclarera gêné). Ornette traverse les cent tunnels du rejet et de l'oubli.

Il arpente pérégrin les trottoirs des villes inconnues. Se fait huer à Cuernavaca (Mexique), ailleurs, on lui jette des pierres... Qu'un musicien de rue lui prête son sax: «On m'a pris pour un fantôme... J'ai fait peur, et cette peur m'a rendu abominablement triste. Les gens n'aiment que ce qu'ils ont déjà entendu... Comme à l'école...»

Retiré au Montana par –20° C, totalement oublié, Ornette esquisse des croquis de ce qui deviendra *Skies of America*.
Il les nomme «*harmolodics*»: «Quand j'ai vu les Indiens d'Amérique prier, faire leur rituel de pureté, ils avaient des corps transparents. Tout d'un coup, j'ai vu l'Indien d'Amérique et le ciel comme un même peuple. Cela m'a appris quelque chose sur la religion, la race, la richesse, la pauvreté, le commerce. Je me suis dit: "Je vais passer de l'autre côté. Je veux seulement être du côté de la conscience qui vient naturellement aux gens."»
Très rare de penser les Indiens d'Amérique à l'époque (tiens! ça devient à la mode).

L'harmolodie? La penser à l'instant, la penser jusqu'au bout? Penser cette nuit même, à cette improvisation collective intitulée *Free Jazz/A collective improvisation*, la penser vraiment de près, en plein ventre, a quelque chose de vertigineux.
Écologie, mise à mort de la planète, financiarisation de la finance, désintégration sociale, atomisation des individus, l'extrême pauvreté croissante des pauvres, alliée avec la richesse exponentielle des riches, tout ce que vous voulez...
Face à ça, l'idée seule d'*improvisation collective*, ascendant *l'amitié, ensemble, fraternité*, a quelque chose d'incongru, d'obscène, de radical. Harmolodie? Il y a une troupe de petits comédiens en costumes, aperçus sur la route à travers la lisière du bois.

Ornette aura connu la méprise autant que le mépris. Il aura connu la rue comme la reconnaissance (le *Praemium Imperiale* de l'empereur du Japon décerné au gotha des arts, en toutes disciplines, en 2001), et, à la fin de sa carrière, ce petit théâtre incroyable.
Il enchaîne force rappels dans les grands festivals, à Vienne (Isère), Nice, Marciac (Gers), Paris... Des gamins, garçons et filles, se pressent au pied des immenses scènes, pour lui toucher la main. Il pleure sans bien comprendre. Son sourire généreux augmente – bibi sur la tête et tenue chamarrée – cet air de grand clown céleste au visage si doux. Semblant ici et ailleurs.

– Vous êtes compositeur ? Improvisateur ? Interprète ? Artiste ?
– Rappelez-vous C.P. Snow. C'est un scientifique. Il a travaillé sur la bombe atomique et il est mort vierge. Vous vous rendez compte ? La bombe atomique, et il meurt vierge !
[Non, en effet, je ne me rends pas bien compte. Je n'ai pas beaucoup travaillé sur la bombe atomique, c'est certain... Je ne m'attendais pas à cette réponse.]
– Ça veut dire que personne ne peut sérieusement dire qui il est. On fait des choses, on additionne des actes, voyez-vous, des comportements, on est un être vivant, une créature, mais de là à dire qui se connaît...

L'harmolodie ? « Désir de rejoindre, par des moyens non musicaux, pas au sens classique du terme, en tout cas, la vitesse de la pensée... » Puis, en vrac :
– l'information précède l'intelligence...
– premier fruit des civilisations, l'intelligence est utilisée pour délimiter des territoires sociaux, des zones de pouvoir...
Ornette : « L'harmolodie vise le point qui la précède... »

Introuvable théorie qu'il aura risquée toute sa vie. La pratiquant au moins une fois, de façon éclatante, en double quartet, un matin de décembre 1960. Époque oblige ? Époque dont *Free Jazz/A collective improvisation* synthétise une des images possibles. La plus réelle.
Ce n'est pas tous les jours que la musique semble jouer d'elle-même.

Économie de l'amitié

Siegfried Zielinski

I

Maurice Blanchot définit l'amitié comme le sentiment d'étrangeté au monde partagé inconditionnellement avec un autre. Il m'a fallu longtemps, après que m'ait été donné de faire l'expérience de ce sentiment bouleversant, pour le comprendre et apprendre à le formuler. Au milieu de mon adolescence, alors que je vivais ma première amitié profonde avec une autre personne, nous n'avions pas de langage pour cette dimension de l'existence, difficile à décrire, générée par une foule d'événements. Il n'était d'ailleurs pas nécessaire de la saisir avec des mots, puisque nous la vivions. Ce que nous éprouvions comme une profonde amitié s'apparentait à un microcosme composé d'activités qui remplissaient nos journées, et surtout nos nuits.

Si des personnes extérieures à notre relation nous avaient observés, nos occupations communes leur auraient sans doute paru suspectes. Ce qui ne nous aurait pas empêchés de nous y livrer. Au contraire, toute réaction de rejet de la part de la culture adulte qui nous environnait entraînait une radicalisation de nos pratiques. Nous ne connaissions pas encore les *Expériences musicales* de Jean Dubuffet. Mais ensemble, avec la même ferveur que lui, avec bruit et passion, nous jouions des instruments de musique que nous ne maîtrisions pas, comme par exemple un vieil harmonium depuis longtemps désaccordé, diverses flûtes, du violon et de l'alto. Nous entretenions une forme de dialogue tout aussi absolue et dépourvue de langage grâce à des dessins et des compositions sombres – quoique très colorées – que nous développions en de bizarres objets-images à partir de tous les matériaux qui nous tombaient sous la main. Et nous parlions pendant des heures, lors de virées nocturnes à travers la ville où nous grandissions, ou bien dans le bureau du père de mon ami, un scientifique, président d'une université. Il était décédé prématurément, et nous nous efforcions ensemble d'expulser son esprit de ces vieux meubles, de ce bureau monumental, de ces tapis, meubles capitonnés et lourdes tentures. L'amitié, pour se déployer en toute créativité, a besoin de tels lieux de repli, que Michel Foucault appelle des hétérotopies.

Nous avions une prédilection pour les conversations impromptues, passant du coq à l'âne, des discours embrouillés sur ce à quoi nous croyions, sur l'essence de l'être, sur Dieu, sur notre défiance à l'égard de toutes les autorités, sur les arts et les positions poétiques qui pourraient résister fermement à l'exploitation par les industries de la conscience, sur la guerre du Vietnam, sur les nazis irrécupérables autour de nous, sur Sartre, Dylan, Handke ou les révolutions russe et chinoise. Nous commentions en bredouillant les livres que nous dévorions avant de les comprendre vraiment. Quand le langage nous faisait défaut, nous prenions nos guitares, que nous maîtrisions tant soit peu, et nous improvisions des dialogues chantés. C'était notre manière de jouer, le prolongement du plaisir enfantin à la veille du passage à l'âge adulte. Dans cette amitié, l'espace de liberté poétique semblait sans limites.

Cette période de quatre ou cinq ans, extrêmement heureuse et mélancolique à la fois, connut une fin brutale, lorsqu'un soir, en rendant visite à mon ami, je vis que l'un des objets-images de grand format sur lesquels nous avions travaillé si intensément et que j'aimais particulièrement, n'était plus là. Un besoin d'argent pressant l'avait apparemment contraint de le vendre, ainsi que le bureau de son père, dont la présence

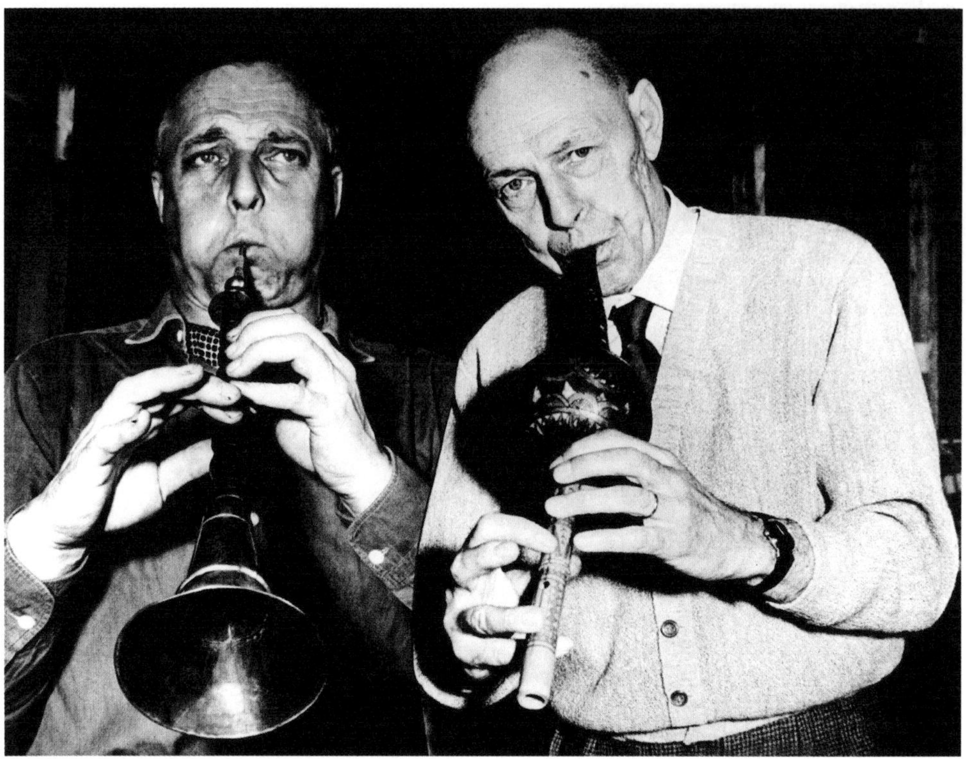

15 (ill.) • Jean Dubuffet et Asger Jorn pendant leurs expériences musicales, 1961. Photo : Jean Weber

majestueuse avait toujours présidé à nos activités. Ma déception fut infinie, même si je savais que la décision de mon ami n'avait pas été prise librement: il avait besoin de cet argent pour assouvir sa toxicomanie, mais n'avait pas trouvé le temps de recueillir mon consentement. Après que j'eus quitté la ville pour commencer mes études, nous ne nous vîmes plus que rarement. La consommation excessive et croissante de drogues me faisait peur, et c'est encore le cas aujourd'hui.

De mon point de vue, en vendant cet objet-image, il avait violé un tabou, chose scandaleuse et impardonnable. Il vidait notre amitié de sa substance. Quelque chose qui s'était constitué dans notre éloignement commun du monde, comme un geste esthétique anarchiste et surtout gratuit, avait été rapporté au calcul, à la spéculation qui s'exprimait par un certain nombre de billets de banque. La complicité dans l'activité poétique était dissoute. Le respect inconditionnel de l'autre avait cédé le pas à son exploitation conditionnelle.

II

Écrire sur cette expérience en en faisant un épisode de ma vie n'est possible que parce que la fin de cette amitié est irréversible. C'est seulement en me fondant sur le caractère irrémédiable de sa disparition que je peux la considérer, la penser, tenter de la comprendre. En revanche, l'amitié elle-même ne connaît pas d'épisodes. Elle « passe par la reconnaissance de l'étrangeté commune qui ne nous permet pas de parler *de* nos amis, mais seulement de *leur* parler », comme l'a magnifiquement formulé Blanchot.

Sur ce point, les écrivains philosophes de Blanchot à Georges Bataille, en passant par Roger Caillois, Pierre Klossowski et jusqu'à Jacques Derrida, sont d'accord – le poison qui dévore de l'intérieur toute amitié radicale, c'est son instrumentalisation. Il en va de même que pour l'événement, l'hospitalité ou le don: ces phénomènes bouleversants n'existent qu'à condition de se soumettre à l'absolu. Donner, ce serait faire l'impossible, comme Derrida l'a toujours souligné dans nombre de ses écrits.

La distance avec ce qui est réaliste et la proximité avec l'impossible, voilà qui constitue un lien très étroit entre l'amitié et les arts. L'histoire des arts contemporains serait impensable sans les énergies combinées que les amitiés sont en mesure de libérer. Et pas seulement sur le plan formel. Des groupes comme le cabaret Au Chien errant ou les premières cyberféministes à Saint-Pétersbourg, *Acéphale*, les lettristes et les situationnistes à Paris, les actionnistes viennois, SPUR ou le Büro für aussergewöhnliche Massnahmen (Bureau des mesures exceptionnelles) à Berlin ont vu le jour comme des complicités amicales, et leur rayonnement s'est perdu dans des processus de formations de hiérarchies et de tendances économiques croissantes. L'action poétique et la finalité économique rationnelle se repoussent mutuellement comme l'eau et l'huile. À moins que l'on puisse les associer dans une dilapidation somptuaire. Ce qui impliquerait le contraire de la loi de l'accumulation.

De même, l'amitié et les arts (ce qui constitue essentiellement l'art d'un point de vue éthique) se donnent la main de façon remarquable, ils se complètent et se soutiennent mutuellement. Singulièrement dans l'effort extraordinaire et passionné que l'on met au service de l'autre, de ce qui n'est pas identique à nous, de ce que nous ne savons pas ou pas encore rendre sensible ou maintenir avec sensibilité ; avec des moyens esthétiques, bien entendu. Peu importe dans quel médium se réalise cet effort.

III

Un bon demi-siècle plus tard et plus riche de bien des expériences de pensée et d'action en communauté avec d'autres, à chaque fois pratiquées avec bonheur, je sais que la relation paradoxale de l'amitié et de l'économie ne peut être vue comme une tension imprévue, insurmontable. Dans des conditions de risques très élevés et de crises très profondes, une économie de l'amitié apparaît au contraire comme le seul fondement fiable d'une production esthétique caractérisée par la dépense. À condition qu'elle n'exploite pas et ne produise pas de nouvelles structures de pouvoir.

En février 2019, j'ai initié sur cette base, avec le musicien et expérimentateur de sons FM Einheit, l'ancien cœur rythmique du projet radical de musique et de performance Einstürzende Neubauten, une collaboration qui jusqu'à aujourd'hui nous rend extrêmement heureux. La pandémie nous a forcés à nous servir des séparations, sur la base desquelles la télécommunication opère si efficacement, pour fonder une relation solide. Avec son projet musicAeterna, le chef d'orchestre Teodor Currentzis a mis à notre disposition à Saint-Pétersbourg une plateforme qui est devenue pour nous un lieu hétérotopique imaginaire sur Internet. Ici la radicalité poétique dans l'expérimentation esthétique n'est pas ressentie comme un obstacle, mais comme la loi suprême.

Une décision qu'au début nous avons prise intuitivement, FM Einheit et moi, a fonctionné comme une invitation pour bien d'autres co-acteurs venus de la philosophie, de la théorie des médias, des sciences de la nature, de la poésie, des arts plastiques et de la musique. Nous pratiquions des activités que nous n'avions pas apprises, en aucun cas reliées à nos identités professionnelles. FM Einheit chantait, et j'écrivais des textes pour de courts morceaux de rock. Il va de soi que nous apportions aussi nos compétences professionnelles de musicien et d'intellectuel. Mais cette invitation à s'exposer à l'impossible, que nous fîmes ouvertement aux autres, suscita un élan de participation qui nous enthousiasma. En l'espace d'une année furent créés sous le titre *Radio FM*, que j'entendais comme *Radio für Freie Modulationen* (Radio pour modulations libres), vingt-cinq épisodes d'à peine une heure de montages sauvages de voix, d'instruments et d'électronique, de discours critique, d'essai, de poème, de cri, de poésie numérique et de divers sons harmoniques aussi bien que cacophoniques. À côté des co-acteurs vivants nous avions des invités permanents, morts depuis longtemps, avec lesquels nous entretenions des rapports secrets de complicité : entre autres Antonin Artaud, Walter Benjamin, William S. Burroughs, Genesis P-Orridge, Heiner Müller.

IV

Dans l'histoire de la télématique, deux courants existent qui parfois se touchent, mais sont foncièrement différents quant aux techniques et au savoir que l'on en a : la mise en place stratégique et l'accélération de la communication dans l'intérêt des appareils établis comme l'Église, l'État, les collectivités militaires ou celles du marché d'une part, le développement d'une tactique et d'une culture de l'entente entre amis d'autre part, pour lesquels la détermination d'un code requiert simplement un accord formel. Ce dernier exige une sensibilité et une considération réciproque, une disposition à accepter l'autre de manière inconditionnelle.

Au tournant des XVIe et XVIIe siècles, le philosophe naturaliste napolitain Giovanni Battista Della Porta proposa dans une lettre à Rodolphe II, à Prague, une étrange et bizarre procédure, qui exprime remarquablement cette pensée fondamentale, justement à cause des invraisemblances qu'elle contient. Dans la deuxième édition de son œuvre *Magia naturalis* (1589), Della Porta avait déjà signalé que deux aiguilles de boussole s'influençaient mutuellement, même à une grande distance, et qu'on pourrait ainsi faire parvenir des messages à un ami qui serait très éloigné, ou même en prison. Dans l'exemple décrit à l'intention de l'empereur à Prague, il s'agit de communication à distance sur la base d'une sorte de pacte de sang. Je laisse de côté la description minutieuse du *sympathicum*, l'onguent spécial qui serait indispensable pour la réalisation de l'expérience, et je concentre mon récit sur le mode de communication à distance. On prendra « deux couteaux neufs qu'on enduira de cet onguent de la pointe jusqu'à la poignée [...]. Les amis doivent avoir des plaies au même endroit de leur corps, par exemple à l'avant-bras. Ces plaies doivent toujours être maintenues fraîches et sanglantes [...] au-dessus de la plaie on pratiquera deux cercles, un grand et un petit, correspondant à la taille de la plaie. Tout autour on inscrira l'alphabet, exactement dans le même ordre, la même manière, la même taille et la même disposition. Lorsque tu voudras parler avec ton ami, tu tiendras le couteau au-dessus du cercle, et la lettre souhaitée devra être piquée avec la pointe du couteau, alors l'ami sentira la même piqûre sur sa plaie... Je pique le V, et il le sentira, et je pique le A, et il le sentira encore, et ainsi pour chaque lettre. Mais les couteaux doivent être enduits du sang de l'autre, le mien de son sang et le sien du mien [...]. Quand les lettres auront été alignées, il connaîtra la pensée de ton esprit[1]. »

À travers le pouvoir liant de la sympathie, de l'inclination, ce concept de l'échange génère l'idée de la totale compatibilité du corps émetteur et du corps récepteur et de la transmission de leurs énergies locales autonomes. La pensée de Della Porta célèbre ainsi en même temps les ressources les plus importantes pour le succès d'une économie de l'amitié : confiance absolue et attractivité dans le rapport de l'Un à l'Autre. Ici le possible n'est pas l'ombre de la réalité, mais il la provoque, la pousse jusqu'à la frontière de l'impossible[2] ●

1 Cité par l'œuvre magnifique d'Athanase Kircher sur le magnétisme, *Magnes sive de arte magnetica*, 1654, p. 284.

2 Références bibliographiques : Georges Bataille, *Le Coupable* suivi de *L'Alleluiah* (*Somme athéologique*, II), Paris, 1961.

Maurice Blanchot, *L'Amitié*, Paris, Gallimard (Collection « NRF »), 1971.

Jacques Derrida, « Une certaine possibilité impossible de dire l'événement », in *Dire l'événement, est-ce possible ?*, Paris, L'Harmattan, 2001, p. 79-112.

Jean Dubuffet, *Expériences musicales*, Les Cahiers de la Fondation Dubuffet n° 1, Paris, 2006.

Siegfried Zielinski, *[...nach den Medien]: Nachrichten vom ausgehenden zwanzigsten Jahrhundert* ([... d'après les médias] : Nouvelles du XXe siècle finissant), Berlin, Merve, 2012.

Dadaïser la société

Jean-Jacques Lebel
parle des happenings
avec Cécile Bargues

CÉCILE BARGUES — *Commençons par les commencements. Y a-t-il, pour vous, une généalogie du travail authentiquement collectif en matière d'art-action ? Où situez-vous les débuts ? Quels sont les précurseurs, les anticipateurs ?*

JEAN-JACQUES LEBEL — À mon sens – je me garderai farouchement de vouloir parler pour d'autres et mes propos n'engagent que moi –, la première action anticipant clairement les happenings est la fameuse « course entre une machine à écrire et une machine à coudre » à laquelle se livrèrent George Grosz et Walter Mehring en 1919, avec quelques autres dont Richard Huelsenbeck, et qu'ils signèrent tous deux, point fondamental, au début des manifestations de Dada Berlin. Modernité folle d'une poésie-action spontanée, par machines interposées, et cela dans le contexte politiquement électrisant et artistiquement révolutionnaire qui fut le propre de Dada (Berlin, Hanovre, Cologne...) en Allemagne.

Allan Kaprow et d'autres amis très chers avec qui j'eus le plaisir de converser longuement avaient comme moi conscience de participer d'une vaste nébuleuse partant d'une part de Dada, de l'autre d'Antonin Artaud. Il n'y a toutefois pas une origine unique, plutôt une constellation d'actes épars, parmi lesquels je place également très haut, dans le domaine de l'action littéraire, le sketch *Vous m'oublierez* (1921, →p. 45) et *Les Champs magnétiques* d'André Breton et Philippe Soupault (1921, →p. 43), de même que la pièce *Le Trésor des jésuites* de Breton et Louis Aragon (1928) : une autre œuvre à quatre mains, donnée pour telle, et performée par eux avec leurs amis. Ainsi le travail collectif tel que je l'entends est pensé, conçu, signé par au moins deux personnes à la suite d'un processus créatif spécifique commun (à ce titre, on ne saurait considérer *1929*, le chef-d'œuvre de Man Ray, Louis Aragon et Benjamin Péret comme une œuvre collective, chacun des auteurs ayant apporté des textes ou photographies préexistants dont l'assemblage donna lieu à un ouvrage fort érotique, certes, mais ni conçu, ni élaboré conjointement : c'est une simple juxtaposition, pas une œuvre chorale).

Mais, à dire vrai, on pourrait remonter plus loin. S'il fallait nommer la première expérience augurant des développements auxquels nous viendrons dans un instant, comment ne pas songer à l'*Album zutique ?* Sa genèse et sa forme chaotique, hétéroclite, constituent l'archétype même du travail collectif, puisqu'il fut écrit par Arthur Rimbaud, Paul Verlaine – qui avait œuvré au Bureau de la presse de la Commune – et leurs amis (parmi lesquels Charles Cros et Germain Nouveau) en 1871, quelques semaines après la Semaine sanglante, au fil de conversations qui se tenaient dans une chambre de l'hôtel des Étrangers où tous fumaient du haschich et s'alcoolisaient, à l'angle de la rue Racine et du boulevard Saint-Michel, à Paris. Le fameux « Sonnet du trou du cul », sans doute le chef-d'œuvre de l'*Album* – et de la littérature symboliste –, écrit de concert par Rimbaud et Verlaine, a fait sauter tous les verrous, mais les textes et dessins de leurs amis Cros, Nouveau et Gill volent très haut, eux aussi. Et au-delà, comment ne pas être bouleversé par le fait que cet acte fondateur ait hanté Mai 68 dont certains développements eurent lieu sous les fenêtres mêmes de cet hôtel des Étrangers? Que les barricades aient été érigées aux mêmes endroits, avec la même fiévreuse passion libertaire à un siècle de distance, relève de l'inconscient collectif, du rhizome transgénérationnel. Il s'agit du même flux émotionnel débordant massivement toutes les digues instituées, tous les partis, tous les syndicats, tous les systèmes d'embrigadement, toutes les chapelles, toutes les écoles. L'*Album zutique* est, en quelque sorte, la mise en œuvre, par définition collective, de la Commune sur le plan poétique et plastique.

CÉCILE BARGUES — *Les expériences dont vous parlez se situent souvent, je le note, à des périodes de grands changements politiques et sociaux, à des périodes au cours desquelles – pour reprendre votre expression – « l'art est bousculé par le réel » : l'Allemagne d'après la révolution spartakiste, la France d'après la Commune. Pensez-vous que la révolution, et particulièrement la Commune de Paris, soit une sorte d'œuvre collective ?*

JEAN-JACQUES LEBEL — Voilà quarante ans que j'essaie de clarifier cette question essentielle. À mon sens, une révolution éminemment moderne, dont la Commune était et reste la préfiguration et, partiellement, le prototype, se caractérise par l'irruption de l'autogestion, c'est-à-dire de la démocratie directe, ici et maintenant. Autrement dit, la révolution par en bas : le moment où les hommes et les femmes prennent en main leurs propres vies, leurs propres destins, leurs propres décisions existentielles. Je propose d'inverser le problème que vous soulevez. Considérons plutôt qu'une telle insurrection ressort moins de la création collective que le contraire : l'œuvre collective étend dans le domaine dit « artistique » une pratique sociale, et à cet instant, le politique, le poétique, l'artistique ne font plus qu'un. C'est une dynamique symbiotique, à double sens. Certains ont pu dire que mes happenings préfiguraient, par leur esprit, des aspects poético-dadaïsto-subversifs du Mouvement du 22 mars qui émergera en 1968. De fait, à Knokke-le-Zoute, les anarchistes et des membres du SDS de Berlin (*Sozialistischer Deutscher Studentenbund*, Union socialiste allemande des étudiants) ont pris part au sabordage en 1967 du Festival du cinéma dit expérimental avec Yoko Ono, moi, et des centaines d'autres ; tout cela s'est mélangé, et bien malin celui qui pourrait dire qui a fait quoi. De même, lors de notre intervention, à l'invitation du philosophe Henri Lefebvre à la fac de Nanterre, en 1967. Une chose est certaine : je rêvais de dadaïser la société, et je n'étais pas le seul.

13 · Affiche du 3e Festival de la libre expression annonçan[t] les deux séances du happening *120 minutes dédiées au Divin Marquis*, 1966

14 · Happening *120 minutes dédiées au Divin Marquis*, Pari[s] 4 avril 1966. Photos : Manuel Bidermanas (hd), François Massal (milieu d) et D.R.

15 · À la fin du happening, Jean-Jacques Lebel est arrêté. Photo : Horace Dimayo

CÉCILE BARGUES — *En quoi votre pratique collective des happenings se distingue-t-elle de celle d'Allan Kaprow, par exemple ? Vous avez pris part à l'un de ses happenings,* Bon Marché, *à Paris (1963), mais aussi au happening* The Store *de Claes Oldenburg, à New York (1962).*

JEAN-JACQUES LEBEL — Une confusion mentale soigneusement entretenue, pour ne rien dire d'une paresse intellectuelle prévalant dans certains milieux universitaires et/ou journalistiques, tend à tout confondre dans un même magma : performance, Fluxus Event, happening, etc. Ce sont pourtant des

3^E FESTIVAL DE LA LIBRE EXPRESSION

organisé par Jean-Jacques Lebel

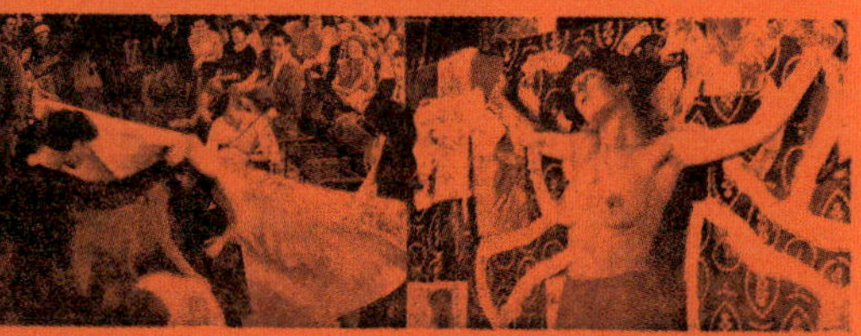

undi 4 Avril 1966 à 21 heures — HAPPENING — 120 minutes dédiées au Divin Marquis avec et par BARBARA JEAN-CLAUDE BAILLY ALBERT BENAMOU BILLY COPLEY CYNTHIA GUILLEMAIN GERAUD SHIRLEY GOLDFARB FREDERIC PARDO JEAN-JACQUES LEBEL LILIANE JOCELYN DE NOBLET NICOLE GÉRARD RUTTEN

Aardi 5 Avril à 21 h.

undi 25 Avril à 21 h. — THÉATRE TOTAL — de BEN Variation pour un public

Aardi 26 Avril à 21 h. — HAPPENING — Your portrait de KUDO et New-York imprévu de ROBERT FILLIOU

Aercr. 27 Avril à 21 h. — HAPPENING — les 120 minutes deuxième version

.undi 2 Mai à 21 h. Aardi 3 Mai à 21 h. — FILMS EXPÉRIMENTAUX

Participation aux frais, 5 F. par soirée.
Il est recommandé de prendre ses
42, rue de Seine), Soit au Théâtre de
à l'avance.

THEATRE DE
(COMÉDIE
42, RUE FONTA
Téléphone

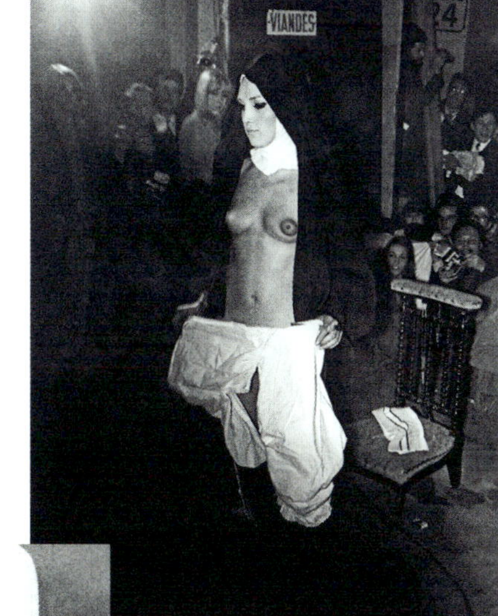

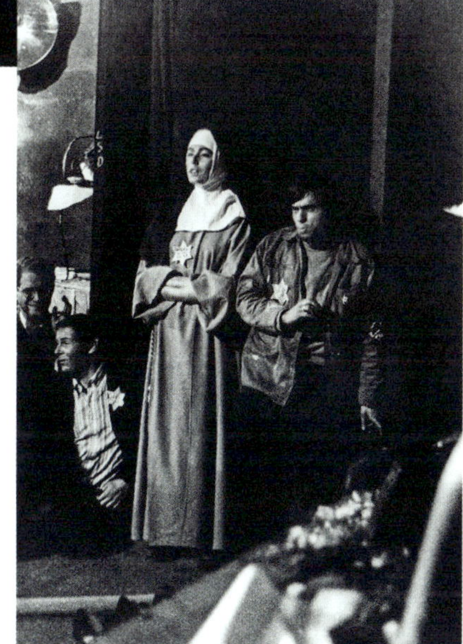

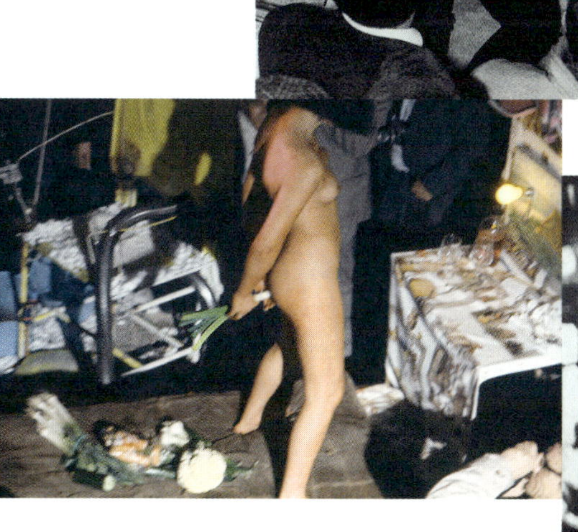

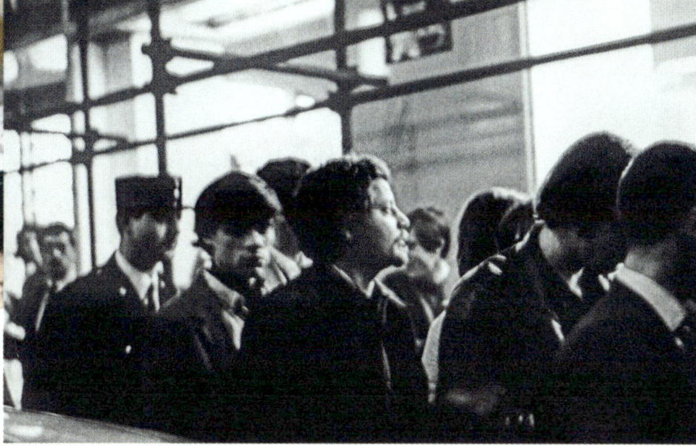

modes de fonctionnement radicalement différents et dans la pratique même du happening existent des orientations parfois divergentes. Ce que je vais dire ne relève d'aucune façon du jugement esthétique à l'égard du travail de Kaprow, ami très cher depuis 1961, pour lequel j'ai nourri dès le départ une réelle admiration. Kaprow se pensait comme l'auteur de ses happenings, trouvant un lieu, imaginant une action spécifique (*site-specific*), écrivant au préalable un synopsis, des *scores*, des partitions communiquées aux participants individuellement. Pour *Bon Marché*, qui fut financé et facilité sur le plan pratique avec une vive complicité par la galeriste Ileana Sonnabend – elle-même prit part au happening, au même titre que Daniel Pommereulle, moi et bien d'autres –, Kaprow nous laissa évidemment des marges de manœuvre, mais il était bien le conducteur (*the director*), avec (ou en dépit de) sa grande douceur. Les spectateurs étaient les invités d'Ileana, c'est-à-dire les clients de la galerie Sonnabend (des directeurs de musées, des collectionneurs), je ne l'ai compris qu'après coup, quand, paradoxalement, notre désir s'est affirmé de créer un art où rien ne pouvait s'acheter, un art autonome, complètement étranger au marché, une pure expérience mentale et sensorielle. Comment vendre une idée, un sentiment, l'indicible qui seul peut perdurer de l'instant vécu ?

Ce fut un moment magnifique, mais nous étions malgré tout dans le domaine du théâtre. *Bon Marché* a commencé au théâtre Récamier, puis s'est poursuivi au magasin du Bon Marché. Oldenburg de même avait baptisé son lieu « Ray Gun Theater » ; il produisait des sortes de scénarios et distribuait les rôles pour *The Store*, il nous expliquait comment nous mouvoir et agir, et d'ailleurs ce fut une expérience passionnante. Oldenburg jouait sur une exagération exponentielle des rôles sociaux tels qu'il les percevait, rôles qui se carambolaient pour créer une sorte de comédie surhumaine à la sauce comics et pop art, dans cette boutique qui ressemblait à une sorte de marché aux puces ou de drugstore merveilleux. Je dois confier que j'y vis une ironie acerbe vis-à-vis de la société de consommation qui, en fait, n'existait pas – ou qui disparut de son travail au fil du temps. Plus tard, Oldenburg accepta de faire des « remakes » de ses happenings du *Store*, dont celui auquel j'avais participé, avec des étudiants-acteurs au Whitney Museum. Il en a fait un banal simulacre, dans et pour le marché. *No comment.*

CÉCILE BARGUES — *Comment opéraient vos propres happenings ? Quelle fut leur genèse ? Comment avez-vous procédé pour arriver à une élaboration qui fut, je crois, plus collective ?*

JEAN-JACQUES LEBEL — J'étais par choix personnel beaucoup plus actif sur le plan politique (surtout dans le combat anticolonialiste) que mes camarades – parmi lesquels il faudrait encore nommer Erró, Carolee Schneemann, Wolf Vostell, Jim Dine, Öyvind Fahlström, Tetsumi Kudo, entre autres. Mon exigence absolue d'action artistique collective ne peut se comprendre que dans le contexte de mes années d'activisme, au sein du mouvement anarchiste, du groupe et de la revue *Noir et Rouge*, de Socialisme ou Barbarie, dans la lutte militante effective contre la guerre d'Algérie, contre la guerre du Vietnam, contre l'ignominie capitaliste dans tous les domaines. Finalement, je m'occupais autant de politique que d'art. L'exigence de mise en œuvre d'un mode de production collégial découle de la pratique autogestionnaire telle que je la vivais, et du *modus operandi* anarchiste : la démocratie directe. La fédération des individus et des énergies s'opérait dans la discussion et dans l'action. Après mon premier happening, *L'Enterrement de la Chose de Tinguely*, à Venise en 1960, dont le mode d'organisation s'approchait (à mon insu) de celui adopté par Kaprow – duquel je fis la connaissance l'année suivante – a émergé l'urgence de fonctionner différemment, de façon autonome, hors institution et, surtout, hors marché.

Voilà comment nous procédions concrètement. Sans idée préétablie, Frédéric Pardo, Daniel Pommereulle, Cynthia, Philippe Hiquily, Bob Benamou, Gerard Rutten, Jean-Claude Bailly, moi et quelques autres nous réunissions dans un café, toujours le même, en l'occurrence au premier étage du café de la Mairie, place Saint-Sulpice à Paris. C'était une forme d'auto-ironie vis-à-vis de la sociabilité surréaliste, ou même romantique, une façon de moquer la tradition surannée des rapins du XIXe siècle. Là, en réfléchissant au jeu du cadavre exquis, l'idée m'est venue de transposer ce procédé dans l'action, d'en déplacer les enjeux, de le poursuivre autrement, dans un espace-temps socialisé. J'avais longuement interrogé Breton, mais aussi Simone Collinet, Man Ray, Max Ernst et d'autres à propos de leur mode de réalisation, dans les années 1930 et 1940, des cadavres exquis dont le propre était de faire collaborer peintres et écrivains par-delà leurs soi-disant disciplines, mais aussi toutes sortes de personnes étrangères au monde de l'art – selon l'expression consacrée. Tanguy et quelques autres prirent l'habitude d'emmener aux réunions surréalistes, qui se tenaient donc au café, des personnes rencontrées dans le métro ou dans la rue, femmes, hommes, maçons, plombiers, coiffeuses, chauffeurs de taxi, étudiants et étudiantes, peu importe, et ils les invitaient à dessiner collectivement, pour réaliser cette confrontation des inconscients que favorise l'activité ludique. Il s'agissait de cultiver et de provoquer le hasard, l'inopiné, l'imprévu. Le principe me séduisait au maximum : sortir de l'art comme pratique strictement individuelle, séparée, réservée aux « spécialistes ».

Nous avions tous le désir impérieux, irrépressible, de changer la règle du jeu social et culturel, de bouleverser l'existant. La pensée subversive d'Artaud nous accompagnait, nous évoluions en pleine émergence du mouvement antipsychiatrique, de la psychothérapie institutionnelle, et nous interrogions ou plutôt récusions la notion de « normalité » (ce n'est à cet égard pas un hasard si j'ai réalisé un film intitulé ironiquement *L'État normal*).

La remise en question des normes sociales, comportementales, sexuelles et langagières préoccupait à peu près tout le monde. Le désir de hurler son altérité radicale – délibérément assumée ou non – semblait omniprésent. Ça sentait le souffre et la révolte à plein nez. Quelque chose était dans l'air dans les années 1960 – dès la fin de la guerre d'Algérie, en 1962 – que nous ne savions pas identifier avec précision tout en étant convaincus que, par nos happenings et nos expérimentations collectives, nous en faisions partie. Ce qui était en gestation, c'était Mai 68. L'art-action en fut l'un des laboratoires les plus intuitifs, on le comprendra par la suite.

CÉCILE BARGUES — *Dans l'élaboration du happening, telle que vous la décrivez, il n'y avait donc plus de différence, pour reprendre les fonctions du théâtre conventionnel, entre l'auteur, les acteurs et le metteur en scène ; il n'y avait plus de règles hiérarchiques. Vous inventiez collectivement votre propre partition. Avez-vous connu le Living Theatre ?*

JEAN-JACQUES LEBEL — Le Living a exercé une influence fondamentale, en abolissant les hiérarchies entre les fonctions sociales au théâtre (auteur, metteur en scène, acteurs, scénographe, techniciens, etc.) au profit d'une véritable élaboration collective. J'ai rencontré Judith Malina et Julian Beck en 1961, quand ils sont venus assister à l'« Anti-Procès 3 » de Milan, et ils m'ont aussitôt convié à la salle de théâtre qu'ils avaient construite de leurs mains à New York. J'y ai fait une lecture publique en 1962 avec Alain Jouffroy, dont l'invitation fut dessinée par Carolee Schneemann.

L'esprit communiste libertaire qui imprégnait toutes leurs actions me convenait à merveille. Certaines, dont *Mysteries and Smaller Pieces*, étaient presque des happenings. Ils pratiquaient tous les langages – poésie, peinture, musique, pantomime, danse, improvisation théâtrale – en bousculant tous les codes de la culture dominante et en abolissant tout cloisonnement entre action théâtrale et action politique. J'ai travaillé avec eux pendant six mois à Cefalù, en Sicile, tandis qu'ils inventaient collectivement *Paradise Now*. Il en a résulté un livre, *Entretiens avec le Living* (Paris, Éditions Belfond, 1969) que j'ai rédigé comme un journal de bord. Presque toute la troupe avait auparavant participé à mon happening sur le port de Cassis, en 1966 (de même que Bernadette Lafont et Taylor Mead) et lorsque le Mouvement du 22 mars a été fondé à la fac de Nanterre je n'y étais pas parce que le lendemain, 23 mars, je me trouvais à Parme pour un happening géant que j'organisais avec une partie de la troupe du Living et les musiciens de Musica Elettronica Viva. Le rhizome insurrectionnel était en plein essor. L'utopie libertaire était à l'œuvre où que nous allions.

CÉCILE BARGUES — *Revenons au premier étage du café de la Mairie, place Saint-Sulpice à Paris, où vos amis et vous teniez vos réunions préparatoires. Les participants à votre happening formulaient-ils des propositions inattendues ?*

JEAN-JACQUES LEBEL — J'étais ravi de constater que nombre d'entre eux et elles voulaient en effet complètement se défaire des rôles qui leur étaient assignés et réaliser un pas de côté, un écart, ou plutôt un saut qualitatif au-delà de leur quotidien. Je pense en particulier à une figure – ou peut-être plutôt un fantôme – de Saint-Germain-des-Prés, une femme très étrange, venue d'une autre planète, exorbitée, assez indéfinissable et inquiétante aussi, que l'on voyait toujours assise à une table du Flore, avec son petit chien : Shirley Goldfarb. Elle était de tous les vernissages et de toutes les fêtes. Elle peignait des tableaux abstraits en répétant à l'infini des petits carrés et rectangles jaunes obsessionnels. Très marginale et solitaire, elle était mariée au dessinateur américain Gregory Masurovsky, mais on ne les voyait jamais ensemble. Un jour, Shirley s'est présentée à une de nos réunions du Café de la Mairie. Elle portait de grosses lunettes de myope et avait une longue chevelure noire. À ma grande surprise, elle a exprimé le désir de chanter. Nous craignions le pire, mais cette toute petite femme a alors entonné un air d'opéra d'une puissante voix soprano qui nous laissa époustouflés. Shirley, en fait, avait raté (du fait de son physique) une carrière professionnelle de soprano après ses études de musique à New York. C'est elle qui a chanté *a capella*, après les avoir mis en musique elle-même, des extraits de la neuvième journée des *Cent vingt journées de Sodome* de Sade dans le happening *120 minutes dédiées au Divin Marquis* (1966), depuis le balcon du théâtre de la Chimère. Elle était très déterminée. De tous les personnages hors norme qui ont participé à nos happenings, Shirley était l'un des plus déconcertants.

CÉCILE BARGUES — 120 minutes dédiées au Divin Marquis *(1966) est peut-être votre happening le plus connu et bien des choses ont été écrites à son sujet, depuis les réactions très négatives à chaud dans la grande presse qui vous ont fait subir la censure, jusqu'à aujourd'hui où il est entré dans l'histoire. Mais comment a émergé la volonté de travailler sur Sade ?*

JEAN-JACQUES LEBEL — C'était l'époque de la bataille judiciaire et politique autour de l'œuvre de Sade que l'éditeur Jean-Jacques Pauvert publiait courageusement *in extenso* en 28 volumes. Pauvert était sans cesse en proie à la censure. Le combat pour ou contre la liberté de lire Sade – alors pratiquement frappé d'interdit – était une étape décisive du combat généralisé contre la civilisation aliénante ou, plus exactement, pour la redéfinition, sur des bases libertaires, des notions mêmes de culture et de liberté intellectuelle, y compris dans les domaines littéraire, artistique et comportemental. Mes happenings sont nés de cette urgente et impérieuse nécessité ressentie collectivement. Il y avait des meetings de soutien dans toute la France et j'ai participé avec mon amie la romancière féministe Christiane Rochefort à l'un d'eux, à l'université de Caen. Nous nous opposions avec véhémence à l'interdiction qui frappait les écrits de Sade et soutenions les efforts de Pauvert, persécuté par les tenants de l'Ordre moral d'inspiration pétainiste et cléricale. Nous défendions le droit à la liberté d'expression (d'où le nom du festival que j'organisais, depuis 1964, et où a été programmé, par exemple, le légendaire happening *Meat Joy* de Carolee Schneemann : le Festival de la libre expression). L'offensive *mainstream* contre les écrits de Sade, et contre le droit à s'exprimer érotiquement, allait croissant sous le régime gaulliste. La censure fit grand bruit du magnifique film de Jacques Rivette, *La Religieuse* (1966), d'après Diderot, dont la monteuse, Denise de Casabianca, était alors ma compagne. La scène visée par la censure sous De Gaulle, comme au XVIIIe siècle, était l'épisode amoureux lesbien entre deux bonnes sœurs dans un couvent. Mai 68 pointait à l'horizon. Nous avons tous spontanément participé joyeusement à ce combat général contre l'obscurantisme, contre la misère sexuelle et les prohibitions bibliques. Sur ce fond commun et ce soulèvement de plus en plus radical se greffait en ce qui me concerne une rébellion plus intime et subjective, le théâtre de la Chimère se trouvant 42, rue Fontaine, dans l'immeuble habité par Toyen, mais aussi Élisa, Aube et André Breton. Breton – je le rappelle – avait laissé ses sbires m'exclure du groupe surréaliste en 1960 pour insubordination permanente et dissidence congénitale. J'ai vécu cela comme la libération d'un carcan devenu insupportable. J'étais en vérité en total désaccord avec le triste *Manifeste pour un art révolutionnaire indépendant* signé par Breton et Rivera mais, de fait, rédigé par Breton et Trotski à Mexico en 1938 (→p. 46-47). Ce texte que tous les surréalistes – sauf, peut-être, Péret – tenaient pour parole d'évangile théorisait un socialisme léniniste, c'est-à-dire totalitaire, à deux poids et deux mesures : l'obligation pour les prolétaires et salariés d'obéir strictement aux consignes du Parti et du Syndicat prétendument ouvriers, assortie pour les seuls artistes, intellectuels et scientifiques d'une absolue liberté de recherche et d'expression. Cette théorie inhérente au trotskisme m'a dégoûté et, à partir de ce dégoût, ma passion libertaire et ma pratique du happening comme mode d'expression collectif ont pris leur essor.

CÉCILE BARGUES — *Le fil directeur que les participants et vous aviez esquissé, lors des réunions préparatoires, fut-il suivi ?*

JEAN-JACQUES LEBEL — Bien au contraire, le synopsis ou le canevas initial élaboré en commun était destiné à être dépassé dans l'action. Loin d'être vouées à être réalisées, les partitions étaient pour nous prétextes à débordements : nous savions pertinemment que l'essentiel, dans un happening, était l'imprévu, c'est-à-dire l'accidentel. Nous nous préparions, en fait, à la possibilité de ces accidents, de ces *clashes* de logiques différenciées qui échappaient à notre volonté et qui réorientaient parfois le travail collectif en direction de territoires inexplorés et d'expériences inédites. Je me souviens de discussions à propos du dripping, technique employée par Max Ernst et Jackson Pollock, lors desquelles nous nous attachions à expliquer à des personnes qui n'étaient pas peintres que dans l'espace du tableau, l'accident était aussi légitime que l'intention délibérée. Nous nous réservions, collectivement, la possibilité de laisser jouer le hasard, le débordement, l'excès et, surtout, l'errance, le non-dit, l'inouï. Dans ce sens, il n'est pas exagéré d'affirmer que l'art du happening, tel que nous le pratiquions en Europe, portait en lui de façon embryonnaire un projet de société intersubjectif et transculturel, anti-autoritaire et non productiviste, non patriarcal et non colonialiste, qui fut massivement rêvé et désiré dans les années 1960. Le rhizome « Commune de Paris » et le rhizome « Dada » étaient à l'œuvre et le rhizome « Anti-Œdipe » était sur le point de surgir et de remettre en question et en mouvement la notion même de société patriarcale.

Il s'agissait d'abolir la frontière entre la personne qui fait et celle qui écoute ou observe. J'avais été profondément marqué par l'essai *Culture ou mise en condition ?* d'Hans Magnus Enzensberger (traduit en 1965) qui démontre brillamment quelle dangereuse passivité et quel décervelage instaure la société marchande, en l'espèce comment les industries culturelles tendent systématiquement à chosifier, robotiser et zombifier les êtres humains. En résistance, et en toute conscience, nous cherchions donc à intégrer physiquement et sensoriellement les regardeurs et les regardeuses dans le feu de l'action ou, plus précisément, dans ce que Gilles Deleuze et Félix Guattari appelleront plus tard « l'agencement collectif d'énonciation » (→p. 28-35).

En toute logique, j'abandonnerais volontiers l'appellation impropre d'« auteur », que je récuse au demeurant depuis des années, au profit de celle d'incitateur ou de déclencheur de happenings. Voilà qui nous différencie des *scores* précis et minutés des Fluxus Events, par exemple, ou de performances élaborées et mises en scène selon des modes de pensée issus du théâtre traditionnel, également légitimes mais n'ayant rien à voir avec le fonctionnement collégial improvisé que j'ai essayé de décrire.

CÉCILE BARGUES — *En 1968, vous cessez d'organiser des happenings. Le mot, au demeurant, passe dans le langage journalistique sous une forme déformée et en vient à être synonyme de désordre. Edgar Faure, ministre de l'Éducation nationale après 1968, déclare que le soulèvement de Mai fut un « vaste happening ».*

JEAN-JACQUES LEBEL — Comme beaucoup d'appellations en art (fauves, cubistes, etc.), le mot fut prononcé comme une insulte par Edgar Faure. C'était un signe de mépris, mais nous l'avons pris pour un compliment. Il est avéré que la reconquête de l'espace public et privé que nous avions cherchée collectivement en inventant des zones laboratoires a, elle aussi, servi de déclencheur au mouvement de Mai 68. Nous désirions provoquer un court-circuit, un saut qualitatif dans l'espace social, et, pour un faisceau de raisons, « le feu a été mis à la plaine » et l'insurrection est advenue. En 1967, j'avais été invité par le philosophe Henri Lefebvre à organiser un happening à la faculté de Nanterre (lors duquel j'ai rencontré la nouvelle génération de *Noir et Rouge* dont Jean-Pierre Duteuil, qui reste aujourd'hui un ami très proche), et j'ai retrouvé en 1968 ceux qui étaient mes camarades de militantisme depuis au moins dix ans. À la fin des années 1960, j'ai vu des happenings spontanés se multiplier, dans des manifestations, des meetings, des occupations d'usines, d'universités ou de lycées, si bien que j'ai jugé inutile d'encore en susciter : d'autres le faisaient très bien.

Quand on a vécu, comme je l'ai fait, « la nuit des barricades » du 10 au 11 mai 1968 et qu'au lever du jour, on a vu de ses propres yeux, sur toute la longueur de la rue Gay-Lussac, la plus magnifique exposition de sculpture imaginable – des centaines de carcasses de voitures et de camions calcinées, fumantes, transformées en objets d'art réinventés –, on se dit que la dadaïsation de la société est en bonne voie. Comme l'a bien dit mon copain Robert Filliou, « l'art est ce qui rend la vie plus intéressante que l'art ».

CÉCILE BARGUES — *Vous vous êtes rarement exprimé sur les années d'après Mai 68. Pendant une quinzaine d'années, vous avez cessé, je crois, toute manifestation artistique publique. Maintenant que le temps a passé, je ne résiste pas au plaisir de vous demander ce qui vous occupait...*

JEAN-JACQUES LEBEL — J'ai travaillé douze ans à l'Atelier de création radiophonique de France Culture qui était alors un lieu où l'on pouvait réaliser des choses hors du commun. J'ai produit des émissions sur Allen Ginsberg, sur Bernard Heidsieck, sur Linton Kwesi Johnson ; un reportage de deux heures sur la grève avec occupation, devenue historique, des ouvrières du Comité d'action Lip, intitulé *La Maison de verre*. Des mécanismes de missiles Exocet, c'est-à-dire des armes de guerre, étaient fabriqués dans l'usine horlogère de Besançon, et ces femmes remarquables (dont le pseudo « chef » était un homme) se sont insurgées contre cela dans leurs assemblées générales qui étaient un exercice extraordinaire de démocratie directe, une subversion radicale des structures sociales existantes, débordant le cadre des partis et des syndicats. Leur mot d'ordre était lumineux : « Fabriquer autre chose, autrement. » C'est la meilleure définition du happening, finalement[1].

J'ai vécu en Italie, par intermittence, les « années de plomb », la violence armée de Lotta Continua, des Brigades rouges, de Prima Linea, de Potere Operaio, des Prolétaires armés pour la révolution, etc. – violence à laquelle je me refusais depuis toujours pour ne pas me retrouver, par la force d'un « renvoi miroirique », à la place de nos adversaires. Quoi qu'on ait pu écrire sur d'hypothétiques manipulations des événements, il y avait une authentique et massive force collective prérévolutionnaire, héritière d'une tradition remontant aux conseils ouvriers de Turin en 1921, et tout l'enjeu était de la conserver et de l'amplifier en évitant l'impasse du bain de sang. La ferveur du mouvement anarchiste internationaliste a beaucoup compté en Italie. À Bologne, dans un très riche foyer de pensée et d'action radicales qui mêlait des sémiologues de première importance comme Umberto Eco, mon ami Paolo Fabbri, et tout le courant de l'antipsychiatrie, a émergé un mouvement de masse, inoubliablement important : les Indiens métropolitains. Renato Zangheri, le maire communiste de Bologne, avait fait venir des chars de l'armée dans les rues pour terroriser les manifestants. Sont apparus ces jeunes hommes et ces jeunes femmes déguisés en « Amérindiens », avec plumes, arcs, flèches et peintures faciales, très positivement inspirés par les techniques et l'iconologie du happening, qui déboulaient au moment critique des affrontements entre forces de l'ordre et manifestants gauchistes le corps peinturluré, fusils factices à la main, pour éviter le pire en ridiculisant les vrais guerriers dans une grande bouffonnerie façon *Hellzapoppin*. À tous les bureaucrates néo-léninistes qui voulaient prendre le pouvoir par les armes, en s'enferrant dans le cercle infernal de la reproduction du même désastre, les Indiens métropolitains démontraient à quel point tout cela était dérisoire. Comme nous, mais à leur façon, ils montraient que le véritable enjeu n'était pas là. Il me semble que le propre du travail collectif est de ne pas chercher à prendre le pouvoir : on n'en voulait pas alors, on n'en veut toujours pas aujourd'hui. Rimbaud avait raison, *la vraie vie est ailleurs* ●

1 On peut se référer à ce propos, aux ouvrages suivants : *L'Ordre sauvage* de Laurence Bertrand Dorléac (Gallimard, 2004), *Les Happenings de Jean-Jacques Lebel ou l'insoumission radicale* d'Androula Michael (Hazan, 2009) et *Jean-Jacques Lebel and French Happenings in the 1960s, the Erotics of Revolution* de Laurel-Jean Frederickson (Bloomsbury, 2021).

16 (ill.) • Rue Gay-Lussac le matin du 11 mai 1968, après une nuit d'émeutes. Photo Michel Robinet

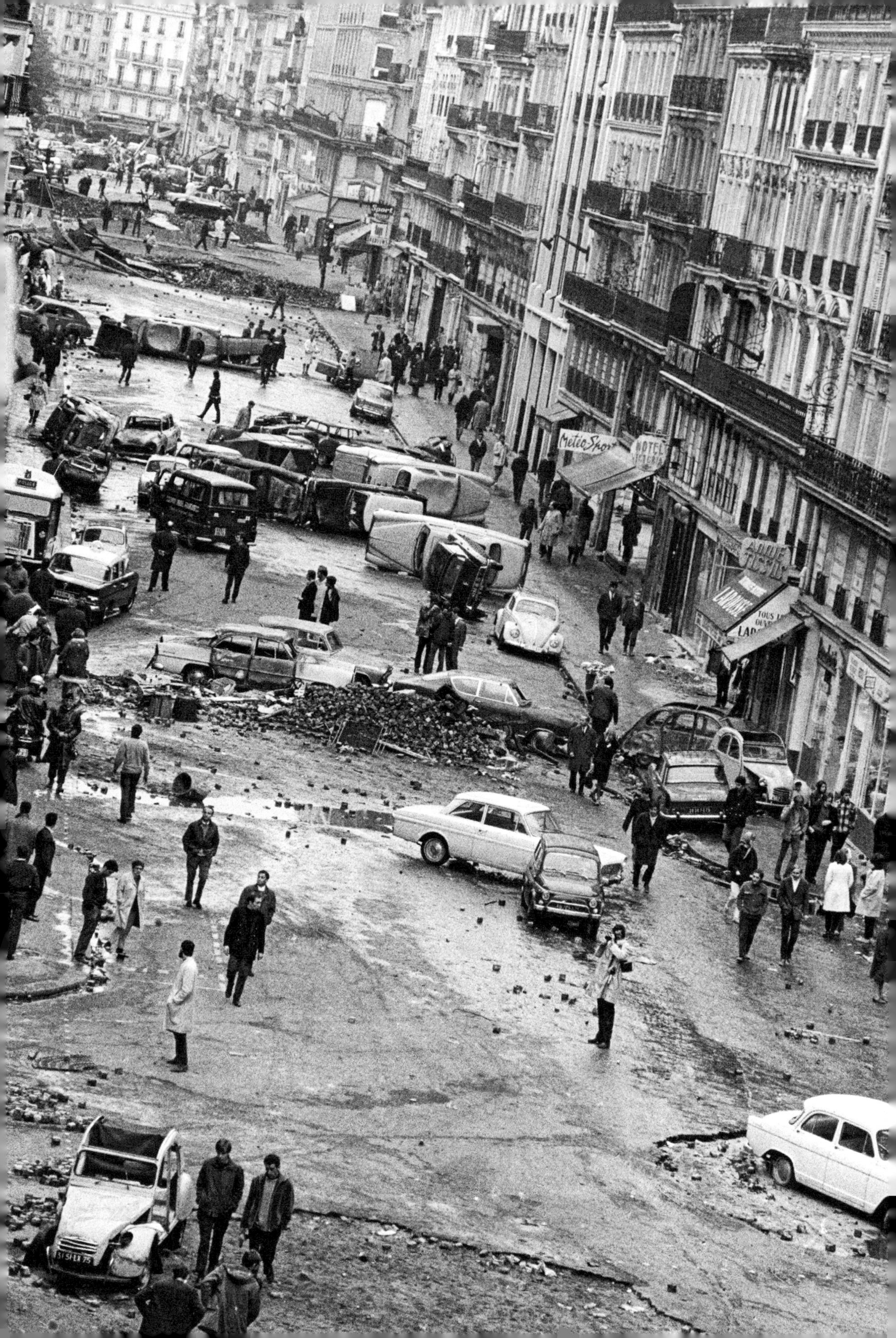
Sport
HOTEL

Francis Picabia

Jean Arp / Gabrielle Buffet / Tristan Tzara

À la fin de la Première Guerre mondiale et immédiatement après l'armistice, Francis Picabia soigne sa neurasthénie et ses crises de panique auprès de médecins neurologues en Suisse. C'est là, au fil d'une correspondance virevoltante, qu'il reçoit la revue *Dada* envoyée par Tristan Tzara. «Nous pourrons peut-être faire de belles choses, puisque j'ai une envie stellaire et folle d'assassiner la beauté – l'ancienne naturellement – avec clairons et étendards ou près du feu, tranquillement[1] », écrit Tzara à Picabia qu'il n'a jamais vu. Celui-ci se décide à sauter dans un train pour Zurich en janvier 1919.

Picabia voyage avec sa femme, Gabrielle Buffet, musicologue, écrivain, à qui l'on doit d'avoir fixé la rencontre avec les dadas électrisés par leur arrivée, «tous jeunes, charmants, pleins de fantaisie, de projets, de talent[2] ». « [...] Les propositions les plus déroutantes marchaient de pair avec l'élaboration en commun d'un chef-d'œuvre automatique dont un vieux mouvement de montre trempé dans l'encre de Chine fit les frais[3] », se souvient-elle à propos de *Réveil Matin*. Jean Arp ajoute : «Tristan Tzara et moi, curieux et émus, nous nous rendîmes à l'hôtel [de Picabia]. Nous le trouvâmes disséquant, affairé, un réveille-matin. J'ai dû penser à l'*Anatomie* de Rembrandt[4]. »

«L'art a besoin d'une opération», écrit Tzara dans sa «Proclamation sans prétention» lue à peu près à la même époque. En démontant un objet de précision dont Lewis Mumford devait montrer qu'il est l'emblème même de l'ère industrielle[5], Picabia en pleine période mécanomorphe pousse à l'extrême sa grande défiance vis-à-vis de la civilisation mécanique, *Fille née sans mère*. Les rouages estampés et reliés par des traits sans autre signification que plastique détruisent dans la spontanéité de l'instant l'ordre réglé et le temps mathématique de la machine. L'œuvre est «automatique», pour reprendre le mot de Gabrielle Buffet, au sens où elle se construit en laissant jouer une part de hasard (comme à la même époque les *Papiers déchirés* de Jean Arp) ; surtout, elle s'écarte des syntaxes existantes en assemblant les empreintes d'éléments libérés de leur usage habituel, qui irradient la poésie du matériau nouveau dada (chose, objet, papier,

1 Lettre de Tzara à Picabia, 8 janvier 1919, reproduite in Michel Sanouillet, *Dada à Paris*, nouv. éd. revue, remaniée et augmentée par Anne Sanouillet, Paris, CNRS, 2005, p. 456.

2 Gabrielle Buffet-Picabia, « Picabia », in *Rencontres*, Paris, Belfond, 1977, p. 50 (nouvelle éd. d'*Aires abstraites*, 1957).

3 Gabrielle Buffet-Picabia, « Jean Arp » (1952), in *Rencontres*, *op. cit.*, p. 109.

4 Jean Arp, « Francis Picabia » (1949), in *Jours effeuillés. Poèmes, essais, souvenirs, 1920-1965*, Paris, Gallimard, 2001, p. 343.

5 « La machine-clé de l'âge industriel moderne n'est pas la machine à vapeur, mais bien l'horloge », écrit Lewis Mumford [1934], in *Technique et civilisation*, Marseille, Éditions Parenthèse, 2016, p. 37.

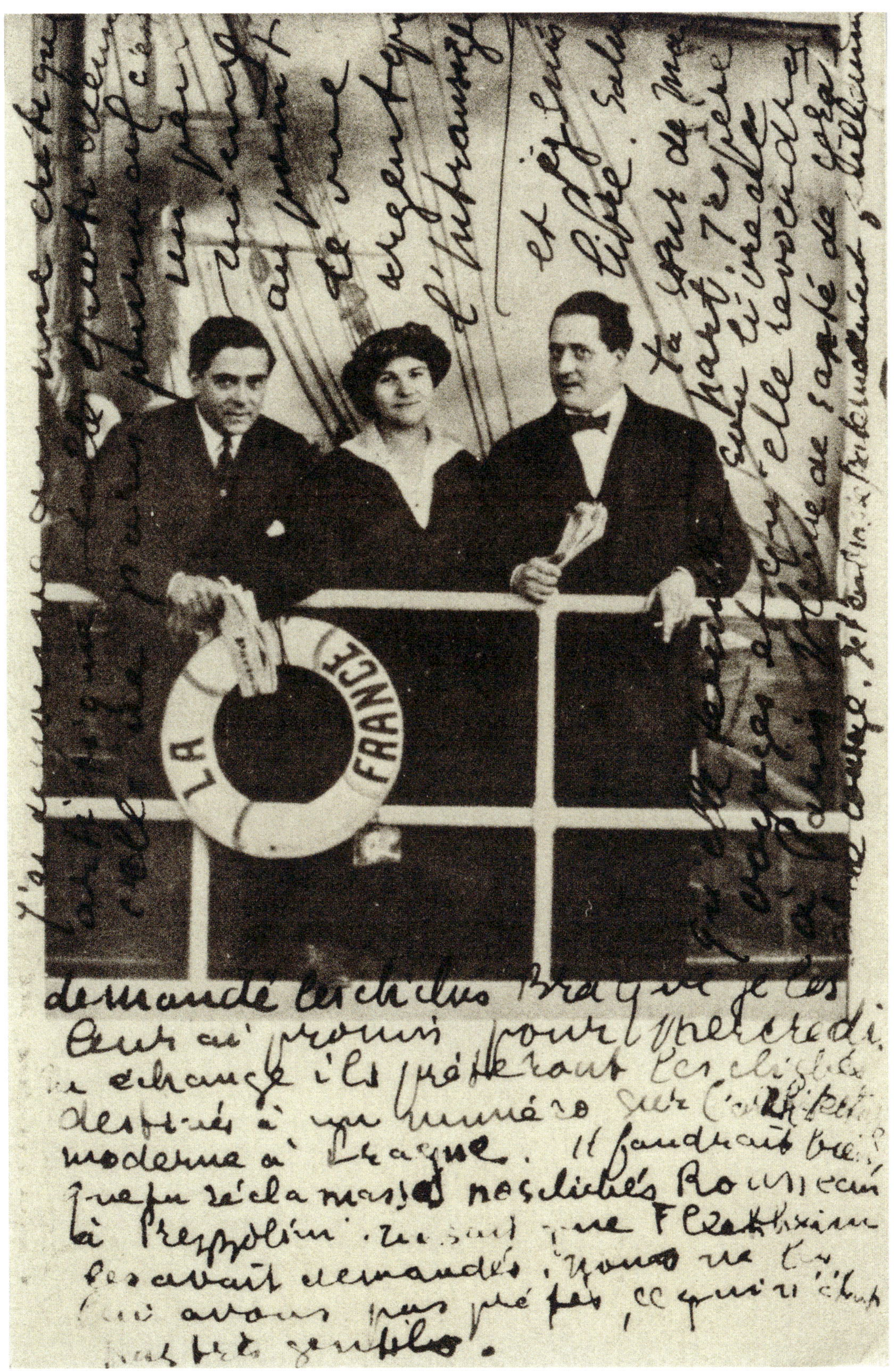

17 (**ill.**) • **Francis Picabia, Gabrielle Buffet et Guillaume Apollinaire à Luna Park, 1913**

«Nous pourrons peut-être faire de belles choses, puisque j'ai une envie stellaire et folle d'assassiner la beauté – l'ancienne naturellement – avec clairons et étendards ou près du feu, tranquillement» — Tristan Tzara

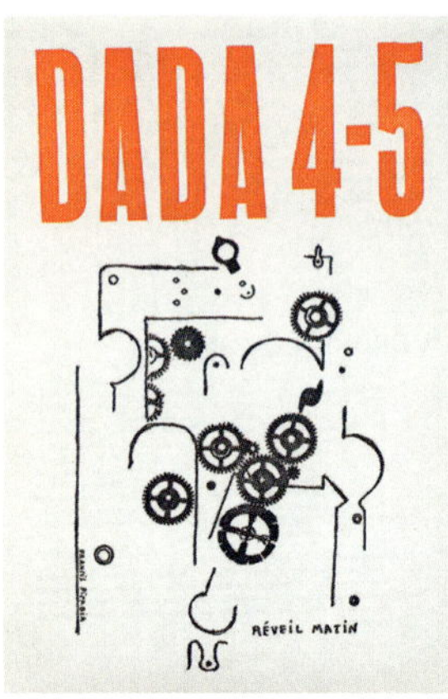

18 (ill.) • Jean Arp, Gabrielle Buffet, Francis Picabia, et Tristan Tzara *Réveil Matin*, couverture de la revue *Dada*, 4/5, édition française, 1919

carton, etc.) – à l'image de textes sans sens, revenant au mot même, signés alors par Arp, Walter Serner et Tzara à l'enseigne d'une «Société anonyme pour l'exploitation du vocabulaire dadaïste» qui fusionne et dépasse leurs identités.

Gabrielle Buffet décrit une «élaboration en commun» de *Réveil Matin* par des peintres et des écrivains à laquelle tout, dans l'esprit et l'enthousiasme du moment, concourt (Arp et Picabia étant au demeurant les archétypes de l'artiste dada dont le versant littéraire égale en importance le versant plastique). Mais, à parution en couverture de *Dada* 4/5, le seul nom de Picabia est apposé verticalement. On peut alors formuler l'hypothèse selon laquelle celui-ci aurait réitéré le procédé en mettant au propre l'expérience collective spontanée (une autre version de l'œuvre, moins définie, non signée, subsistant par ailleurs; elle fut originellement conservée par Gabrielle Buffet qui, selon toute vraisemblance, la décrit dans ses souvenirs). *Réveil Matin* est appelé à «incarner» le mouvement en devenant couverture de sa revue porte-voix: Picabia signe donc non seulement un dessin, mais son plein ralliement à Dada, comme un étendard et, plus subtilement, l'influence qu'il exerça, pendant ses presque trois semaines zurichoises, dans la conception de ce numéro anthologique où éclate une inventivité graphique le rapprochant de sa propre revue «en voyage», *391*.

Dada 4/5 et le huitième numéro de *391*, auxquels Arp, Tzara, Gabrielle Buffet, etc. collaborent tous par des œuvres et des textes, sont préparés chez l'imprimeur anarchiste de Dada, Julius Heuberger, «qui, par hasard, n'était point en prison[6]». *Dada* reproduit en outre un dessin de Picabia figurant le mouvement comme une machine explosive dont l'horloge, l'alarme et les fils relient les noms des participants. *Réveil Matin* peut alors être lu, par comparaison, comme une représentation de la constellation Dada, chaque rouage figurant un îlot de révolte et de subversion. Le propre de Dada aura été de dépecer et de désosser la logique d'un monde dont la guerre a scellé la faillite: «Je détruis les tiroirs du cerveau et de l'organisation sociale», écrit Tzara dans le «Manifeste Dada 1918». Au plan intime, pour Picabia, le séjour à Zurich fut une éclaircie et, bel et bien, un grand réveil dans le désespoir des temps, qui ne dura toutefois pas («crise au cœur […] j'ai eu pendant trois jours une attaque de nerfs, vous savez ce que c'est, n'est-ce pas?», écrit-il à Tzara dont il est séparé, en mars 1919[7]). Dada devait continuer sous d'autres auspices, à Paris, où Picabia mais aussi André Breton appelaient Tzara, qui y arriva le 5 janvier 1920 ● **Cécile Bargues**

6 Gabrielle Buffet, «On demande: "Pourquoi 391? Qu'est-ce que 391?"» [1936], in *Rencontres*, *op. cit.*, p. 206. Heuberger avait été emprisonné pendant la préparation de *Dada 3*. On sait qu'en 1918-1919 il prit part à des mutineries. Voir Eddie Breuil, «Julius Heuberger, l'imprimeur anarchiste de Dada», *Luna-Park* #5, 2009.

7 Lettre de Picabia à Tzara, 8 mars 1919, reproduite in Sanouillet, *op. cit.*, p. 463-464.

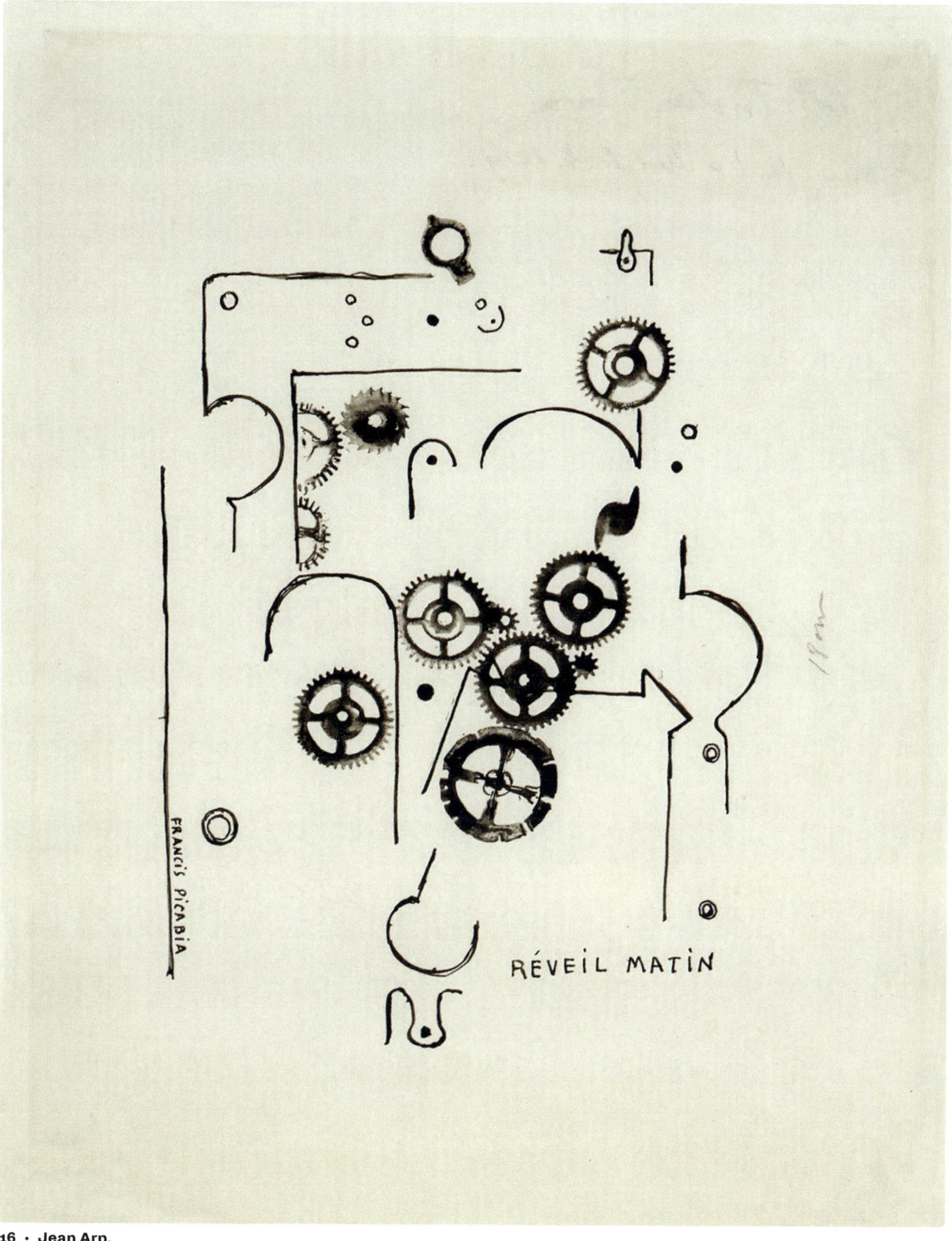

16 · Jean Arp, Gabrielle Buffet, Francis Picabia et Tristan Tzara, *Réveil Matin*, 1919

Francis Picabia

Céline Arnauld / Emmanuel d'Astier de la Vigerie
Georges Auric / René Blum / Renata Borgatti
Gabrielle Buffet / Marguerite Buffet / Georges Casella
Serge Charchoune / Marthe Chenal / Léo Claretie
Jean Cocteau / Michel Corlin / Jean Crotti / Dalvarez
Paul Dermée / Dodo Doilac / Roland Dorgelès
Suzanne Duchamp / Isadora Duncan
André Dunoyer de Segonzac / Germaine Everling
Marcelle Evrard / Fatty Arbuckle / Paul, Albert et François
Fratellini / François Hugo / Jean Hugo / Valentine Hugo
J. Hussar / Hélène Jourdan-Morhange / Marie de La Hire
Magda Lipton / Aline Malançon / Man Ray / Pierre de Massot
Jean Metzinger / Darius Milhaud / Y. Moreau
Clément Pansaers / Benjamin Péret / Francis Poulenc
J. Povolozky / Quigneron / Georges Ribemont-Dessaignes
Jacques Rigaut / Hania Routchine / Thomas Salignac
Raphaël Schwartz / Rrose Sélavy (Marcel Duchamp)

Magdalena Tagliaferro / Tristan Tzara / de Vadec
Henry Valensi / Georges de Zayas

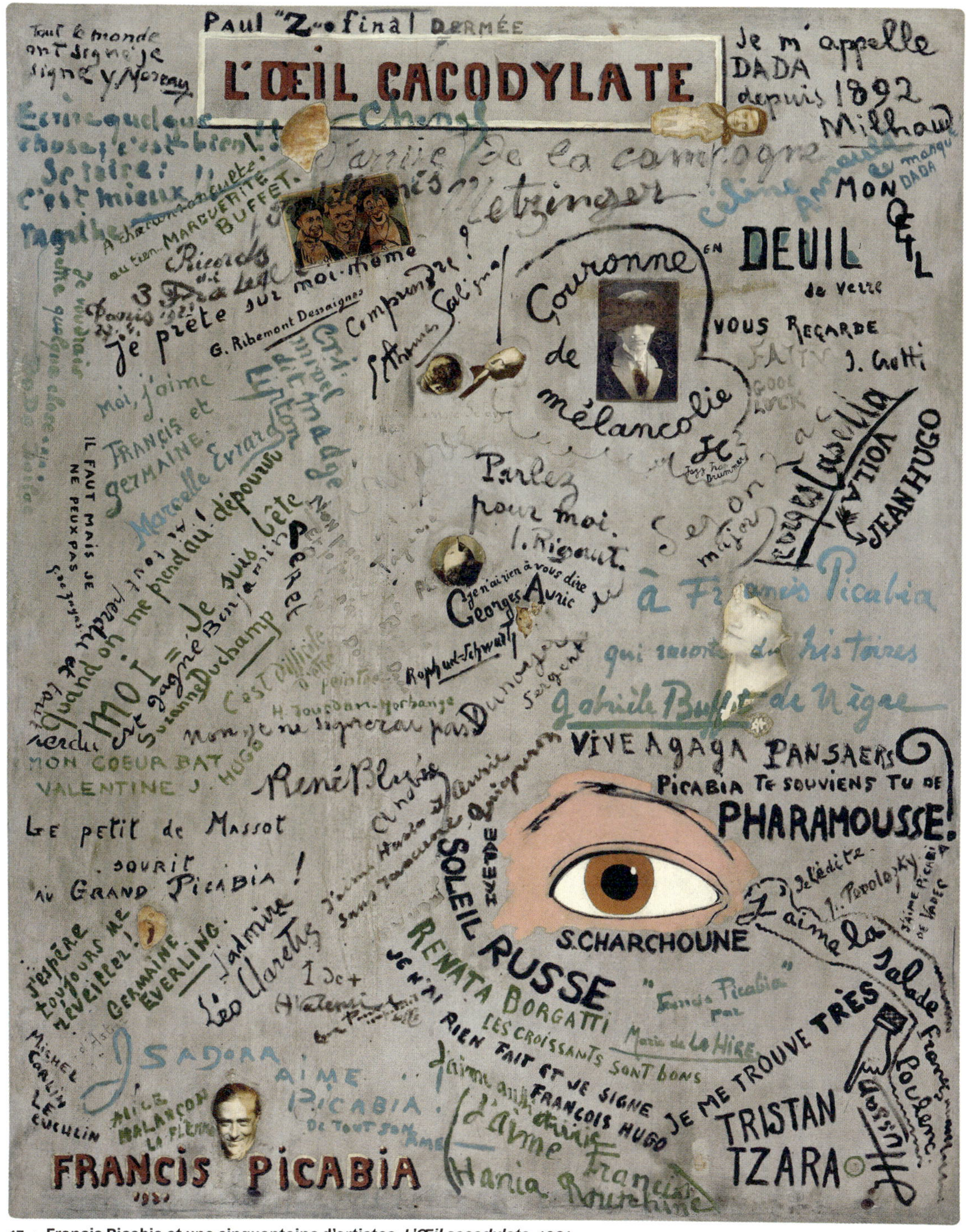

17 · **Francis Picabia et une cinquantaine d'artistes, *L'Œil cacodylate*, 1921**

●

Œuvre collective initiée par le peintre et poète Francis Picabia, *L'Œil cacodylate* est réalisé en 1921. Un siècle plus tard, cette toile revêtue de cinquante-quatre *signatures* du monde de la peinture, de la littérature et du spectacle est devenue une icône dada presque aussi célèbre que la Joconde à moustache duchampienne. Mais sait-on exactement ce que l'artiste a voulu faire ? Dans quelles circonstances ? Et pourquoi ?

Sur un fond rose vif, Picabia représente un œil énorme à la pupille dilatée. Il signe en bas, colle son portrait photographique, inscrit le titre énigmatique en lettres capitales dans un cartouche, puis laisse la surface vide… Les raisons d'une telle extravagance ? Un zona, trouble ophtalmologique très invalidant soigné au cacodylate de soude durant le mois de mars 1921 ; mais aussi, c'est évident, la résonance creuse des paroles :

> « Des yeux sont fixés sur mon œil contracté – paroles banales, paroles qui pleurent insensibles […]. Je savoure mes paupières et mon œil rougi veut saisir la nuit. Je suis fou ! […] Depuis vingt-cinq jours la chambre devient de plus en plus étroite, nous sommes bloqués ; le danger ne passe pas[1]. »

Reclus, le malade presse ses visiteurs d'écrire *quelque chose* sur la toile, à la peinture, avec un pinceau. Man Ray et Georges Auric ont exprimé leur surprise face à cette requête peu habituelle[2]. Il est hors de question de réfléchir longtemps avant d'écrire un bon mot : la spontanéité et la performativité de la réponse sont essentielles. Ainsi, Picabia invite Jean Hugo à compléter sa signature par le mot « voilà » qu'il vient de prononcer. Tandis que Marcel Duchamp signe le contrepet « en 6 qu'habilla Rrose Sélavy », les dadaïstes s'essayent au détournement de slogans. Tristan Tzara écrit : « Je me trouve très Tristan Tzara » ; Man Ray : « directeur du mauvais movie » ; Paul Dermée : « Paul Z. final Dermée » ; Jacques Rigaut : « Parlez pour moi » ; Georges Ribemont-Dessaignes : « Je prête sur moi-même ». D'autres réponses s'entremêlent : « J'ai tout perdu et perdre est gagné » de Benjamin Péret enserre l'aveu de Suzanne Duchamp « Quand on me prend au dépourvu, moi = je suis bête ». De même, « le manque dada » de Céline Arnauld perturbe « Mon œil en deuil de verre vous regarde » de Jean Crotti. Enfin, l'affirmation de Jacques Povolozky « Je l'édite » semble répondre à la question de Clément Pansaers : « Picabia te souviens-tu de Pharamousse ? »

Sans cesse en quête de la nouveauté, renonçant aux académies autant qu'aux écoles, Picabia a toujours refusé de s'enfermer dans un style. Membre actif du groupe dada international, contributeur d'une multitude de revues d'avant-garde, il crée *391*, *Cannibale*, *Le Pilhaou-Thibaou* et écrit les recueils de poèmes *Pensées sans langage*, *Jésus-Christ Rastaquouère*, *Unique eunuque*… Avec lui, la peinture est une arme : un singe en peluche collé sur une toile symbolise Cézanne, Renoir et Rembrandt *(Portrait de Cézanne. Portrait de Renoir. Portrait de Rembrandt. Natures mortes*, 1920). « Pour que vous aimiez quelque chose, il faut que vous l'ayez vu et entendu depuis longtemps, tas d'idiots », écrit-il sur une cible peinte présentée lors d'une manifestation

1 Francis Picabia, « Zona », *La Vie des lettres*, juillet 1921, voir *Francis Picabia. Écrits critiques*, Paris, Mémoire du livre, 2005, p. 339.

2 *Francis Picabia dans les collections du MNAM*, Paris, Éditions du Centre Pompidou, 2003, p. 50.

3 Voir la liste des invités dans L. H., « Le réveillon cacodylate », *Comœdia*, 2 janvier 1922, p. 3.

4 Francis Picabia, « L'Œil cacodylate », *Comœdia*, 23 novembre 1921, voir *Écrits critiques*, op. cit. p. 91.

5 *Ibidem*.

dada parisienne. Dans la même veine, *L'Œil cacodylate* est un manifeste sans prétention, longtemps exposé dans un bar. Il témoigne de sa volonté de fédérer les artistes dans une sorte de *fronde amusante* contre l'ordre établi et l'ennui. Les «clins d'œil» de tous les signataires font référence à un savoir commun: la première monographie sur Picabia éditée en 1920 par le libraire Povolozky et rédigée par Marie de la Hire, «Pharamousse», le pseudonyme de Picabia dans la première livraison de sa revue *391*, les yeux de verre insérés par Crotti dans une peinture en 1915 ou encore, *Z*, revue dada publiée par Paul Dermée en mars 1920 et qui ne connut qu'un seul numéro.

Filant la métaphore du regard, le séducteur – qui n'a pas «froid aux yeux» – élabore un réseau de connivences entre son œil rougi par le zona et *Les Yeux chauds*, peinture inspirée d'un schéma mécanique, puis titre d'un projet de revue musicale *avec* et *pour* la cantatrice Marthe Chenal. Malgré ses réserves, cette dernière joue un rôle majeur dans cette *aventure picturale*. Picabia fréquentait assidument la villa de Villers-sur-Mer ainsi que l'hôtel particulier parisien de la vedette où il organise *Le Réveillon cacodylate* à la fin de l'année 1921. Lors de cette soirée, les peintres Henry Valensi, André Dunoyer de Segonzac et la pianiste Magdalena Tagliaferro eurent la possibilité de compléter l'œuvre[3].

Comme *Les Yeux chauds*, que la critique avait moqué, *L'Œil cacodylate* fut exposé au Bœuf sur le Toit, par provocation. Dans le célèbre bar-restaurant-dancing de Louis Moysès, où artistes et mécènes viennent s'encanailler au rythme des *fox-trot* interprétés par Jean Wiéner, Jean Cocteau s'improvise batteur et légende son portrait photographique: «Blues, couronne de mélancolie je jazz trap drummer». Tandis que les compositeurs et interprètes Gabrielle et Marguerite Buffet, Renata Borgatti, Hania Routchine, Georges Auric et Francis Poulenc signent la toile à leur tour, Darius Milhaud se distingue par ses caricatures: son énorme visage dominant un petit cheval (une photo de foire) complète l'affirmation «Je m'appelle DADA depuis 1892». Cette déclaration rappelle le *nihilisme narquois* de Picabia lorsqu'il fait mine de se justifier face aux critiques:

> «Moi, je l'ai écrit bien souvent, je ne suis rien, je suis Francis Picabia; Francis Picabia qui a signé *L'Œil cacodylate*, en compagnie de beaucoup d'autres personnes qui ont même poussé l'amabilité jusqu'à inscrire une pensée sur la toile[4]!»

Bien avant l'avènement du surréalisme puis de Fluxus, ce jeu artistique collectif est exemplaire. Accessibles à tous, ne nécessitant aucun savoir-faire, signatures et collages se répondent. Picabia imaginait-il que ce «tableau très beau et très agréable à voir et d'une jolie harmonie[5]» serait plus tard exposé dans les collections du musée national d'Art moderne après son acquisition en 1967? ● **Carole Boulbès**

René Clair / Francis Picabia

Marcel Achard / Georges Auric / Jean Börlin Georges Charensol / Rolf de Maré / Marcel Duchamp Inge Friss / Roger Le Bon / Jean Mamy / Man Ray Erik Satie / Pierre Scize / Louis Touchages…

●

Le film *Entr'acte* réalisé par René Clair sur un scénario de Francis Picabia est l'une des plus pétaradantes réussites du cinéma d'avant-garde des années 1920. Il est le résultat d'une collaboration exceptionnelle entre de nombreux amis.

Tout commence en 1924 par une commande de la très active compagnie des Ballets suédois. Son directeur, Rolf de Maré, après un premier projet confié à Blaise Cendrars, s'adresse à Picabia et Erik Satie pour leur proposer la création d'un ballet. Ce sera *Relâche*.

Picabia entend dynamiter la dimension qu'il juge trop compassée de l'art du ballet et y introduit le cinéma qui, alors, est encore loin d'avoir acquis le statut d'art. Il écrit donc quelques notes pour un bref scénario et, pour le mettre en images, fait appel à René Clair, jeune cinéaste qui travaillait pour le théâtre des Champs-Élysées dirigé par Jacques Hébertot. Ce sera *Entr'acte*, une réussite qui témoigne d'une belle entente entre les deux complices. René Clair a su exploiter avec virtuosité tout son savoir technique pour le mettre au service des idées et de l'esprit de Picabia. Car si la réalisation technique du film est légitimement attribuée à René Clair, c'est bien à Picabia que l'on doit toute l'énergie jubilatoire anarchisante qui irrigue *Entr'acte*. Dans le dernier numéro de sa revue *391*, Picabia annonce la création d'un nouveau mouvement – l'instantanéisme – pour contrer le surréalisme que s'apprête à lancer André Breton sur les cendres de Dada. Il en livre l'explication sous forme de manifeste :

«L'instantanéisme : ne veut pas d'hier.
L'instantanéisme : ne veut pas de demain.
L'instantanéisme : fait des entrechats.
L'instantanéisme : fait des ailes de pigeons.
L'instantanéisme : ne veut pas de grands hommes.
L'instantanéisme : ne croit qu'à aujourd'hui.
L'instantanéisme : veut la liberté pour tous.
L'instantanéisme : ne croit qu'à la vie.
L'instantanéisme : ne croit qu'au mouvement perpétuel.»

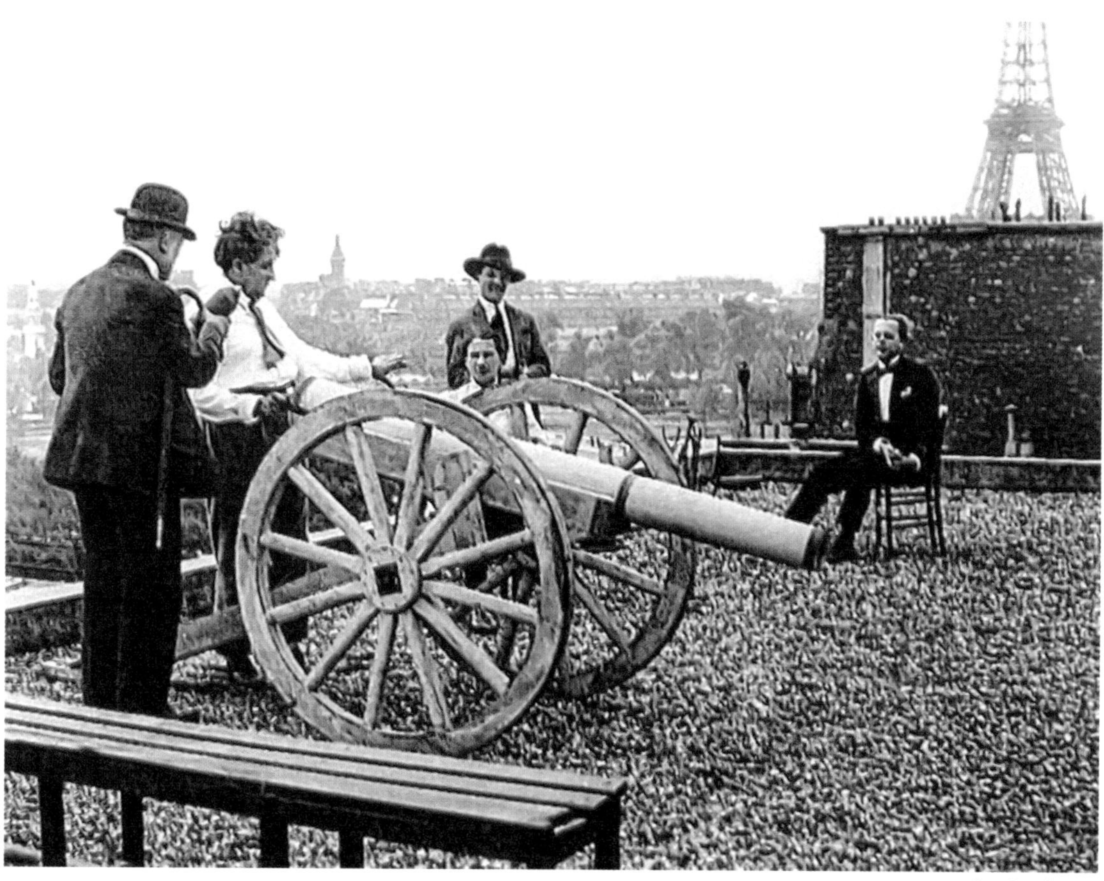

18 · René Clair et Francis Picabia, *Entr'acte*, 1924. Photographie de tournage, sur le toit du théâtre des Champs-Élysées, de la scène du prologue du film. Au premier plan, Satie (de dos) et Picabia. Au second plan, Jean Börlin, assis.

Relâche, «ballet instantanéiste en deux actes, un entr'acte cinématographique et la queue du chien» en sera la première (et dernière) manifestation: une publicité en dernière page pour la première au théâtre des Champs-Élysées donne ce conseil aux spectatrices et spectateurs: «Apportez vos lunettes noires et de quoi vous boucher les oreilles!»

Le tumulte visuel et auditif est au rendez-vous: «Ce que j'ai fait, ce que je ferai s'adresse et s'adressera de plus en plus au plaisir véritablement physique», prévient Picabia. Les pirouettes optiques, les surimpressions, le montage court, les cadrages obliques, le tournage en accéléré ou au ralenti… toutes les possibilités expérimentales du cinéma sont convoquées par René Clair pour entraîner le spectateur dans un tourbillon qui ne lui laisse pas le temps de reprendre son souffle. Grâce aux montagnes russes du Luna Park de la porte Maillot, le vertige forain devient cinématographique et fait son entrée dans le milieu guindé du théâtre bourgeois. Picabia, qui a expérimenté les drogues, trouve un nouveau substitut: «Le cinéma devrait, lui aussi, nous donner le vertige, être une sorte de paradis artificiel, promoteur de sensations intenses dépassant le "looping the loop" de l'avion et le plaisir de l'opium.»

La joie populaire de la farce se moque de l'esprit de sérieux: un corbillard (marqué aux initiales F.P. et E.S. pour Francis Picabia et Erik Satie) est traîné par un dromadaire qui, ayant perdu son chargement, va provoquer une course poursuite avec les participants du cortège funèbre. Automobile, avion, bateau, cyclistes et même un cul-de-jatte (qui se révélera imposteur) sont de la partie pour tenter de rattraper le mort qui leur a échappé. Dans son petit scénario, Picabia avait aussi prévu la présence d'un «père Lacolique», petit jouet figurant un homme en train de crotter, mais René Clair (anticipant peut-être sa future élection à l'Académie française…) n'a pas cru devoir retenir cette scène.

Cependant, René Clair et Francis Picabia s'entendent à merveille pour faire un film qui récuse ceux qui veulent réduire le cinéma à sa dimension «réaliste». Mais, alors même qu'ils veulent se dégager des canons de la représentation classique, ils appellent à la création d'un cinéma vivant. Tous deux veulent en effet des images vivantes, concrètes, c'est-à-dire qui rejettent leur pouvoir d'illusion réaliste pour affirmer la puissance des formes libérées de tout carcan académique: «Dans *Entr'acte*, l'image détournée de son pouvoir de signifier naît à une existence concrète», note René Clair. Et Picabia se révolte contre le rabougrissement de l'espoir de ce qui était compris comme nouvel art: «Le besoin idiot d'imiter la vie ne nous montre qu'un pauvre musée Grévin où les personnages automates veulent émouvoir le public dans ses plus bas instincts. Cette magnifique invention du cinéma qui nous donnait de si grandes possibilités est devenue un miroir à maquereaux et à putains.»

Erik Satie, qui compose la musique de *Relâche* et d'*Entr'acte* un an avant sa mort, se montre très heureux de participer à un joli petit scandale. Même les critiques qui jusqu'alors supportaient sa musique s'élèvent contre tant de vulgarité: la musique comporte en effet des airs de bastringue et des thèmes de chansons populaires. Satie a écrit sur sa partition «Ballet obscène», et Picabia porte la provocation à son comble en annonçant dans la presse, peu avant la première de *Relâche*, que Satie est «l'inventeur du chapeau en acajou massif, l'inventeur de la musique d'ameublement, l'inventeur de la musique pornographique»!

Dans le prologue du film, on peut voir Satie et Picabia sautant de joie après avoir fait assaut de politesse pour décider qui chargera le canon d'un obus dirigé vers la caméra et qui doit donc symboliquement atteindre le public après avoir crevé l'écran qui l'en sépare. Plus tard, d'autres amis, complices de l'aventure dada, interviennent dans une séquence célèbre: Marcel Duchamp et Man Ray disputent une partie d'échecs sur le toit du théâtre avant que le jeu ne soit balayé par un jet d'eau. Outre le danseur Jean Börlin et la danseuse Inge Frïss (qui permet à Picabia de jouer avec son fantasme: «Je voudrais toujours voir les danseuses par en dessous»), on trouve parmi les nombreux figurants du joyeux cortège funèbre les critiques Marcel Achard, Georges Charensol et Pierre Scize.

Cette histoire burlesque d'un enterrement (mais le mort ressuscité fera disparaître d'un coup de baguette certains de ses poursuivants) est aussi une manière pour Picabia de se moquer de toute grandiloquence, de toute morale, et plus profondément de toute prétention impériale de l'artiste à «faire œuvre». Les dernières images du film (disparues de certaines versions) en témoignent: alors que le mot «Fin» apparaît, Jean Börlin surgit de «derrière» l'écran, le déchire

«Le cinéma devrait, lui aussi, nous donner le vertige, être une sorte de paradis artificiel, promoteur de sensations intenses dépassant le "looping the loop" de l'avion et le plaisir de l'opium.» — Francis Picabia

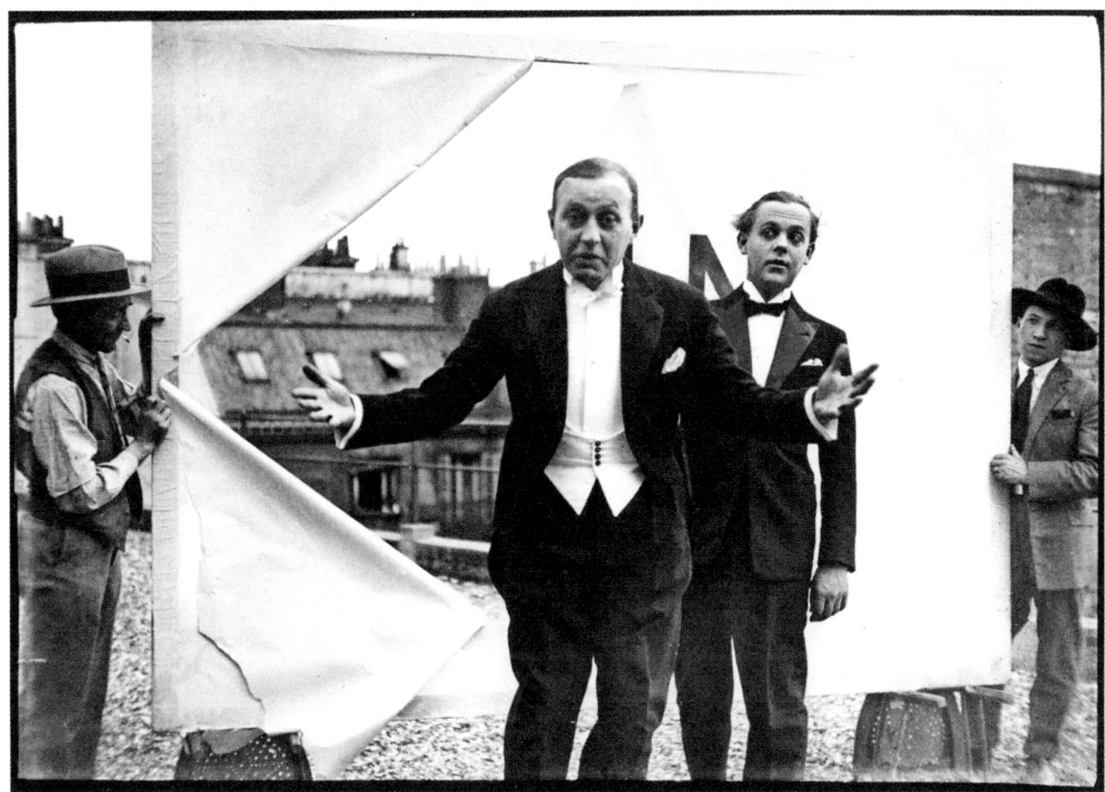

19 • René Clair et Francis Picabia, *Entr'acte*, 1924. Photographie de tournage, sur le toit du théâtre des Champs-Elysées, de la scène finale. Rolf de Maré au premier plan devant Jean Börlin qui vient de «sortir» de l'écran en déchirant le mot «Fin».

et d'un mouvement de l'index s'adresse à nous, spectateurs, pour signifier que non, ce n'est pas fini. Semblant provenir de la salle et monter sur scène devant l'écran, un spectateur (qui n'est autre que le producteur Rolf de Maré) vient alors donner une paire de gifles et un coup de pied à la tête de Börlin, et le renvoie à travers l'écran. Celui-ci se recompose et affiche à nouveau le mot «Fin». Les limites temporelle («Fin») et spatiale (le plan de l'écran) de ce qui aurait pu passer pour «œuvre» sont donc ici explicitement moquées.

Rien de cette œuvre qui n'en est pas une (ce que souligne le choix des noms «entracte» et «relâche») n'aurait pu se faire sans le moteur de l'amitié. L'enthousiasme des participants, l'intensité des perturbations visuelles, le plaisir de briser les barbelés cloisonnant des territoires (ballet, cinéma, musique…), la jubilation de bousculer le confort mental bourgeois, concourent à faire d'*Entr'acte* l'un des explosifs cinématographiques les plus minutieusement construits des années 1920 ● **Patrick de Haas**

Luis Buñuel / Salvador Dalí

«… Lui il rêvait qu'il avait la main pleine de fourmis […] et moi j'ai rêvé d'un couteau qui coupait un œil. Alors il a dit "on pourrait faire un film avec ça, avec des éléments irrationnels», et nous avons écrit le scénario en sept jours.» — **Luis Buñuel (interview)**

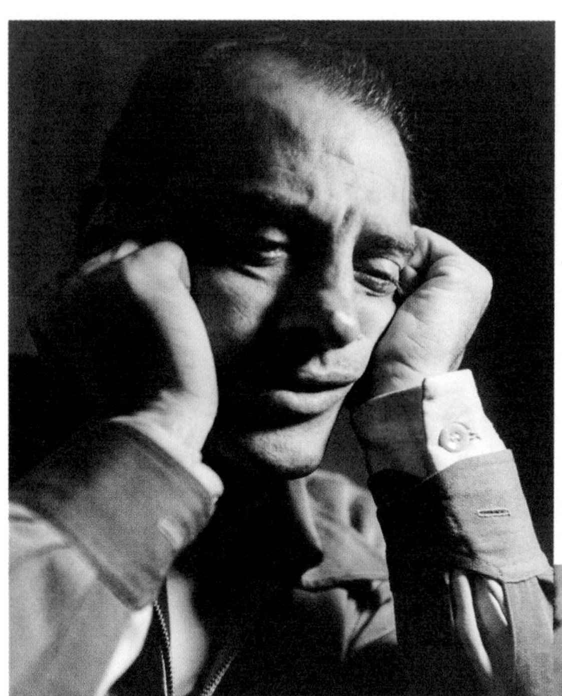

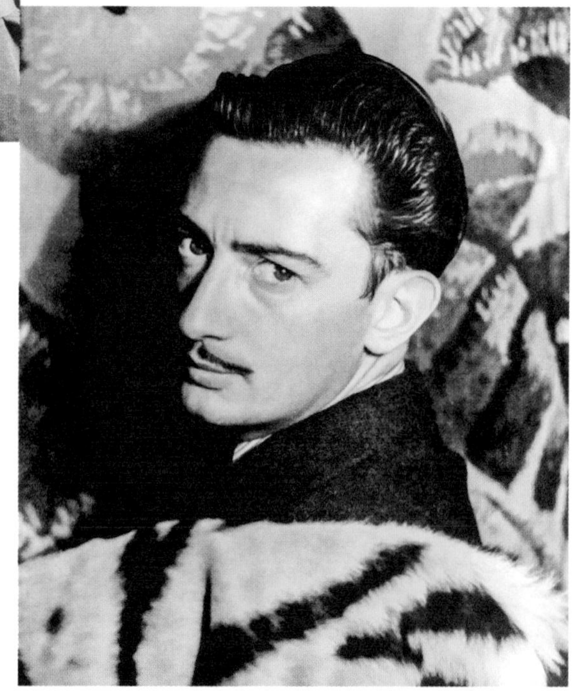

19 (ill.) • Luis Buñuel, Mexico, 1945. Photographie : Leo Matiz

20 (ill.) • Salvador Dalí, 1939. Photographie : Carl Van Vechten

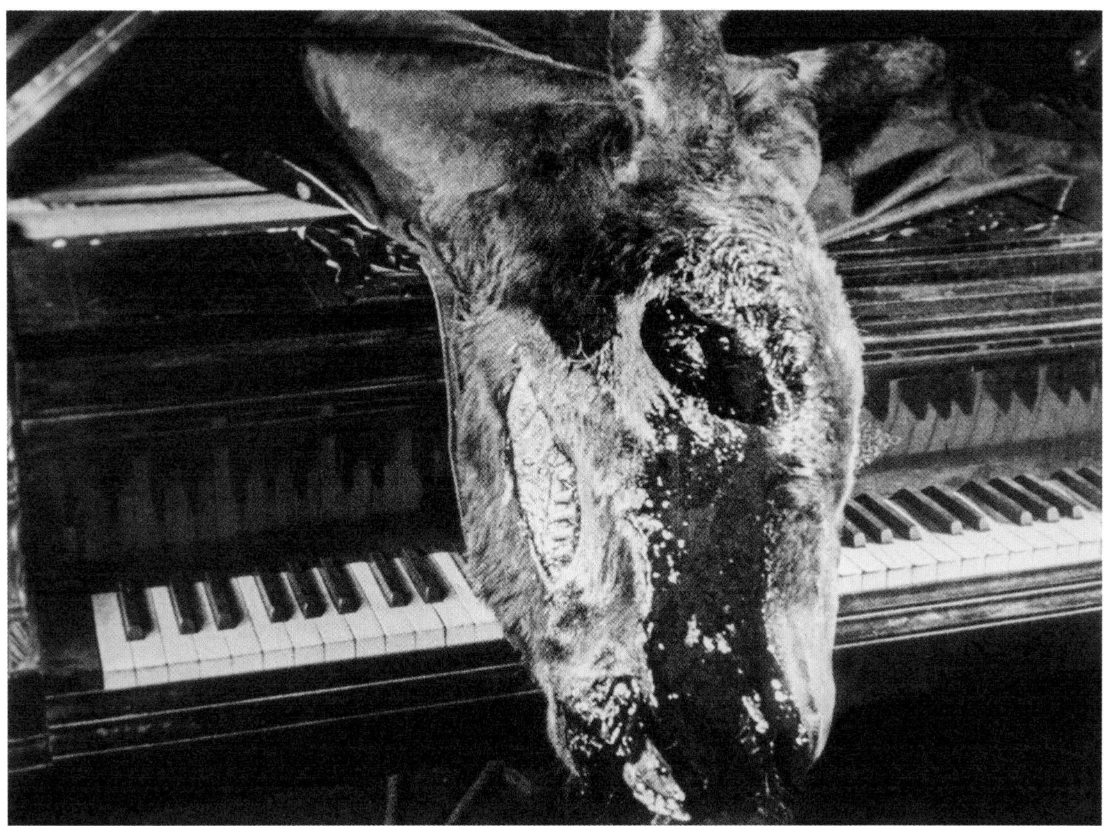

20 · Photogramme du film *Un chien andalou* de Luis Buñuel et Salvador Dalí, 1929

●
Il se trouve qu'un des chefs-d'œuvre incontestés de l'histoire du cinéma fut le résultat d'une très fertile, quoique turbulente, collaboration osmotique entre deux Espagnols, surréalistes de la première heure, Salvador Dalí et Luis Buñuel, alors à l'apogée de leurs respectives puissances inventives. En 1929, date de la sortie de leur film, ils étaient, l'un comme l'autre, anarchistes, ce qui leur inspira des images subversives d'une renversante beauté. Buñuel restera toujours anarchiste, contrairement à Dalí qui se transformera plus tard en «*avida dollars*» (le surnom-anagramme que lui donnera Breton), apologiste sinistrement clownesque d'Adolf Hitler, de Francisco Franco et de l'Église catholique… tandis que, dans *Un chien andalou*, les séminaristes sont des cloportes en soutane traînant l'âne pourri dont la dépouille puante finira étalée sur un piano à queue.

Dalí, avec ses peintures académico-christiques, et Buñuel, avec ses films mystico-iconoclastes, continueront leur vie durant – en s'opposant diamétralement – à tourner autour de la question de la croyance et de l'incroyance. *Un chien andalou* reste le film anarco-surréaliste par excellence. Certaines scènes, gravées dans la mémoire collective, deviendront célèbres, emblématiques qu'elles sont d'une mentalité révolutionnaire dont la mouvance surréaliste fut l'incarnation clairvoyante. Film littéralement inénarrable, unique en son genre, *Un chien andalou* témoigne de l'émulation illimitée à laquelle les deux complices temporaires ont donné libre cours. *L'Âge d'or* y fera suite en 1930 ● **Jean-Jacques Lebel**

Salvador Dalí / Marcel Duchamp

●
Difficile d'imaginer plus diamétralement différents que la classe légendaire de Marcel Duchamp et l'exubérance kitsch de Salvador Dalí ; et pourtant les deux hommes furent amis. Nombreux sont ceux, à l'instar du compositeur John Cage, proche de Duchamp, qui ne purent le concevoir sans frémir. Tout, dans leur art, les sépare de prime abord. Il n'empêche, leur amitié se scella pendant l'été 1933 qu'ils passèrent ensemble à Cadaqués, un village de pêcheurs en Espagne où Duchamp devait louer, à partir de 1958, une maison non loin de celle de son complice. Une estime réciproque les lie. « Je trouvais que Dalí avait une des plus grandes imaginations du vingtième siècle », déclare Duchamp en 1958 ; quant à Dalí, il célèbre l'année suivante dans *Art News* le « génie » de Duchamp, quand paraît la monographie de Robert Lebel, *Sur Marcel Duchamp* (1959).

La seule œuvre commune connue de Duchamp et Dalí prend pour support la page de titre de cet ouvrage, où est reproduit l'autoportrait de profil du premier, avec l'inscription : « Marcel dechiravit pour Robert Lebel ». Elle est destinée à Leonard Lyons, un journaliste du *New York Post* qui tenait depuis 1934 une rubrique de potins, « The Lyons' Den » (jeu de mots sur « la tanière du lion ») où il avait été rendu compte des frasques de Dalí, et que Duchamp lisait (« *my daily den* », écrit-il). Duchamp venait de créer une grande désapprobation dans le cercle surréaliste, auquel il ne se sentit jamais au demeurant appartenir : dans l'exposition du groupe en 1960 à New York, « Surrealist Intrusion in the Enchanters' Domain », il avait inclus *La Madone sixtine* (1958) de son ami Dalí alors que celui-ci avait été exclu par André Breton en 1939.

La note à Leonard Lyons réitère leur amitié : y figure une empreinte de pouce à l'encre rouge, signée par Duchamp, mais aussi par Dalí qui spécifie de surcroît, en catalan, qu'elle lui appartient. Le vague paysage esquissé évoque ceux des environs de Cadaqués. La page est finalement signée cinq fois (trois fois par Duchamp, y compris dans l'autoportrait, deux fois par Dalí), un peu comme une énigme – Duchamp signant Dalí et réciproquement – et comme si cette empreinte était le sceau de la réunion de leurs identités d'apparence si radicalement opposées ● **Cécile Bargues**

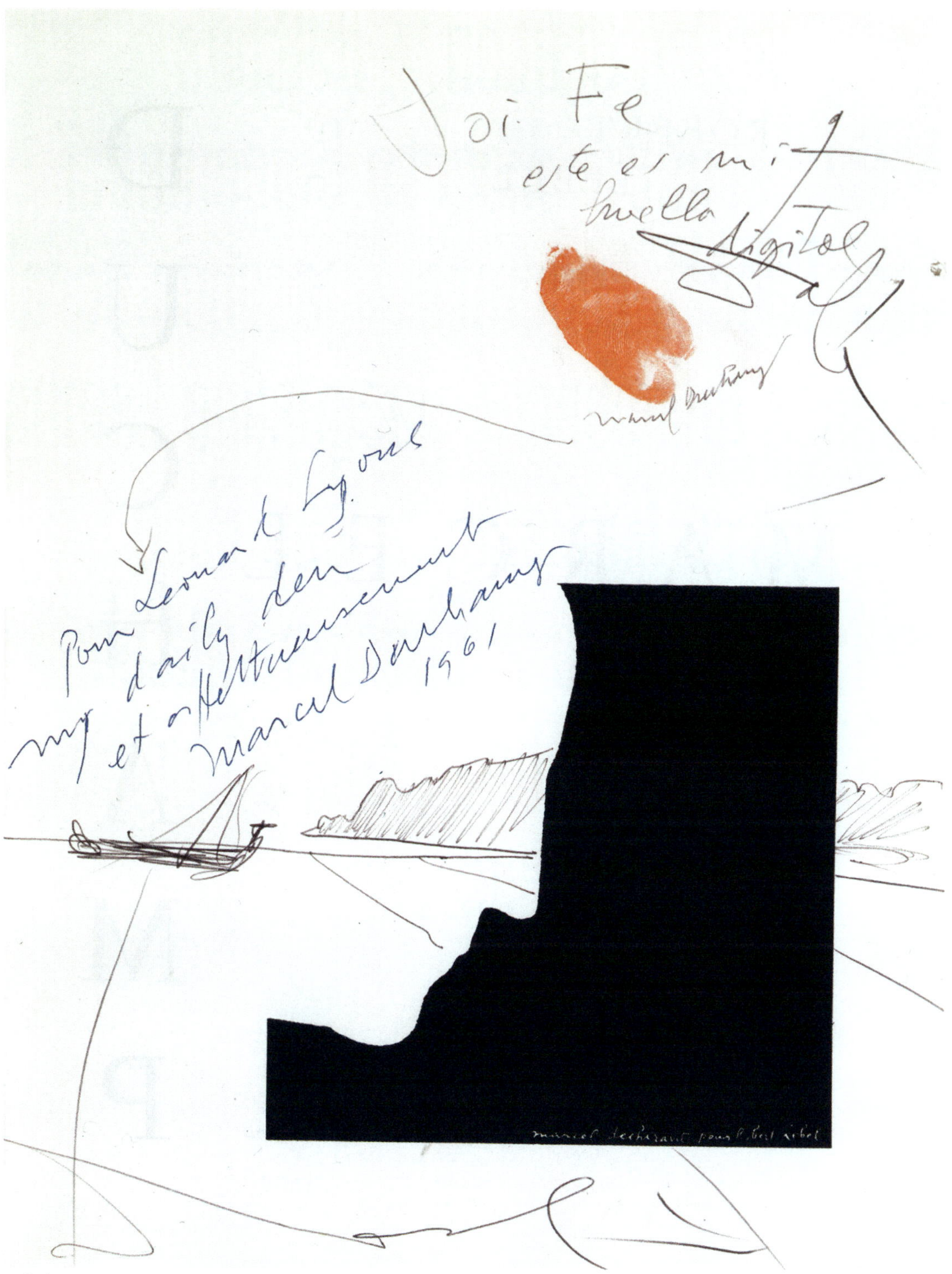

21 (ill.) · Salvador Dalí et Marcel Duchamp
Sans titre (à Leonard Lyons), 1961

André Breton / Balthus Max Ernst / Alberto Giacometti Roger Gilbert-Lecomte / Jacques Hérold Vicente Huidobro / Jacqueline Lamba Pierre Matisse / Joan Miró Pablo Picasso / Charles Ratton Gisèle Prassinos / André Thirion Remedios Varo…

21 · Paravent surréaliste, 1937

●

Faisant écho à *L'Œil cacodylate* (1921) de Francis Picabia (→ p. 90-93), ce paravent, tel un livre d'or, aurait été mis à la disposition des amis des artistes exposant à la galerie Gradiva à Paris en 1937, sans doute à l'instigation d'André Breton qui dirigeait cette galerie. Le paravent sera exposé un an plus tard à la mémorable « Exposition internationale du surréalisme », qui eut lieu à la galerie des Beaux-Arts. On y rencontre tout à la fois les signatures d'artistes et celles de visiteurs. Ce paravent constitue une trace concrète de l'amitié qui pouvait lier les différents protagonistes et un témoignage de créativité collective ● **Blandine Chavanne**

André Breton / Marcel Duhamel Nusch Éluard / Paul Éluard Max Morise / Yves Tanguy…

«Avec le Cadavre exquis on a disposé – enfin – d'un moyen infaillible de mettre l'esprit critique en vacance et de pleinement libérer l'activité métaphorique de l'esprit.» — **André Breton**

●
«Cadavre exquis – Jeu de papier plié qui consiste à faire composer une phrase ou un dessin par plusieurs personnes, sans qu'aucune d'elles puisse tenir compte de la collaboration ou des collaborations précédentes. L'exemple, devenu classique, qui a donné son nom au jeu tient dans la première phrase obtenue de cette manière : Le cadavre-exquis-boira-le-vin-nouveau.» ● **André Breton et Paul Éluard**, *Dictionnaire abrégé du surréalisme*, 1938

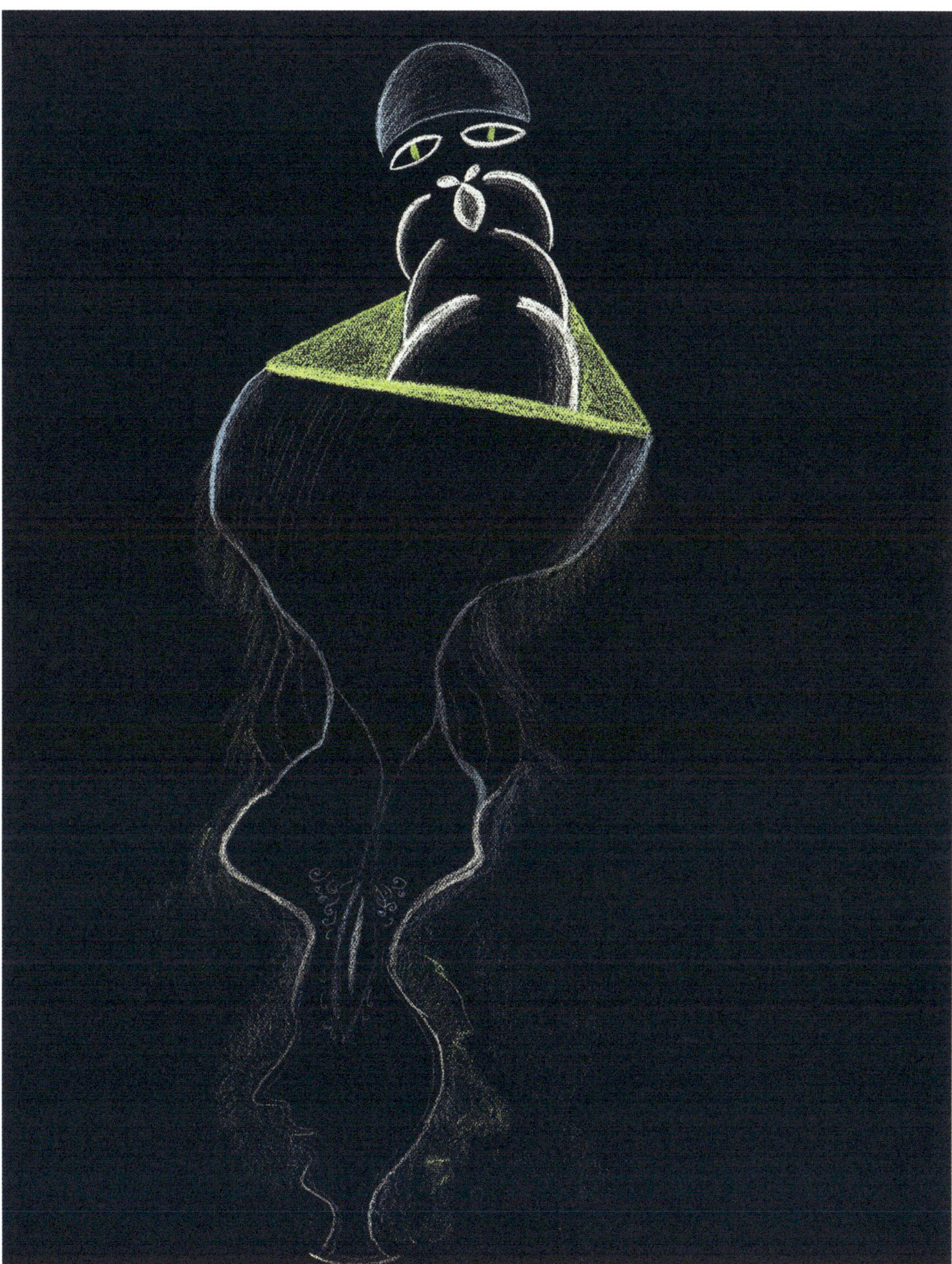

22 · Paul Éluard, Nusch Éluard, et un artiste non identifié *Cadavre exquis*, vers 1930

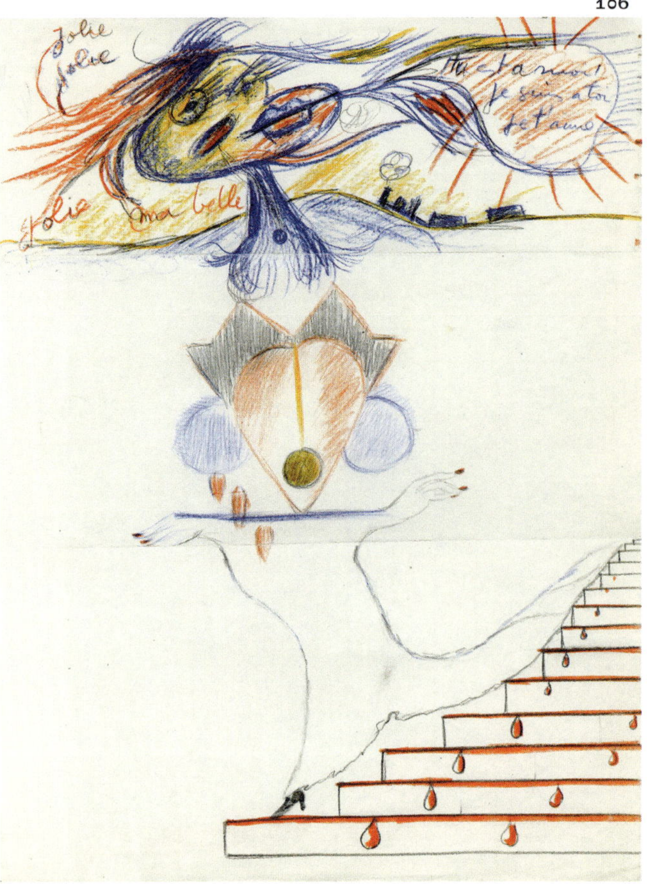

23 · **Auteurs non identifiés, *Cadavre exquis*, vers 1930**

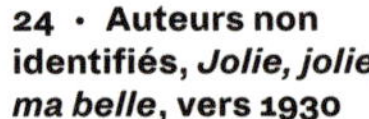

24 · **Auteurs non identifiés, *Jolie, jolie, ma belle*, vers 1930**

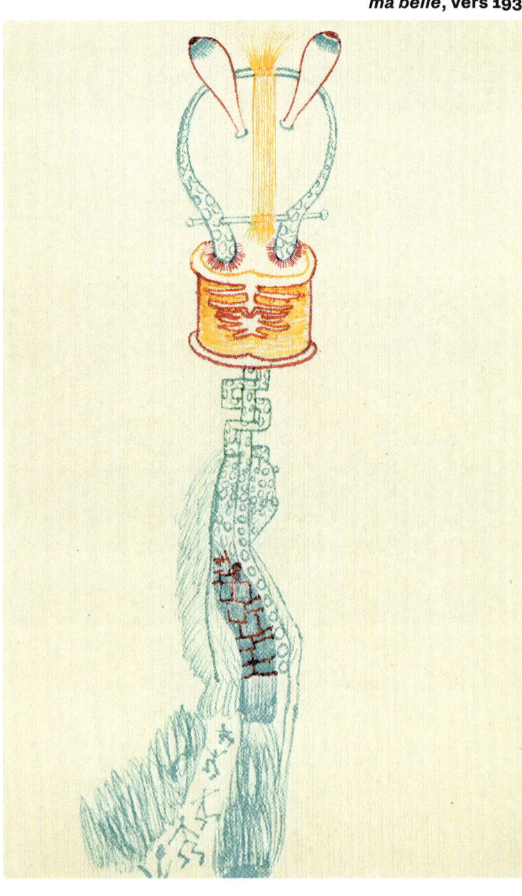

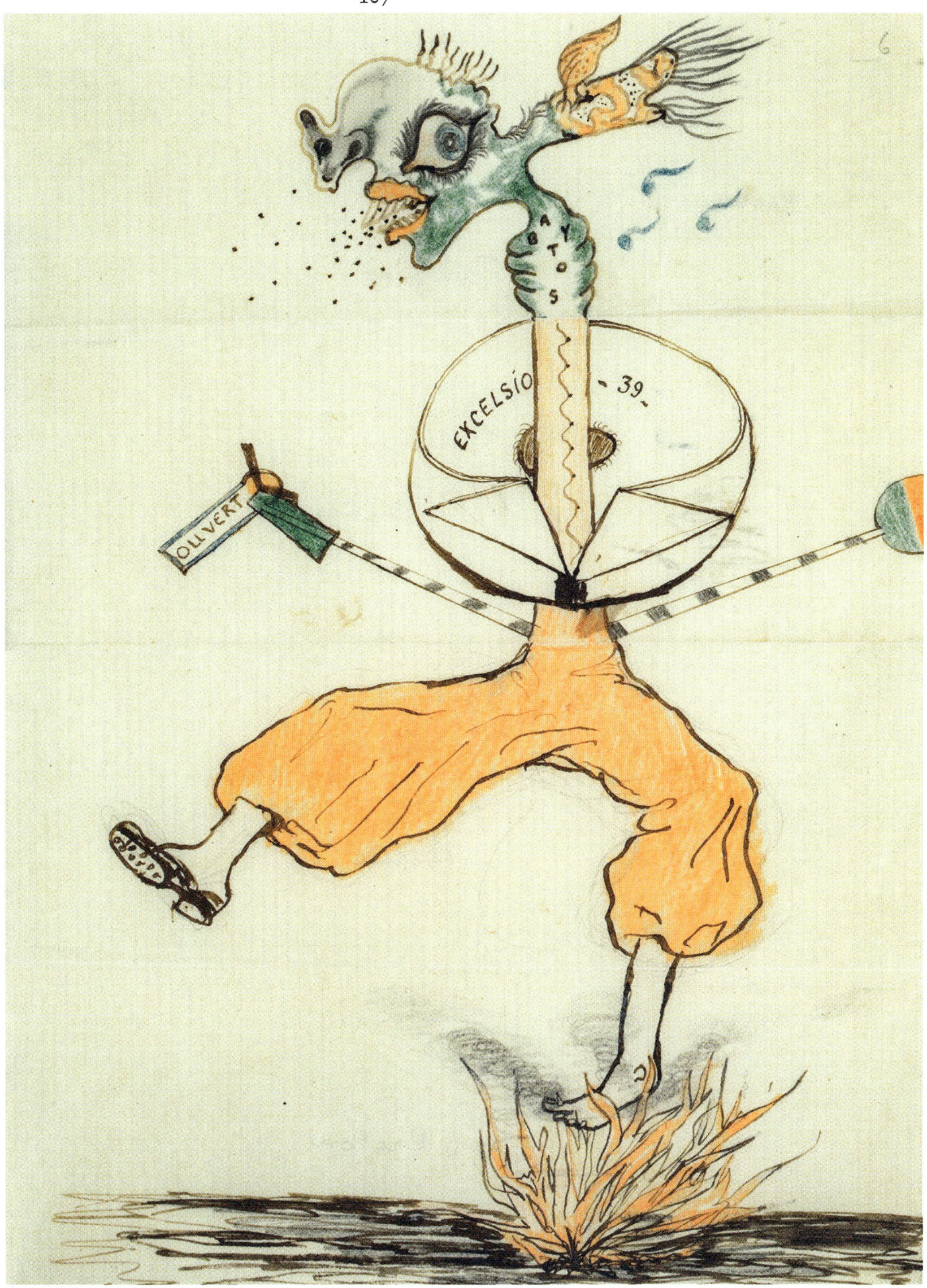

25 · André Breton, Marcel Duhamel, Max Morise et Yves Tanguy, *Cadavre exquis*, vers 1928

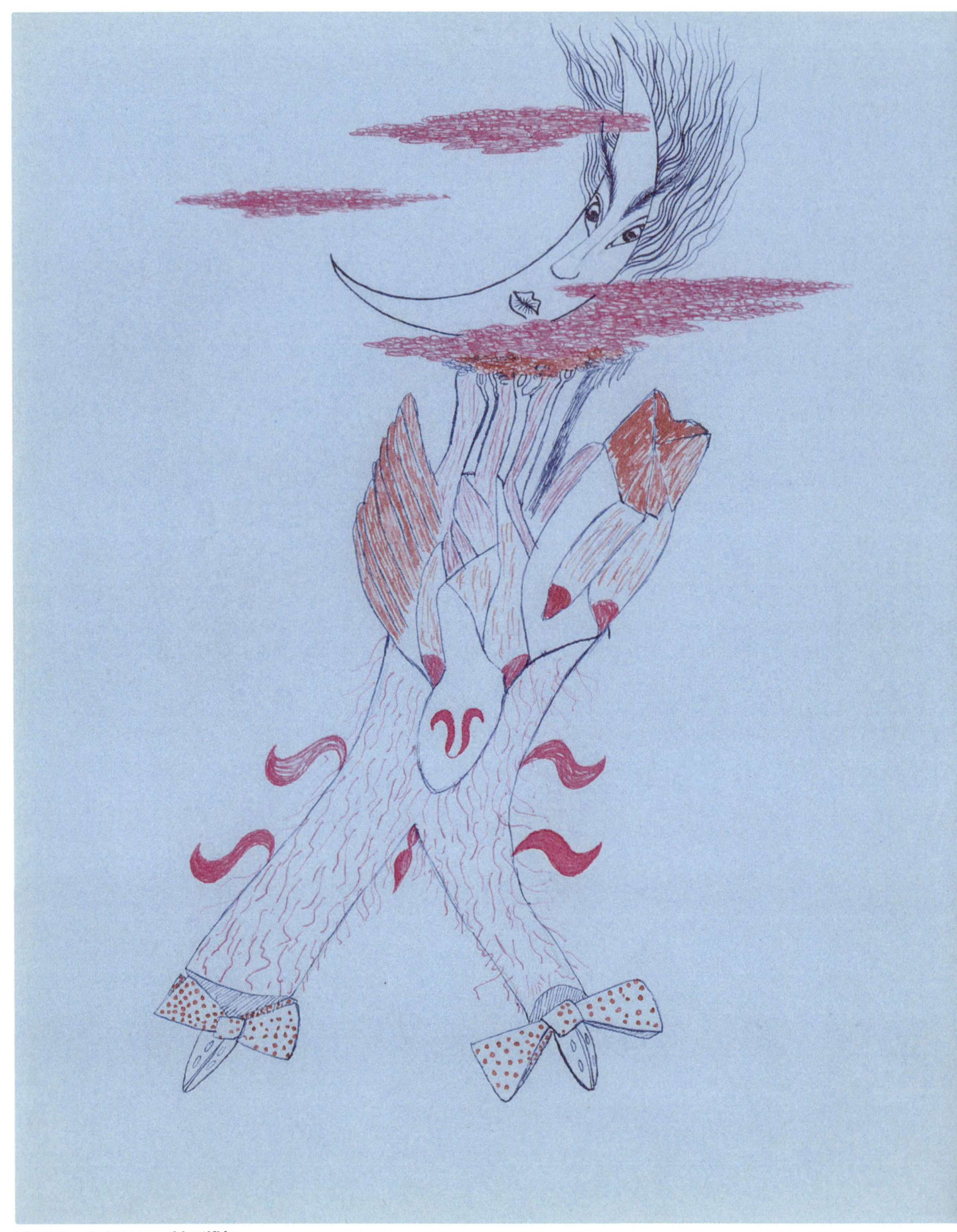

26 et 27 · Auteurs non identifiés,
***Cadavres exquis*, vers 1930**

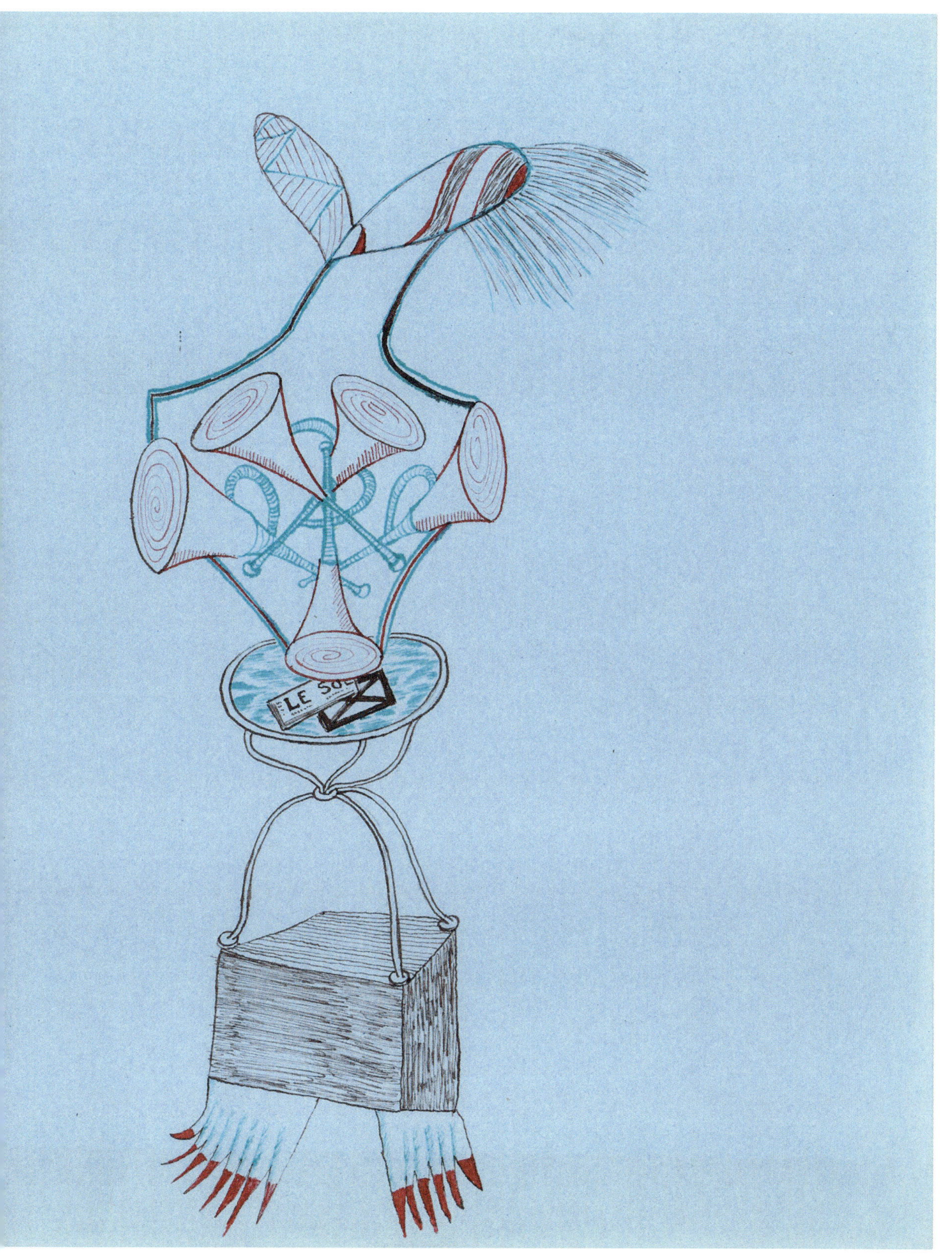
LE SO

Adolphe Acker / Victor Brauner André Breton / Óscar Domínguez Jacques Hérold / Wifredo Lam Jacqueline Lamba / Georges Mouton Benjamin Péret / Robert Rius Remedios Varo

●

«Le jeu est constitutif du surréalisme. Breton et ses amis ont d'emblée pris cette activité au sérieux. Parce qu'elle est libre, gratuite et improductive. Mais aussi parce qu'elle fédère ce collectif d'avant-garde né au lendemain de la Grande Guerre. Ses membres, qui prônent l'union du réel et de l'imaginaire en libérant l'inconscient par le biais de l'écriture automatique ou du sommeil hypnotique, promeuvent "le jeu non comme un simple divertissement […] mais comme une façon de vivre"», écrit l'historien de l'art Jean-Paul Morel. Aussi ont-ils pris l'habitude de se retrouver chaque jour au café (Le Brûleur de loups, quai des Belges, aura leur préférence à Marseille) ou chez Breton pour disserter et jouer des heures durant[1]. »

Les *dessins communiqués* mettent en jeu la mémoire visuelle. Un premier participant réalise un dessin dans lequel il introduit, souvent, un élément incongru. Il montre celui-ci deux ou trois secondes au joueur suivant. Celui-ci réalise alors le dessin qu'il pense avoir mémorisé et le montre à un troisième joueur. Et ainsi de suite jusqu'à ce que chaque joueur ait réalisé un dessin. À la fin, tous les dessins sont confrontés, mettant ainsi en valeur les éléments retenus et ceux qui ont disparu au cours des passages de l'un à l'autre joueur. Quant aux *dessins collectifs*, on en observe une floraison

1 Yasmine Youssi, « Réinventer le tarot de Marseille sous l'Occupation, une activité surréaliste », *Télérama*, 20 décembre 2013, mis à jour le 8 décembre 2020 [www.telerama.fr/monde/reinventer-le-tarot-de-marseille-sous-l-occupation-une-activite-surrealiste, 106473.php]

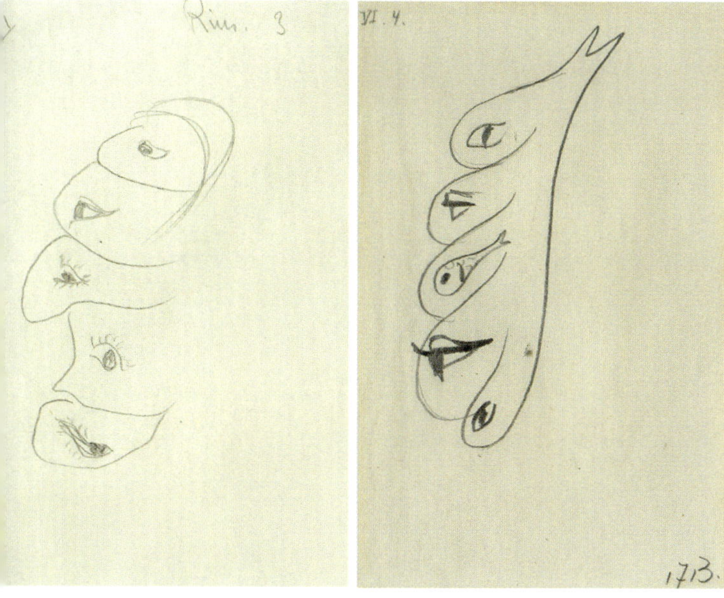

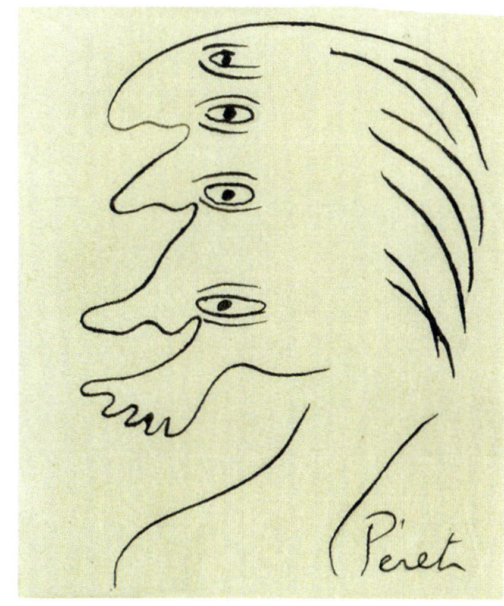

28 · André Breton, Thérèse Caen, Benjamin Péret, Robert Rius, Remedios Varo, dessins communiqués, vers 1937-1939

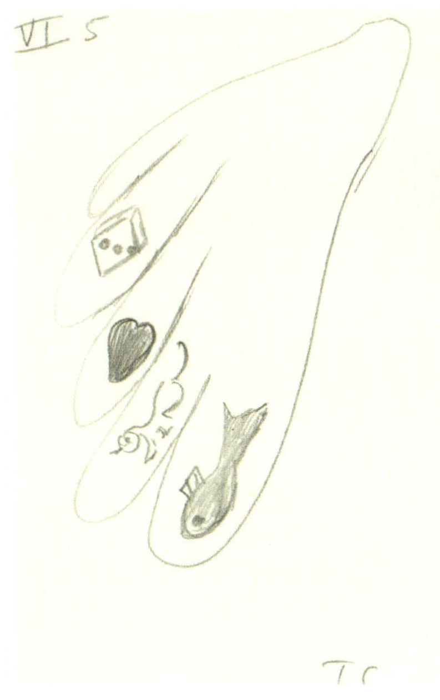

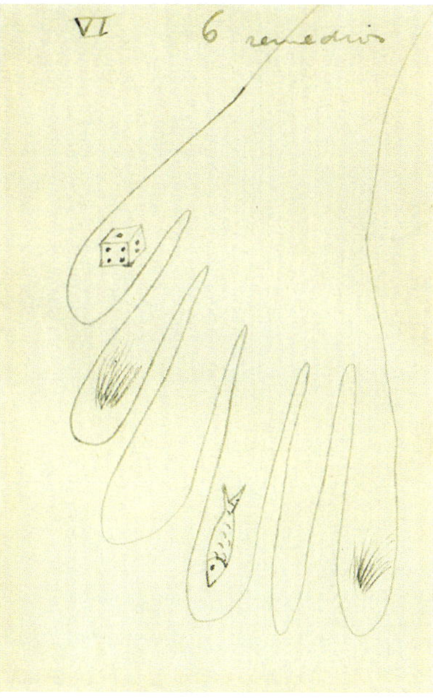

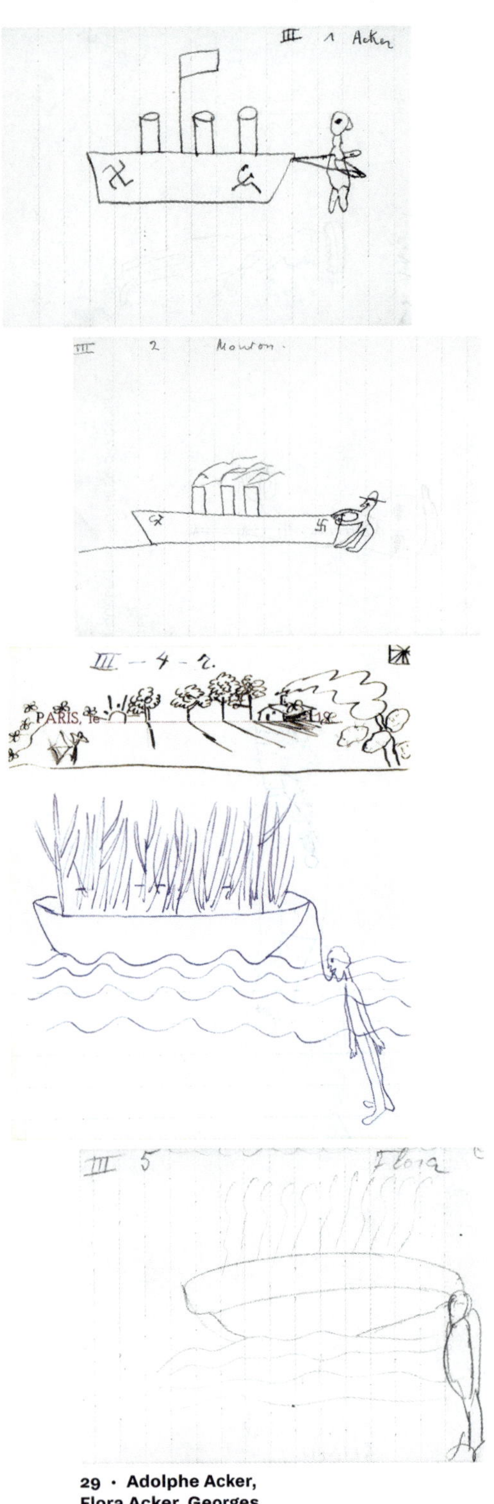

29 · **Adolphe Acker, Flora Acker, Georges Mouton, Remedios Varo, dessins communiqués, vers 1937-1939**

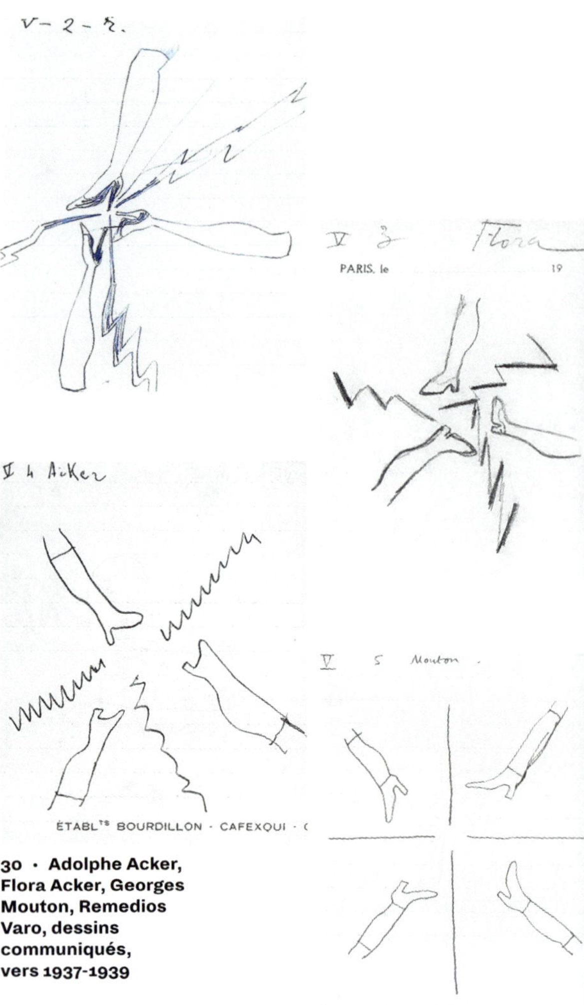

30 · **Adolphe Acker, Flora Acker, Georges Mouton, Remedios Varo, dessins communiqués, vers 1937-1939**

31 · **Benjamin Péret, Robert Rius, dessins communiqués, *Visage et cœur*, vers 1937-1939**

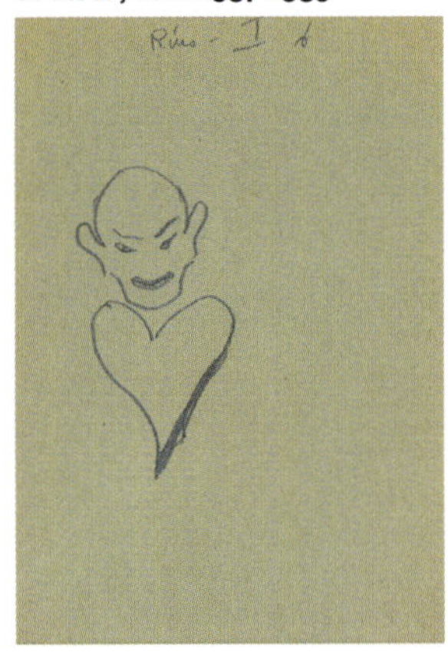

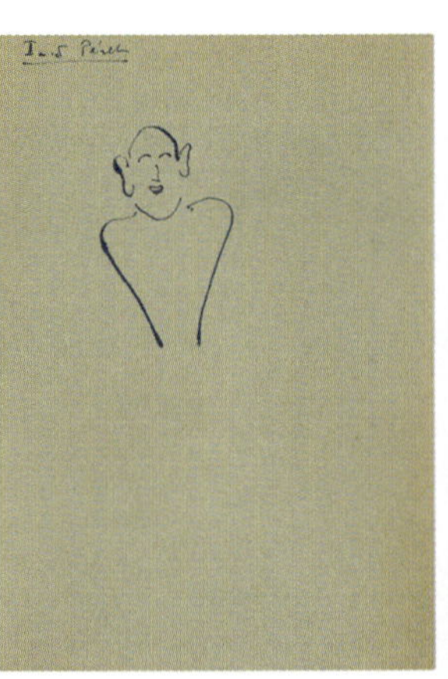

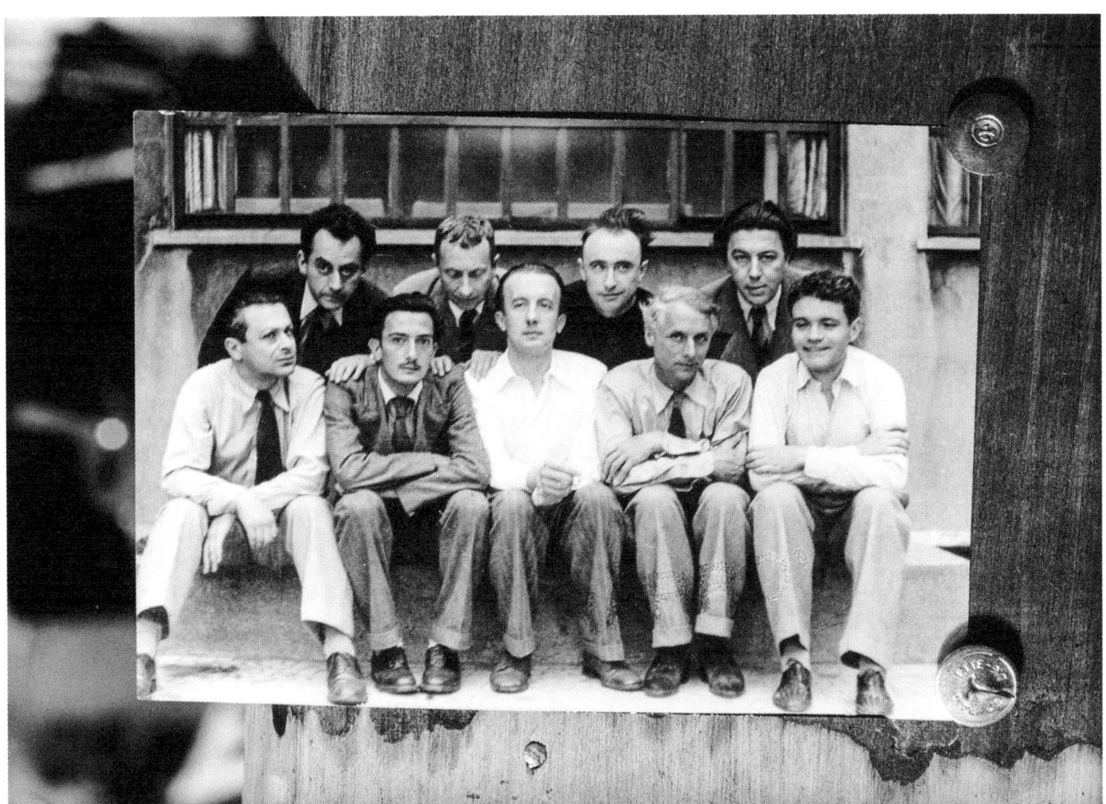

22 (ill.) • Man Ray, reproduction d'une photographie de groupe : de gauche à droite et de haut en bas, Man Ray, Jean Arp, Yves Tanguy, André Breton, Tristan Tzara, Salvador Dalí, Paul Éluard, Max Ernst, René Crevel, vers 1930

pendant la période dite « marseillaise » entre 1940 et 1941, alors que les artistes ayant choisi de fuir la France de Vichy et son régime collaborationniste cherchent à tuer le temps en attendant d'embarquer pour l'Amérique. André Breton et sa famille sont logés à la Villa Air-Bel, à Marseille, de même que plusieurs artistes pris en charge par le Comité de secours américain : l'écrivain russe révolutionnaire Victor Serge et les peintres Max Ernst et son épouse Peggy Guggenheim, Victor Brauner, Jacques Hérold, Óscar Domínguez, Wifredo Lam. André Masson a élu domicile non loin de là.

Pour les dessins collectifs – à ne pas confondre avec les cadavres exquis, dont les règles sont codifiées – les participants utilisent tout ce qu'ils ont sous la main : encres, crayons de couleur, collages de photographies ou de journaux. Ces dessins compartimentés couvrent des pages de façon parfois ordonnée, chacun disposant de la même surface définie, parfois anarchique, le but du jeu étant de remplir complètement la feuille. S'il est possible d'identifier certains des participants, nombre d'entre eux sont restés anonymes.

Les artistes réaliseront également une œuvre collective célèbre en réinventant le jeu divinatoire dit Tarot de Marseille (→ p. 38-39)[2]. Les rois et les reines disparaissent et les quatre couleurs – pique, cœur, carreau et trèfle – sont remplacées par l'amour (rouge), le rêve (noir), la révolution (rouge) et la connaissance (noir) ● **Blandine Chavanne**

2 *Le Jeu de Marseille*, sous la direction de Danièle Giraudy, éditions Alors hors du temps, 2003.

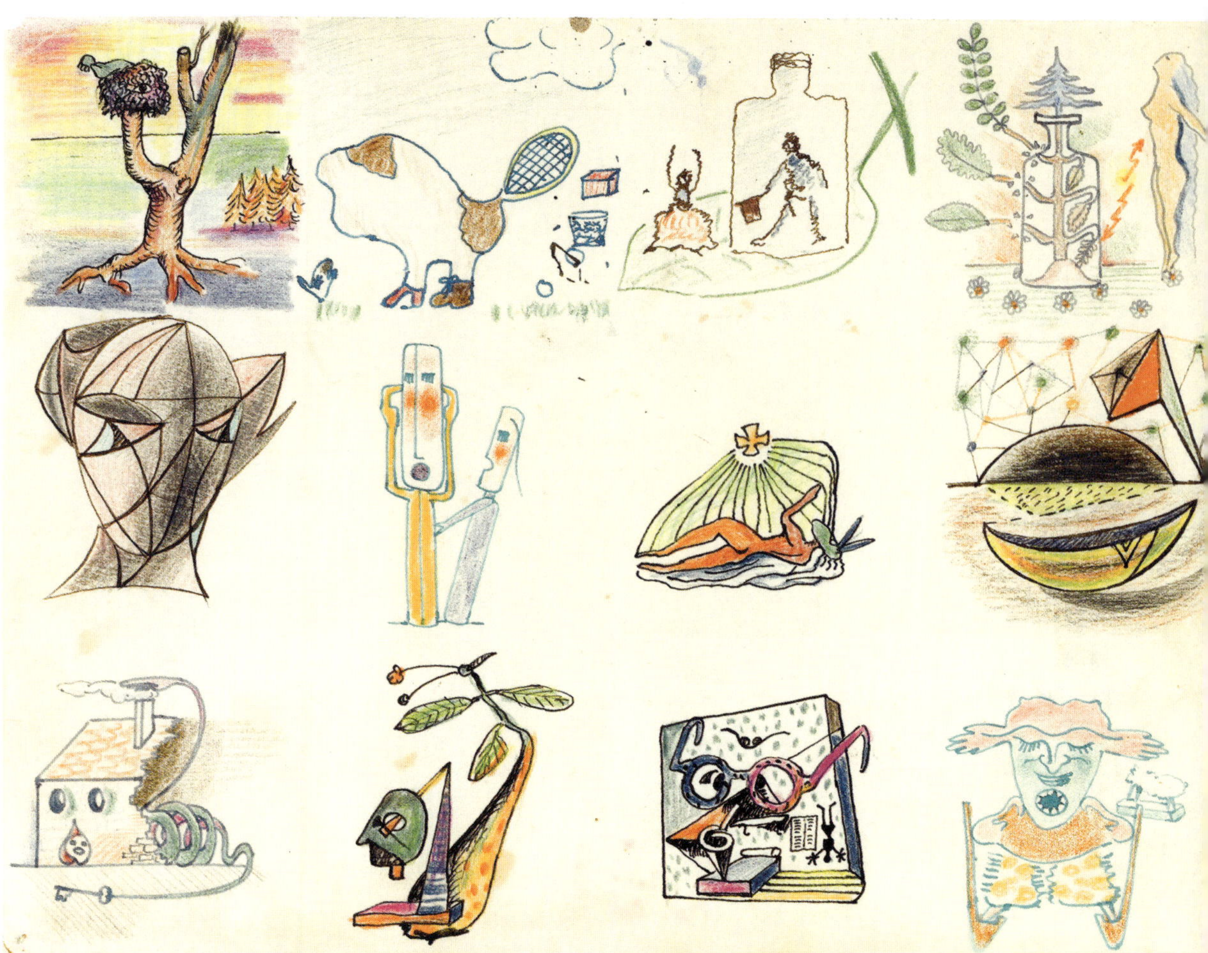

32 et 33 • Victor Brauner, André Breton, Jacques Hérold, Wifredo Lam, Jacqueline Lamba, Óscar Domínguez et un artiste non identifié, dessins collectifs, 1940-1941

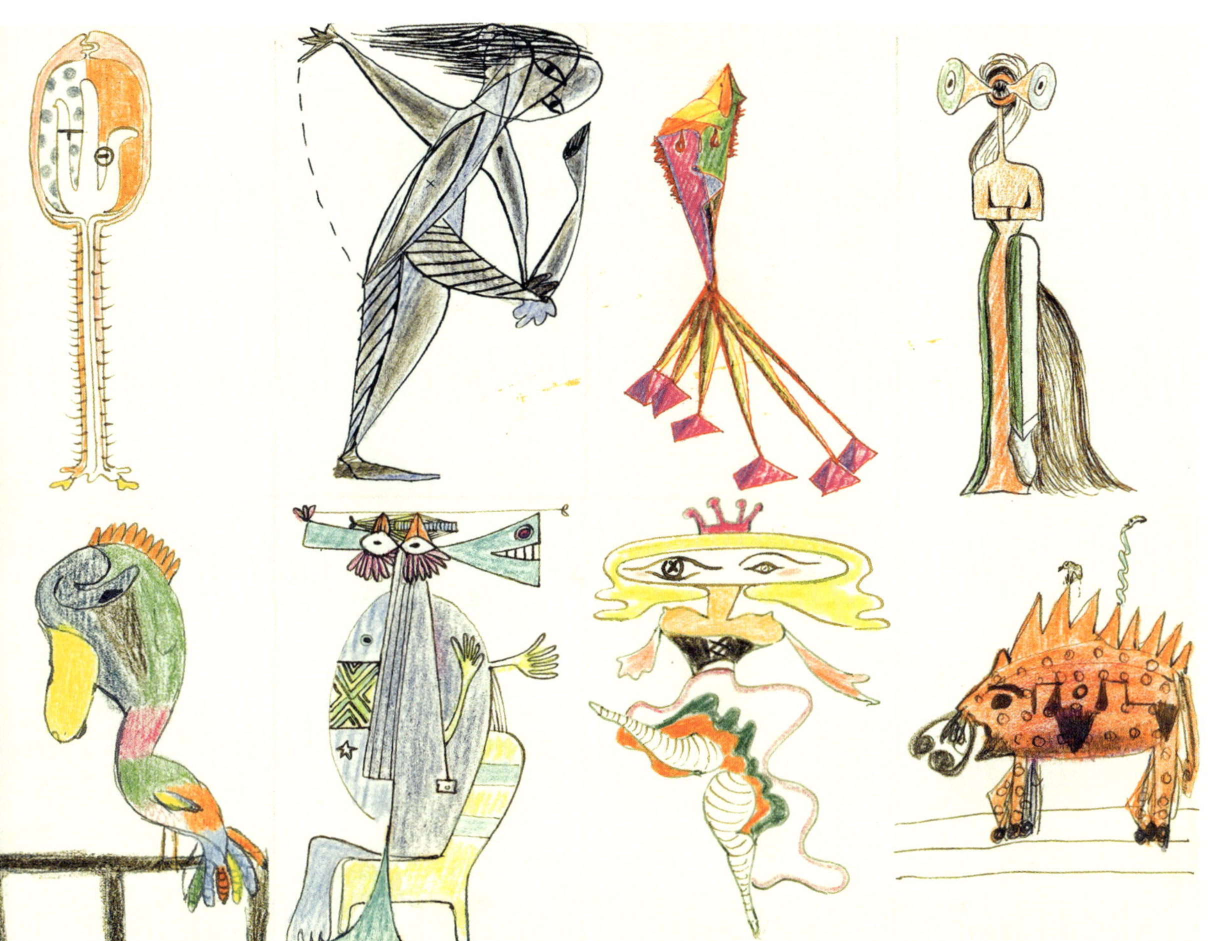

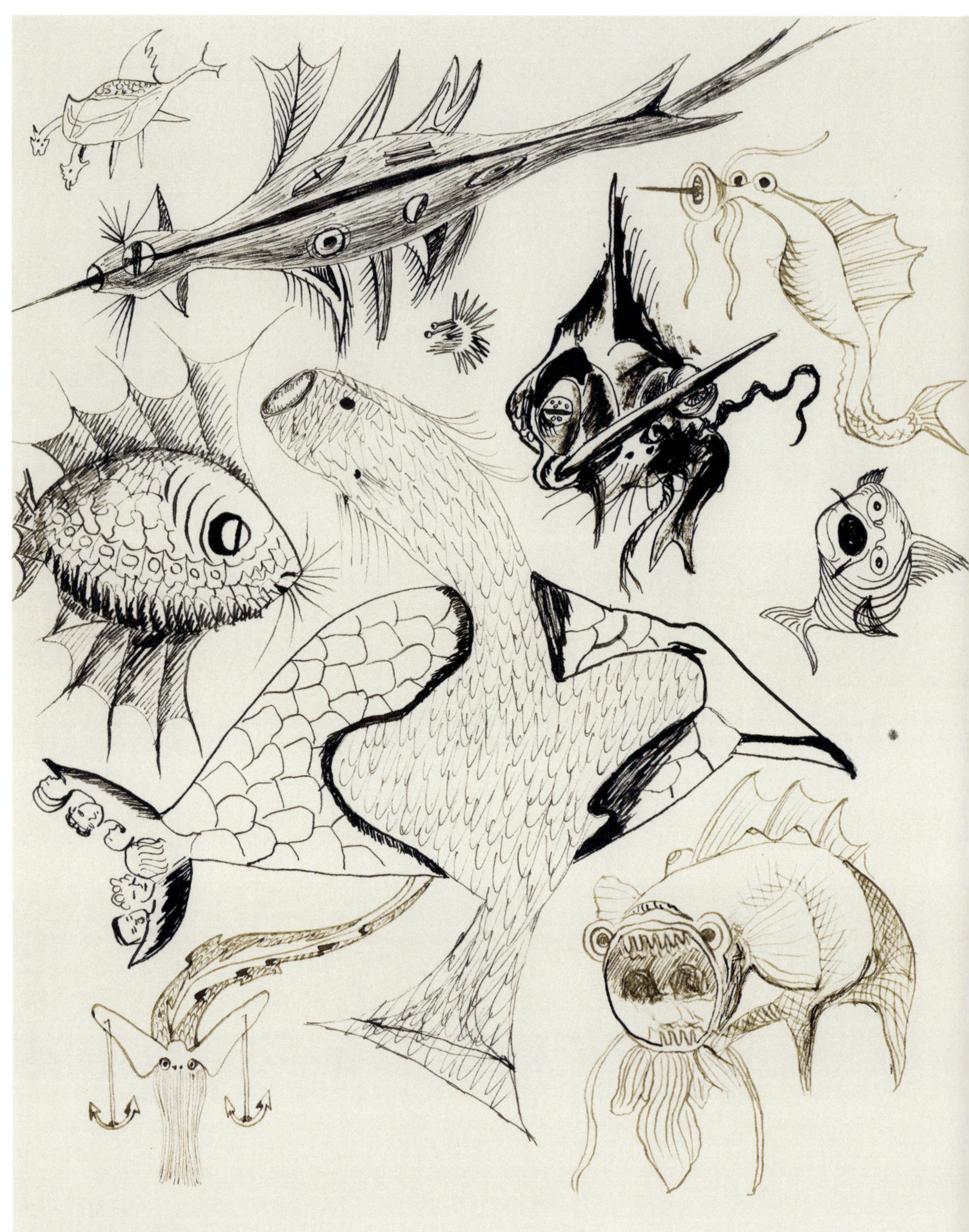

34 et 35 · Victor Brauner, André Breton, Jacques Hérold, Wifredo Lam, Jacqueline Lamba, Óscar Domínguez et un artiste non identifié, dessins collectifs, 1940-1941

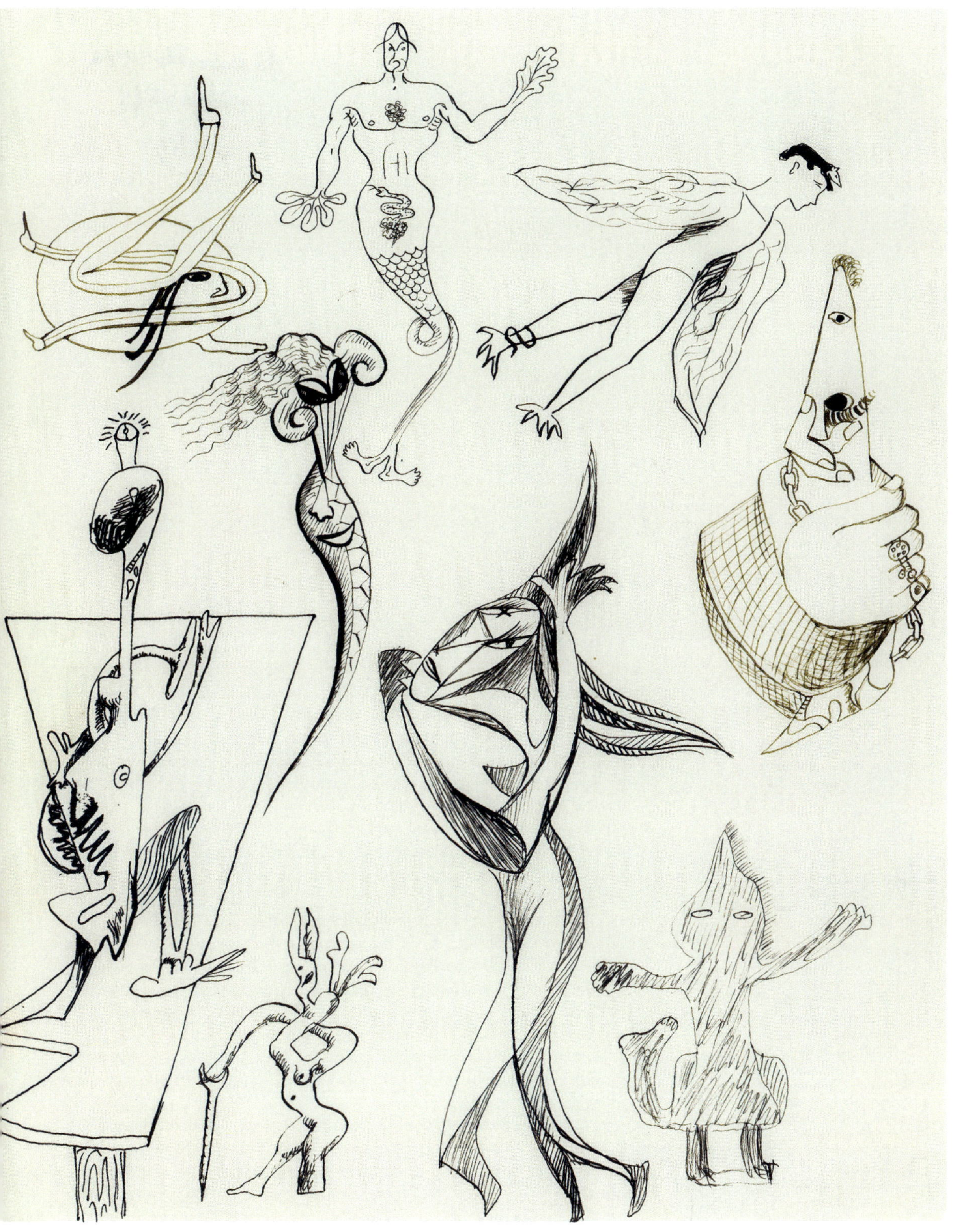

Victor Brauner / Bill Copley / Matta

23 (**ill.**) · **Victor Brauner et Matta,** ***Intervision*****, 1955**

24 (**ill.**) · **Victor Brauner et Matta,** ***Innervision*****, 1956**

●

Victor Brauner et Matta ont des itinéraires très différents, Brauner ayant été formé à Bucarest et Matta à Santiago du Chili puis dans l'atelier de Le Corbusier à Paris. Tous deux se retrouvent à Paris et adhèrent au surréalisme en 1924 avant d'en être exclus en 1948 – Matta pour cause de « disqualification intellectuelle et morale[1] », Brauner pour le soutien qu'il lui apporte alors. Amis depuis leur rencontre, les deux artistes développent dans leur peinture des formes de mythologies nouvelles, usant chacun de signes plastiques originaux. Leur exclusion du groupe des surréalistes les rapprochera davantage.

En 1955 et l'année qui suit, ils réalisent deux toiles en commun, à la manière de cadavres exquis qu'ils présentent à la galerie du Dragon à Paris en 1956 : *Intervision* et *Innervision*. Le cinéma, les nouveaux médias et la télévision ont alors envahi l'espace culturel. Aussi les artistes se confrontent-ils à l'écran, chacun exécutant son portrait dans ce nouvel espace qui structure les tableaux, qui juxtaposent leurs styles picturaux.

Dans *Intervision*, l'image anthropomorphe sur l'écran a été peinte par Matta, tandis que Brauner a représenté les spectateurs multicolores, tels que l'on peut en voir dans ses toiles des années 1950, absorbés et fascinés par ce qu'ils sont en train de regarder : un personnage de science-fiction possédant une multitude d'yeux-antennes et une sorte de trompe à la place du nez fait face à un public stéréotypé.

1 Breton soupçonnait à tort – sur la base de ragots colportés par Frederick Kiesler – Matta d'avoir causé le suicide du peintre Arshile Gorky, en entretenant une liaison passagère avec l'épouse de celui-ci. En vérité, Gorky souffrait d'un cancer et avait décidé d'en finir pour mettre un terme à sa souffrance. Brauner prit la défense de Matta et fut exclus à son tour. Par la suite, Breton se réconcilia avec les deux artistes.

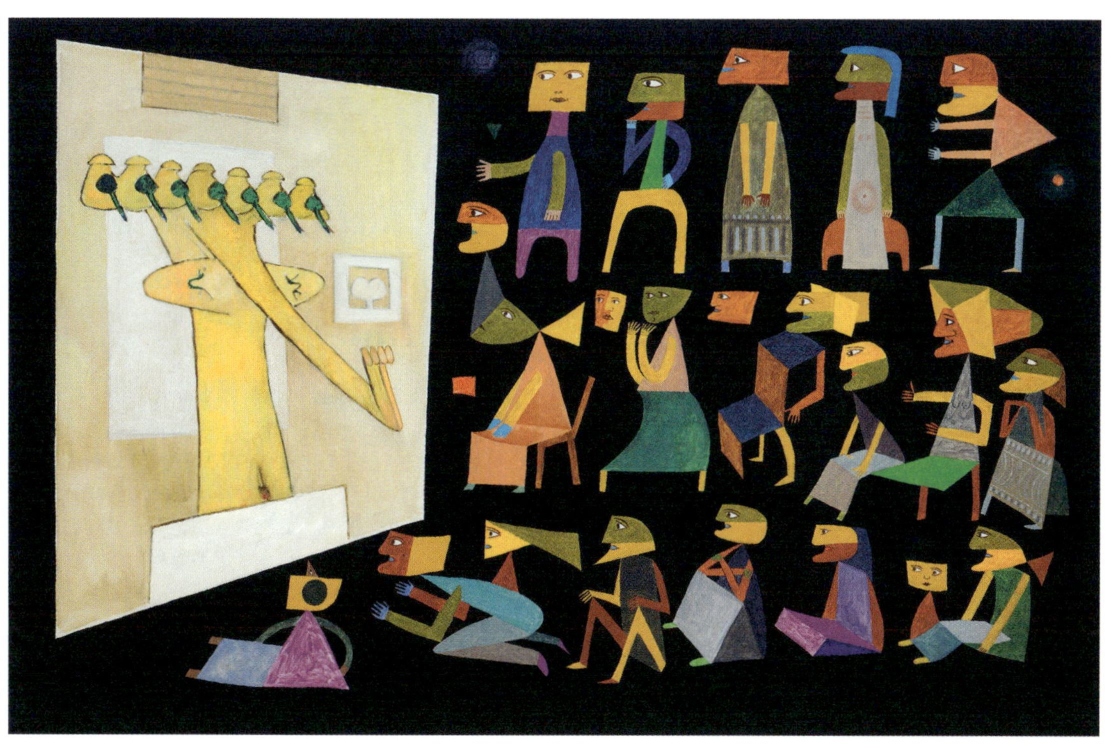

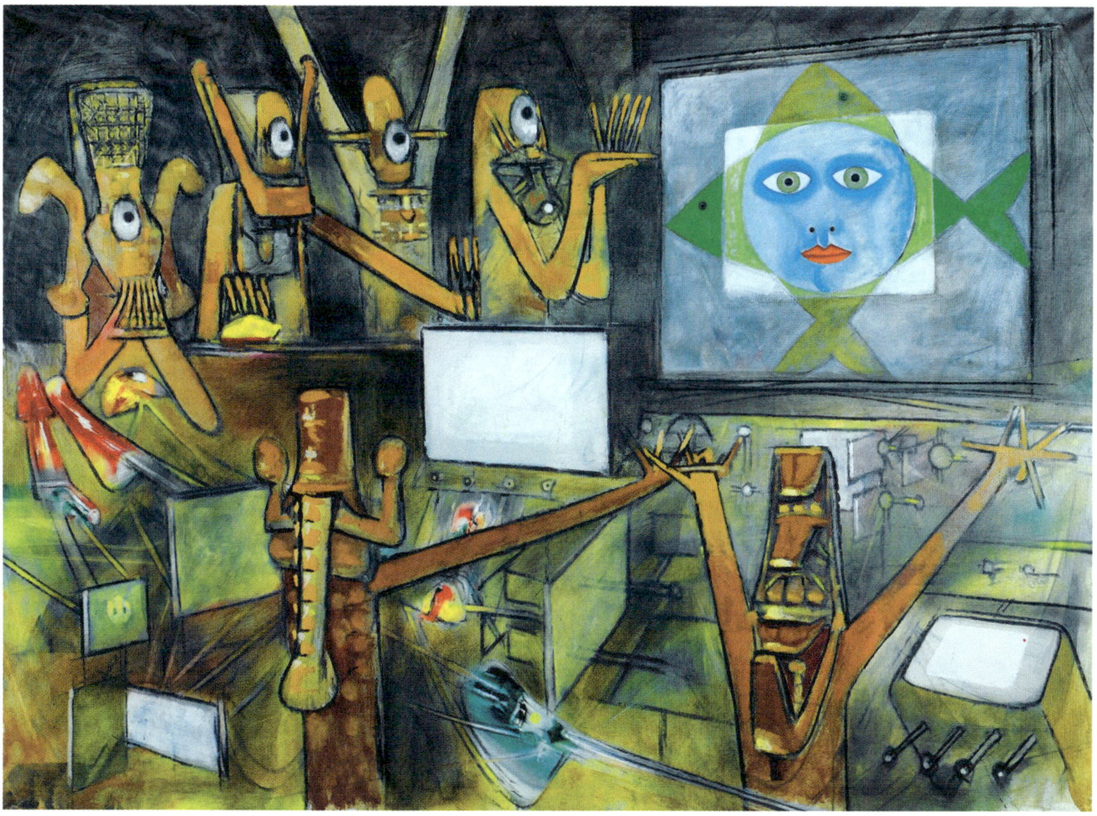

«Avec Matta, il [Brauner] nous propose et nous démontre cette contraction de l'autre et du même, ces conflits renaissants, ces unions essentielles, cet envahissement de l'espace enfin, dont les forces multipliées chaque jour nous usent et nous transportent.»

— **Édouard Glissant. Préface de l'exposition de Roberto Matta «Terres nouvelles», Paris, Galerie du Dragon, juin 1956**

2 Didier Ottinger, in *Victor Brauner* (cat. exp.), Paris, Centre Pompidou, 1995, p. 42.

Dans *Innervision*, réalisé l'année suivante, les rôles sont symboliquement inversés, avec Brauner dans l'écran, face de lune bleue encadrée par des créatures marines et regardant une foule peinte par Matta de six cyclopes dans un univers mécanique, qui rappelle une fosse d'orchestre. Les deux univers se contemplent et se confrontent: l'un silencieux et irréel, l'autre plus animé, violent, tout à la fois onirique et technologique. «Cette confrontation, davantage que croisement anecdotique des deux destins, nous éclaire sur la nature des regards de Brauner et Matta[2].» Visions croisées de ce qu'est le cinéma et l'image télévisuelle pour les artistes de cette génération, les deux œuvres interrogent tout à la fois le rôle du spectateur et celui du créateur.

Bill Copley, artiste et collectionneur américain, était devenu l'ami et le défenseur des surréalistes depuis sa rencontre avec Man Ray et Duchamp à la fin des années 1940. En 1948, il ouvre une galerie à Los Angeles où il présente des œuvres de René Magritte, Max Ernst, Yves Tanguy, Matta, Joseph Cornell et Man Ray. Après cette expérience qui ne rencontre pas l'adhésion du public, Bill Copley s'installe à Paris à la fin de l'année 1949. Il retrouve alors les surréalistes et poursuit sa carrière d'artiste. C'est lors d'une rencontre amicale en 1953 qu'est réalisée cette troisième œuvre (ci-contre), où se mélangent les interventions des trois artistes, à partir d'un dessin de Copley. À son retour à New York, Copley créera en 1968 la revue *SMS (Shit Must Stop)*, dans le but de permettre aux artistes de faire connaître leurs œuvres par la reproduction sous forme de multiples et de se rencontrer en dehors des circuits officiels des galeries et des musées ● **Blandine Chavanne**

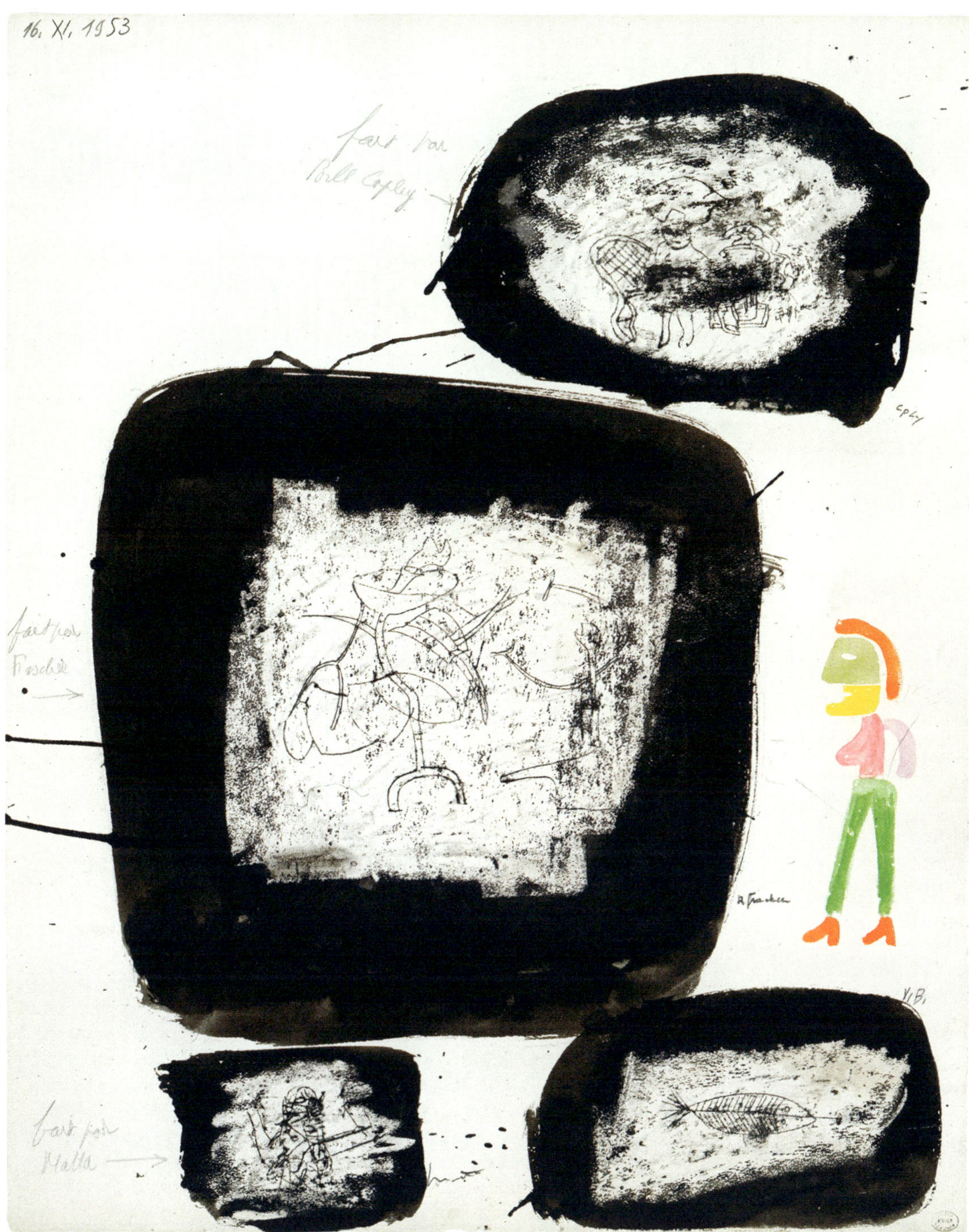

36 · Victor Brauner,
Bill Copley et Matta,
Fait par Bill Copley,
Roberto Matta,
***Victor Brauner*, 1953**

Fernando de Azevedo / António Domingues António Pedro / João Moniz Pereira Marcelino Vespeira

●

La première réunion des jeunes artistes et écrivains, âgés d'une vingtaine d'années, qui formeront le « Grupo Surrealista de Lisboa » se tient fin octobre 1947 à Lisbonne à la pâtisserie Mexicana. Elle rassemble Alexandre O'Neill, António Domingues, Fernando de Azevedo, Marcelino Vespeira et José-Augusto França. Mário Cesariny est également proche de ce premier noyau. À ces jeunes gens se joignent deux artistes plus âgés : António Pedro (né en 1909), qui a déjà publié une série de recueils de poèmes et d'autres textes[1] et organisé la première exposition surréaliste portugaise en 1940 ; et, plus brièvement, Cândido Costa Pinto, né en 1911, qui a déjà exposé des peintures surréalisantes dans les années 1930 et a été invité à figurer dans le catalogue de l'« Exposition internationale du Surréalisme » à Paris en 1947.

La seule exposition organisée par le groupe aura lieu entre le 19 et le 31 janvier 1949, dans l'ancien atelier d'António Pedro (qui revenait d'un séjour de deux ans à Paris) et rassemblera 51 œuvres. Le *Cadavre exquis* ou *Quadro Colectivo* [tableau collectif] – ainsi désigné dans le catalogue – y est exposé.

Avant même d'exister véritablement, le tout jeune mouvement surréaliste portugais est miné par des querelles, notamment avec Mário Cesariny[2] qui avait approché André Breton à Paris[3] et qui organisera quelques semaines après sa propre manifestation. Des années plus tard, Cesariny confiera : « Au Portugal, il n'y a jamais eu de mouvement surréaliste, même durant l'année d'existence publique (1948-1949) du Grupo Surrealista de Lisboa qui, après la publication de quatre carnets, une manifestation publique et une exposition de peinture, se dissoudra, laissant la place à un autre groupe qui ne tardera pas non plus à se dissoudre. [...] Le surréalisme portugais a vécu et mourra, sans doute, clandestinement[4]. »

Le bref moment d'incertitude politique d'après-guerre, qui aboutira à la consolidation de la dictature de Salazar, ne compte pas pour rien dans cette effervescence – qui, comme en témoignent les rapports de la police politique conservés aux archives nationales, n'inquiète guère le régime.

Le tableau collectif est une peinture de 150 × 180 cm divisée en cinq parties (respectivement de gauche à droite et de haut en bas : António Domingues, Fernando de Azevedo,

1 Le très beau texte *Apenas uma narrativa* (1942) a été traduit en français. *À peine un récit*, trad. par Laurence Parry, Grenoble, Cent pages, 1987.

2 Voir Jean François Chougnet, « Mário Cesariny, un cas singulier au Portugal », in Éric de Chassey (dir.), *Repartir à zéro* (cat. exp.), Lyon, Musée des Beaux-Arts, 2009, p. 101-107 [Paris, Hazan].

3 António Cândido Franco, *Três cartas ineditas par André Breton*, Lisbonne, Editora Licorene, 2015.

4 Mário Cesariny, interview par César Antonio Molina, Lisbonne, *Jornal de Letras*, 3 août 1982 (traduction Jean François Chougnet).

5 José-Augusto França, *A Pintura Surrealista em Portugal*, Lisbonne, Artis, 1966, p. 11 (traduction Jean François Chougnet).

6 Cité par Adelaide Ginga Tchen, *A aventura surrealista. O movimento em Portugal do casulo a transfiguração*, Lisbonne, éditions Colibri, 2001, p. 162 (traduction Jean François Chougnet).

«Nous proclamons, par l'exercice de la liberté individuelle, la première possibilité d'un acte collectif qui ne soit pas contraignant.» — **António Pedro**

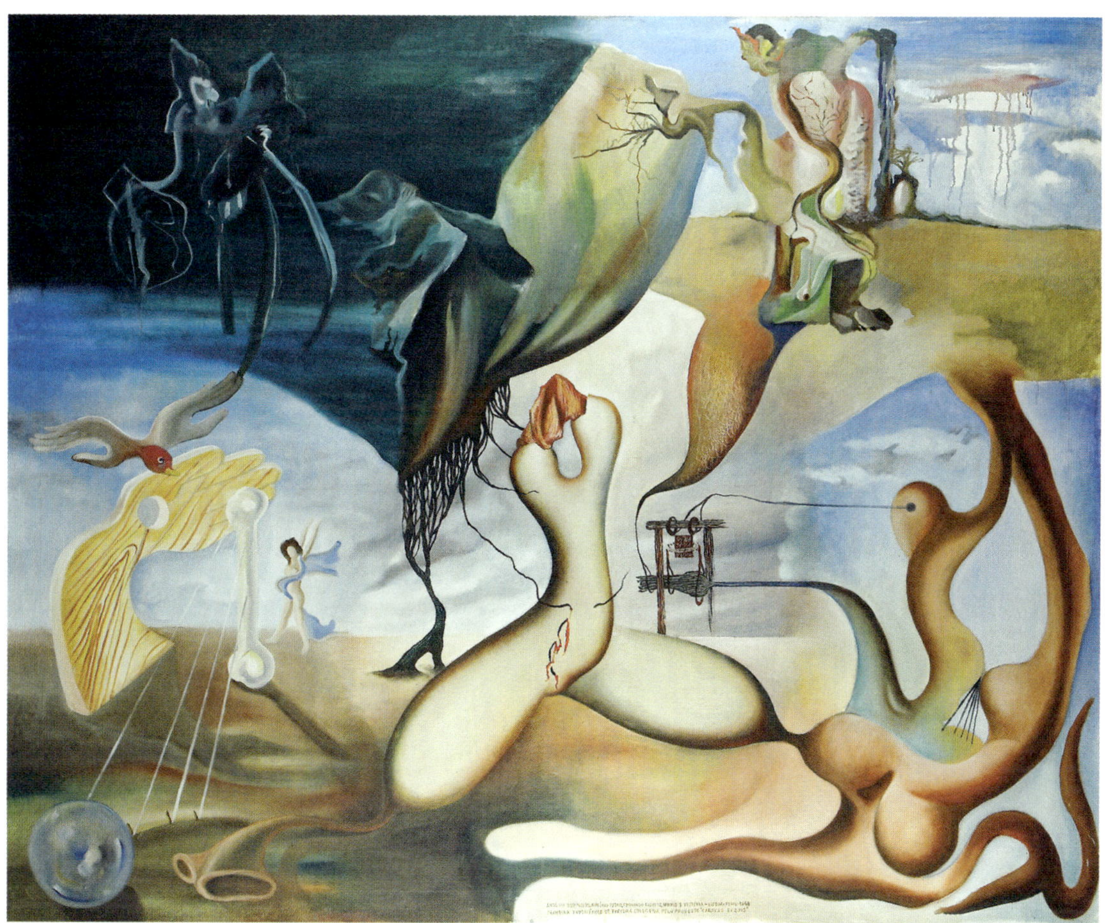

37
Fernando de Azevedo, António Domingues, António Pedro, João Moniz Pereira et Marcelino Vespeira, ***Cadavre exquis*** **ou** ***Quadro Colectivo*****, 1948**

António Pedro, Marcelino Vespeira et João Moniz Pereira). L'œuvre aurait été réalisée selon le procédé utilisé dans les dessins du groupe surréaliste en France dans les années 1920 : chaque artiste ignore les parties peintes par les autres participants. C'est du moins la thèse de l'historien de l'art José-Augusto França (1922-2021), témoin et participant de cette aventure. Le *Quadro Colectivo* constitue, pour lui, la « première expérience qui a eu lieu dans le monde surréaliste avec de telles dimensions[5] ».

Véritable tableau collectif, s'il n'est pas certain qu'elle soit un authentique cadavre exquis, cette toile trouve son unité dans la façon dont se lient entre elles lignes et formes, par exemple à la jonction entre les zones peintes par Vespeira et Pereira. Dans le catalogue de l'exposition, António Pedro déclarera : « Nous proclamons, par l'exercice de la liberté individuelle, la première possibilité d'un acte collectif qui ne soit pas contraignant[6]. » ● **Jean François Chougnet**

Francis Bott / Honorio Garcia Condoy Frédéric Delanglade / Óscar Domínguez Luis Fernández / Maurice Henry Jacques Hérold / Marcel Jean Baltasar Lobo / Manuel Viola

...et sans doute Dora Maar et Yvette Thomas

•

Au sortir de la Seconde Guerre mondiale, quelques artistes se sont retrouvés à Paris dans la salle de garde de l'hôpital psychiatrique Sainte-Anne pour réaliser une fresque qui en ornera les murs pendant une vingtaine d'années. Traditionnellement, la salle de garde d'un hôpital est destinée aux repas et au repos des internes, mais elle est également un lieu de convivialité où s'organisent des fêtes. Elle traduit un état d'esprit défini par des règles et des rituels que «l'économe» du moment, l'interne en charge du lieu, est tenu de faire respecter. Celui-ci est aussi responsable des murs et de la fresque qui les orne, laquelle est le plus souvent réalisée par les internes eux-mêmes, de manière anonyme, collective et éphémère. Mais il arrive parfois que s'y introduisent des «parasites» [sic], autre nom donné aux visiteurs invités par l'économe. La destruction en 1963 de la salle de garde, entraînant avec elle la disparition de la fresque, relève du processus de fabrication d'un mythe ou en tout cas d'une légende. De par le lieu de sa réalisation (le célèbre hôpital), les circonstances dans lesquelles elle a été élaborée puis détruite, le parcours de chacun des auteurs (dont plusieurs avaient eu des liens avec le surréalisme) et leurs témoignages a posteriori, l'œuvre elle-même se situe au carrefour

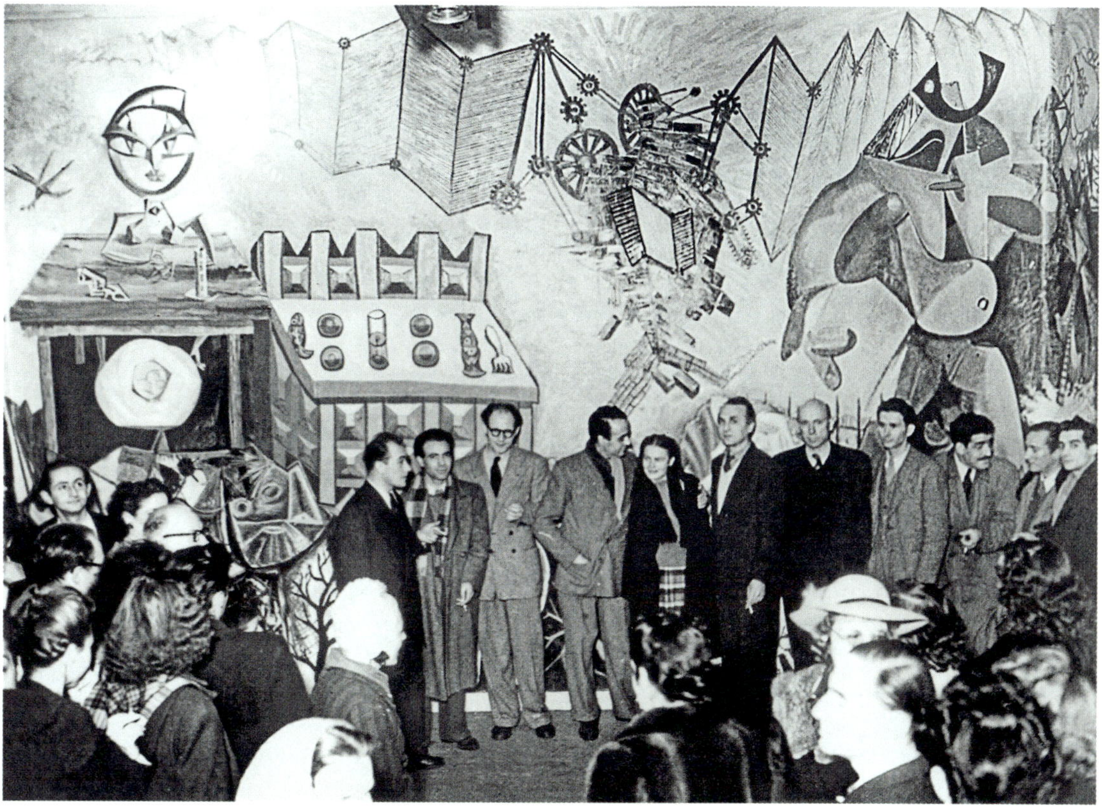

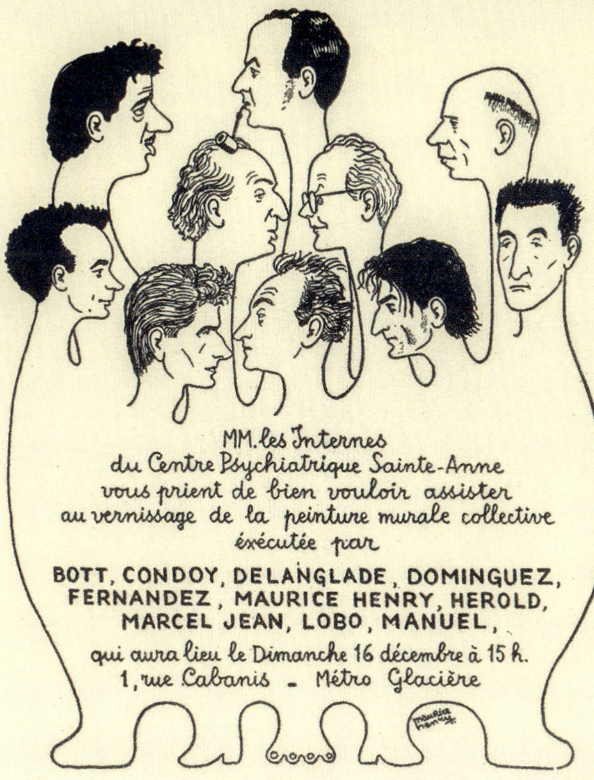

25 (ill.) · Soir du vernissage de la fresque, 16 décembre 1945. De gauche à droite : Delanglade, Lobo, Bott, Fernández, Hérold, Jean, Henry, Domínguez, Condoy et Manuel. Au premier plan à gauche devant Delanglade, en fourrure et turban, Dora Maar. Source : Laurence Husson, « Surréalisme à l'Hôpital Sainte-Anne. La salle de garde dans tous ses états », ***Psychologie clinique*****, nº 34, 2012.**

38 · Maurice Henry, carton d'invitation à l'inauguration de la fresque collective réalisée dans l'hôpital Sainte-Anne, 1945

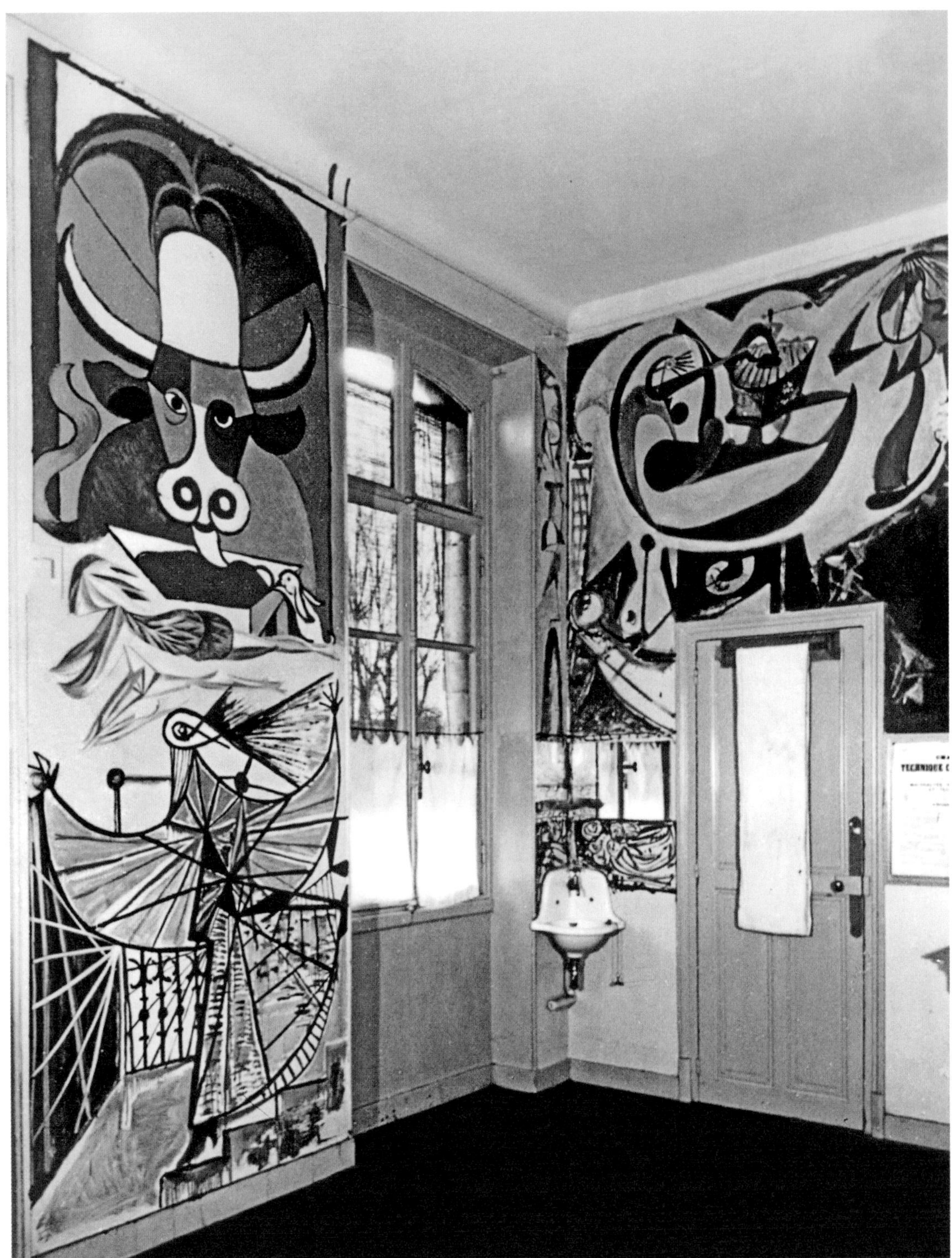

26 (ill.) • Vue de la salle de garde. À gauche, panneau peint par Luis Fernández (en haut) et par Óscar Domínguez (en bas). Source : Laurence Husson, « Surréalisme à l'Hôpital Sainte-Anne. La salle de garde dans tous ses états », ***Psychologie clinique*****, nº 34, 2012.**

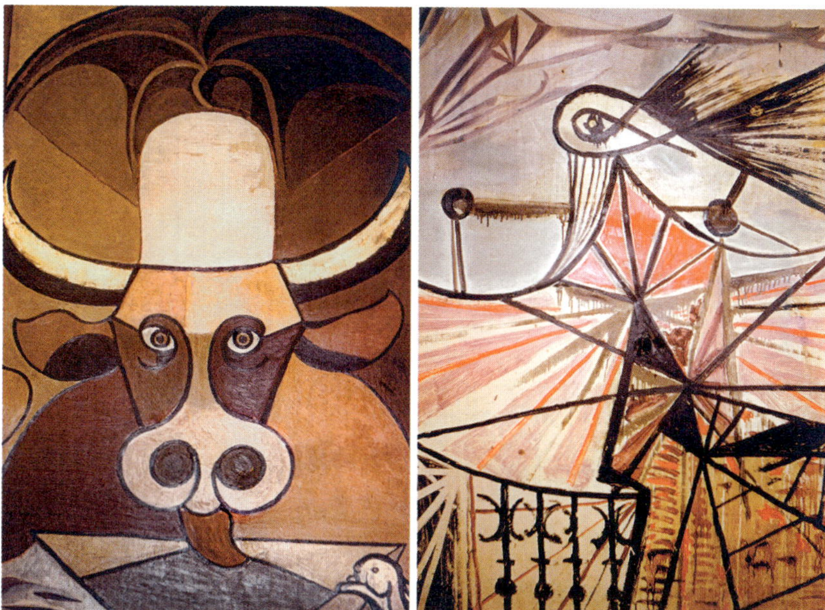

27 (ill.) · **À gauche, détail du panneau peint par Luis Fernández ; à droite, détail du panneau peint par Óscar Domínguez**

de plusieurs récits. Les protagonistes se sont retrouvés au cœur d'un jeu de société dans lequel chacun jouait son propre rôle, sans trop savoir où cette aventure collective allait les mener.

La salle de garde de l'hôpital Sainte-Anne n'avait pas vocation à présenter des œuvres, et encore moins à les conserver. Elle fut, sans leur appartenir, destinée au seul usage des internes, comme en témoignent les taches et autres traces de fêtes avinées sur la fresque. Malgré ces péripéties, cette dernière y demeurera visible de 1945 à 1963 et, après sa destruction, de nombreux documents en ont conservé la mémoire, sous la forme de photographies, d'articles de journaux, d'une thèse de médecine[1] ainsi que d'un film[2]. En 1964, l'éditeur Jean Forêt réalise un film amateur muet en 16 mm, qui pourrait s'apparenter à une visite et à un état des lieux. L'homme face à la caméra, le peintre Frédéric Delanglade, présente l'ensemble en attribuant chacun de ses éléments à un auteur à l'aide de cartons manuscrits. Affilié au mouvement surréaliste, passionné par la psychiatrie et la psychanalyse, Delanglade a fréquenté dès 1936 la bibliothèque de l'hôpital, ainsi que la salle de garde ; en 1936, il y réalise une première fresque, à l'invitation de l'économe, qui n'est autre que Gaston Ferdière, lequel se fera connaître comme médecin-chef de l'asile psychiatrique de Rodez où sera interné Antonin Artaud[3] pendant la Seconde Guerre mondiale.

En 1945, les internes se sont réapproprié la salle de garde aux murs nus et c'est à nouveau Frédéric Delanglade qui est sollicité pour la création d'une fresque. Contrairement à celle de 1936 qu'il a réalisée seul, il souhaite que celle-ci soit collective. Il fait donc appel à des artistes qu'il a rencontrés au Salon des surindépendants et à des personnes

1 La majeure partie des informations concernant l'histoire des trois fresques de Sainte-Anne sont extraites de la thèse de médecine de Laurence Husson, « Contribution à l'histoire de l'hôpital Sainte-Anne et du surréalisme : les fresques de la salle de garde », 8 janvier 1992, n.p., et de son article « Surréalisme à l'hôpital Sainte-Anne. La salle de garde dans tous ses états », *Psychologie clinique*, nº 34, 2012, p. 133-154. On pourra également consulter Patrick Balloul, *La salle de garde ou Le plaisir des dieux*, Paris, Loya, 1993, et Pierre Morel, « Sainte-Anne 1945, Le surréalisme en salle de garde », *Tribune médicale*, nº 203, juin 1998, p. 11-17. Par ailleurs, Pierre Morel a réalisé des photographies de la fresque collective.

«Cette table, c'est un ventre, ce ventre, c'est une fenêtre éclatée, cette grotte, c'est un œil». — Maurice Henry

de son entourage, anciens surréalistes ou proches de ce cercle. Parmi ces contributeurs figurent également une majorité d'Espagnols. Comme en témoigne le carton d'invitation dessiné par Maurice Henry, dix artistes ont participé à la réalisation de cette fresque: Francis Bott, Honorio Garcia Condoy, Frédéric Delanglade, Óscar Domínguez, Luis Fernández, Maurice Henry, Jacques Hérold, Marcel Jean, Baltasar Lobo et Manuel Viola. Des zones d'ombre subsistent quant à la participation de deux femmes à la fresque: Dora Maar et Yvette Thomas. L'artiste Yvette Thomas figure sur l'esquisse du carton d'invitation, mais n'apparaît plus dans la version définitive. Quant à Dora Maar, elle serait, aux dires de Marcel Jean, «arrivée comme ça en fin de course [...] elle avait fait une espèce de petit pot de fleurs». Selon Laurence Husson, «cette information est confirmée par Baltasar Lobo, qui nous précise que cet ajout se situe dans les trois jours avant l'achèvement de la fresque[4]».

Deux modes opératoires inspirés de l'esprit surréaliste apparaissent nettement ici. D'une part, comme l'indique le carton «douze portraits du père Ubu» dans la séquence filmée, les artistes ont représenté le personnage qu'Alfred Jarry avait lui-même dessiné et qui avait été repris tel quel dans le jeu du tarot de Marseille, réalisé par certains surréalistes en 1941 (→ p. 38-39). Dans la galerie de portraits visibles sur la fresque, qui pourraient constituer une des cartes du tarot, tout se passe comme si les artistes avaient voulu prolonger ce jeu collectif dont Frédéric Delanglade avait été l'un des protagonistes[5]. Aucun de ces portraits n'est signé. D'autre part, chaque artiste s'est vu désigner un pan de mur, les frontières entre chaque zone étant parfois poreuses. Sans plan d'ensemble préalablement défini ni concertation, l'œuvre fait lointainement écho au jeu du cadavre exquis où, comme l'écrit Maurice Henry, se produisent «de surprenants phénomènes d'osmose [...]. Cette table, c'est un ventre, ce ventre, c'est une fenêtre éclatée, cette grotte, c'est un œil[6].»

Plusieurs semaines durant, les artistes investissent donc les lieux et se répartissent les sections de mur. Seuls ou à plusieurs, le jour ou la nuit, sobres ou avinés, ils travaillent chacun à leur rythme et à l'aveuglette. Dès le début des travaux, des discordes affleurent. Si Luis Fernández est partisan d'enduire les murs d'une couche préparatoire, Marcel Jean se met à peindre spontanément, suivi des autres. La contribution personnelle de chacun se complexifie, dans la mesure où certains s'autorisent à intervenir dans la zone voisine. Ainsi, Marcel Jean rapporte comment Maurice Henry «rebarbouille» des éléments peints par Condoy, au motif qu'il trouve que «ça va mieux ensemble». Leurs activités

2 Le film de Jean Forêt, réalisé en juin 1964, est consultable sur le lien suivant: http://memoire.ciclic.fr/11820-decoration-de-l-hopital-sainte-anne-par-frederic-delanglade.

3 Conçue en triptyque, la peinture réalisée en «un grand mois» est, selon son commanditaire, «l'un des hauts moments de la peinture surréaliste». L'histoire de la réalisation de la fresque de 1936 est relatée dans Gaston Ferdière, *Les Mauvaises Fréquentations. Mémoires d'un psychiatre*, Paris, Jean-Claude Simoën, 1978, p. 77.

4 Laurence Husson, *op. cit.*, p. 35.

5 En 1941, à la demande d'André Breton, Frédéric Delanglade a repris au trait chacune des cartes pour homogénéiser l'ensemble du jeu de tarot.

6 Cité dans «Les peintures murales surréalistes de Sainte-Anne», *Art*, numéro hors-série de la revue *Architecture d'aujourd'hui*, 1946.

7 Voir le numéro hors-série d'*Architecture d'aujourd'hui*, ainsi que la thèse de Laurence Husson.

8 *Ibid.*

continuent jusqu'à la veille du vernissage, le 16 décembre 1945, qui réunit des personnalités du monde psychiatrique et artistique. La fresque constitue un événement relayé par la presse et qui attire les visiteurs.

Mais elle a suscité plus de curiosité que d'éloges. Ainsi, André Breton, de retour d'exil, vient la voir mais s'abstient de tout commentaire. Ce sont sans doute les auteurs de la fresque eux-mêmes qui portent les jugements les plus éclairants, n'hésitant pas à se contredire[7]. Pour la plupart, ils considèrent rétrospectivement cette fresque comme une aventure collective plutôt que comme un exploit pictural, caractérisée par la stimulation réciproque et des entrechocs d'énergie. Orientés par les théories surréalistes (pour Henri Manuel, « un choc spécifiquement automatique et mental »), certains d'entre eux insistent aussi sur l'importance du support, opposant la peinture murale à la peinture de chevalet. Selon Luis Fernández, « la peinture murale est la peinture-type conçue pour l'usage collectif et exécutée en de grandes dimensions ». La plupart des protagonistes considèrent cette fresque comme une tentative prometteuse qui, selon Maurice Henry, les mènerait, à l'avenir, vers des productions plus solides, plus grandes, qui confineraient au monumental. C'est oublier que le jeu de tarot de Marseille et les cadavres exquis ont été dessinés sur des feuilles de papier de petit format.

Certains des contributeurs de la fresque se comparent tantôt à des ouvriers, tantôt à des musiciens d'orchestre, tantôt à un porte-parole des masses. L'artiste se verrait investi d'une mission au service d'une œuvre qui reflèterait, comme le prétend Condoy, « une image du Peuple » ou, pour reprendre les termes de Jacques Hérold, un « homme collectif » peignant « sur les murs d'[une] caverne préhistorique moderne ». Tel est le souhait que certains expriment a posteriori, justifiant ainsi un art collectif idéal dont la forme achevée s'apparenterait à une symphonie ou à une cathédrale, « à cette erreur fondamentale près que c'est la poésie surréaliste qui [les] inspire et non Dieu » (dixit Delanglade). Il semblerait qu'ils n'aient pas dépassé cet état conflictuel entre la recherche d'une unité et la confrontation entre l'individu et le groupe. Il est d'ailleurs tout à fait révélateur, que dans l'archive filmée, Frédéric Delanglade présente la fresque non comme un ensemble, mais plutôt comme la juxtaposition de fragments qu'il prend soin d'attribuer à chaque auteur à l'aide de cartons nominatifs.

De même, l'impression a posteriori de Frédéric Delanglade est-elle ambivalente : « Le hasard guidait nos mains. Nous nous rencontrâmes, nous nous heurtâmes, nous nous querellâmes, nous nous confondîmes et notre œuvre aussi[8]. » Si le hasard, le heurt et la confusion peuvent être des conditions nécessaires à la création d'une « note bleue », elles ne sont pas suffisantes. À ces forces d'attraction et de répulsion exclusivement binaires, a sans doute manqué, dès l'origine, un projet unificateur en vertu duquel, pour reprendre les termes du chimiste Hermanus Boerhave, des « substances se recherchent, s'unissent et se retrouvent ». D'ailleurs, malgré leur désir collectivement formulé de se retrouver pour mener ensemble d'autres expériences, la fresque ne connaîtra pas de suite ● **Antoine Gentil**

Karel Appel / Constant / Corneille Christian Dotremont / Asger Jorn Erik Nyholm / Giuseppe Pinot-Gallizio Piero Simondo / Jan Kotík / Gallazio JR

«Nous avons constaté que nos façons de vivre, de travailler, de sentir étaient communes; nous nous entendons sur le plan pratique et nous refusons de nous embrigader dans une théorique artificielle.» — ***La Cause était entendue*, Paris, le 8 novembre 1948.**

●

En novembre 1948, le mouvement international CoBrA (Copenhague, Bruxelles, Amsterdam) est fondé comme «une collaboration organique expérimentale». «Nous travaillons ensemble, nous travaillerons ensemble», annoncent dans le tract *La Cause était entendue* les Belges Christian Dotremont et Joseph Noiret, le Danois Asger Jorn, et les Néerlandais Karel Appel, Constant et Corneille — ces peintres, poètes et écrivains s'annonçant prêts à sortir des carcans imposés. Les œuvres communes abondent dans CoBrA, aventure collective parmi les plus fondamentales du siècle. Les «tableaux à deux pinceaux, poèmes à deux pensées» sont composés sur tous supports, jusqu'aux environnements peints, et cela jusqu'à la déspécialisation la plus complète, la communication parfaite, l'émulation d'outre-raison entre les êtres. Cette libération jubilatoire que fut CoBrA, pour avoir des ramifications bien en aval de sa date de cristallisation, a de fait germé sous ces auspices mêmes dans une série d'œuvres dues à Asger Jorn et Christian Dotremont en 1948, les «peintures-mots».

Jorn dira en 1956 que sa rencontre avec Dotremont constitua «le grand choc» et c'est au moment où leurs routes se croisent à Bruxelles que les deux amis parviennent à faire émerger ensemble formes et graphies, scellant une fusion

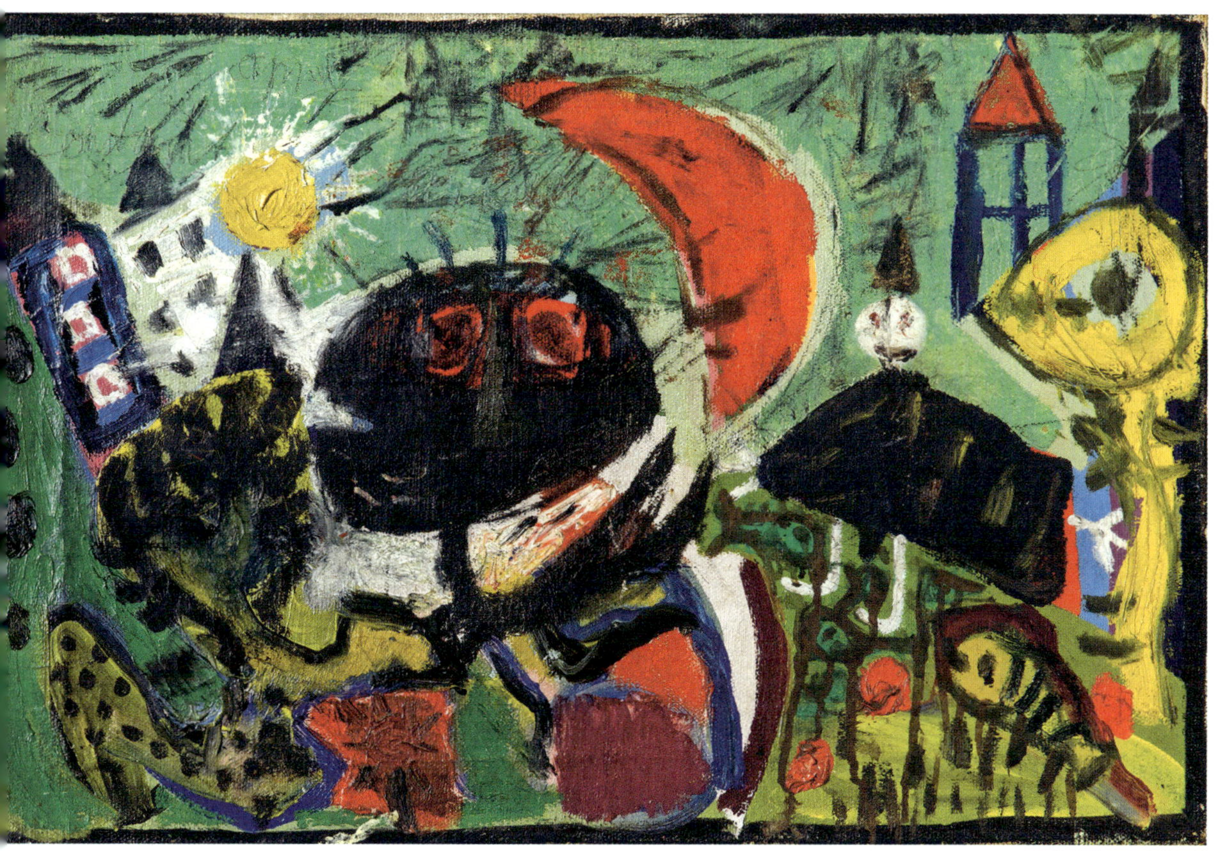

39 • Karel Appel, Constant, Corneille, Asger Jorn et Erik Nyholm, sans titre, 1949

de la peinture et de l'écriture dans la spontanéité du geste même : « Jorn et moi avons beaucoup travaillé pendant trois jours. Nous avons pris de petites toiles. Parfois, j'ai commencé à écrire des mots, puis Jorn a peint (le tout automatiquement). Parfois ç'a été l'inverse. » Dans son texte « Signification et sinification » (1950), Dotremont notera : « La vraie poésie est celle où l'écriture a son mot à dire. La vraie poésie est aussi celle qui sort hors de moi pour nous revenir. »

« Je lève, tu lèves, nous rêvons », lit-on comme un emblème des potentialités du passage de l'individu au collectif. Jean-Clarence Lambert objecte que Dotremont ne pouvait alors savoir que « Jorn leve », au demeurant le titre d'un poème ultérieur de Pierre Alechinsky, signifie « Vive Jorn » en danois. Jorn restera, même après la fin de CoBrA, un catalyseur d'expériences. En 1954, à Albisola en Italie, il créera par exemple le Mouvement international pour un Bauhaus imaginiste (MIBI) qui s'inscrit *contre le fonctionnalisme* (ce sera le titre d'un de ses livres) et pour la révolution d'un quotidien réenchanté. Là, Jorn réalisera des peintures à quatre mains avec Giuseppe Pinot-Gallizio. Il s'engagera ensuite aux côtés de Guy Debord pour fonder l'Internationale situationniste, où il retrouvera son ami Constant qui, déjà au temps de CoBrA, écrivait : « C'est notre désir qui fait la révolution. » ● **Cécile Bargues**

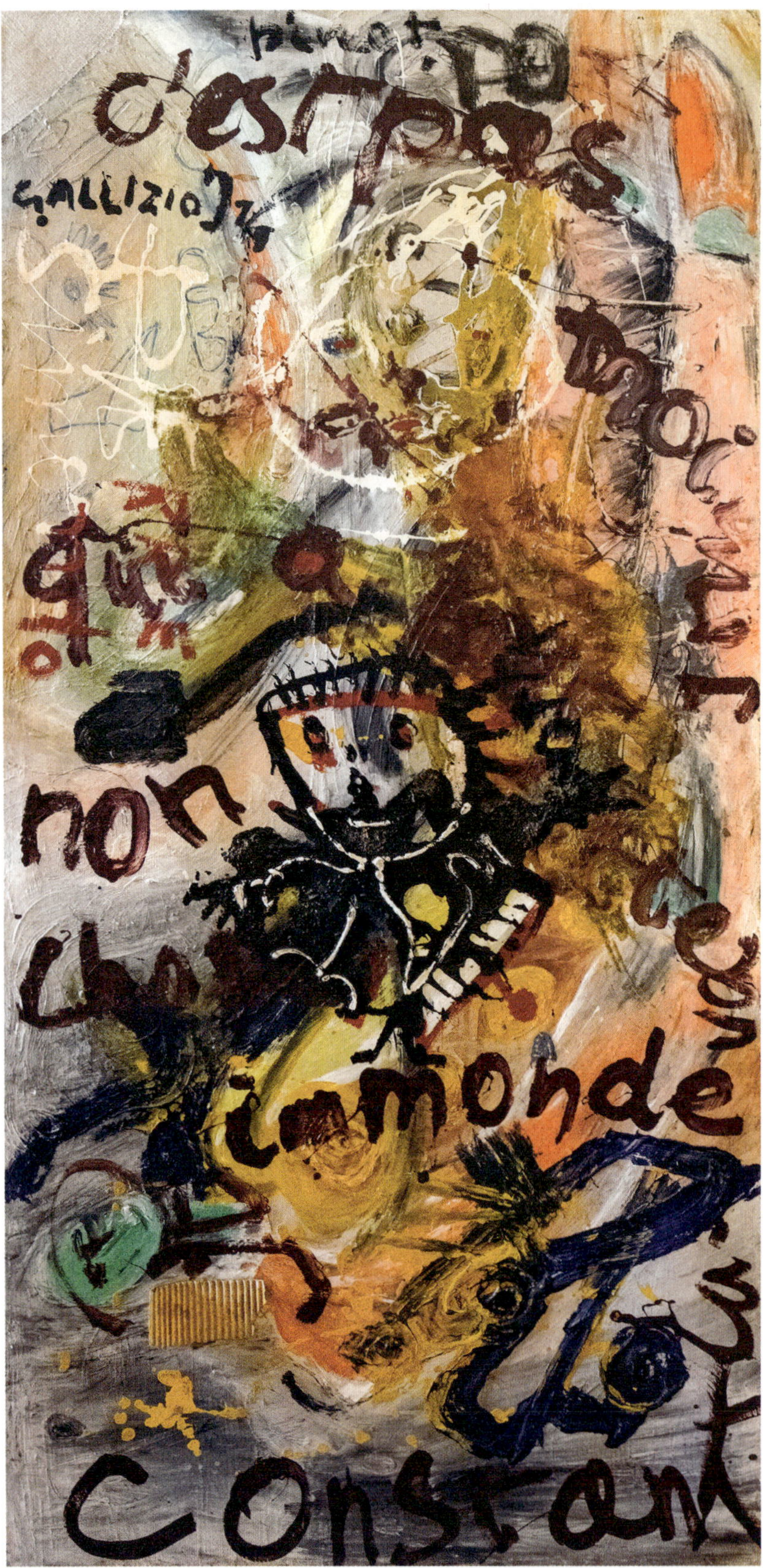

40 · Constant, Gallizio Jr, Asger Jorn, Jan Kotík, Giuseppe Pinot-Gallizio, Piero Simondo, *Senza titolo* (Sans titre), 1956

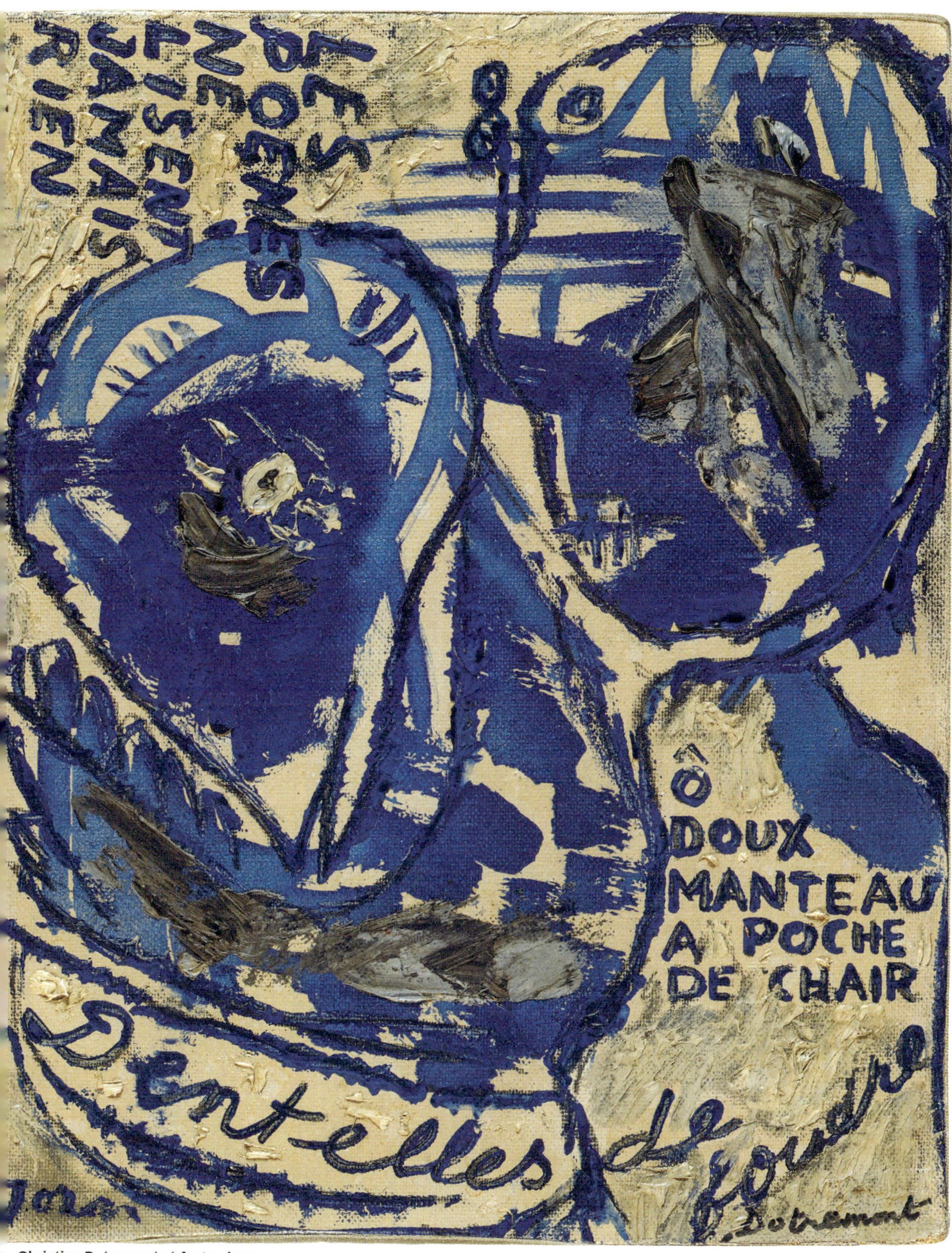

Christian Dotremont et Asger Jorn,
poèmes ne lisent jamais rien / Ô doux manteau
***che de chair / Dentelles de foudre*, 1948**

Henri Baranger / Camille Bryen Raoul Michelet

« Nous nous promenions dans la forêt et abandonnions quelques-unes de nos œuvres çà et là dans les broussailles, sur les arbres. Nous imaginions les réactions des gens qui les découvriraient. Qui a fait cela ? diraient-ils, la nature ? Les oiseaux ? » — Camille Bryen

À la fois poète et peintre, Camille Bryen aime à entrer en relation avec des artistes de toutes les générations, collaborant ainsi tant avec les écrivains et philosophes qu'avec les photographes, plasticiens ou éditeurs. Il a participé à l'invention de la « poésie naturelle » (la « poésie par tous et pour tous ») et est également à l'origine de l'abhumanisme (un mouvement philosophique créé avec Jacques Audiberti, refusant de donner la primauté à l'homme dans l'univers).

C'est en 1935 que Camille Bryen fait la connaissance du photographe Raoul Ubac, qui œuvre sous le pseudonyme de Raoul Michelet, à la galerie Gravitations. Une véritable connivence va s'établir entre les deux artistes. Dès leur rencontre, ils collaborent sur une plaquette illustrée intitulée *Actuation poétique*[1]. Leur préface commune précise : « Nous réclamons des actes poétiques publics, nous réclamons l'actuation de la poésie. L'activité poétique doit participer à l'existence de la cité comme ferment anarchique et bouleversant, profondément amoral et en état d'insurrection permanente. » En octobre de la même année, les deux amis participent à une exposition surréaliste organisée à La Louvière en Belgique. Bryen écrira ensuite sur les photographies que Michelet/Ubac présente à la galerie Gravitations : « Les photographies de Raoul Michelet sont les véhicules de ses obsessions et de sa révolte, l'objectivation de ses désirs lui permettant d'appréhender de plus en plus vastement sa réalité[2] ».

1 Éd. René Debresse, Paris, 1935. Voir *Bryen & Compagnie* (cat. exp.), éd. Musée des Beaux-Arts de Nantes, 2007, n.p.

2 Cité dans *Bryen & Compagnie, op. cit.*

3 *Arts*, n° 857, février 1962.

AFFICHEZ VOS POEMES

Les ficelles de poils détachés et suspendus aux arêtes de plâtres raidis en œil de photographies obcènes.

Les domestications des visages comestibles de pelures et de cheveux Les chaises débandant les pavillons de jambes horlogères entrouvrant de fausses ombrelles charnues boîtes emplies de pilules jadis d'écolières aux cols rigides enrubannés de poils détachés d'une plage noire d'où saigne sur son sable une voiture sexuée en forme de langue aux roues en forme précisément d'oreilles endormies

Le grenier rêve de la chute d'une échelle de fruit blond

La constitution d'un rocher de nourriture d'où jaillit la source intime d'une chevelure sur mesure Le linge en peaux étendu aux fenêtres des récipients de médailles féminines, les écailles des doigts de caoutchouc mou, tirés des vitrines d'alcôves éclatées

Le robinet des fantômes sur les croûtes d'escaliers majuscules et automnaux

Les cachots nouveaux d'un creux rempli de perles roses et de pluie

CAMILLE BRYEN

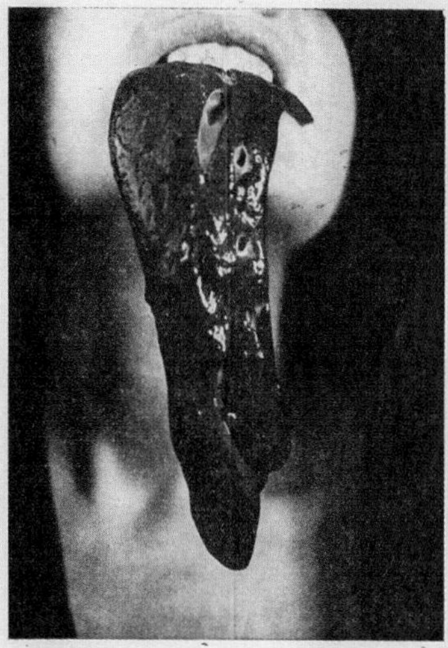

Image irrationnelle. Raoul Michelet

LA TÊTE DE MORT AUX PIEDS SALES

I

mi figue
mi raisin
l'alphabet des mandragores
le chardon
les chimères
la langue de la femme aimée
comme une feuille de papier buvard
comme une assiette de fraises
comme la naissance des seins
sur une tartine de beurre

II

le gel impertinent
des yeux sodomisés...
la braise d'une langue
sous la cendre du rire...
le crâne épanoui en pieds
comme des mauves...
le pain des écrouelles...
Un poulpe ouvre ses tiroirs
et donne à ses instincts
la viande faisandée du cœur...

III

La main de la pluie dans la chambre noire
Déjoue les cheveux de ronces et d'ardoise
Le cadavre rouge de la chute d'eau

HENRI BARANGER

Actuation.

AFFICHEZ VOS IMAGES

42 · Henri Baranger, Camille Bryen et Raoul Michelet (Ubac, dit), *Affichez vos poèmes. Affichez vos images*, 1936

Pendant deux ans, les deux hommes réaliseront un certain nombre d'actions poétiques, parfois accompagnés par un troisième protagoniste, Henri Baranger, qui fréquente les surréalistes de 1933 à 1938, et compte parmi les signataires de la pétition « Misère de la poésie » en soutien à Aragon.

La nuit du 13 février 1936, jour de la sortie d'*Actuation poétique*, Baranger, Bryen et Ubac placardent sur les murs de Paris le tract *Affichez vos poèmes*, *Affichez vos images*, qui comprend un texte de Camille Bryen, une *image irrationnelle* de Raoul Michelet/Ubac et un poème d'Henri Baranger, « La tête de mort aux pieds sales ». Cette œuvre collective est le témoignage de l'engagement de trois artistes qui prônent des actions communes de désappropriation : « Nous nous promenions dans la forêt et abandonnions quelques-unes de nos œuvres çà et là dans les broussailles, sur les arbres. Nous imaginions les réactions des gens qui les découvriraient. Qui a fait cela ? diraient-ils, la nature ? Les oiseaux ?[3] »

Les deux principaux acteurs de cette action continueront à travailler épisodiquement ensemble, Bryen réalisant des objets qu'Ubac photographie et qu'ils abandonnent ensuite dans la nature. Quant à Henri Baranger, on ne connaît de lui que la préface qu'il a rédigée pour l'ouvrage *Nuits massacrées* de Camille Bryen, publié par la revue *Les Feuillets de l'îlot* à Rodez en 1938 ● **Blandine Chavanne**

Raymond Hains / Jacques Villeglé

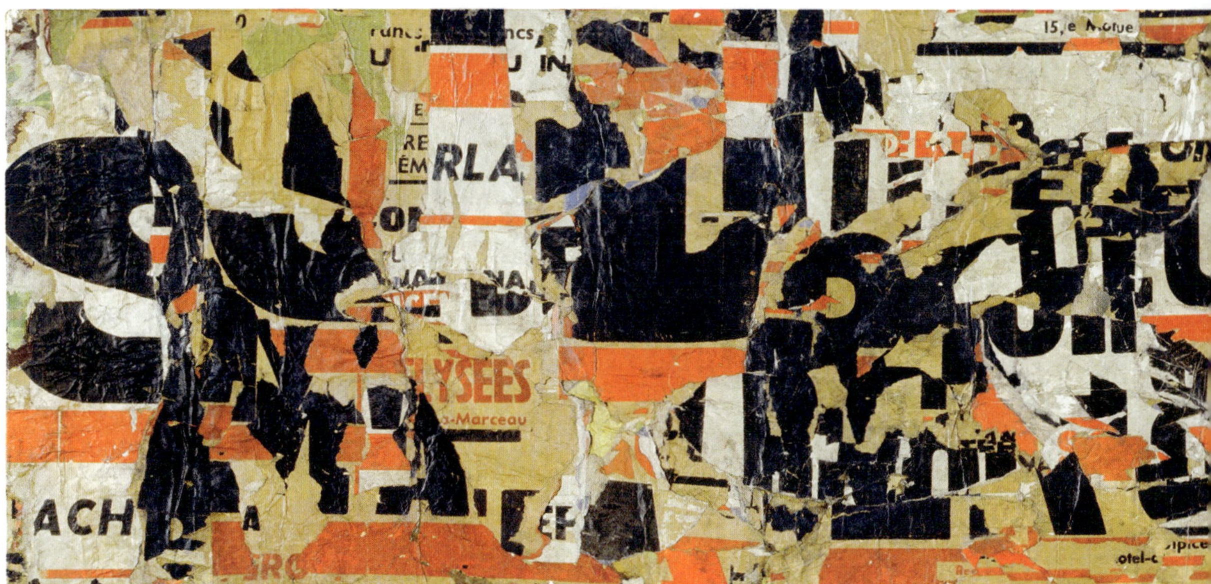

43
Raymond Hains et Jacques Villeglé, *Ach Alma Manetro*, 1949

●

Piétons de Paris, flâneurs le nez au vent, Raymond Hains et Jacques Villeglé arrachent en 1949 à la beauté abîmée des murs de la ville leur première affiche lacérée : *Ach Alma Manetro*, dont le titre se lit dans les fragments de mots subsistant comme une poésie sonore spontanée, « naturelle ». L'œuvre que personne ne savait voir leur apparaît telle une abstraction déjà là. Elle est le résultat et le substrat des gestes rageurs ou nonchalants de passants inconnus qui auront su transfigurer la langue de la réclame s'étalant au coin des rues. C'est un éblouissement et ils emportent l'amas d'affiches avec eux.

« L'intérêt de l'appropriation peut être phénoménologique, sociologique, etc., mais il est et restera au premier chef du domaine de la surprise poétique », écrit Villeglé dans son beau texte « L'insolence du choix » (repris dans *La Traversée*

«L'intérêt de l'appropriation peut être phénoménologique, sociologique, etc., mais il est et restera au premier chef du domaine de la surprise poétique.»

— **Jacques Villeglé**

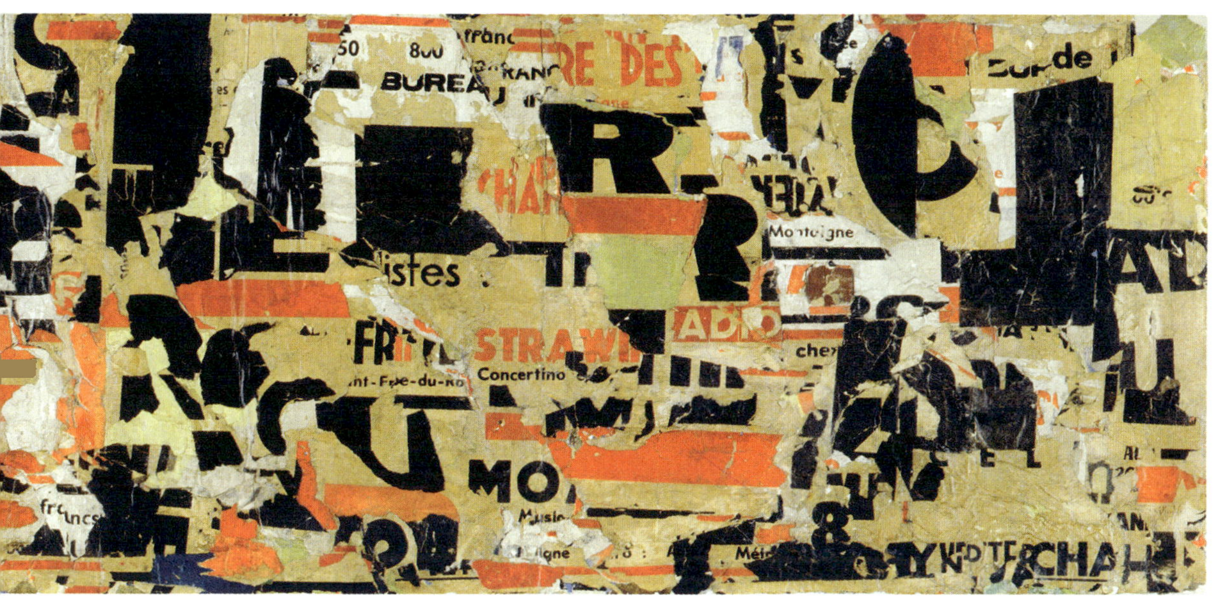

Urbi & Orbi, 2006). Choisir plutôt que faire, ravir plutôt que fabriquer soi-même, savoir enfin voir le monde comme un tableau: Hains se qualifiera justement d'«*inaction painter*».

Ach Alma Manetro présente à cet égard une ambiguïté qui a été expliquée. Premier essai, l'œuvre fut prélevée en morceaux et réassemblée dans le logement des deux amis rue Delambre, si bien qu'on peut observer une différence entre la partie gauche, restaurée par Villeglé, et celle de droite, due à Hains. Une fois leur technique d'arrachage améliorée, leurs œuvres suivantes seront présentées telles quelles à l'enseigne du «Lacéré Anonyme», manière d'auteur fictif les faisant, selon leur souhait, disparaître individuellement. Ainsi intègreront-ils le collectif des passants et des passantes sans nom qui auront su, ensemble, créer des palimpsestes de protestation ● **Cécile Bargues**

Camille Bryen / Raymond Hains Jacques Villeglé

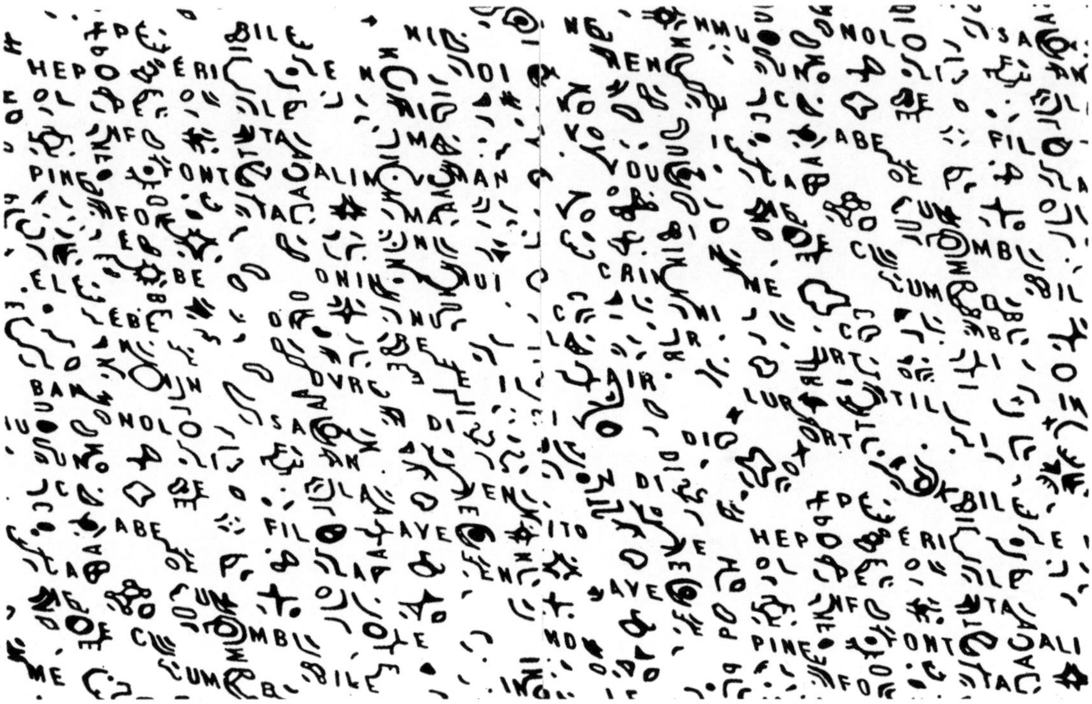

44
Camille Bryen, Raymond Hains et Jacques Villeglé, *Hépérile éclaté*, 1953

●

Invité par la galeriste parisienne Colette Allendy à participer à une exposition collective[1], Camille Bryen rencontre Raymond Hains, alors jeune photographe, qui y expose ses photos «hypnagogiques» utilisant des verres cannelés pour déformer des images. Avec l'aide de son ami Jacques Villeglé (ils étaient tous les deux étudiants à l'École des beaux-arts de Rennes), afin de perfectionner son procédé optique de déformation, Hains crée l'hypnagogoscope, appareil grâce auquel il produit ces images où signes et lettres jouent d'un décalage.

Bryen leur propose alors de déformer la typographie d'*Hépérile*, poème phonétique qu'il a publié chez Pierre-André Benoît en 1950, en le passant au travers de l'hypnagogoscope, dans le but d'inventer «un langage qui n'est ni une musique des mots, ni un système symbolique, mais plutôt ce que Rimbaud appelait de "l'âme pour l'âme[2]"».

Présenté en juin 1953 dans une exposition personnelle de Camille Bryen à la Galerie Colette Allendy, *Hépérile éclaté* est commenté par Bryen dans un tract: «Vive le courant d'air de l'illisible, de l'inintelligible, de l'ouvert! En écrivant *Hépérile* en mots

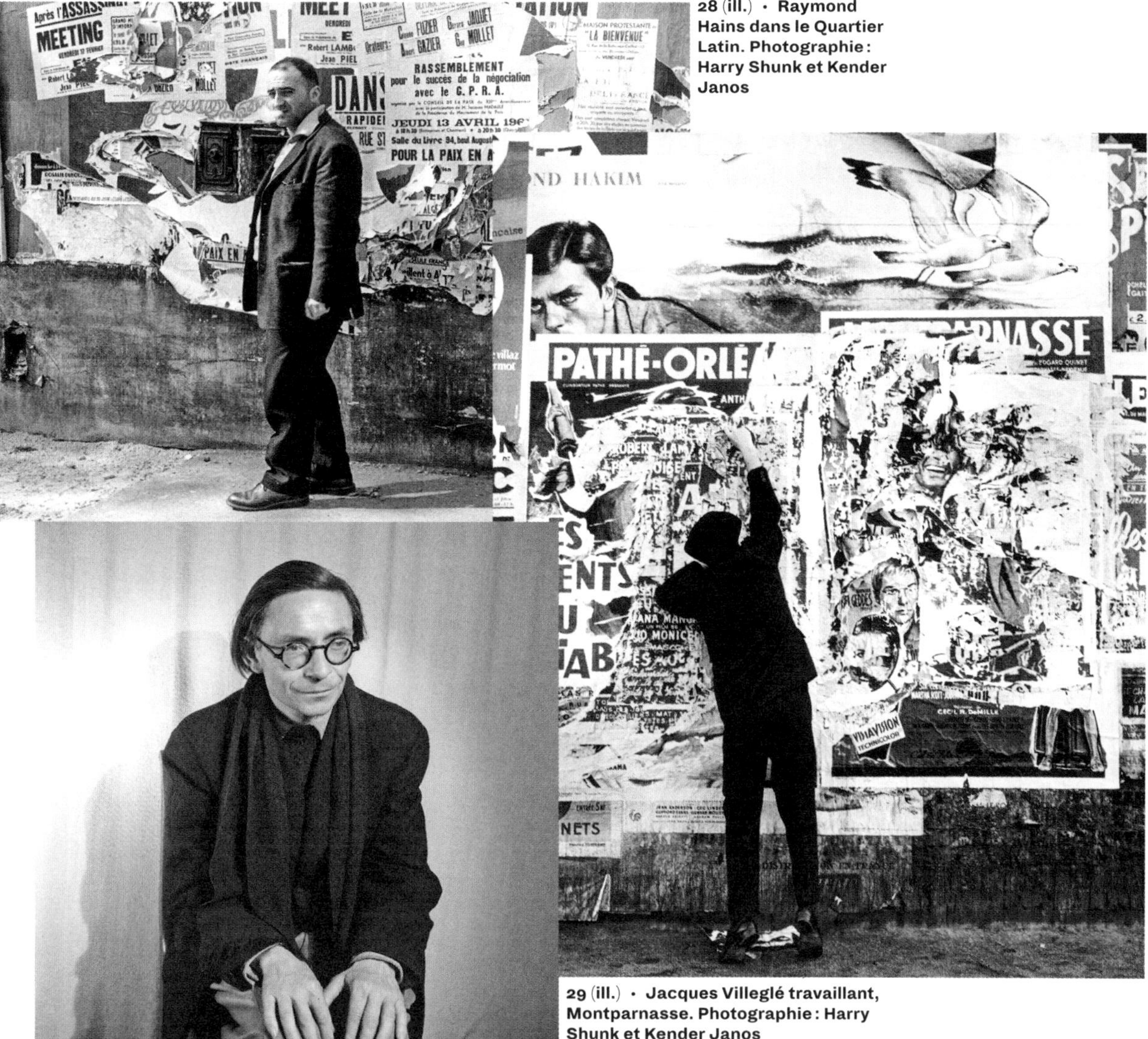

28 (ill.) • Raymond Hains dans le Quartier Latin. Photographie : Harry Shunk et Kender Janos

29 (ill.) • Jacques Villeglé travaillant, Montparnasse. Photographie : Harry Shunk et Kender Janos

30 (ill.) • Portrait de Camille Bryen, 1948. Photographie : Denise Colomb (Loeb, dite)

inconnus, je criais organiquement sans référence au vocabulaire – cette police des mots… Aujourd'hui, voici le premier poème à dé-lire. » Dans cet ouvrage de petites dimensions, le démantèlement des mots suscite la destruction du signifié visible, qui à son tour laisse place à une déconstruction des formes ; le poème perd son sens en devenant informel, c'est-à-dire illisible.

L'intérêt de Bryen, Hains et Villeglé pour la poésie sonore les amène à fréquenter le groupe des lettristes, et plus particulièrement François Dufrêne qui lira à plusieurs reprises des textes de Bryen et se joindra au groupe des affichistes avec Hains, Villeglé et Rotella. Tous ont signé le manifeste des Nouveaux Réalistes. Plus que de l'amitié, c'est de la considération et de l'admiration qui animaient Hains et Villeglé vis-à-vis de Bryen dont la carrière de peintre et de poète était alors déjà bien reconnue ● **Blandine Chavanne**

1 *HWPSMTB*, Paris, Galerie Colette Allendy, avril 1948. Le titre de l'exposition reprenait l'initiale des noms des artistes rassemblés : Hartung, Wols, Picabia, Stahly, Mathieu, Tapié et Bryen. Le catalogue et le carton d'invitation comportaient un texte de Camille Bryen, « L'Œil est en Face ».

2 Cité par Vincent Rousseau dans le catalogue *Bryen & Compagnie*, Nantes, musée des Beaux-Arts, 2007, n.p.

Willem De Kooning / Jasper Johns Allan Kaprow / Robert Rauschenberg

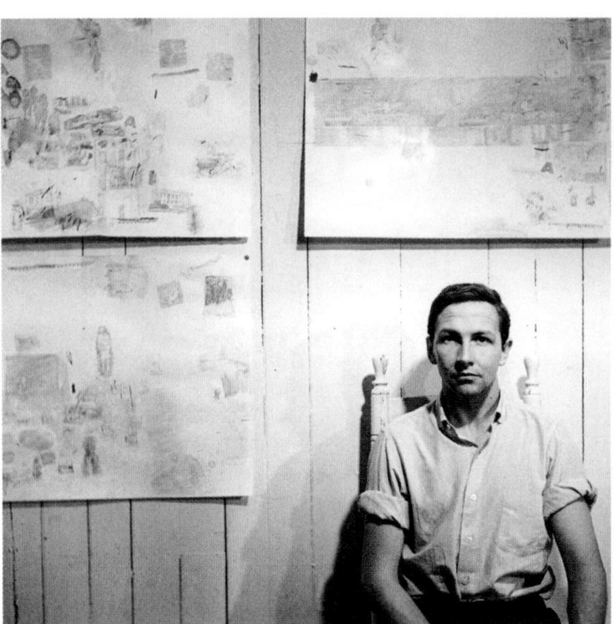

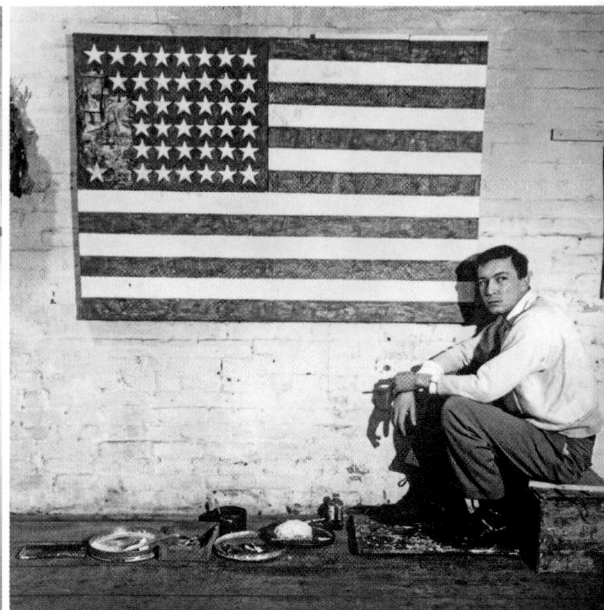

31 (ill.) • Robert Rauschenberg devant trois de ses œuvres réalisées par transfert en 1958, dans son atelier de Front Street, New York. Photographie: Jasper Johns

32 (ill.) • Jasper Johns dans son atelier de Pearl Street devant une peinture de la série « Flags », New York, vers 1955. Photographie: Robert Rauschenberg

●

Selon la plupart des témoignages de leurs contemporains, Robert Rauschenberg (1925-2008) et Jasper Johns (1930-) se rencontrent à New York à la fin de l'année 1953 ou au début de l'année 1954, c'est-à-dire quelque temps avant ou juste après l'exposition «Magritte: Word vs. Image», qui se tient à la Sidney Janis Gallery du 1er au 20 mars 1954 et à laquelle les deux artistes participent. Rauschenberg a déjà acquis une modeste réputation: il a fréquenté le Black Mountain College, en Caroline du Nord, en 1948-1949, et y est retourné un temps au cours de l'été-automne 1951, ainsi que pour les trimestres du printemps et de l'été 1952. À un moment, les deux hommes deviennent amants et louent des ateliers, sur deux étages différents, dans des immeubles en ruine de Lower Manhattan, d'abord au 278 Pearl Street (1954-1958), puis au 128 Front Street (1958-1961), où ils reçoivent la visite de Leo Castelli et de sa future épouse Ileana Sonnabend, de Marcel Duchamp et de nombreux autres marchands, artistes, critiques, conservateurs et amis.

33 (ill.) · **Jasper Johns, Robert Rauschenberg, *Erased De Kooning Drawing*, 1953**

« "Oh Bill, what did you do", I asked. "What could I do? I gave it to him, the son of a bitch." »

— **Dialogue entre Edith Schloss et Willem De Kooning à propos du *Erased De Kooning Drawing*. Cité d'après Edith Schloss, *The Loft Generation: From the De Koonings to Twombly. Portraits and Sketches, 1942-2011*, New York, Farrar, Straus and Giroux, 2021**

Automobile Tire Print (1953), œuvre en forme de rouleau créée avec le compositeur John Cage mais attribuée uniquement à Rauschenberg, révèle déjà chez lui un goût pour le travail collectif, qui remonte à l'époque où il faisait partie de la communauté du Black Mountain College – un goût renforcé par l'intimité entre Rauschenberg et Johns et par la proximité de leurs espaces de travail. On trouve une preuve de cette collaboration dans *Erased De Kooning Drawing* (1953) pour lequel Johns a écrit le cartel à la main et pris part à la conception du cadre, devenu partie intégrante de l'œuvre au point que Rauschenberg recevra plus tard l'instruction suivante : « NE PAS SORTIR LE DESSIN DU CADRE. LE CADRE FAIT PARTIE DU DESSIN », écrite au verso, ce qui signifie que trois artistes ont finalement été réunis dans cette œuvre, même si elle reste attribuée au seul Rauschenberg. D'autres résultats inattendus et moins connus de ce partenariat sont les vitrines réalisées pour Bonwit-Teller et Tiffany & Co., qui occupent une place à part dans leurs activités artistiques respectives, rassemblées sous le pseudonyme commun « Matson Jones ».

Rauschenberg crée *Minutiae* (1954), l'un de ses premiers *Combines*, à l'occasion d'une commande de décor pour la compagnie de danse de son ami Merce Cunningham. Construite en trois parties de dimensions différentes à partir de tissus, de journaux, de bois (y compris un fragment de balustrade), de peinture et autres matériaux, l'œuvre ressemble à un paravent dont la hauteur permet d'accueillir un corps humain (en mouvement, dansant). L'œuvre est donc autoportante, à la façon d'une sculpture, mais, dans la substance même de sa surface, elle contient des éléments picturaux proches de la peinture et de la photographie, qui servent bien le titre ironique donné à ces *minutiae* de grande taille[1]. Parmi les minuscules ingrédients de cette œuvre, on remarque un collage de bandes dessinées dans l'un des angles inférieurs, où l'image de deux figures masculines qui se cachent a été interprétée comme un commentaire sur l'idylle naissante entre Rauschenberg et Johns[2].

On peut voir une autre allusion à cette relation, également ironique, dans le nuancier qui introduit un élément scientifique, ou du moins une référence pratique et pédagogique au milieu de la cacophonie de couleurs artisanales caractérisant l'œuvre. C'est aussi une façon d'assimiler le hasard et le « reportage humanitaire » (pour reprendre les termes de Rauschenberg pour désigner les marques d'usure sur ses matériaux, généralement de seconde main[3]). Cette insertion sournoise doit davantage à la sensibilité intellectuelle, à la précision contournée et à l'humour détourné de Johns qu'à la spontanéité désordonnée et aux assemblages heureux de matériaux grossiers ou ordinaires de Rauschenberg. On pourrait même voir un lien entre ce nuancier et la série de taches de couleur qui s'éloignent dans une perspective exagérée en haut à gauche de *Tu m'* (1918) de Marcel Duchamp, comme une anticipation de l'admiration que Rauschenberg et Johns éprouveront bientôt pour l'œuvre de cet artiste.

Parmi les « Notes autographes » écrites par Duchamp à l'époque où il travaillait sur *La Mariée mise à nu par ses célibataires, même* (aussi appelé *Le Grand Verre*, 1915-1923),

1 *Minutiae*, le titre du spectacle de Merce Cunningham, signifie en anglais « menus détails, petites choses de la vie quotidienne » (N.d.T.).

2 Jonathan Katz, « "Committing the Perfect Crime": Sexuality, Assemblage and the Postmodern Turn in American Art » *Art Journal*, vol. 67, nº 1, printemps 2008, p. 38-53.

3 Barbara Rose, *Rauschenberg*, New York, Vintage, 1987, p. 96.

34 (ill.) · Jasper Johns, Robert Rauschenberg, *Minutiae*, 1954

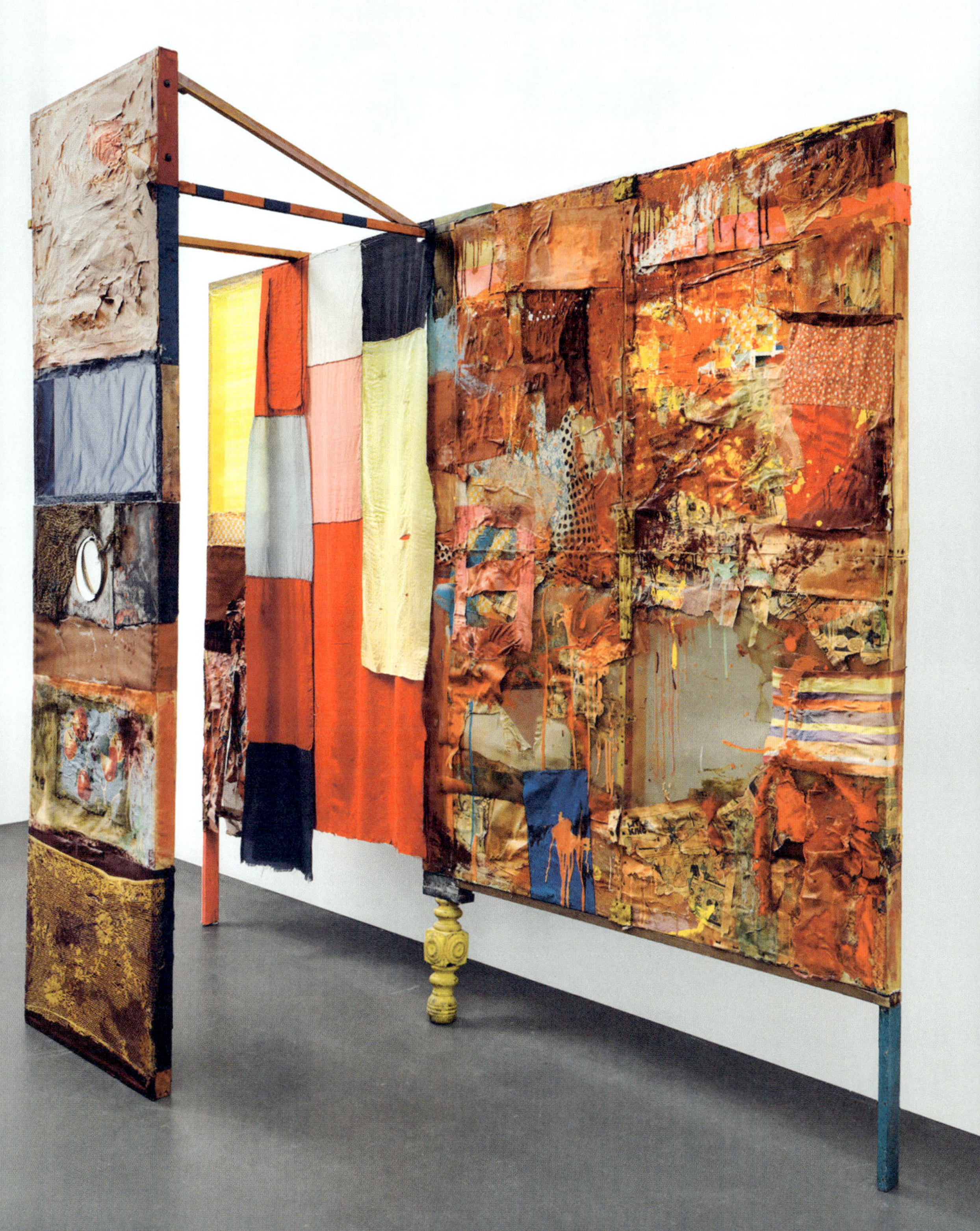

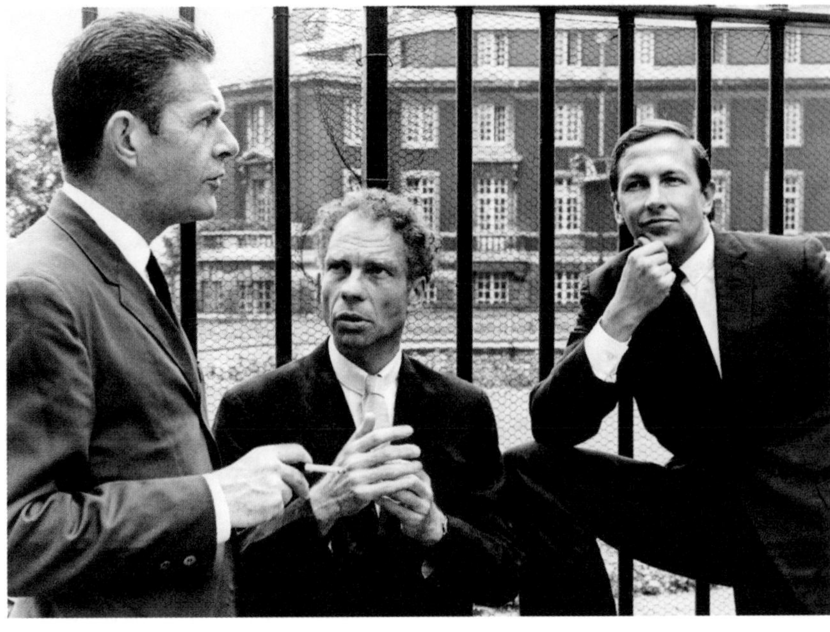

35 (ill.) • John Cage, Merce Cunningham et Robert Rauschenberg à Londres en 1964. Photo : Douglas H. Jeffery

on peut lire : « peut-être faire un *tableau de charnière*[4] ». En 1955, Rauschenberg, avec l'aide de Johns, crée quelque chose de comparable dans *Short Circuit*. De forme carrée, accrochée au mur et beaucoup plus petite que *Minutiae*, cette œuvre est conçue pour le « Stable Annual », exposition d'artistes essentiellement américains organisée par la Stable Gallery. Pendant longtemps, les artistes conviés pouvaient proposer de nouveaux artistes pour l'édition de l'année suivante, mais cette coutume prend justement fin en 1955. Rauschenberg, contrarié mais malicieux, invite alors plusieurs de ses amis artistes à « dissimuler » des œuvres dans sa contribution. C'est la raison pour laquelle *Short Circuit* ressemble à un cabinet de curiosités réunissant plusieurs raretés et objets trouvés, dont un autographe de Judy Garland, une image d'Abraham Lincoln et une carte postale de vaches dans un champ ; on y retrouve les techniques mixtes habituelles de l'artiste (peinture, papier, tissu) et, plus précisément, deux coffrets à charnières contenant à l'origine des œuvres miniatures réalisées sur mesure respectivement par Johns et par Susan Weil (l'ex-épouse de Rauschenberg), qui ont répondu à son invitation. Le titre fait peut-être référence à un acte de sabotage ou à un court-circuit qu'aurait provoqué le courant excessif (de plusieurs œuvres) circulant dans un seul « circuit ».

Pour sa contribution, Johns propose une petite peinture en forme de drapeau, réalisée à la même époque que *Flag* (1954-1955), sa première œuvre emblématique avec peinture à l'encaustique et papier journal, et celle pour laquelle il reste surtout connu. Pour sa part, Weil crée une scène sportive à plusieurs figures dans un style moderniste typique. Œuvre à plusieurs mains, *Short Circuit* reçoit une autre contribution encore lorsque le drapeau de Johns disparaît du *Combine* en 1965 et que Rauschenberg demande à l'artiste Elaine

4 Marcel Duchamp, *Salt Seller: The Essential Writings of Marcel Duchamp* [1973], éd. Michel Sanouillet et Elmer Peterson, New York et Londres, Thames and Hudson, 1989, p. 27. Cette « Note autographe » figure sur le site du Centre Pompidou, www.centrepompidou.fr (N.d.T.).

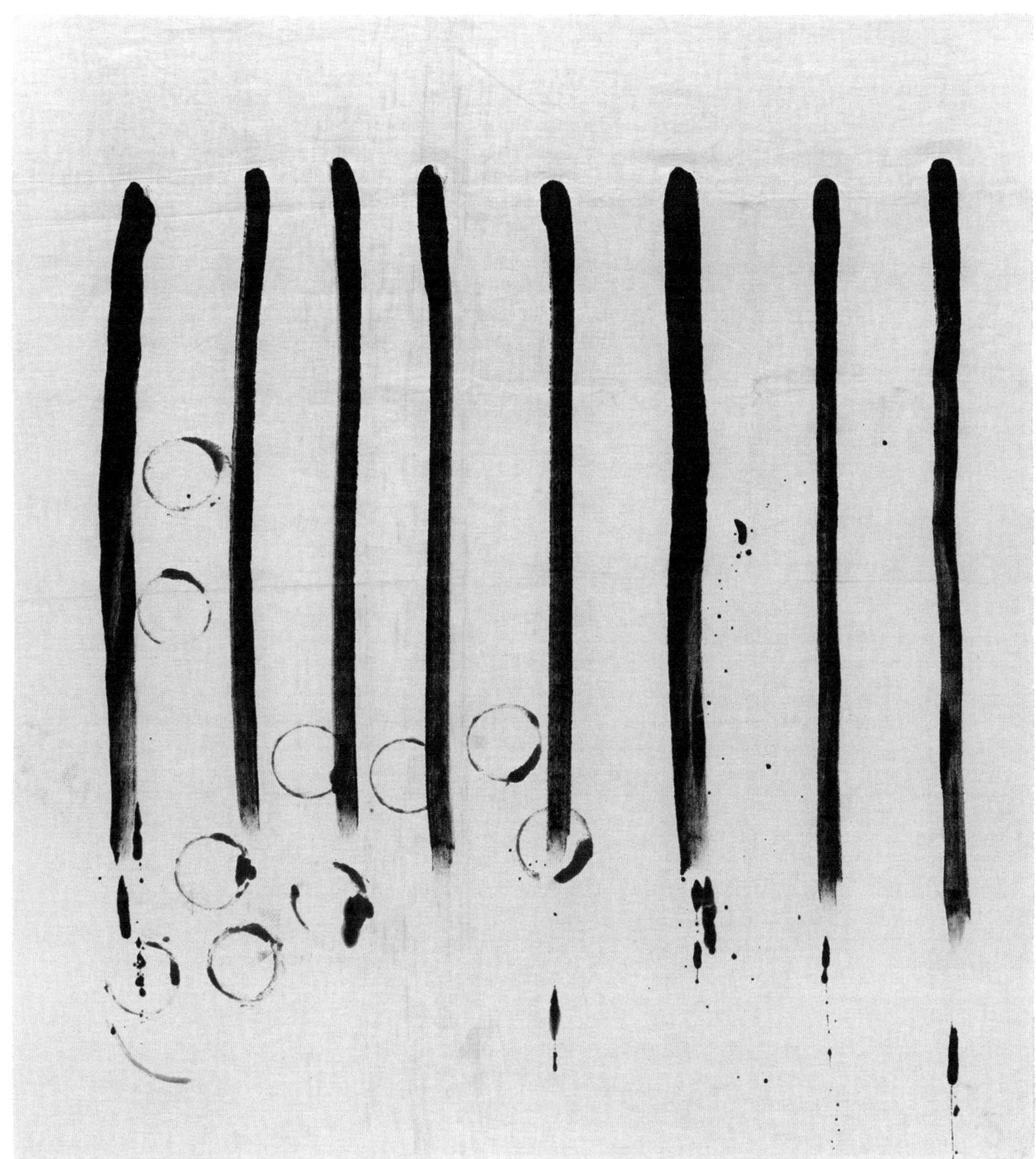

36 (ill.) • Jasper Johns, Allan Kaprow et Robert Rauschenberg, *Untitled [Remnant from 18 Happenings in 6 Parts]*, 1959

Sturtevant d'en produire un quasi-fac-similé, qui occupe maintenant le renfoncement à gauche. Néanmoins, la disposition initiale des deux pièces l'une à côté de l'autre – le drapeau de Johns et son contenant à couvercle, un peu plus grands que le compartiment et la peinture de Weil, le premier étant à demi dissimulé, lorsqu'il est fermé, par des traits de peinture qui prolongent la grande surface du tableau, tandis que le second est nettement indiqué par une flèche peinte et l'instruction « OPEN » – donne à *Short Circuit* une forte charge biographique, puisqu'il est composé deux ans seulement après le divorce de Rauschenberg et Weil, au moment où il se rapproche de Johns sur le double plan affectif et créatif.

L'intérêt de Johns pour le sous-genre du « tableau à charnière » transparaît aussi dans *Target with Plaster Casts*, également de 1955 – dont les neuf niches articulées permettent un nombre beaucoup plus important de permutations pour l'exposition –, mais aussi, en bas à gauche de l'immense tableau *According to What* (1962), dans un rabat à charnières qui s'ouvre pour laisser voir un portrait de profil de Duchamp. Les mini-images à l'intérieur des compartiments de *Short Circuit* convoquent un autre lien avec la pratique réflexive et pleine d'esprit de Duchamp, cette fois avec sa *Boîte-en-valise* (1935-1941) qui, éditée à trois cents exemplaires, contient des versions en miniature de toutes ses œuvres. Enfin, à l'instar du nuancier de couleurs de *Minutiae* et des cibles, chiffres et cartes que Johns introduit alors dans son iconographie, un drapeau comme celui de *Short Circuit* est un « ready-made ». Comme si Duchamp avait présidé à l'amitié et au partenariat créatif de Rauschenberg et de Johns à leurs débuts, avant qu'eux-mêmes ne le sachent ● **Gavin Parkinson**

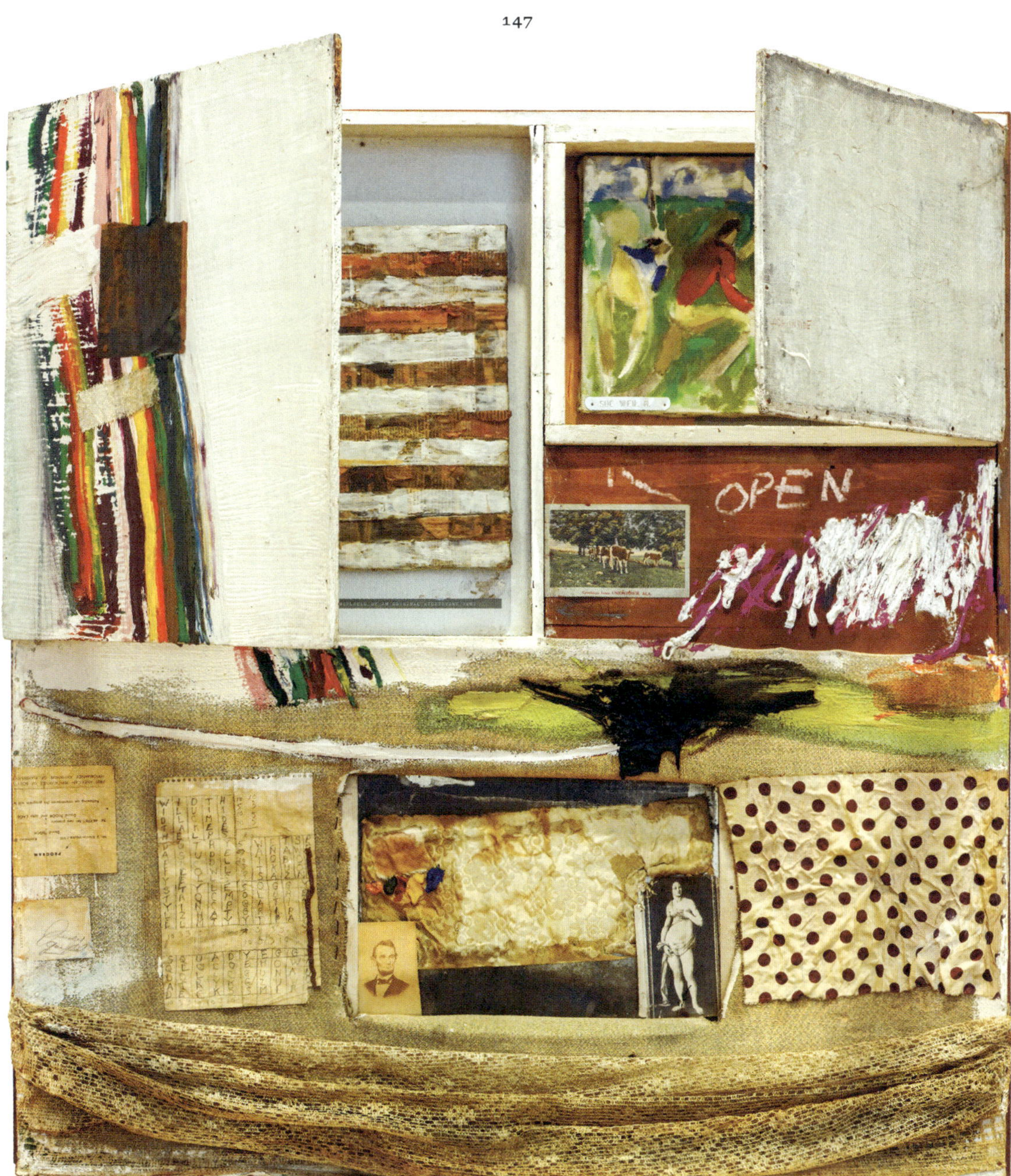

37 (**ill.**) **· Jasper Johns, Robert Rauschenberg,** ***Short Circuit*****, 1955**

Gregory Corso / Allen Ginsberg Ghérasim Luca / Peter Orlovsky

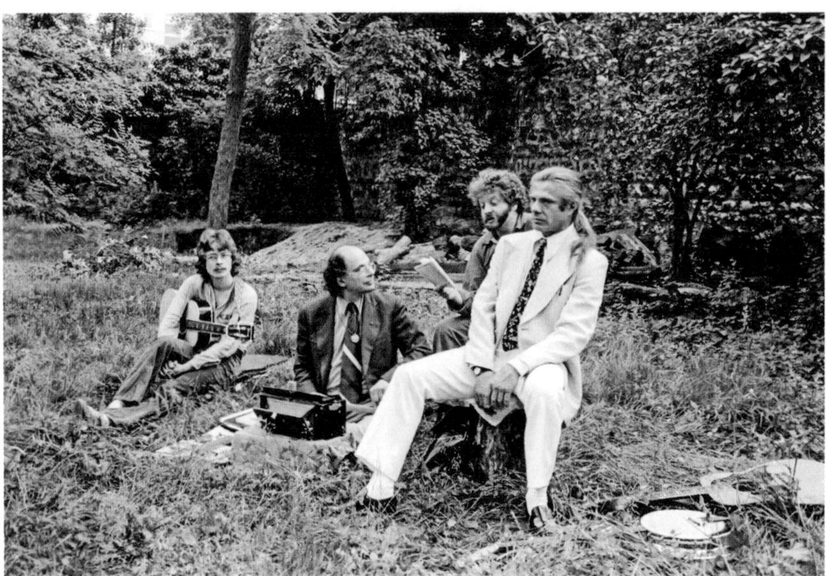

38 (ill.)
Steve Taylor, Allen Ginsberg, Jean-Jacques Lebel et Peter Orlovsky au Festival Polyphonix, American Center, Paris, 1979. Photographie : Marion Kalter

●
C'est à l'automne 1957, dans un petit café arabe du passage Thiéré, derrière la Bastille, dont la tenancière, madame Ali – une Auvergnate mariée à un militant indépendantiste algérien – nous fournissait des cubes de haschich à trois francs l'unité, que le grand poète franco-roumain Ghérasim Luca fait connaissance avec Allen Ginsberg, Peter Orlovsky et Gregory Corso (en exil au 9, rue Gît-le-Cœur, le futur Beat Hotel). Luca invite les jeunes Américains chez lui, à Levallois-Perret, à fumer quelques joints ; ils improvisent ensemble cette tempétueuse peinture sur papier avec les tubes de couleur fournis par la compagne de Luca, l'artiste Micheline Catti. Ils se reverront plusieurs fois à Paris, notamment en mars 1958, en compagnie de William Burroughs, Brion Gysin, Teeny et Marcel Duchamp, Juliet et Man Ray et Benjamin Péret (Orlovsky étant reparti pour New York), au cours d'une mémorable soirée au domicile du signataire de ces lignes
● **Jean-Jacques Lebel**

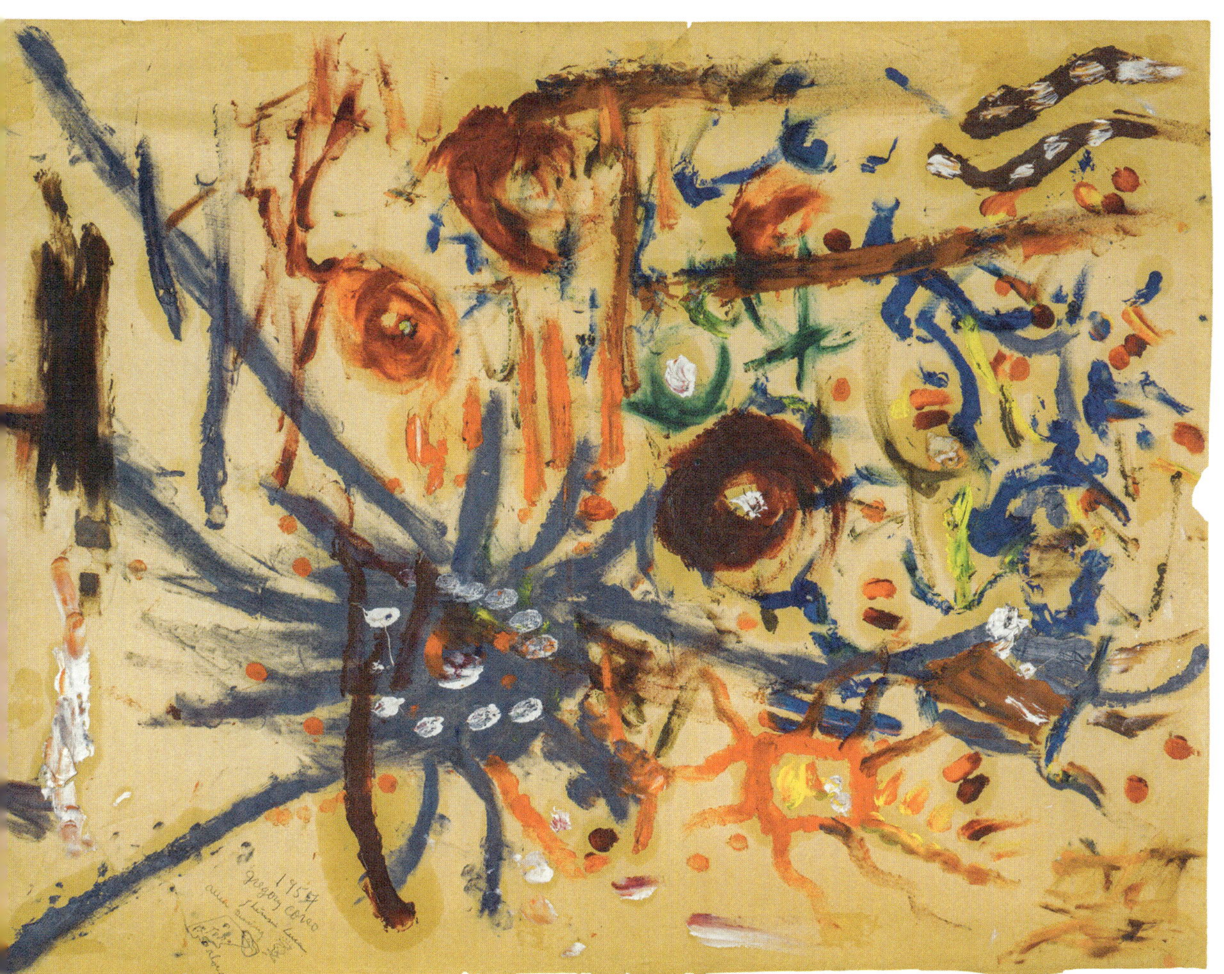

• **Gregory Corso,**
en Ginsberg, Ghérasim Luca
Peter Orlovsky, Sans titre
***uquet*), 1957**

« [...] Et l'on se demande pourquoi
Cette balançoire en soi
Fait encore boule de neige
Sur les barricades noires écarlates… »

— **Ghérasim Luca**

William S. Burroughs / Brion Gysin

Antony Balch

1 William S. Burroughs et Jack Kerouac, *And the Hippos Were Boiled in Their Tanks*, New York, Grove Press, 2008.

●

William S. Burroughs a toujours trouvé une stimulation particulière dans le travail en collaboration. Son premier texte pour adultes, *Twilights Last Gleaming*, il l'écrit en 1935 avec Kells Elvins, son camarade de chambre à l'université de Harvard. Et en 1945, il coécrit avec Jack Kerouac *And the Hippos Were Boiled in Their Tanks* (*Et les hippopotames ont bouilli vifs dans leur piscine*; publié en 2008 seulement[1]), chacun rédigeant un chapitre en alternance. Enfin, en 1953, il entame avec Ginsberg une correspondance qui aboutira à *The Yage Letters* (*Les Lettres du yage*).

La même année, après l'échec de son histoire d'amour avec Allen Ginsberg à New York, Burroughs s'installe à Tanger où, soucieux de plaire à son ami, de l'amuser et de regagner son affection, il lui adresse des «routines» qui sont à la base du roman épistolaire *The Naked Lunch* (*Le Festin nu*). Burroughs demande même à Ginsberg de venir à Tanger pour l'aider à mettre le roman en forme. En 1957, après un certain nombre de supplications, Kerouac, Ginsberg et son amant Peter Orlovsky le rejoignent. Arrivé le premier, Kerouac recopie au propre toutes les parties utilisables du manuscrit, mais il repart peu après l'arrivée des deux autres. Durant près de trois mois, Ginsberg travaille assidûment avec Burroughs sur les 600 pages du manuscrit, jusqu'à obtenir un livre publiable. Ginsberg et Orlovsky partent ensuite explorer l'Espagne avant de s'installer au Beat Hotel, rue Gît-le-Cœur à Paris. Burroughs finit par les rejoindre. Il continue de travailler sur *The Naked Lunch*, ajoutant de nouvelles parties, révisant et développant d'autres passages.
En mars 1958, Burroughs, Ginsberg et Gregory Corso passent une soirée chez leur ami et traducteur Jean-Jacques Lebel, où ils retrouvent Teeny et Marcel Duchamp, Juliet et Man Ray, Benjamin Péret et Ghérasim Luca. Le 17 juillet 1958, Ginsberg embarque pour New York sur le *Liberté*, laissant Burroughs en larmes. Mais quelques mois plus tard, ce dernier rencontre un deuxième collaborateur, qui occupera une place très importante.

46 · Ian Sommerville, *Double portrait de William S. Burroughs et Brion Gysin*, 1962

«Qui est ce troisième qui marche toujours à ton côté? Quand je compte, il n'y a que toi et moi.» — William S. Burroughs

47 · William S. Burroughs, Jack Kerouac, *And the Hippos Were Boiled in Their Tanks*, 1945 (publié en 2008)

À Tanger, à la fin du mois de janvier 1954, Burroughs avait fait la connaissance de Brion Gysin, qui exposait alors des tableaux à l'hôtel Rembrandt, mais, pendant les quatre premières années de leur relation, les deux hommes ne s'entendaient guère, Burroughs qualifiant même Gysin de « pute paranoïaque sur roues ». Ce dernier gérait le luxueux 1001 Nights Restaurant, où se produisait un orchestre de musiciens de Jajouka. Lorsqu'arrivait le chèque mensuel de sa mère, Burroughs avait l'habitude de dépenser son argent et d'aller notamment dans ce restaurant pour y dîner et regarder les danseurs. C'était aussi un bon endroit où emmener des amis de passage à Tanger et leur montrer un peu de couleur locale. À l'époque, cependant, la relation entre les deux hommes se limitait à celle d'un restaurateur avec son client. En 1958, Gysin ferme le restaurant et s'installe à Paris, et ce n'est qu'à l'occasion d'une rencontre fortuite place Saint-Michel, en octobre de cette même année, que le contact s'établit véritablement entre les deux hommes.

Ayant reçu de Tanger une lettre contenant de la marijuana, Burroughs essayait d'en vendre une partie. « Tu veux de la came ? » propose-t-il, et Gysin fait oui d'un signe de la tête. Ils retournent au Beat Hotel, au coin de la rue, où vivait Burroughs, et découvrent immédiatement qu'ils ont de nombreux centres d'intérêt en commun. Ils ont à peu près le même âge : Burroughs est né en février 1914, Gysin en janvier 1916 ; ils consomment tous deux de la marijuana ; tous deux sont homosexuels, quoique pas attirés l'un par l'autre ; Burroughs est très impressionné par les dernières œuvres de Gysin, lui-même enthousiasmé par le dernier écrit de Burroughs, « Interzone », la première forme de *The Naked Lunch* ; et surtout, ils partagent un même goût pour la magie et le paranormal.

À la mort de Brion Gysin, le 13 juillet 1986, William Burroughs écrira : « C'est le seul homme que j'aie jamais respecté. J'en ai admiré beaucoup, j'en ai estimé et apprécié d'autres, mais il est le seul que j'aie respecté. Sa présence était royale, exempte de toute prétention. Il était à tout moment impeccable[2]. » Lorsqu'il fait part de cette opinion à Allen Ginsberg, ajoutant que Brion est le seul homme « qui comprenait tout ce que j'ai fait », Ginsberg, qui connaît Burroughs depuis quarante ans et a été l'un de ses premiers collaborateurs, est pris de jalousie et lui demande : « Qu'est-ce qui me manque, selon toi ? Quelle est la zone aveugle ? » Burroughs lui répond : « Ton manque d'intérêt pour la magie, la télépathie, le paranormal, les expériences extracorporelles[3]. »

C'est donc la magie qui a vraiment rapproché Burroughs et Gysin. L'une des premières expériences paranormales qu'ils partagent est une vision de Tanger. Dans un magasin de magie,

2 William S. Burroughs, notice nécrologique pour Brion Gysin, consulté le 4 avril 2021 : www.pwf.cz/en/archives/interviews/453.html?rocnik=2007.

3 Allen Ginsberg, journaux inédits.

«C'est le seul homme [Brion Gysin] que j'aie jamais respecté. J'en ai admiré beaucoup, j'en ai estimé et apprécié d'autres, mais il est le seul que j'aie respecté. Sa présence était royale, exempte de toute prétention. Il était à tout moment impeccable.» — William S. Burroughs

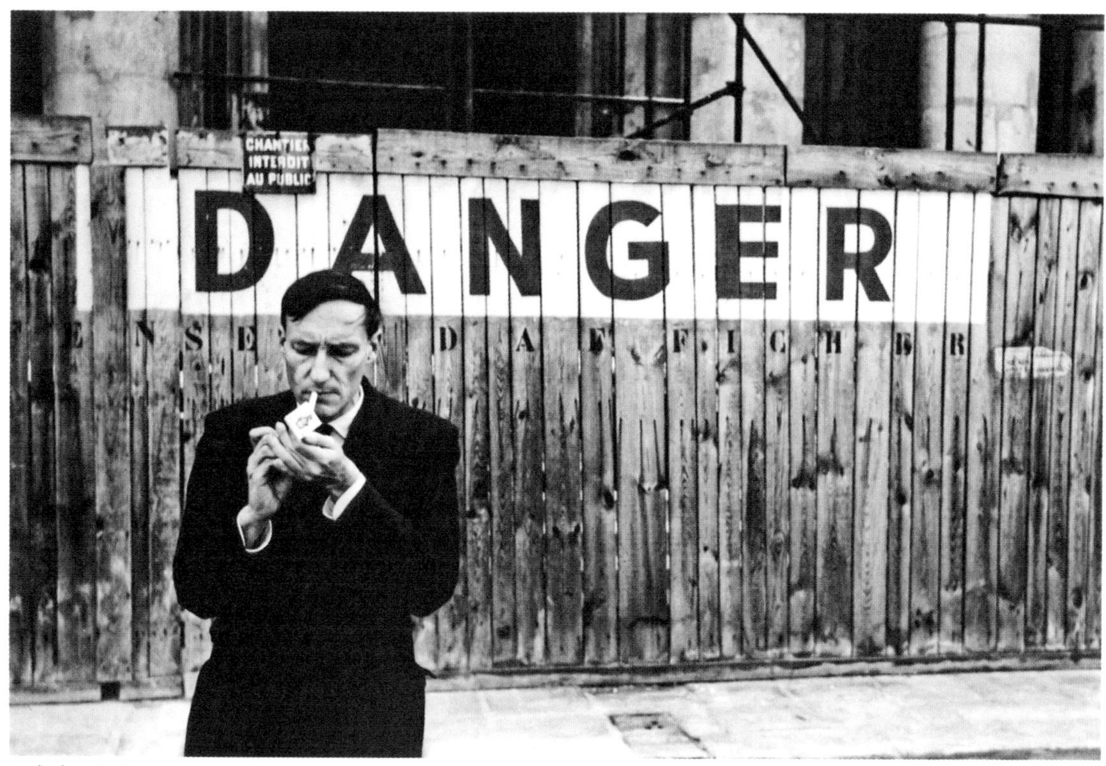

39 (ill.) · William S. Burroughs devant le théâtre de l'Odéon à Paris, 1959. Photo: Brion Gysin

Burroughs a acheté une petite boule de radiesthésiste en acier inoxydable. En l'examinant, Gysin a la vision de son restaurant à Tanger. Burroughs regarde par-dessus son épaule et voit la même image, celle d'un cadavre que l'on sort du restaurant comme dans un enterrement musulman. En utilisant le pendule, Burroughs et Gysin apprennent à pratiquer cet art ancien de la divination qui consiste à fixer une surface brillante – une boule de cristal, par exemple – jusqu'à ce qu'une image apparaisse. Encouragés par les résultats, les deux hommes commencent à utiliser un miroir. Tous deux se regardent dans des glaces et, à une occasion, Gysin passe même trente-six heures d'affilée à fixer un miroir dans lequel il voit «passer de grandes galeries de personnages». Dans une lettre à Ginsberg, Burroughs évoque cette nouvelle orientation dans sa vie: «Les événements du mois dernier sont complexes et

Gysin : *« On dit que lorsque l'on met ensemble deux esprits…* / Burroughs : *« … il y a toujours un troisième esprit… »* / Gysin : *« … un troisième esprit, supérieur… »* / Burroughs : *« … comme un collaborateur invisible. »*

4 William S. Burroughs, lettre à Allen Ginsberg, Paris, 2 janvier 1959, in Oliver Harris (éd.), *The Letters of William S. Burroughs 1945-1959*, New York, Viking Penguin, 1993.

5 Terry Wilson, « Brion Gysin : A Biography/ Appreciation », *RE/Search* 4/5, San Francisco, 1982.

6 William S. Burroughs, lettre à Allen Ginsberg, Paris, fin juillet 1959, in Harris, *The Letters of William S. Burroughs, op. cit.*

7 T.S. Eliot, *The Waste Land*, New York, Boni and Liveright, 1922, vers 359-362. Ce poème a donné lieu à plusieurs traductions en français, la première étant celle de Pierre Leyris parue sous le titre *La Terre vaine*. Traduction donnée ici : Jean-François Allain (N.d.T.).

8 *Ibid.*, notes (trad. Jean-François Allain).

fantastiques au point qu'il m'est difficile de les raconter. C'est comme dix années pleines d'événements. Les occurrences paranormales sont épaisses et rapides […] Après avoir écrit la section "Fats Terminal" [de *The Naked Lunch*], j'ai vu le visage de Fats dans une perle d'ambre que Brion Gysin m'avait montrée, qui provenait d'un collier magique arabe […]. Un jour, je me suis regardé dans un miroir et j'ai vu mes mains, complètement inhumaines, épaisses, couleur rose-noir, fibreuses, et de longues vrilles blanches sortant du bout de mes doigts curieusement raccourcis, comme si le doigt avait été coupé pour faire place aux vrilles. Et Jerry [Wallace], qui était assis à l'autre bout de la pièce, s'est exclamé :

> "Mon Dieu, Bill ! Qu'est-ce qui ne va pas avec tes mains ?
> – Mes mains ? ai-je dit innocemment.
> – Elles sont épaisses et roses et quelque chose de blanc pousse au bout de tes doigts."
> De nombreuses personnes ont commenté mon invisibilité croissante[4]. »

De fait, Burroughs, Gysin et Ian Sommerville vont mettre au point un spectacle d'invisibilité. Sommerville fait le tour du Beat Hotel en annonçant aux résidents que, dans deux heures, Burroughs deviendra invisible, et il leur donne à tous une portion de hash pour les préparer à l'événement. À l'heure dite, une douzaine de personnes, pour la plupart défoncées, se rassemblent dans la chambre 15 où Burroughs est assis sur une chaise contre un mur blanc. Sommerville projette sur lui une diapositive en couleurs prise par Gysin et représentant le visage de Burroughs, en grandeur réelle, jusqu'à ce que les deux visages semblent coïncider, puis il déplace l'image hors champ. Pendant un moment, il modifie la mise au point dans un sens et dans l'autre, puis il abaisse devant Burroughs un cadre en bois noir traversé horizontalement par des ficelles, comme dans un store vénitien. La projection se concentre alors sur les ficelles, puis sur Burroughs, puis sur les ficelles, puis sur Burroughs, selon un rythme lent dans un sens et dans l'autre. À un moment donné, alors que la mise au point est faite sur les cordelettes, Burroughs se baisse silencieusement jusqu'au niveau du sol, de sorte que son image est désormais projetée sur le mur blanc derrière lui. Il glisse alors sur le sol et se cache derrière un rideau tandis que le public continue à fixer d'abord le cadre et ses ficelles, puis le mur, pensant que Burroughs est encore là. Enfin les lumières s'éteignent et Burroughs a disparu. Selon le photographe

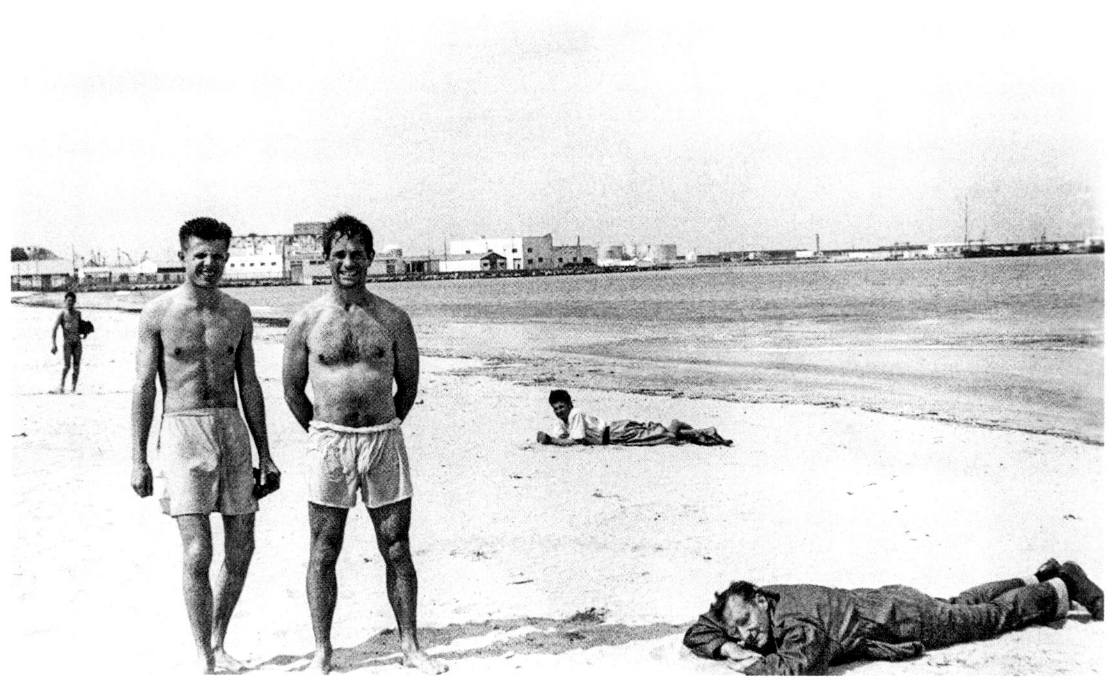

40 (ill.) • **Peter Orlovsky, Jack Kerouac et William S. Burroughs sur la plage de Tanger, Maroc, 1956. Photo : Allen Ginsberg**

Harold Chapman, qui se trouvait dans le public : « C'était absolument brillant, et parfaitement au point. Burroughs interprétait brillamment son numéro. »

Comme Gysin l'a dit un jour à Terry Wilson : « Les années au Beat Hotel à Paris ont été riches d'expériences […]. C'était le bon moment et le bon endroit avec les bonnes personnes. On expérimentait beaucoup[5]. » Burroughs explique à Ginsberg que Gysin et lui « [font] exactement la même chose dans des médiums différents[6] », et quand ils travaillent ensemble, ils sont tellement en phase qu'ils sont trois :

Qui est ce troisième qui marche toujours à ton côté ?
Quand je compte, il n'y a que toi et moi
Mais quand je regarde devant moi sur la route blanche
Il y a toujours un autre qui marche à ton côté[7].

The Waste Land de T.S. Eliot était le poème préféré de Burroughs : il en tira des vers qui apparaîtront dans ses *cut-ups* et dans ses livres tout au long de sa carrière d'écrivain. Eliot avait emprunté l'idée du « troisième homme » à l'explorateur de l'Antarctique Ernest Shackleton. « On rapporte, écrit-il, qu'un groupe d'explorateurs, à bout de forces, avait constamment l'illusion qu'il y avait une personne de plus que ce qu'ils pouvaient compter[8]. » Après la destruction de leur navire pris par les glaces, Shackleton et son équipe marchèrent durant trente-six heures à travers les champs de neige de la Géorgie du Sud. « Il me semblait souvent, écrit-il, que nous étions quatre et non pas trois. Je n'ai rien

« Jamais deux esprits ne se rencontrent sans en créer un troisième, invisible, intangible, que l'on peut assimiler à un troisième esprit. »

dit à mes compagnons, mais plus tard, Worsley me dit : "Patron, j'ai eu la curieuse impression, pendant que nous marchions, qu'il y avait une autre personne avec nous." Crean reconnut avoir eu la même sensation. Quand on essaie d'expliquer des choses intangibles, on est confronté "à la pauvreté des mots humains, à l'imperfection de la parole des mortels", mais le compte rendu de nos voyages serait incomplet sans cette référence à un sujet très proche de nos cœurs[9]. »

Cette expérience d'un troisième esprit – intermédiaire ou hybride –, qui apparaît lorsque deux individus collaborent, a été fréquemment commentée par des musiciens qui se connaissent tellement bien qu'ils savent, presque par télépathie, ce que chacun va faire ensuite. Interrogé à ce sujet, George Harrison, des Beatles, déclarait : « Nous le savons, tout simplement. C'est étrange, n'est-ce pas ? C'est comme s'il y avait une personne, là, qui vous disait quoi faire[10]. » Ce troisième esprit, Burroughs et Gysin en ont fait en 1978 le titre d'un livre issu de leur collaboration sur les *cut-ups*.

La désignation de « Third Mind » (troisième esprit) est tirée d'un livre de développement personnel à succès de Napoleon Hill, datant de 1937 et intitulé *Think and Grow Rich* (Réfléchissez et devenez riches), où l'on peut lire : « Jamais deux esprits ne se rencontrent sans en créer un troisième, invisible, intangible, que l'on peut assimiler à un troisième esprit. »

> Gysin : « On dit que lorsque l'on met ensemble deux esprits… Burroughs : « … il y a toujours un troisième esprit… » Gysin : « … un troisième esprit, supérieur… » Burroughs : « … comme un collaborateur invisible[11]. »

Pendant ce temps, Ginsberg, dans son rôle de défenseur et d'animateur de la Beat Generation, envoie des extraits de *The Naked Lunch* à des revues littéraires d'avant-garde comme *Black Mountain Review*, *Yügen*, *Nomad* ou *Semina*, et Burroughs lui-même envoie des pages à *New Departures*, *Jabberwock* et d'autres magazines. Le livre devient un classique underground inédit, mais tel qu'il se présente lorsque Burroughs arrive à Paris, il a déjà été rejeté par Lawrence Ferlinghetti, de City Lights Books à San Francisco, parce qu'il contient trop d'homosexualité et de violence, et par Maurice Girodias, d'Olympia Press à Paris, parce qu'il n'en contient pas assez. Puis au printemps 1958, la *Chicago Review*, émanation de l'université de Chicago, en publie un extrait et, six mois plus tard, un autre extrait, plus long encore.

9 Ernest Shackleton, *South : The Story of Shackleton's Last Expedition 1914-1917*, Londres, William Heinemann, 1919. Paru en français sous le titre *L'Odyssée de l'« Endurance »*, trad. M.-L Landel, préface de Paul-Émile Victor, Paris, Phébus, 1988. Traduction donnée ici : Jean-François Allain (N.d.T.).

10 Dans une conversation avec l'auteur, Abbey Road Studios, Londres, 1967.

11 William S. Burroughs et Brion Gysin, *The Third Mind*, New York, Viking Press, 1978, p. 19, reproduisant un entretien avec Robert Palmer in *Rolling Stone*, 11 mai 1972, p. 53 (trad. Jean-François Allain).

12 William S. Burroughs, Brion Gysin, Sinclair Beiles et Gregory Corso, *Minutes To Go*, Paris, Two Cities, 1960.

13 William S. Burroughs et Brion Gysin, *The Exterminator*, San Francisco, Auerhahn, 1960.

Suite à l'intervention des autorités universitaires, une querelle de censure s'engage, qui conduit l'équipe de rédaction à démissionner. Celle-ci décide alors de lancer un nouveau magazine, *Big Table*, dont le premier numéro contient dix épisodes de *The Naked Lunch*. Girodias change alors d'avis et cherche à tirer profit de cette publicité en publiant le livre.

Entre-temps, Burroughs a ajouté de nombreux passages, et il en a annoté et modifié d'autres, si bien que Sinclair Beiles, l'assistant de production d'Olympia Press, et Brion Gysin, se retrouvent au Beat Hotel pour retaper le tout au propre sur une machine à écrire, Burroughs étant lui-même un piètre dactylographe. Ce travail leur demande exactement dix jours, d'autres personnes se joignant parfois à eux. Lorsque suffisamment de pages sont prêtes à être composées, Beiles les emporte chez l'imprimeur, d'où elles reviennent sous forme d'épreuves dans un ordre aléatoire. Burroughs passe son temps à corriger ces épreuves et à recouvrir le mur de multiples photographies de ses explorations en Amérique du Sud et à Tanger. Une fois le travail terminé, Beiles demande à Burroughs de remettre les feuilles dans le bon ordre, mais il n'y a pas de «bon ordre». Gysin feuillette les épreuves et demande: «Pourquoi changer l'ordre?» Burroughs insère l'épisode d'Hauser et O'Brien, mais il laisse les autres sections telles quelles, dans l'ordre où elles sont revenues de chez l'imprimeur, y compris une qui a été composée deux fois. Pour la jaquette, Burroughs utilise ses propres glyphes, fortement influencés par Brion Gysin, qu'il avait souvent observé en train de peindre.

Leur collaboration suivante, et la plus importante, concerne les *cut-ups*. En septembre 1959, Gysin découpe un carton pour monter un dessin, mais son cutter dérape et tranche la pile de journaux qui protégeait son bureau, créant ainsi des fragments de texte. Certaines combinaisons de mots attirent alors son attention et il commence à assembler ces fragments au hasard. Le résultat lui paraît si amusant qu'il se met à rire, au point que ses voisins, craignant qu'il ne soit pris d'une crise de panique, viennent voir ce qui se passe. Quand, après le déjeuner, Gysin montre sa découverte à Burroughs, celui-ci comprend l'humour de la situation, mais il ajoute aussi: «Tu tiens là quelque chose d'énorme, Brion.»

Les *cut-ups* vont dominer la vie et le travail de Burroughs pendant les dix années suivantes. Au début, les deux hommes découpent des quotidiens et des magazines, mais ils se rendent vite compte que la qualité des mots est de la plus haute importance. Ils se mettent donc à découper des textes de Shakespeare, de Rimbaud ou de Graham Greene, associant dans ce travail d'autres résidents du Beat Hotel. Le premier livre en *cut-up*, *Minutes To Go*[12] (1960), a ainsi été coécrit par Burroughs, Gysin, Sinclair Beiles et Gregory Corso. Pour la deuxième publication, en revanche, *The Exterminator*[13] (1960), Burroughs collabore uniquement avec Gysin. Envoyés à des magazines littéraires du monde entier, ces *cut-ups* font bientôt école, et la technique est reprise aux États-Unis, au Royaume-Uni, en Allemagne et en France, par des écrivains qui publient le fruit de leur travail.

48 → p. 158-159
Quatre doubles pages du *Scrapbook 3* de William S. Burroughs, 1979

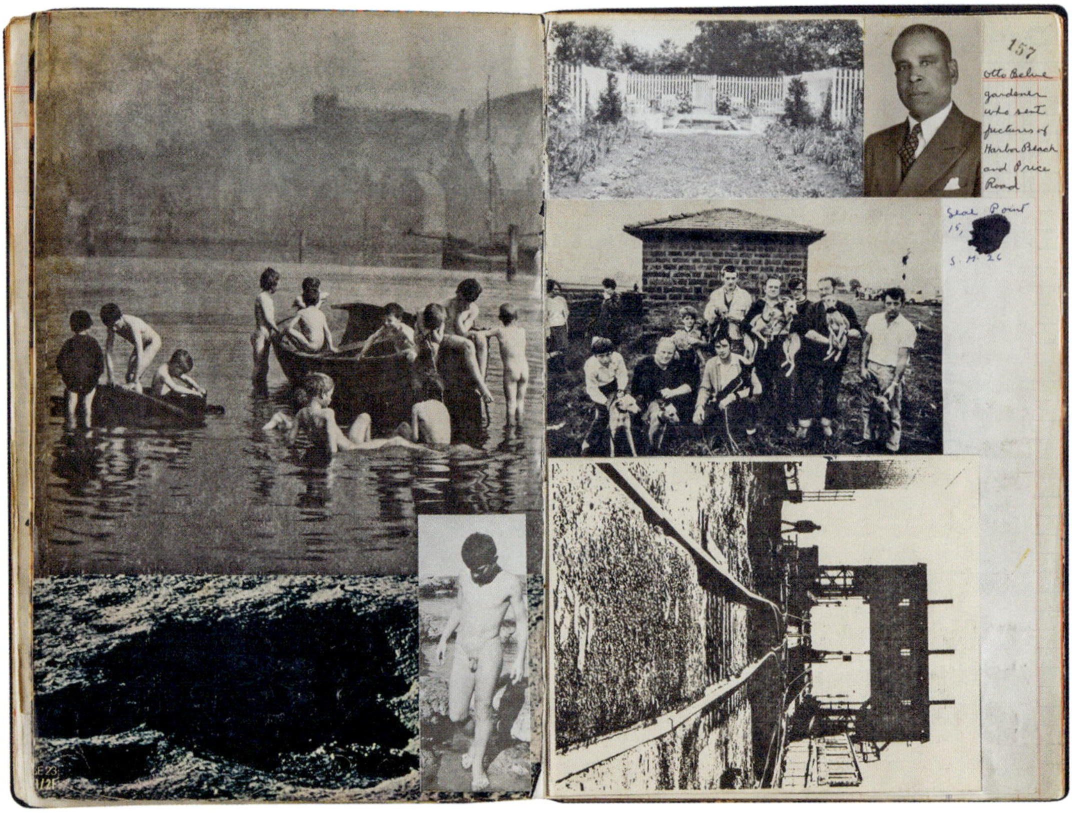

157

Otto Belue
gardener
who sent
pictures of
Harbor Beach
and Price
Road

Seal Point
15,
S. M. 26

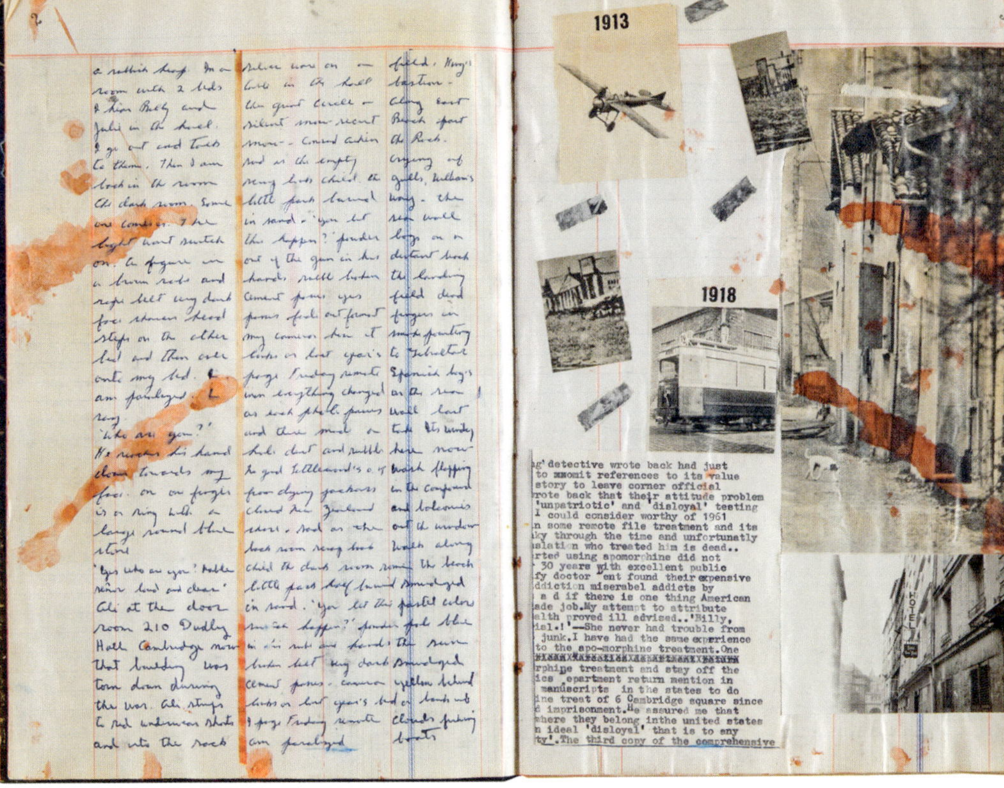

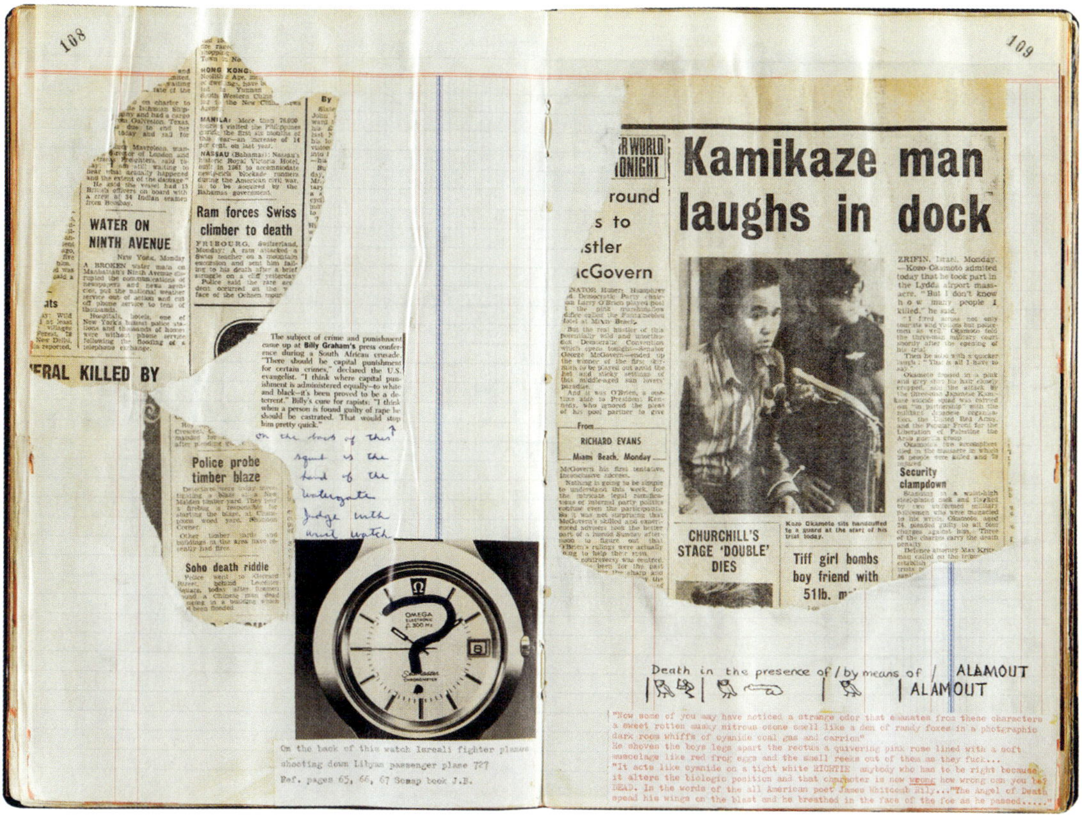

108

WATER ON NINTH AVENUE

Ram forces Swiss climber to death

The subject of crime and punishment came up at **Billy Graham's** press conference during a South African crusade. "There should be capital punishment for certain crimes," declared the U.S. evangelist. "I think where capital punishment is administered equally—to white and black—it's been proved to be a deterrent." Billy's cure for rapists: "I think when a person is found guilty of rape he should be castrated. That would stop him pretty quick."

on the back of this squib is the hand of the Watergate Judge with wrist watch

Police probe timber blaze

Soho death riddle

On the back of this watch Isreali fighter planes shooting down Libyan passenger plane 727

Ref. pages 65, 66, 67 Scrap book J.B.

109

Kamikaze man laughs in dock

ZRIFIN, Israel, Monday. —Kozo Okamoto admitted today that he took part in the Lydda airport massacre. "But I don't know how many people I killed," he said.

"I fired across not only tourists and visitors but policemen as well," Okamoto told the three-man military court shortly after the opening of his trial.

Then he said with a quicker laugh: "That is all I have to say."

Security clampdown

Kozo Okamoto sits handcuffed to a guard at the start of his trial today.

CHURCHILL'S STAGE 'DOUBLE' DIES

Tiff girl bombs boy friend with 51lb. m...

From RICHARD EVANS Miami Beach, Monday

Death in the presence of / by means of / ALAMOUT

| | | ALAMOUT

"Now some of you may have noticed a strange odor that emanates from these characters a sweet rotten musky nitrous ozone smell like a den of randy foxes in a photographic dark room whiffs of cyanide coal gas and carrion"
He shoves the boys legs apart the rectum a quivering pink rose lined with a soft mucoclage like red frog eggs and the smell reeks out of them as they fuck...
"It acts like cyanide on a tight white RIGHTIE anybody who has to be right because it alters the biologic position and that character is now wrong how wrong can you be? DEAD. In the words of the all American poet James Whitcomb Rily..."The Angel of Death spead his wings on the blast and he breathed in the face of the foe as he passed....."

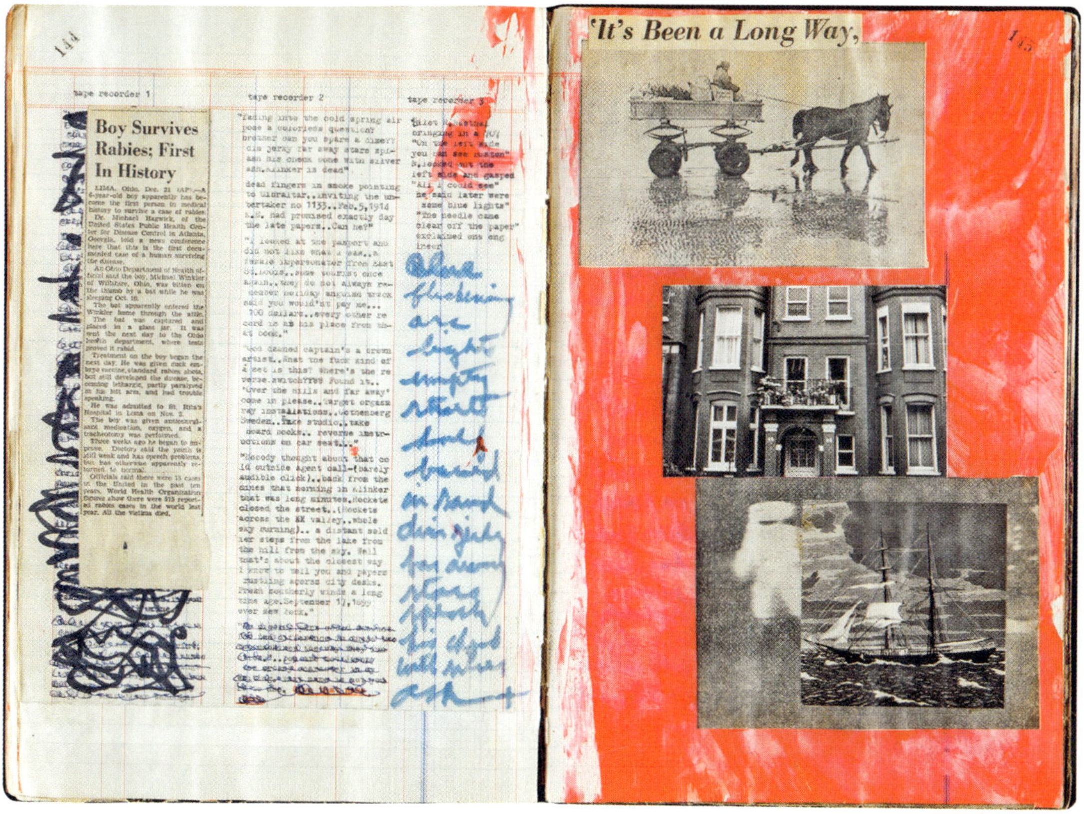

144

tape recorder 1

Boy Survives Rabies; First In History

LIMA, Ohio, Dec. 21 (AP)—A 6-year-old boy apparently has become the first person in medical history to survive a case of rabies.

Dr. Michael Hagwick, of the United States Public Health Center for Disease Control in Atlanta, Georgia, told a news conference here that this is the first documented case of a human surviving the disease.

An Ohio Department of Health official said the boy, Michael Winkler of Willshire, Ohio, was bitten on the thumb by a bat while he was sleeping Oct. 10.

The bat apparently entered the Winkler home through the attic. The bat was captured and placed in a glass jar. It was sent the next day to the Ohio health department, where tests proved it rabid.

Treatment on the boy began the next day. He was given duck embryo vaccine, standard rabies shots, but still developed the disease, becoming lethargic, partly paralyzed in his left arm, and had trouble speaking.

He was admitted to St. Rita's Hospital in Lima on Nov. 2.

The boy was given anticonvulsant medication, oxygen, and a tracheotomy was performed.

Three weeks ago he began to improve. Doctors said the youth is still weak and has speech problems, but has otherwise apparently returned to normal.

Officials said there were 15 cases in the United in the past ten years. World Health Organization figures show there were 515 reported rabies cases in the world last year. All the victims died.

tape recorder 2

"fading into the cold spring air pose a colorless question brother can you spare a dime? his jerky far away stare splash his cheek bone with silver ash. Klinker is dead"

dead fingers in smoke pointing to Gibraltar..inviting the undertaker no 1133..Feb.5,1914 K.E. had promised exactly day the late papers..Can he?"

"I looked at the passport and did not like what I saw..a female impersonater from East St.Louis..same tourist once again..they do not always remember holiday anguish wreck said you would'nt pay me... 100 dollars..every other record is in his place from that book."

"God damned captain's a brown artist..What the fuck kind of a set is this? Where's the reverse.switch? Found it.. 'Over the hills and far away' come in please..Target orgasm ray installations..Gothenberg Sweden..Fake studio..take board books.. reverse instructions on car seat..."

"Nobody thought about that cold outside agent call-(barely audible click)..back from the mines that morning in Klinker that was long minutes.Rockets closed the street..(Rockets across the valley..whole sky burning).. a distant soldier steps from the lake from the hill from the sky. Well that's about the closest way I know to tell you and papers rustling across city desks. Fresh southerly winds a long time ago.September 17,1899 over New York."

tape recorder 3

Eliot R.Ashton bringing in a 707 "On the left side you can see Boston" R.looked out the left side and gasped "All I could see" he said later were some blue lights" "The needle came clear off the paper" exclaimed one engineer

blue flickering are light empty streets ... burnt in sand ... far away ... ash

'It's Been a Long Way,

145

14 William S. Burroughs et Brion Gysin, *The Third Mind*, New York, Grove Press, 1978.

15 William S. Burroughs et Brion Gysin, *Œuvre croisée*, Paris, Flammarion, 1976.

Pour Gysin et Burroughs, les *cut-ups* étaient non seulement un prolongement du travail de Tzara – qui tirait des mots au hasard d'un chapeau –, et des dadaïstes des années 1920, mais aussi un dispositif littéraire de déconstruction. Burroughs soutenait que le langage – les mots eux-mêmes – représentait un système de contrôle ; les *cut-ups* étaient donc un moyen de briser ce contrôle du langage « pour voir ce qui est vraiment dit ».

Selon Gysin, la même technique pouvait s'appliquer à la parole si l'on juxtaposait aléatoirement des fragments d'enregistrement. Les deux hommes se mettent donc à enregistrer – souvent en répétant des séquences – par-dessus des enregistrements existants, parfois d'émissions télévisées ou radiophoniques ou, plus tard, de musique marocaine, de bruits de la circulation ou de chantiers de construction. Par la suite, en collaboration avec Antony Balch, ils appliquent le procédé au cinéma : le film qui en résulte, *The Cut-Ups*, est monté à partir de quatre bobines de film, par sections de douze pouces collées les unes à la suite des autres.

En 1963-1964, parallèlement à ces expériences cinématographiques, Burroughs commence à travailler sur des photomontages et des scrapbooks, dans lesquels il crée des collages à partir de photographies personnelles, de coupures de presse, de textes manuscrits – souvent dans des encres de couleurs différentes –, des lavis de couleurs et des fragments de textes dactylographiés. Il passe les sept premiers mois de 1965 à New York, où Brion Gysin le rejoint pour travailler sur la matière d'un *cut-up* qui doit s'appeler *The Third Mind*. Dédié « à et pour tous nos collaborateurs de tous les temps, les troisièmes esprits de partout. WSB & BG », ce livre très illustré, qui contient autant de collages et d'illustrations que de textes, depuis les premiers *cut-ups* jusqu'à une série de collages en collaboration spécialement créés pour ce livre à New York en 1965, en passant par des maquettes de scrapbook. Les techniques d'impression de l'époque ne permettent pas de produire une telle publication, sinon dans le format d'un luxueux livre d'art cartonné au prix de 25 dollars. Le projet est donc abandonné. Une dizaine d'années plus tard, la technologie ayant progressé, *The Third Mind*[14] (1978) sera publié, d'abord en français en 1976, sous le titre *Œuvre croisée*[15] ● **Barry Miles**

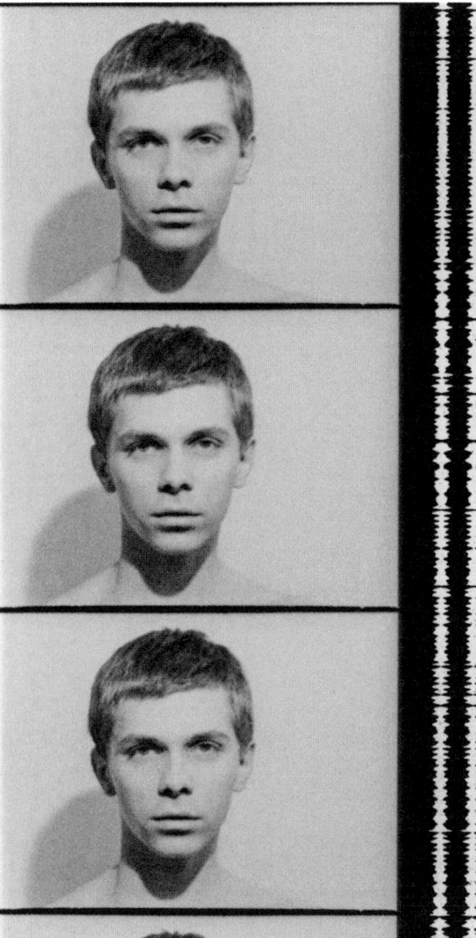

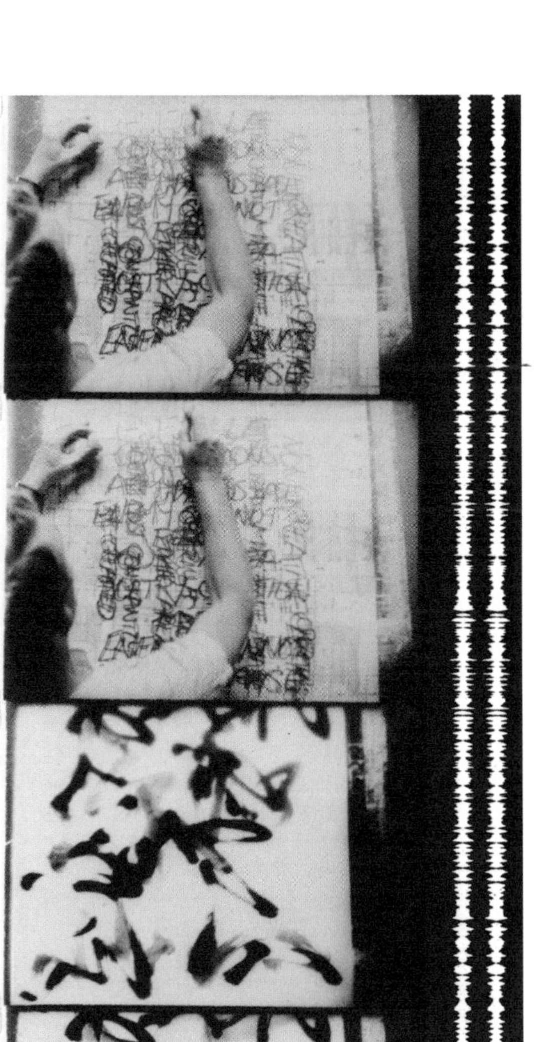

49 · Photogrammes du film *The Cut-Ups* d'Antony Balch, William S. Burroughs et Brion Gysin, 1966

Robert Frank / Alfred Leslie

David Amram / Richard Bellamy / Neal Cassady / Gregory Corso / Pablo Frank / Allen Ginsberg / Sally Gross / Jack Kerouac / Alice Neel / Peter Orlovsky / Denise Parker / Larry Rivers / Delphine Seyrig

●

Au générique de ce film réalisé par Robert Frank et Alfred Leslie, dans l'atelier de ce dernier, à New York, figurent les noms des poètes Allen Ginsberg, Peter Orlovsky et Gregory Corso, de l'artiste Larry Rivers, de l'actrice débutante Delphine Seyrig, du galeriste Richard Bellamy, de l'artiste Alice Neel, du musicien David Amram, de la danseuse Sally Gross, de Denise Parker et de Pablo Frank. Le texte chanté en début de film est une partie du poème qui a donné son titre au film – *Pull My Daisy* – et sera publié en 1984 dans l'anthologie *Allen Ginsberg, Collected Poems*, parue aux États-Unis chez Harper & Row et en Grande Bretagne chez Viking, avec l'attribution à trois co-auteurs : Jack Kerouac, Allen Ginsberg et Neal Cassady. Robert Frank a chargé John Cohen de prendre des photos du tournage. Elles ont été publiées par Patrice Rollet aux éditions Macula/Centre Pompidou en 2016, accompagnées de la traduction française de *Pull My Daisy* par Philippe Mikriammos. Ginsberg a écrit d'autres poèmes en collaboration, notamment avec Kerouac et Corso en 1956/1957, avec Kenneth Koch en 1979 et avec Ted Berrigan en 1980 ● **Jean-Jacques Lebel**

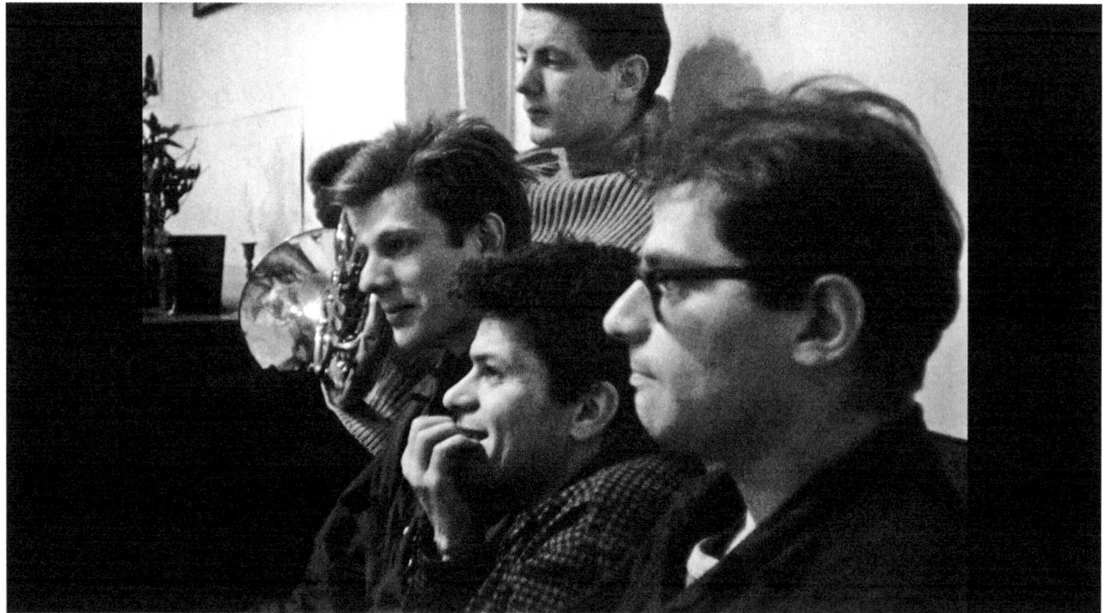

41 (ill.) · **Robert Frank et Alfred Leslie, *Pull My Daisy*, 1959 (photo de tournage)**

Pull My Daisy

By Jack Kerouac,
Allen Ginsberg,
Neal Cassady, 1959

Pull my daisy
tip my cup
all my doors are open
Cut my thoughts
for coconuts
all my eggs are broken
Jack my Arden
gate my shades
woe my road is spoken
Silk my garden
rose my days
now my prayers awaken

Bone my shadow
dove my dream
start my halo bleeding
Milk my mind &
make me cream
drink me when you're ready
Hop my heart on
harp my height
seraphs hold me steady
Hip my angel
hype my light
lay it on the needy

Heal the raindrop
sow the eye
bust my dust again
Woe the worm
work the wise
dig my spade the same
Stop the hoax
what's the hex
where's the wake
how's the hicks
take my golden beam

Rob my locker
lick my rocks
leap my cock in school
Rack my lacks
lark my looks
jump right up · L'art
à petits pas my hole
Whore my door
beat my boor
eat my snake of fool
Craze my hair
bare my poor
asshole shorn of wool
say my oops
ope my shell
Bite my naked nut
Roll my bones
ring my bell
call my worm to sup
Pope my parts
pop my pot
raise my daisy up
Poke my pap
pit my plum
let my gap be shut

50 · Allen Ginsberg, Jack Kerouac et Neal Cassady, *Pull My Daisy*, publié dans Allen Ginsberg, *Collected Poems 1947-1980*, 1re édition américaine, Harper 1984, 1re édition anglaise, Viking 1985

Jean-Jacques Lebel

Enrico Baj / Roberto Crippa / Gianni Dova
Erró / Antonio Recalcati

« La cause du peuple algérien, qui contribue de façon décisive à ruiner le système colonial, est la cause de tous les hommes libres. »

— *Manifeste des 121*, 6 septembre 1960

1 Pour relater l'incroyable histoire du *Grand Tableau Antifasciste Collectif* (*GTAC*), j'ai retranscrit ce que Jean-Jacques m'en a raconté. Il a vécu cette époque de combat intensif contre la torture et le colonialisme et m'en a brossé le portrait. Puis, j'ai essayé de retranscrire l'élaboration du *GTAC* et ses nombreuses tribulations.

2 Florence Beaugé, « Guerre d'Algérie : le tabou des viols commis par des militaires français », *Le Monde*, 17 mars 2021, mis à jour le 2 avril 2021 [en ligne : www.lemonde.fr/international/article/2021/03/17/guerre-d-algerie-le-tabou-des-viols-commis-par-des-militaires-francais_6073395_3210.html]

●

Le contexte existentiel · À l'origine du *Grand Tableau Antifasciste Collectif* (*GTAC*)[1], il y a un crime historique d'une horreur indicible : la torture et le viol de Djamila Boupacha, une militante du FLN de vingt-trois ans, arrêtée et suppliciée par des policiers et des soldats français à Alger, en février 1960. Elle fut accusée à tort d'avoir commis un attentat à la bombe, torturée à l'électricité – des électrodes ayant été fixées au bout de ses seins, sur son visage, sur ses jambes et sur son sexe. Elle subit ensuite le supplice de la baignoire et elle fut violée – alors qu'elle était vierge – à l'aide d'un manche de brosse à dents et d'une bouteille de bière à en perdre connaissance. Aussitôt connus et diffusés – grâce à l'opiniâtre dynamisme de l'avocate de Djamila, Gisèle Halimi, relayée par les comités de soutien animés par des militants anticolonialistes –, ces faits d'une extrême gravité ont provoqué en Algérie, en France et à travers le monde, un scandale retentissant. En juin 1960, Simone de Beauvoir, à la demande de Gisèle Halimi, publia dans *Le Monde* « Pour Djamila Boupacha », une mise en accusation en bonne et due forme des responsables de la torture et du viol infligés à Djamila et aux autres prisonnières et prisonniers politiques algériens. Cette tribune fera date.

De tout temps et sous toutes les latitudes, la hargne colonialiste a ciblé avec précision le corps des femmes en commettant d'innommables crimes contre l'humanité – et pendant les 130 années d'occupation de l'Algérie par l'armée française, il s'en est commis beaucoup. Cependant, le caractère délibérément sexuel des sévices précis infligés à Djamila Boupacha au nom d'une Algérie française contre laquelle la majorité de la population algérienne s'est soulevée les armes à la main, à partir de 1954, a érigé la torture et le viol en preuves de l'ignominie spécifique du fait colonial.

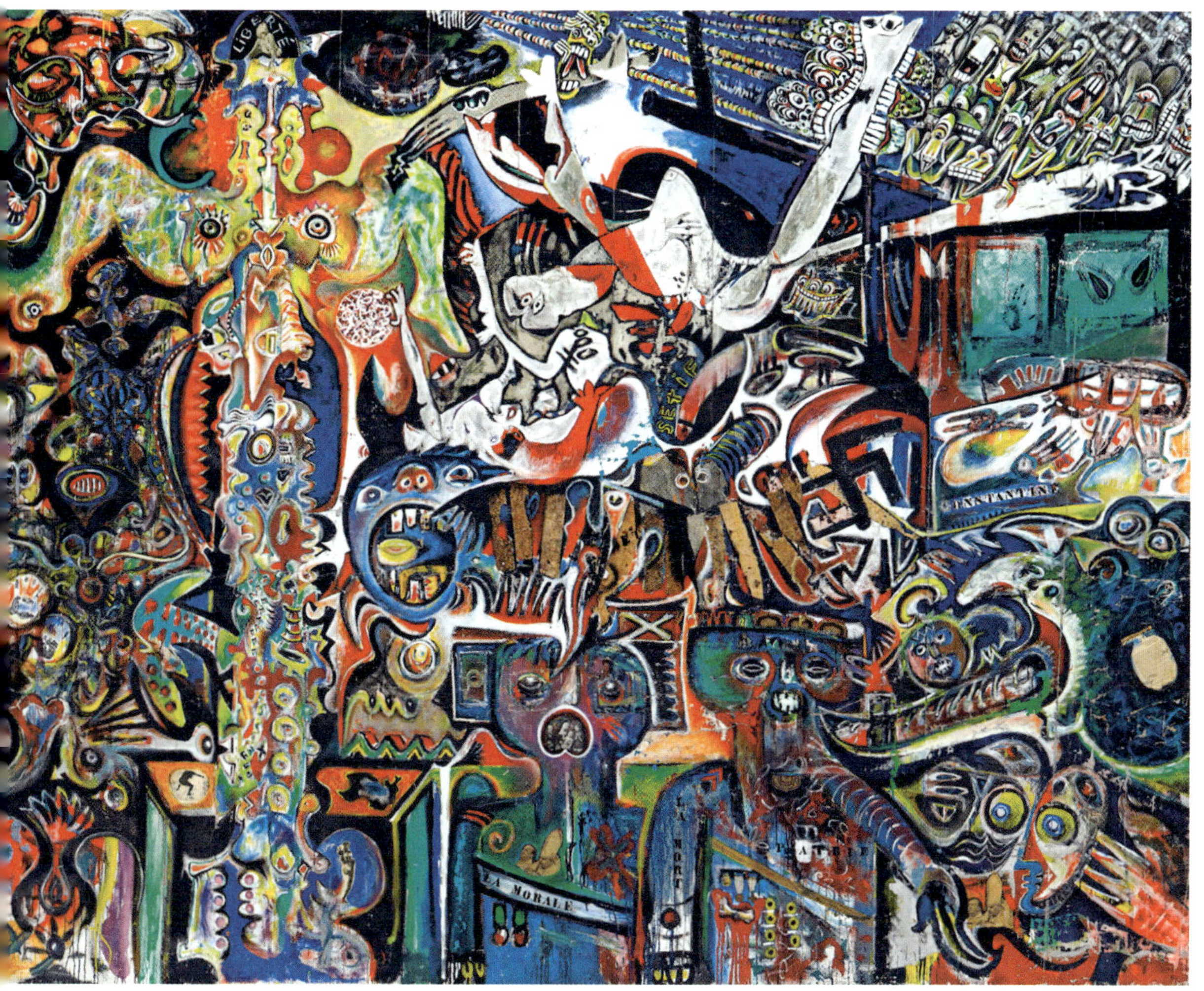

51 · Enrico Baj, Roberto Crippa, Gianni Dova, Erró, Jean-Jacques Lebel et Antonio Recalcati, *Le Grand Tableau Antifasciste Collectif*, 1960

C'est avec un courage inouï que Djamila, secondée avec une remarquable efficacité par son avocate Gisèle Halimi, porta plainte pour torture et viol devant le tribunal d'Alger. Tous les détails et les documents essentiels concernant cette affaire – qui fit jurisprudence – furent rendus publics par Simone de Beauvoir et Gisèle Halimi en 1962 dans leur ouvrage commun, *Pour Djamila*, paru aux éditions Gallimard.

Depuis l'Antiquité, sur tous les continents, les régimes fondés sur la coercition et l'exploitation ont utilisé les sévices sexuels pour terroriser la société civile, pour tenter d'anéantir et de réduire à l'état d'objets celles et ceux qu'ils opprimaient. Colonialisme et crimes sexuels ont toujours été inséparables. Le corps colonisé – masculin ou féminin, peu importe – est par définition dépersonnalisé, chosifié, annihilé. Selon Gisèle Halimi, citée par Florence Beaugé dans son enquête parue dans *Le Monde*[2] en 2021 : « Neuf femmes sur dix étaient violées lorsqu'elles étaient soumises à un interrogatoire. » Malgré la censure drastique appliquée par le gouvernement français, des preuves irréfutables de la torture méthodique employée par l'armée ont circulé de plus en plus. En 1961, un collectif d'avocats militants algériens et français – dans l'intention d'organiser un « Nuremberg pour l'Algérie » – a publié aux éditions Maspero des documents accablants contre l'armée dont des photos de cadavres défigurés d'Algériens

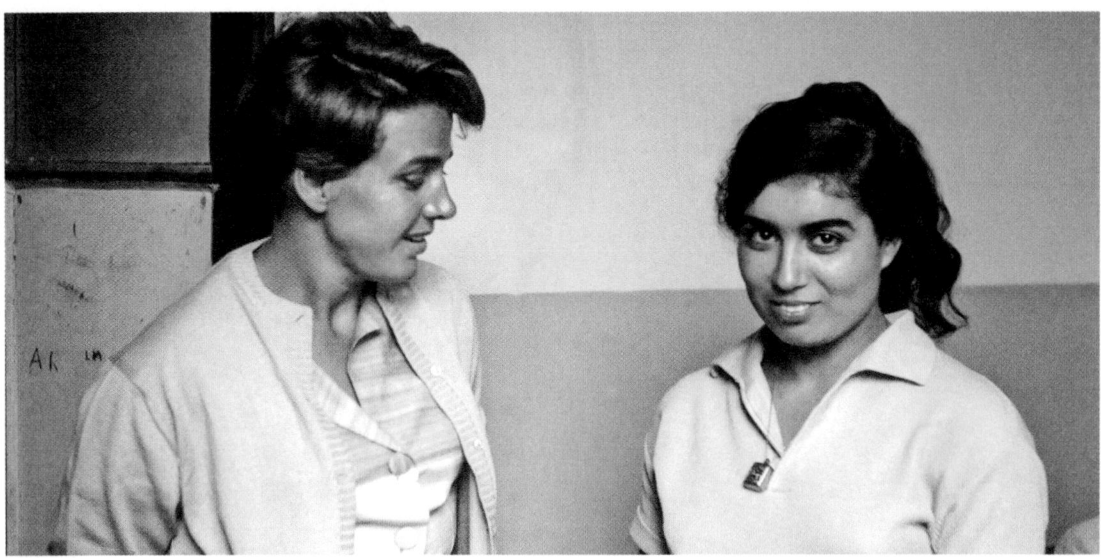

42 (ill.)
Djamila Boupacha et son avocate, Gisèle Halimi lors du procès de Rennes en 1962

morts sous la torture pendant des interrogatoires. L'interminable série de massacres et de crimes perpétrés contre les opposants ou les citoyens lambda en Algérie depuis 1830 par les forces d'occupation françaises relève de la banalité du mal inhérent à toute colonisation. La seule nouveauté fut qu'en 1956, au Parlement français, une majorité de députés de droite comme de gauche – socialistes et communistes compris – vota les «pouvoirs spéciaux» qui conféraient à l'armée et à la police la permission de torturer. La France, prétendument «le pays des droits de l'homme» fut ainsi le premier – et sous l'autorité d'un Premier ministre socialiste nommé Guy Mollet – à légaliser la torture, les exécutions sommaires et les méthodes policières héritées de la Gestapo; c'est *cela* qu'a révélé au grand jour la dénonciation des crimes commis contre Djamila, contre Henri Alleg, contre Maurice Audin et contre tous les autres maquisards et maquisardes torturés à la «gégène», battus à mort, ou passés par les armes pour s'être insurgés contre l'ordre colonial. C'est précisément parce que ces crimes étaient du domaine de l'indicible que certains artistes s'en sont préoccupés. Pendant que le *GTAC* prenait forme à Milan, Matta peignit à Paris *La Question* – en hommage à Henri Alleg – et *Djamila*, deux œuvres majeures; mais ces actions artistiques restèrent isolées et confidentielles.

Pendant la bataille d'Alger, le général Massu – catholique pratiquant et chef militaire des plus cyniques – qualifia la torture de «mal nécessaire». Nécessaire à qui? L'opinion publique se divisa en deux camps: d'un côté les défenseurs du colonialisme coûte que coûte, camp composé d'individus d'extrême droite, de droite et même «de gauche» – parmi lesquels un ministre de l'Intérieur, partisan entêté de «l'Algérie française», futur président de la République du nom de François Mitterrand; de l'autre côté, une grande variété de citoyens et citoyennes appartenant soit aux milieux catholiques pacifistes et républicains, soit à la gauche traditionnelle, soit à ladite «nouvelle extrême gauche», farouchement anti-impérialiste, camp qui fut qualifié par ses adversaires «d'Anti-France» surnom jadis octroyé aux défenseurs du capitaine Dreyfus par les antisémites d'État, les militaristes fanatisés et les impérialistes inconditionnels. Tel fut le contexte d'affrontement politique et social dans lequel en 1960 éclata comme une bombe le *Manifeste des*

« LES 121 »

Déclaration sur le droit à l'insoumission dans la guerre d'Algérie

Un mouvement très important se développe en France, et il est nécessaire que l'opinion française et internationale en soit mieux informée, au moment où le nouveau tournant de la guerre d'Algérie doit nous conduire à voir, non à oublier, la profondeur de la crise qui s'est ouverte il y a six ans.

De plus en plus nombreux, des Français sont poursuivis, emprisonnés, condamnés, pour s'être refusés à participer à cette guerre ou pour être venus en aide aux combattants algériens. Dénaturées par leurs adversaires, mais aussi édulcorées par ceux-là mêmes qui auraient le devoir de les défendre, leurs raisons restent généralement incomprises. Il est pourtant insuffisant de dire que cette résistance aux pouvoirs publics est respectable. Protestation d'hommes atteints dans leur honneur et dans la juste idée qu'ils se font de la vérité, elle a une signification qui dépasse les circonstances dans lesquelles elle s'est affirmée et qu'il importe de ressaisir, quelle que soit l'issue des événements.

Pour les Algériens, la lutte, poursuivie, soit par des moyens militaires, soit par des moyens diplomatiques, ne comporte aucune équivoque. C'est une guerre d'indépendance nationale. Mais, pour les Français, quelle en est la nature? Ce n'est pas une guerre étrangère. Jamais le territoire de la France n'a été menacé. Il y a plus: elle est menée contre des hommes que l'Etat affecte de considérer comme français, mais qui, eux, luttent précisément pour cesser de l'être. Il ne suffirait même pas de dire qu'il s'agit d'une guerre de conquête, guerre impérialiste, accompagnée par surcroît de racisme. Il y a de cela dans toute guerre, et l'équivoque persiste.

En fait, par una décision qui constituait un abus fondamental, l'Etat a d'abord mobilisé des classes entières de citoyens à seule fin d'accomplir ce qu'il désignait lui-même comme une besogne de police contre une population opprimée, laquelle ne s'est révoltée que par un souci de dignité élémentaire, puisqu'elle exige d'être enfin reconnue comme communauté indépendante.

Ni guerre de conquête, ni guerre de « défense nationale », ni guerre civile, la guerre d'Algérie est peu à peu devenue une action propre à l'armée et à une caste qui refusent de céder devant un soulèvement dont même le pouvoir civil, se rendant compte de l'effondrement général des empires coloniaux semble prêt à reconnaître le sens.

C'est, aujourd'hui, principalement la volonté de l'armée qui entretient ce combat criminel et absurde, et cette armée, par le rôle politique que plusieurs de ses hauts représentants lui font jouer, agissant parfois ouvertement et violemment en dehors de toute légalité, trahissant les fins que l'ensemble du pays lui confie, compromet et risque de pervertir la nation même, en forçant les citoyens sous ses ordres à se faire les complices d'une action factieuse ou avilissante. Faut-il rappeler que, quinze ans après la destruction de l'ordre hitlérien, le militarisme français, par suite des exigences d'une telle guerre, est parvenu à restaurer la torture et à en faire à nouveau comme une institution en Europe?

C'est dans ces conditions que beaucoup de Français en sont venus à remettre en cause le sens de valeurs et d'obligations traditionnelles. Qu'est-ce que le civisme, lorsque, dans certaines circonstances, il devient soumission honteuse? N'y a-t-il pas des cas où le refus de servir est un devoir sacré, où la « trahison » signifie le respect courageux du vrai? Et lorsque, par la volonté de ceux qui l'utilisent comme instrument de domination raciste ou idéologique, l'armée s'affirme en état de révolte ouverte ou latente contre les institutions démocratiques, la révolte contre l'armée ne prend-elle pas un sens nouveau?

Le cas de conscience s'est trouvé posé dès le début de la guerre. Celle-ci se prolongeant, il est normal que ce cas de conscience se soit résolu concrètement par des actes toujours plus nombreux d'insoumission, de désertion, aussi bien que de protection et d'aide aux combattants algériens. Mouvements libres qui se sont développés en marge de tous les partis officiels, sans leur aide et, à la fin, malgré leur désaveu. Encore une fois, en dehors des cadres et des mots d'ordre préétablis, *une résistance* est née, par una prise de conscience spontanée, cherchant et inventant des formes d'action et des moyens de lutte en rapport avec une situation nouvelle dont les groupements politiques et les journaux d'opinion se sont entendus, soit par inertie ou timidité doctrinale, soit par préjugés nationalistes ou moraux, à ne pas reconnaître le sens et les exigences véritables.

Les soussignés, considérant que chacun doit se prononcer sur des actes qu'il est désormais impossible de présenter comme des faits divers de l'aventure individuelle; considérant qu'eux-mêmes, à leur place et selon leurs moyens, ont le devoir d'intervenir, non pas pour donner des conseils aux hommes qui ont à se décider personnellement face à des problèmes aussi graves, mais pour demander à ceux qui les jugent de ne pas se laisser prendre à l'équivoque des mots et des valeurs, déclarent:

— Nous respectons et jugeons justifié le refus de prendre les armes contre le peuple algérien.
— Nous respectons et jugeons justifiée la conduite des Français qui estiment de leur devoir d'apporter aide et protection aux Algériens opprimés au nom du peuple français.
— La cause du peuple algérien, qui contribue de façon décisive à ruiner le système colonial, est la cause de tous les hommes libres.

52 · *Manifeste des 121*, 1960

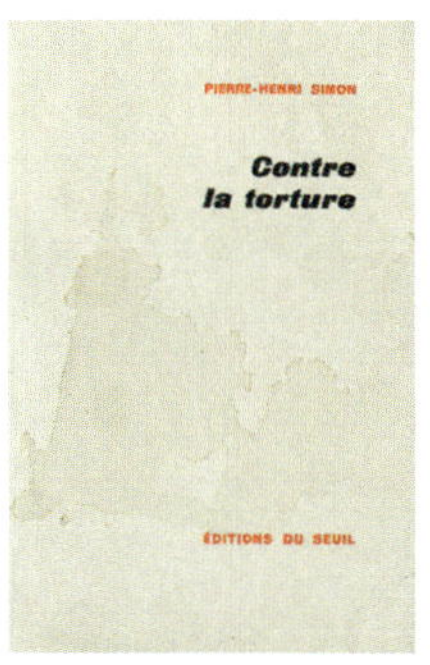

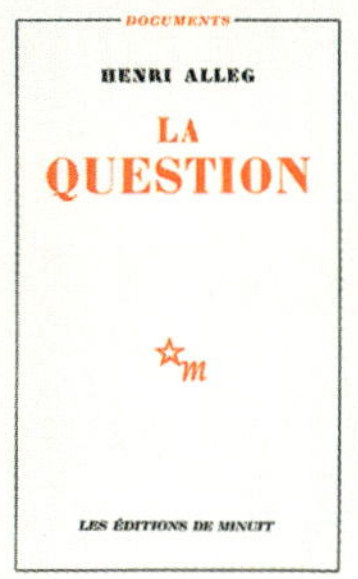

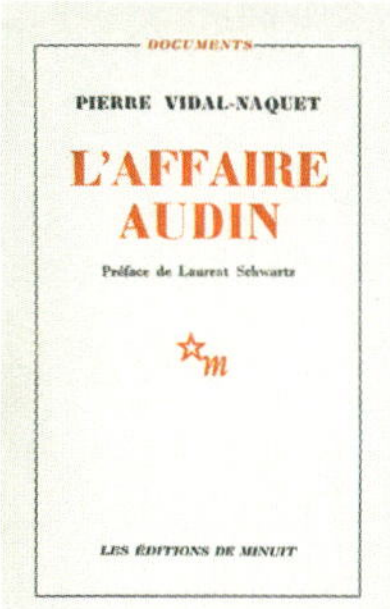

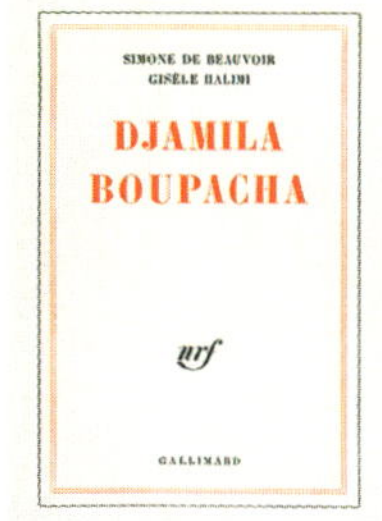

53-54-55 et 43 (ill.) Textes anticolonialistes

121 pour le droit à l'insoumission dans la guerre d'Algérie, qui s'attaquait frontalement à la légitimité du vote des «pouvoirs spéciaux» et à la légalisation de la torture, par un appel à la désertion et à la désobéissance civile. Signé dans un premier temps par 121 sommités de la culture parmi lesquelles des femmes et des hommes de renommée mondiale – intellectuels et artistes pour la plupart – et dans un deuxième temps par des plus jeunes, ce manifeste d'importance historique entérina la rupture entre la vieille «gauche» colonialiste du PCF et de la SFIO, et le soulèvement de la jeunesse franchement libertaire ou néo-marxiste qui, huit ans plus tard, par sa créativité débordante et sa formidable énergie vitale, allait déclencher le mouvement des occupations et la grève généralisée la plus ample et radicale de toute l'histoire du capitalisme.

Le *Manifeste des 121* fut aussitôt contré sur le plan tactique et moral par le *Manifeste des 185*, signé par des personnalités de droite et d'extrême droite, pour la plupart partisans psychorigides de la raison d'État. Ce profond clivage politico-philosophique s'imposa et se généralisa, malgré quelques vacillements, autour de la dénonciation ou de l'acceptation de la torture.

L'élaboration du *GTAC* • Parmi les milliers de jeunes en plein désarroi, appelés du contingent, objecteurs de conscience, réfractaires ou déserteurs, prêts à risquer leur liberté en se solidarisant, par des actions concrètes, avec les insurgés algériens contre le pouvoir colonial, plus d'un étaient profondément traumatisés par les supplices infligés à Djamila de la part de bourreaux français. L'un de ceux-là fut l'artiste Jean-Jacques Lebel, alors âgé de vingt-quatre ans, récemment exclu par les surréalistes pour «insubordination». Anticolonialiste actif appartenant aux courants Noir et Rouge et Socialisme ou Barbarie, il venait juste, le 14 juillet 1960, d'organiser une cérémonie funèbre symbolique en l'honneur de l'une de ses amies intimes, Nina Thoeren, violée et assassinée le mois précédent à Los Angeles par un vendeur de bibles de porte-à-porte. Cette cérémonie, qui s'était déroulée publiquement à Venise dans le cadre de la manifestation «Anti-Procès 3», avait réuni une cinquantaine de grands artistes internationaux, avec pour titre *«L'enterrement de la Chose de Tinguely»*. Les deux crimes misogynes commis coup sur coup, à plus de 10000 kilomètres de distance, l'un à Alger, l'autre à Los Angeles, presque simultanément, contre une amie très proche et contre une militante algérienne, inconnue de lui mais néanmoins proche dans le combat anticolonial, plongea Lebel dans une violente crise de désespoir et de rage. Et pour purger ce désespoir et cette rage, il fut en quelque sorte contraint de passer à l'acte. Hébergé dans l'atelier du peintre Roberto Crippa, à Milan où il séjournait afin de préparer la manifestation «Anti-Procès 3», il se procura une toile démesurée de 4 mètres sur 5 et se mit au travail avec frénésie. Les nouvelles de la guerre de libération – arrivées d'Alger et de Paris par la Poste – jetèrent de l'huile sur le feu et décuplèrent sa rage. La monstruosité spécifique du fait colonial éclatait au grand jour, toujours davantage, et c'est précisément cette monstruosité qui se trouva à l'origine du contrecoup pictural collectif.

La décision de commencer à peindre ce qui allait devenir petit à petit le *Grand Tableau Antifasciste Collectif* fut entièrement improvisée, il n'y eut aucun travail préparatoire ni esquisse préalable, ce fut un pur acte pulsionnel dicté par la fureur alimentée par les documents et informations reçus. Jean-Jacques Lebel commença par peindre de haut en bas, sur la partie gauche de la toile une sorte de haut mât totémique transculturel directement inspiré des *totems poles* des tribus indiennes Haïda, Kwakiutl ou Tlingit de la côte Nord-Ouest du Canada et de l'Alaska. Sculptés, peints et érigés encore aujourd'hui, ces mâts totémiques sont de resplendissants monuments de pensée mythique fonctionnant comme transmetteurs de la mémoire collective.

Pourquoi cette massive référence visuelle à une civilisation non blanche, précoloniale? Par affinité élective spontanée avec «les arts d'avant le capitalisme», d'avant l'emprise de celui-ci sur la pensée, les arts et les mœurs. Souvenir aigu persistant du mât monumental vu et revu au musée de l'Homme à Paris (où Lebel rendait souvent visite à Michel Leiris), grandiose fantôme fondateur déplacé par la suite au rez-de-chaussée du musée du Quai Branly[3]. Grâce à ses échanges avec André Breton et à ses lectures anthropologiques, Lebel s'est durablement émerveillé de la culture des tribus autochtones de la rive Pacifique Nord-Ouest, du côté de Vancouver, qui ont inventé cette forme de récit sculpté de rêves collectifs polychromes. Ces artistes tribaux n'ont pas cessé de sculpter à la hache et au ciseau puis de peindre leurs mâts dans des troncs d'arbres géants prélevés sur leur territoire à la fois réel, géographique et psycholinguistique. Essentiellement, cette pratique perdure de nos jours. La forme « mât totémique » par quoi ce tableau a débuté ne fut pas le résultat d'une intention préprogrammée mais d'une réminiscence éclair dans l'instant fulgurant du coup de pinceau initial donné à la toile vierge, en haut d'une échelle, en pleine nuit. Acte inaugural pratiquement inconscient, improvisé sur le tas afin d'installer au sommet l'effigie et la silhouette à peine lisibles de Djamila, protagoniste héroïque déjà mythique de la saga décoloniale et du combat non pas national mais mondial contre l'oppression. Vision naïve, idéaliste même, d'un affrontement politico-idéologique, certes, mais surtout proclamation d'une dissidence radicale et d'une appartenance mentale à une civilisation et à un imaginaire collectif autres que ceux du capitalisme hégémonique. Djamila, suppliciée par les paras mais néanmoins triomphante car tenant tête à l'horreur de la punition sexuelle administrée par l'armée impérialiste, figure légendaire incarnant l'espoir dans l'avènement d'une société postcoloniale et postcapitaliste. Tout cela est apparu après coup, bien sûr, une fois le *GTAC* exposé au public et analysé par les critiques. Pendant qu'ils le peignaient, ses auteurs, pas plus que la plupart des autres artistes, ne « savaient ce qu'ils faisaient ». Ils avançaient intuitivement, en tâtonnant.

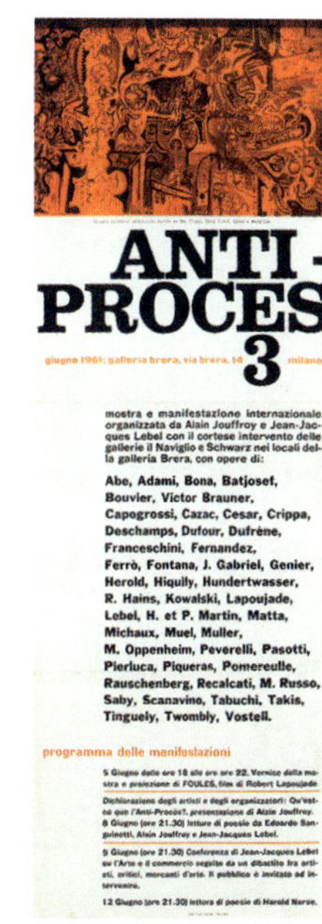

56 · Affichette de l'exposition « Anti-Procès 3 », organisée par Alain Jouffroy et Jean-Jacques Lebel, au cours de laquelle fut exposé pour la première fois le *Grand Tableau Antifasciste Collectif*, en juin 1961 à la Galleria Brera de Milan

Abolissant les codes esthétiques en vigueur (organisation logique, lois de la perspective, cohésion stylistique, principe unificateur d'un récit linéaire), préférant l'expérimentation et l'esprit dada à l'esthétique classique, le *GTAC* a enfreint toutes les règles conventionnelles de la peinture de chevalet ; mais c'est en donnant libre cours au chaos magmatique de l'insurrection décoloniale qu'il a provoqué la haine et le rejet des conservateurs et, plus généralement, des tenants de la culture dominante. Il a donc fallu un demi-siècle pour que ce tableau – en devenant une « cause célèbre » et en apportant la preuve matérielle de l'existence d'une véritable résistance contre-culturelle à la hargne castratrice du colonialisme – soit enfin vu, reconnu et perçu pour ce qu'il est : un cri à la fois de désespoir et d'espoir. En déplaçant l'enjeu de la mise en œuvre collective de l'esthétique à l'éthique, en se situant hors du marché de l'art, en refusant de légitimer le droit de cuissage exercé par l'armée sur toutes les Djamila insurgées du fait du monde, le *GTAC* est sorti de l'ordinaire, telle une sorte de barricade picturale ou, mieux encore, tel un soulèvement artistique et poétique contre la raison d'État.

Au sommet du mât se dessine donc la silhouette à peine reconnaissable d'un corps féminin allongé sur le dos, les jambes écartées et tatouées de deux yeux grand ouverts braqués sur les présences mythiques ancestrales des « premières nations ». Ainsi fut imaginé le corps de Djamila supplicié par des parachutistes français. C'est à partir de cette figure tragique, en haut à gauche, que la peinture collective se développa organiquement. Ensuite, le tableau s'est pour ainsi dire peint tout seul.

3 Le mât totémique du chef Kwarhsu, dit « mât de l'Ours » ou « mât Kwarhauh ».

57
Erró et Jean-Jacques Lebel retouchant le *Grand Tableau Antifasciste Collectif* la veille du vernissage de l'exposition « Anti-procès 3 » à la Galleria Brera de Milan, 1961. Au premier plan, sculpture en bronze de Lucio Fontana

Agressé sur sa gauche par des forces informes et sur sa droite, par un grand visage hurlant et dévorant, le mât totémique servit de point de démarrage. Environ une semaine après ces coups de pinceaux initiaux, le premier à rendre visite à Lebel dans l'atelier de Crippa fut son ami peintre milanais Enrico Baj. Libertaire lui aussi, quoique sporadiquement, mis au courant grâce à la presse italienne du tournant «gestapiste» que prenait la répression par l'armée française de l'insurrection algérienne, Baj était lui aussi dans tous ses états. Il lui fut aussitôt proposé, le plus spontanément du monde, de participer à l'élaboration du tableau en-train-de-se-faire. Il revint le lendemain nanti de rubans et de bouts de tissus militaires et brossa rapidement les deux figures de guerriers, bouches largement ouvertes, très menaçants, au bas de la toile. Lebel colla dans la gueule d'un des guerriers la reproduction d'une *Madonna col Bambino* et dessina les mots «La Morale» et «La Patrie» sur ces deux figures. Il ajouta aussi deux coupures de journaux italiens avec l'effigie du célèbre cardinal Ottaviani, chef de la diplomatie du Vatican, qui avait pris fait et cause pour l'action «civilisatrice» [*sic*] et évangélisatrice du colonialisme au Maghreb. À son tour,Baj peignit à droite une petite tête ronde, sectionnée par la lame anonyme d'un bourreau. Sur ce, Crippa intervint en collant des lamelles de liège à même la toile et en figurant une croix gammée noire en suspension au-dessus des guerriers, en référence directe aux exactions commises par les «forces de l'ordre» [*sic*] pendant et après la bataille d'Alger, de plus en plus gestapistes. L'irruption du swastika, ici, constitue une mise en accusation implacable de l'idéologie raciste et nationaliste, empruntée au nazisme, sur laquelle s'appuie l'entreprise coloniale qui, en instaurant la domination du «surhomme» colonisateur sur le «sous-homme» colonisé, érige en principe la haine et le mépris de l'Autre. Dès lors, même les comportements les plus criminels – le viol, la torture, le massacre individuel ou de masse – acquièrent un semblant de légitimité. C'est précisément ce qu'il advint avec le vote des «pouvoirs spéciaux» par une majorité de parlementaires français.
La liste est longue de celles et ceux qui, à partir du XIXe siècle, se sont insurgés contre le régime colonial. De Frederick Douglass à Frantz Fanon, de Louise Michel à Kateb Yacine, d'Aimé Césaire à James Baldwin en passant par d'innombrables militantes et militants qui n'ont pas laissé de traces écrites mais qui n'ont pas moins contribué de manière décisive au combat antiesclavagiste. Le *GTAC* a voulu attester, à sa façon, que Djamila Boupacha était de celles-là.

En octobre 1960 à Milan, Lebel organisa une réunion publique chez les Carbonari – où Baj, Dova, Jouffroy, le galeriste Schwarz, le député marxiste Vigorelli, le critique musical Pestalozza et le grand écrivain Vittorini prirent la parole en faveur du *Manifeste des 121* dont le texte (signé par lui et par Jouffroy) venait d'être publié par Lebel en tract séparé à insérer dans le numéro 2 de la revue *Front unique* (qu'il dirigeait, avec Schwarz, et qui était imprimée à Milan). Lebel colla un exemplaire de ce tract, à droite de la toile, en guise de légende explicative des contenus complexes et difficiles à déchiffrer du tableau. Ce fut ensuite le tour de Dova qui peignit, en hauteur, de grandes silhouettes anthropomorphiques blanches flottant au-dessus ou au travers du tableau. Recalcati quant à lui ajouta, à droite, des empreintes corporelles (sur fond vert) dont il était coutumier. Lebel inscrivit les mots-clés SETIF ET CONSTANTINE – lieux respectifs d'un massacre

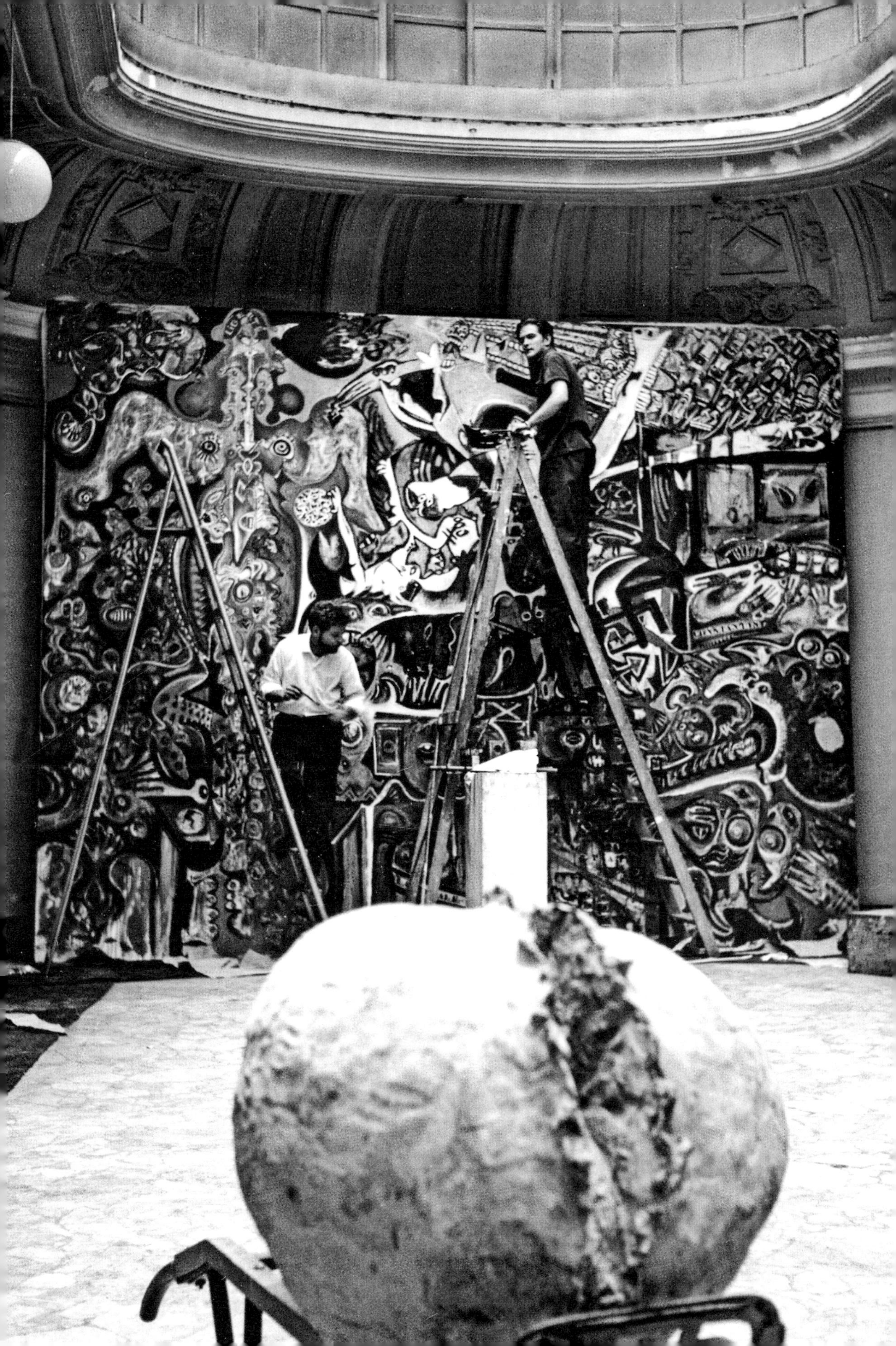

de masse en 1945 et du début de la colonisation de l'Algérie en 1830 – afin de marquer ces points de repères historiques au cœur du magma. La disharmonie qui règne sur ce tableau reflète celle qui régnait et règne toujours sur le champ social et culturel alentour. Lebel avait distribué à tous ses amis italiens – dont Baj, Crippa, Dova et Recalcati –, des exemplaires apportés de Paris de *La Question* d'Henri Alleg et de *L'Affaire Audin*, de Pierre Vidal-Naquet parus en 1958, afin de leur fournir des informations détaillées sur le virage fascisant que prenait la répression de l'insurrection en Algérie et en France. Selon la thèse défendue par Lebel, toute société dont le gouvernement entend légitimer l'usage de la torture est en voie de fascisation. D'où le titre du tableau collectif. Le putsch ourdi par l'OAS (Organisation de l'Armée secrète, une organisation fasciste clandestine) ne lui donna pas tort. Ce point avait son importance car, à l'époque, Dova et Recalcati étaient membres et sympathisants du Parti communiste italien et avaient donc peine à comprendre que le Parti communiste français – nettement plus stalinien – ait pu voter les «pouvoirs spéciaux» consentis à l'armée. Le dernier à intervenir, la veille de l'ouverture de la manifestation «Anti-Procès 3» à la Galleria Brera de Milan, en juin 1961 – soit plus de dix mois après les premiers coups de pinceaux – fut l'Islandais Erró, le meilleur ami de Lebel, venu de Paris pour le vernissage. Il peignit, en haut à droite, ses caractéristiques accumulations de têtes hurlantes, hybrides, entassées les unes contre les autres dans une sorte de préau de pénitencier universel. Éternels prisonniers et prisonnières politiques chosifiés, réduits à crier dans le vide.

Face à la méthode de domination ritualisée qui institue la *jouissance du bourreau* comme principe et finalité, la loi du silence était respectée scrupuleusement par les victimes des tortures et crimes sexuels. La sexualité criminelle est impossible à dire par un musulman de stricte obédience. En ce sens, Djamila Boupacha constitua une remarquable exception car non seulement elle porta plainte en détaillant avec exactitude les sévices qu'elle avait subis à Alger mais elle les détaillera à nouveau en accusant nommément ses tortionnaires devant le tribunal de Caen.

C'est justement le caractère innommable, automatiquement et profondément refoulé, censuré, des crimes sexuels qui aurait, en quelque sorte, contraint certains artistes anticolonialistes – dont Matta, Lapoujade, Cremonini, Dova, Erró, Lebel et quelques autres – à briser la loi du silence et les interdits consensuels afin d'évoquer picturalement ce que la parole ou l'écrit ne pouvaient ou ne voulaient pas dire de la torture. À part le *Martyre de saint Érasme* (1628) de Nicolas Poussin – où les tortionnaires sont des soldats romains –, le *Martyre de saint Laurent* de Titien (1548) et le *Martyre de sainte Catherine d'Alexandrie* (1598) de Caravage, autres prouesses des soldats romains, et enfin les *Désastres de la Guerre* (1818) de Goya – où les tortionnaires sont des soldats napoléoniens français – rares sont les œuvres d'art qui ont transgressé ce tabou. C'est pourquoi il convient non seulement de les sauvegarder mais d'en analyser les contenus sans avoir froid aux yeux.

On notera dans le *GTAC* l'absence criante d'un plan structurel d'ensemble. La spontanéité chaotique des interventions qui se sont succédé sur plusieurs mois tint lieu de principe unificateur. Ce tableau a la virulence et la fragile incertitude d'un premier jet. Les chevauchements, les enchevêtrements, les empiètements, les entremêlements désordonnés, témoignent de la folle créativité dont chacun a fait preuve. C'est la facture quelque peu sauvagement improvisée de ce tableau – au moins autant que son contenu ouvertement et délibérément politique – qui suscitera des réactions hostiles.

Les tribulations du *GTAC* • Exposé en plein centre de la manifestation «Anti-Procès 3» de Milan, en 1961, flanqué d'une grande peinture d'Erró (*Flux de la Sharpeville asexuée*) d'une part, et de l'autre d'une œuvre majeure de Matta intitulée *La Question* en référence au livre d'Henri Alleg racontant les tortures que lui ont infligées les paras français à Alger, le *Grand Tableau Antifasciste Collectif* provoqua un débat «tonitruant» dans le public ainsi que dans la presse italienne, française et anglophone. Les *carabinieri* déboulèrent dans l'exposition une quinzaine de jours après le vernissage – à la demande sans doute des services de l'ambassade ou du consulat de France – armés d'un ordre de séquestre signé du procureur Luigi Costanza – celui-là même qui, pendant les «années de plomb», se signalera par sa particulière agressivité envers les mouvements d'extrême gauche italiens. Ces *carabinieri* arrachèrent le *GTAC* de son châssis, le plièrent comme un immense mouchoir et l'emportèrent à la Questura avec trois autres œuvres d'Erró, de Müller et de Deschamps. Cet acte de censure caractérisé – sous le prétexte fallacieux d'une «insulte à la religion de l'État» et de «pornographie» [*sic*] – eut pour effet de souligner la pertinence historique du tableau qui ne fut restitué aux artistes que très endommagé, vingt-sept ans plus tard. Lebel négocia alors, grâce au poète libertaire Julien Blaine, alors adjoint au maire pour la culture, un accord avec la municipalité de Marseille qui, en échange de la donation de ce tableau, s'engageait formellement à le restaurer et à l'exposer dans un musée marseillais.

Mais ni la restauration du tableau, ni la reconstitution de l'exposition «Anti-Procès 3» de Milan de 1961, pourtant prévues dans le contrat, n'eurent lieu. Le *GTAC* resta donc enroulé et en caisse, confiné dans les réserves marseillaises pendant six années de plus (après avoir été exposé en 1998 au musée d'Art moderne de Vienne, en Autriche, par Lebel, qui le fit restaurer à ses frais). Il connut ensuite un destin international qui le transforma au fur et à mesure en «cause célèbre». Extrait du trou de mémoire marseillais, il fut successivement exposé en tant qu'emblème de la volonté de résistance face au colonialisme et au fascisme dans une grande quantité de musées européens – à l'Hôtel national des Invalides dans «La France en Guerre d'Algérie» en 1992, à Milan en 2000, à Strasbourg pendant trois ans (2000-2003), à Hambourg, au musée Reina Sofia de Madrid (en 2018), à Vienne, au Centre Pompidou (à deux reprises en 1996 et 2018), au musée du Louvre-Lens dans «Les Désastres de la Guerre» en 2014, à Nantes (à deux reprises, en 2014 et de 2017 à 2021) et, surtout, au musée d'Art moderne d'Alger en 2008 dans le cadre d'une manifestation capitale organisée par Anissa Bouayed, intitulée «Les artistes internationaux et la révolution algérienne». Il a été exposé à la Biennale de Berlin en 2022 par les soins de Kader Attia, ainsi qu'au musée de Wolfsburg. Les péripéties chaotiques et les actes de censure, sournois ou avoués, dont cette œuvre collective a fait l'objet depuis 1961 ont été relatés par le menu, documents à l'appui, dans un ouvrage collectif illustré publié aux éditions Dagorno en 2000. La peinture porte les cicatrices visibles de ses combats.

Et il est fort peu probable que le destin de cet encombrant témoin de l'ignominie colonialiste s'arrête là[4] ● **Blandine Chavanne**

4 Faute de pouvoir exposer le *Grand Tableau Antifasciste Collectif* au Mucem, pour des raisons structurelles liées au musée, nous avons opté pour la projection d'un extrait du film tourné il y a plusieurs années à Marseille par Hamid Bousmah dans les réserves du musée Cantini, où il en est abondamment question : *Les Traces de l'épreuve*. Nous remercions le réalisateur d'avoir bien voulu en choisir des extraits.

Jean-Jacques Lebel / Daniel Pommereulle

●
Formé à l'académie Julian, Daniel Pommereulle est mobilisé et envoyé en Algérie entre 1957 et 1959. Dès son retour, il peint ses premiers tableaux (*Nuages*, *Spirales*) et participe en 1961 à l'« Anti-Procès 3 » à Milan, organisé conjointement par Jean-Jacques Lebel et Alain Jouffroy (→ p. 169).

Très liés, Daniel Pommereulle et Jean-Jacques Lebel collaborent à de nombreuses reprises au cours des années 1960, à l'occasion des happenings de l'un ou de l'autre, notamment à la Biennale de Paris, au Festival de la libre expression, ou encore au happening d'Allan Kaprow (*Bon Marché*, 1963) auquel ils ont participé activement.

Les expériences graphiques et picturales menées sous psilocybine – un alcaloïde, substance psychoactive de certains champignons hallucinogènes –, grâce au psychiatre expérimenté René Robert, les réunissent de manière plus étroite. En mai 1968, ils contribuent tous deux à la préparation de la prise de l'Odéon. Leurs échanges seront constants et abondants pendant de longues années, et c'est donc tout naturellement qu'un après-midi de 1963, dans l'atelier de Lebel rue de l'Hôtel-Colbert – « quelques pétards aidant » – l'envie les prend de dessiner et peindre ensemble sur de grandes feuilles de carton qui traînent sur une table. Six œuvres naissent de cet instant, avant que les deux artistes ne sortent dîner au restaurant chinois où ils ont leurs habitudes, près de la place Maubert… ● **Blandine Chavanne**

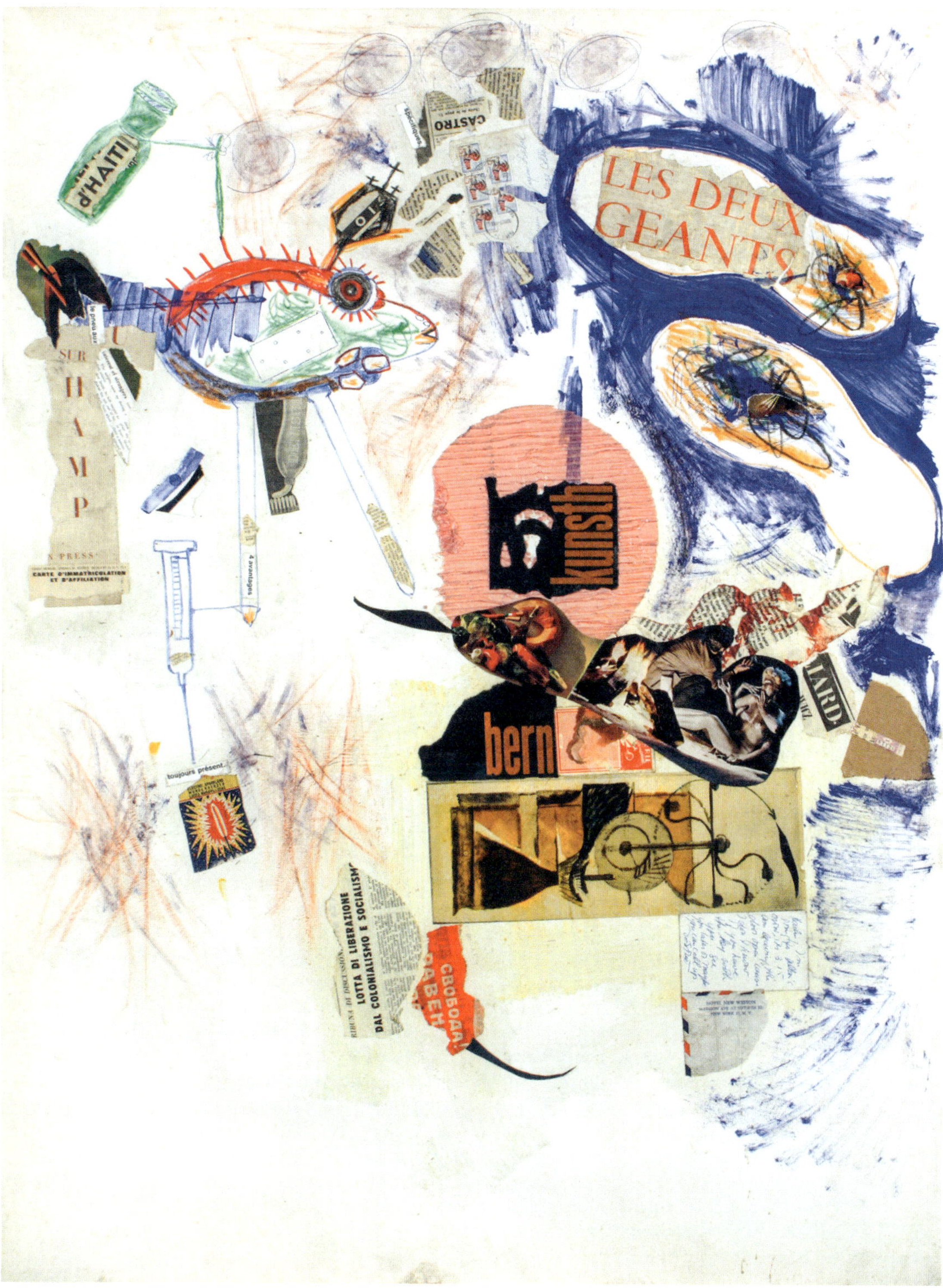

58 · Jean-Jacques Lebel
et Daniel Pommereulle,
***Lotta di Liberazione*, 1963**

Groupe de recherche d'art visuel (GRAV)

Horacio Garcia Rossi / Julio Le Parc François Morellet / Francisco Sobrino Joël Stein / Yvaral

●

Succession pleine de surprises de sept «cellules» où l'on entrait par un boyau plongé dans le noir, le *Labyrinthe* (21 mètres de long et 3,5 mètres de large) fut la première œuvre commune du Groupe de recherche d'art visuel (GRAV), amicale internationale de six jeunes gens français (Jean-Pierre Vasarely, dit Yvaral, François Morellet, Joël Stein), argentins (Julio Le Parc, Horacio Garcia Rossi) et espagnol (Francisco Sobrino) cristallisée en 1960-1961 en France. Tous portent active en eux la mémoire d'un passé artistique récent auquel les institutions parisiennes, au début des années 1960, ne réservent guère de place: l'art concret, le Bauhaus, Dada, le constructivisme, le suprématisme. Le *Labyrinthe* s'inscrit dans une archéologie qui convoquerait les espace Proun d'El Lissitzky, la *Salle néoplastique* de Władysław Strzemiński, ou encore le *Merzbau* de Kurt Schwitters. À leur différence, c'est une réalisation concertée collectivement dans les prémisses de Mai 68, qui mêle différentes expérimentations optiques et cinétiques dans une sorte de chambre d'écho aux aspirations révolutionnaires des temps.

À l'inverse d'une certaine figure de l'artiste bouffi de génie, et de la vénération passive du chef-d'œuvre immuable, les participants du GRAV préfèrent subvertir les relations de pouvoir, quêter la modestie, voire l'anonymat, dans des œuvres aux formes neutres, de facture mécanique, souvent mouvantes. Ils laissent jouer à la fois la règle et le hasard, et entendent faire du spectateur un acteur/auteur de l'œuvre d'art: «Le jeu, écrit François Morellet, la participation active du spectateur à la création ou à la transformation de l'œuvre d'art est sans doute la conception de "l'artiste" la plus éloignée du créateur tout-puissant romantique[1].» Les artistes étendent le territoire de l'*homo ludens*, avec sérieux et humour (ce qui n'est pas incompatible), avec de grands espoirs et, aussi, une rage froide contre l'ordre des choses et de l'art. Ils creusent une brèche.

1 François Morellet, «Le Choix dans l'art actuel», 1965, repris in François Morellet, *Mais comment taire mes commentaires*, Beaux-arts de Paris, «Écrits d'artistes», 2010, p. 31.

« Notre labyrinthe n'est qu'une première expérience délibérément dirigée vers l'élimination de la distance qu'il y a entre le spectateur et l'œuvre. » — **François Morellet**

Plan du labyrinthe réalisé par Le Parc, Morellet et Stein dans l'exposition "Nouvelle Tendance" au Musée d'Art Décoratif, Palais du Louvre 1964.

Coupe

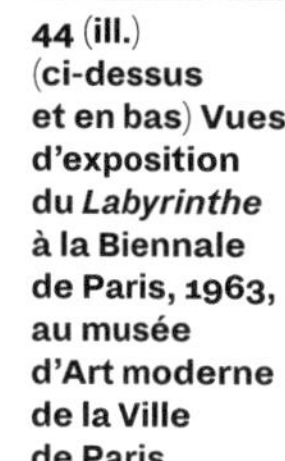

44 (**ill.**) (**ci-dessus et en bas**) **Vues d'exposition du *Labyrinthe* à la Biennale de Paris, 1963, au musée d'Art moderne de la Ville de Paris**

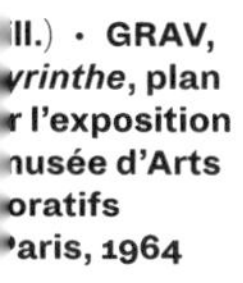

ill.) · **GRAV, *yrinthe*, plan r l'exposition nusée d'Arts oratifs 'aris, 1964**

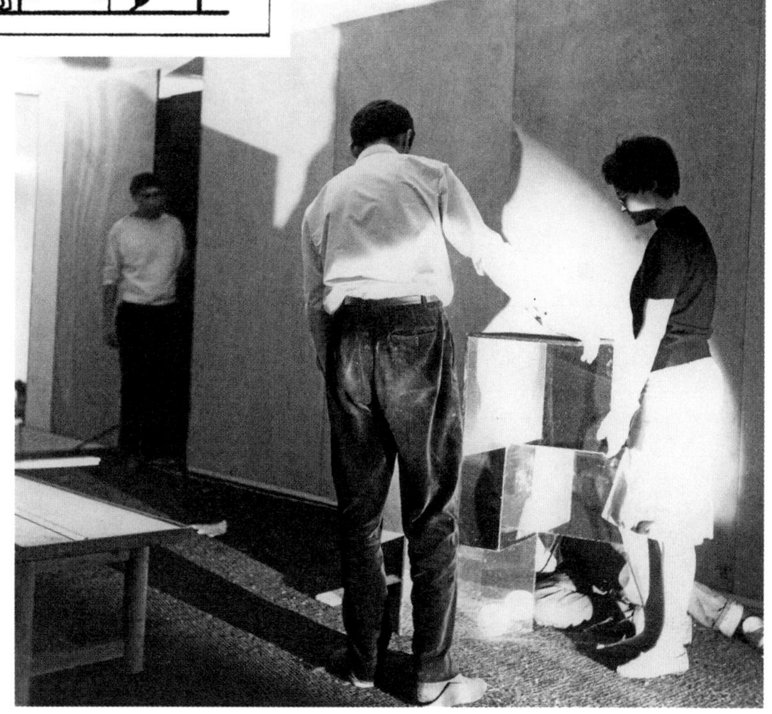

2 Tract *Assez de mystifications*, octobre 1963, reproduit dans *Stratégies de participation – GRAV – Groupe de recherche d'art visuel –1960/1968* (cat. exp.), Grenoble, Le Magasin, 1998, p. 126.

3 Serge Lemoine, « Avec légèreté », in Serge Lemoine et Alfred Pacquement (dir.), *François Morellet. Réinstallations* (cat. exp.), Paris, Centre Pompidou, 2011, p. 19.

4 Voir Arnauld Pierre, « Ce que devrait être le spectateur », in *Morellet* (cat. exp.), Paris, Jeu de Paume, 2000, p. 23 [RMN].

5 Groupe de recherche d'art visuel, « Recherche d'art visuel », *Melpomène*, Paris, p. 11, repr. in *Stratégies de participation – GRAV – Groupe de Recherche d'Art visuel – 1960/1968*, *op. cit.*, p. 149.

«On a beau crier les cris que les autres ne crient pas […], le circuit de l'art actuel continue à être bouclé. […] Dans les limites de nos possibilités, nous voulons sortir le spectateur de sa dépendance apathique qui lui fait accepter d'une façon passive non seulement ce qu'on lui impose comme art, mais tout un système de vie. […] Notre labyrinthe n'est qu'une première expérience délibérément dirigée vers l'élimination de la distance qu'il y a entre le spectateur et l'œuvre. […] Nous voulons le faire participer. Nous voulons qu'il soit conscient de sa participation», lit-on dans le tract que le GRAV distribue à proximité du *Labyrinthe*[2]. Celui-ci est originellement conçu pour la IIIe Biennale de Paris (section «Travaux d'équipe») où l'on pourra le parcourir pendant à peine plus d'un mois (du 28 septembre au 3 novembre 1963). Ses visiteurs peuvent faire l'expérience réelle, sensorielle, corporelle, d'un monde instable et désorientant, où certaines œuvres composées de matériaux nouveaux bougent, émettent des flashes de lumière, où partout règne une perturbation des repères: «des projections lumineuses, une ambiance colorée, des effets cinétiques, un espace difficile à traverser, des objets à manipuler, un bombardement électrique[3].»

Au-dessus de l'entrée, la planche anatomique d'un œil en coupe destinée aux enfants des écoles[4] place le *Labyrinthe* à l'enseigne de cette recherche sur les «signes, réseaux, structures» de la perception, sur «la connaissance du "phénomène visuel[5]"» qui caractérise, d'un bout à l'autre, les activités

59 · Tract, *Assez de mystifications*, 1960

la 3e biennale de paris est ouverte

Le Groupe de Recherche d'Art Visuel répète :

assez de mystifications

Le Groupe de Recherche d'Art Visuel tient à exprimer sa profonde inquiétude, son désarroi, ses interrogations, un peu sa fatigue et son dégoût.

Dégoût d'une situation qui bien que changeant d'aspect continue à se prolonger (dernier aspect en date : « Le cri d'un art vital »).

Situation qui maintient toujours une complaisante considération vis-à-vis de l'œuvre d'art, de l'artiste unique, du mythe de la création et de ce qui paraît être la mode maintenant : les groupes, considérés comme super-individus.

Situation à laquelle nous nous sentons liés avec les contradictions que cela comporte.

On a beau parler d'intégration des arts.
On a beaux parler des lieux poétiques.
On a beau parler d'une nouvelle formule d'art.
On a beau crier les cris que les autres ne crient pas.

Le circuit de l'art actuel continue à être bouclé.

On peut broder autour de l'esthétique, de la sensibilité, de la cybernétique, de la brutalité, du témoignage, de la survivance de l'espèce, etc...
On est toujours au même niveau.

Il faut une OUVERTURE, sortir du cercle vicieux qu'est l'art actuel.

L'art actuel n'est qu'un formidable bluf. Une mystification diversement intéressée autour d'un simple faire que l'on désigne « création artistique ».

Le divorce entre cette « création artistique » et le grand public est une évidente réalité.
Le public est à mille kilomètres des manifestations artistiques même de celles dites d'avant-garde.

S'il y a une préoccupation sociale dans l'art actuel elle doit tenir compte de cette réalité bien sociale : le spectateur.

Dans les limites de nos possibilités nous voulons sortir le spectateur de sa dépendance apathique qui lui fait accepter d'une façon passive, non seulement ce qu'on lui impose comme art, mais tout un système de vie.

Cette dépendance apathique est soigneusement entretenue par toute une littérature où les spécialistes d'art pour justifier leur rôle d'intermédiaires entre l'œuvre et le public, font figure d'initiés et créent de toutes pièces un complexe d'infériorité chez le spectateur.

Cette littérature trouve un complice volontaire ou involontaire chez la plupart des artistes qui se sentent dans une situation prophétique et privilégiée en créant des œuvres uniques et définitives.

L'abandon du caractère fermé, définitif des œuvres traditionnelles (avec ou sans cri) est d'une part la mise en cause de l'acte créateur surestimé et d'autre part un premier pas vers la revalorisation d'un spectateur toujours soumis à une contemplation conditionnée par son niveau de culture, d'information, d'appréciation esthétique, etc...

Nous considérons le spectateur comme un être capable de réagir.
Capable de réagir avec ses facultés normales de perception.
Voilà notre voie.

Nous proposons de l'engager dans une action qui déclenche ses qualités positives dans un climat de communication et d'interaction.

Notre labyrinthe n'est qu'une première expérience délibérément dirigée vers l'élimination de la distance qu'il y a entre le spectateur et l'œuvre.

Plus cette distance disparaît, plus disparaît l'intérêt de l'œuvre en soi et l'importance de la personnalité de son réalisateur. Et de même l'importance de toute cette superstructure autour de la « création » qui fait la loi actuellement en art.

Nous voulons intéresser le spectateur, le sortir des inhibitions, le décontracter.
Nous voulons le faire participer.
Nous voulons le placer dans une situation qu'il déclanche et transforme.
Nous voulons qu'il soit conscient de sa participation.
Nous voulons qu'il s'oriente vers une interaction avec d'autres spectateurs.
Nous voulons développer chez le spectateur une forte capacité de perception et d'action.

Un spectateur conscient de son pouvoir d'action et fatigué de tant d'abus et mystifications pourra faire lui-même la vraie « révolution dans l'art ». Il mettra en pratique les consignes :

DEFENSE DE NE PAS PARTICIPER
DEFENSE DE NE PAS TOUCHER
DEFENSE DE NE PAS CASSER

A Paris, octobre 1963.

Groupe de Recherche d'Art Visuel.

(Le Groupe de Recherche d'Art Visuel fait partie du mouvement international N.T. recherche continuelle).

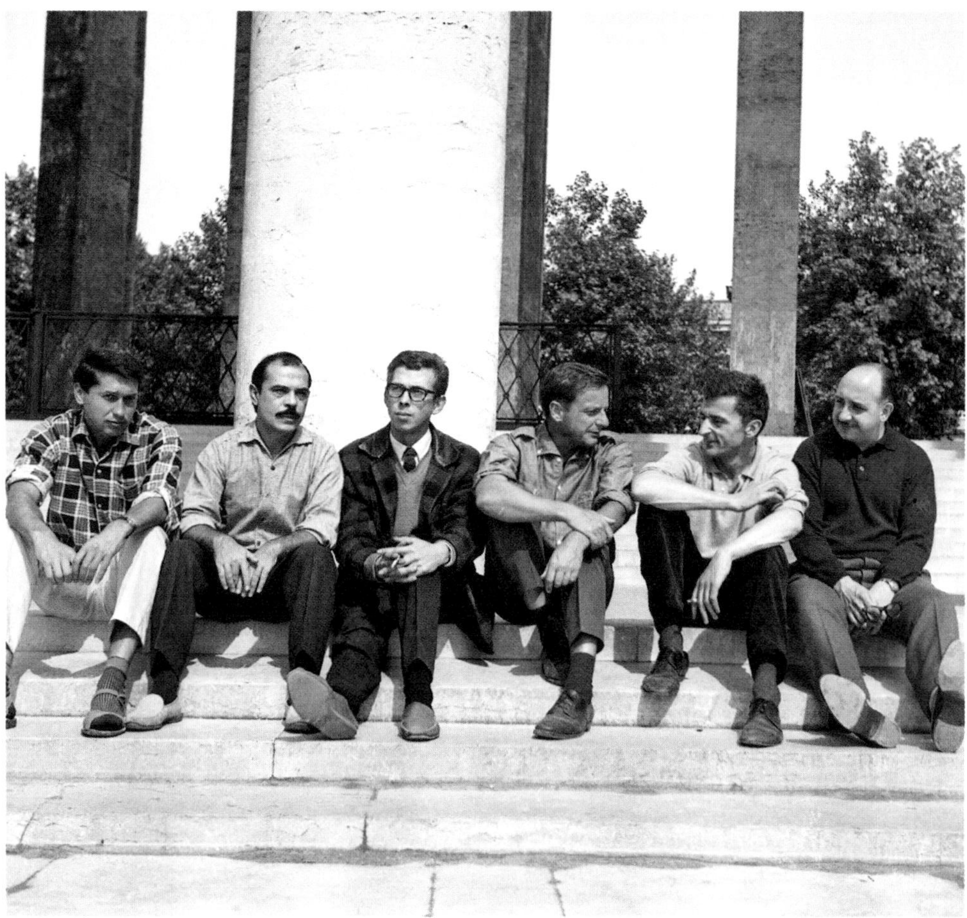

46 (**ill.**)
Les membres du GRAV en 1963 à la Biennale de Paris

du GRAV. Au-delà de la simple provocation, l'affichette «Entrez – Cassez[6]» exprime le désir authentique de faire réagir un spectateur tenu pour capable, *in fine*, de se saisir des objets comme du pouvoir de créer et de détruire.

Le GRAV développe après la Biennale une dizaine d'autres labyrinthes, «espaces de jeux» et environnements, dont l'ultime, en 1968, résulte d'un travail collégial avec les groupes italiens N et T, à la Maison de la culture de Grenoble, pour répondre à l'invitation de l'historien de l'art Frank Popper[7] qui consigne alors leur rêve d'une «participation sauvage» et d'une «disparition de l'œuvre[8]». Le soulèvement de Mai 68, les positions de chacun, la difficulté latente depuis un certain temps de poursuivre une expérience authentiquement collective hâtent en novembre de cette même année la dissolution du GRAV, qui aura tout de même duré huit ans. Environnement d'abord éphémère mais éventuellement reproductible, le *Labyrinthe* de 1963 sera reconstitué, présenté dans de nombreuses expositions, et intègrera en 2000, sous une forme pérenne et quelque peu différente de l'original, les collections du musée d'Art et d'Histoire de Cholet, la ville de François Morellet ● **Cécile Bargues**

6 Voir Marion Hohlfeldt, « L'œuvre collective du GRAV : le labyrinthe et la participation du spectateur », *Critique d'art*, n° 41, printemps-été 2013, p. 134.

7 Voir Frank Popper, *Art, Action et Participation, l'artiste et la créativité aujourd'hui*, Paris, Klincksieck, 1980.

8 Note de Frank Popper, décembre 1968, citée in Marion Hohlfeldt, « L'œuvre collective du GRAV... », *op. cit.*, p. 142.

Georg Baselitz / Eugen Schönebeck

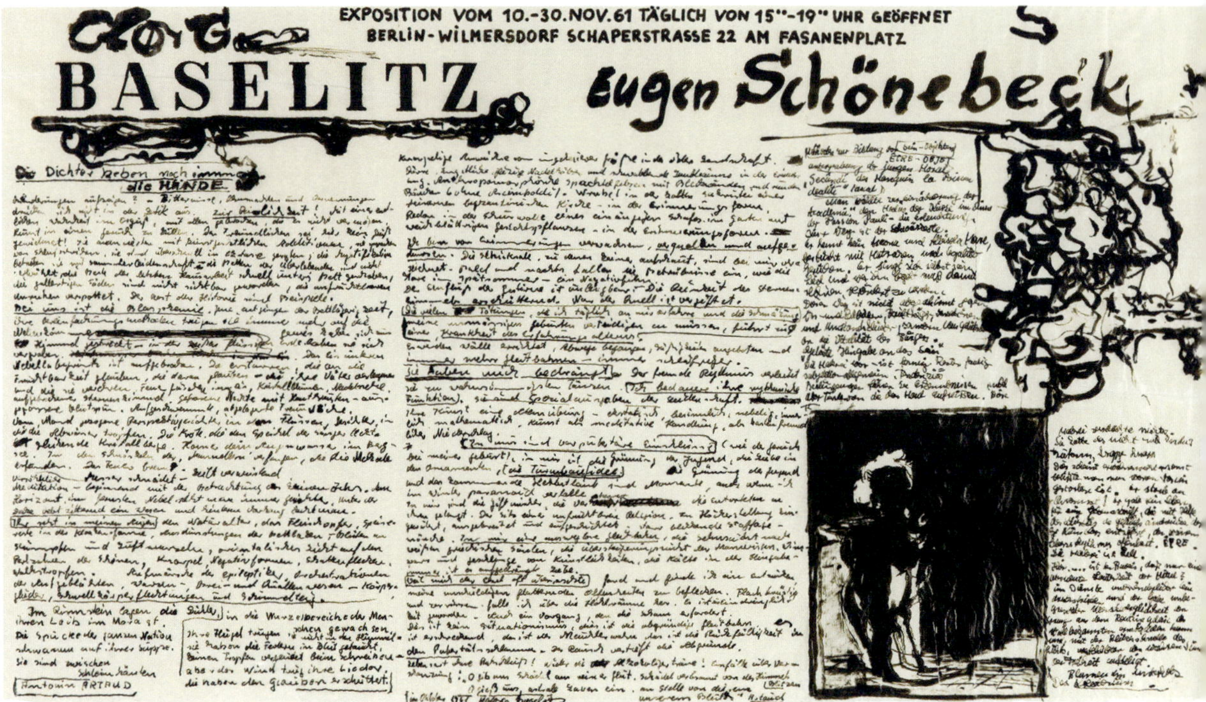

60 · Georg Baselitz et Eugen Schönebeck, *Pandämonisches Manifest I* (1re version), 1961

●

Jusqu'à la fin brutale de leur amitié en 1962, les biographies des deux artistes allemands Georg Baselitz et Eugen Schönebeck présentent quelques points communs. Leur enfance – Georg Baselitz est né en 1938 et Eugen Schönebeck en 1936 – se déroule à l'époque du national-socialisme et de la Seconde Guerre mondiale. Les misères de la guerre et les épreuves de l'après-guerre, avec la division de l'Allemagne, marquent les deux artistes. Ayant grandi dans la zone d'occupation soviétique, la future RDA, ils commencent tous deux leurs études à Berlin-Est : Baselitz en 1956 à la Hochschule für bildende und angewandte Kunst de Berlin-Weissensee, Schönebeck en 1954 à la Meisterschule für angewandte Kunst. Baselitz doit quitter l'Académie au bout d'un an pour « immaturité socio-politique », et poursuivre ses études en 1957 à Berlin-Ouest, à la Hochschule der bildenden Künste, auprès de Hanns Trier ; Schönebeck change lui aussi d'établissement dès le premier semestre et, à partir de 1955, il fréquente cette même école de Berlin-Ouest, où les deux artistes se rencontrent. À cette époque,

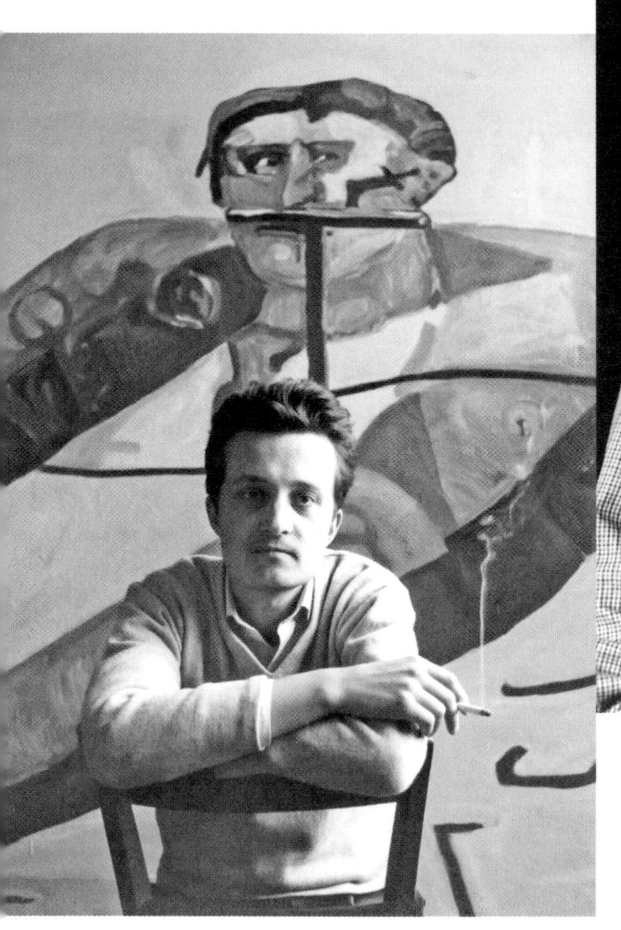

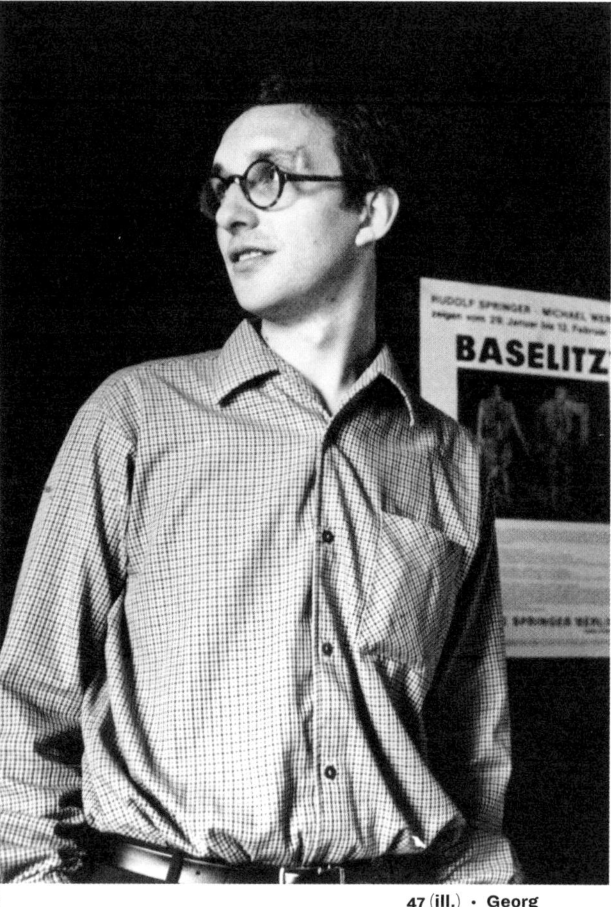

47 (ill.) · Georg Baselitz dans son atelier à Berlin, 1966. Photographie : Elke Baselitz

48 (ill.) · Portrait d'Eugen Schönebeck, vers 1965

après les ravages de la guerre et les horreurs commises par les nazis et autres criminels de guerre, l'art du monde occidental se détache de la peinture figurative pour se tourner principalement vers l'abstraction – l'art informel en Europe, l'expressionnisme abstrait aux États-Unis. Dans une ville aux infrastructures encore partiellement en ruines, où il n'est pas simple pour de jeunes artistes de trouver des possibilités de montrer leur travail, c'est dans une maison promise à la destruction, dans un quartier chic de l'Ouest, que Baselitz et Schönebeck organisent une première « exposition » commune, en 1961[1], qui rassemble trente tableaux et dessins. Pour attirer l'attention du public, les deux artistes réalisent, quasiment comme un tract, leur « Manifeste pandémonique » (en deux versions), reproduit par hectographie et distribué en ville. Un deuxième manifeste suit, quelques mois plus tard, en mars 1962 ; mais très peu de temps après, en raison de la rupture de leur amitié, il sera découpé et partagé entre eux proportionnellement à leur paternité respective de l'œuvre.

1 L'exposition eut lieu sur la Fasanenplatz au 12 Schaperstrasse à Berlin-Wilmersdorf.

2 Les originaux des manifestes, ainsi que dix-sept dessins réalisés par Baselitz pour les manifestes, se trouvent dans la collection de Peter et Irene Ludwig.

3 Eckhart J. Gillen, « Georg Baselitz und Eugen Schönebeck, Pandämonische Manifeste », in *Flash of the future. Die Kunst der 68er oder Die Macht der Ohnmächtigen*, éd. par Andreas Beitin et Eckhart J. Gillen, Bonn, 2018, p. 208.

Ces manifestes, de grand format, sont constitués de textes et d'illustrations, qui dans l'ensemble peuvent être lus comme des attaques contre les conventions artistiques aussi bien que sociales : tout ce que l'on considère comme laid, obscène et blasphématoire est proclamé comme nouveau thème de la peinture de l'avenir. Si dans les deux versions du premier « Manifeste pandémonique » les textes sont manuscrits, pour le deuxième on a utilisé une machine à écrire[2]. Dans le premier manifeste de 1961, les « illustrations » accompagnent le texte plutôt à la manière d'un commentaire – le dessin partiellement figuratif est de Baselitz, le dessin abstrait de Schönebeck. Dans les versions du second manifeste, organisé en trois colonnes, les dessins ont un rôle sensiblement plus important et le texte est cantonné dans la colonne du milieu.

Le contenu des deux « Manifestes pandémoniques » consiste d'une part dans le refus de l'art abstrait, dominant à l'époque, dans la provocation face au « bon goût » et dans le rappel, à l'époque du miracle économique, des démons refoulés du passé tout récent, pour empêcher qu'ils ne tombent dans l'oubli. On y trouve des références directes à des artistes comme Antonin Artaud, tout comme les hommages à des marginaux et des artistes autrefois réprouvés. « Le texte des manifestes avec ses néologismes, sa syntaxe alogique, son usage d'une langue grossière, obscène et les dessins qui l'accompagnent, avec leurs anamorphoses (déformation des objets) maniéristes et leurs métamorphoses fantastiques, veut choquer le public amateur d'art de la ville-front de la guerre froide[3]. » De fait, surtout dans le deuxième manifeste (dans la partie de Baselitz), on peut voir une quantité de créatures suppliciées ou traumatisées avec des pénis érigés ou des langues pendantes. Au-dessus des corps empilés se dresse une croix à laquelle est fixée une tête coupée. Tandis que dans le programme iconographique pandémonique de Baselitz les personnages se pressent en sortant de l'ombre, leurs silhouettes se recouvrant partiellement mais tout de même différenciées, chez Schönebeck ils apparaissent plutôt comme des blocs amorphes de chair, une masse de cellules, de membres, de corps confondus. Les manifestes semblent voués à la volonté absolue de lier le caractère démonique du passé avec l'intensité corporelle du présent. Les « Manifestes pandémoniques » de Georg Baselitz et Eugen Schönebeck ont été créés en l'espace de quelques mois seulement dans le Berlin de l'après-guerre, à une époque marquée par des bouleversements politiques, économiques et sociaux, par deux artistes qui, en dehors de cela, travaillaient indépendamment l'un de l'autre, et ne furent amis que pendant quelques années. Si ces manifestes ont été composés autant dans une intention commune de rébellion contre le *mainstream* artistique que pour des raisons pragmatiques de stratégie publicitaire, ils n'en font pas moins partie des manifestes artistiques importants du XXe siècle et constituent un témoignage de la synergie entre deux personnalités d'artistes ● **Andreas Beitin**

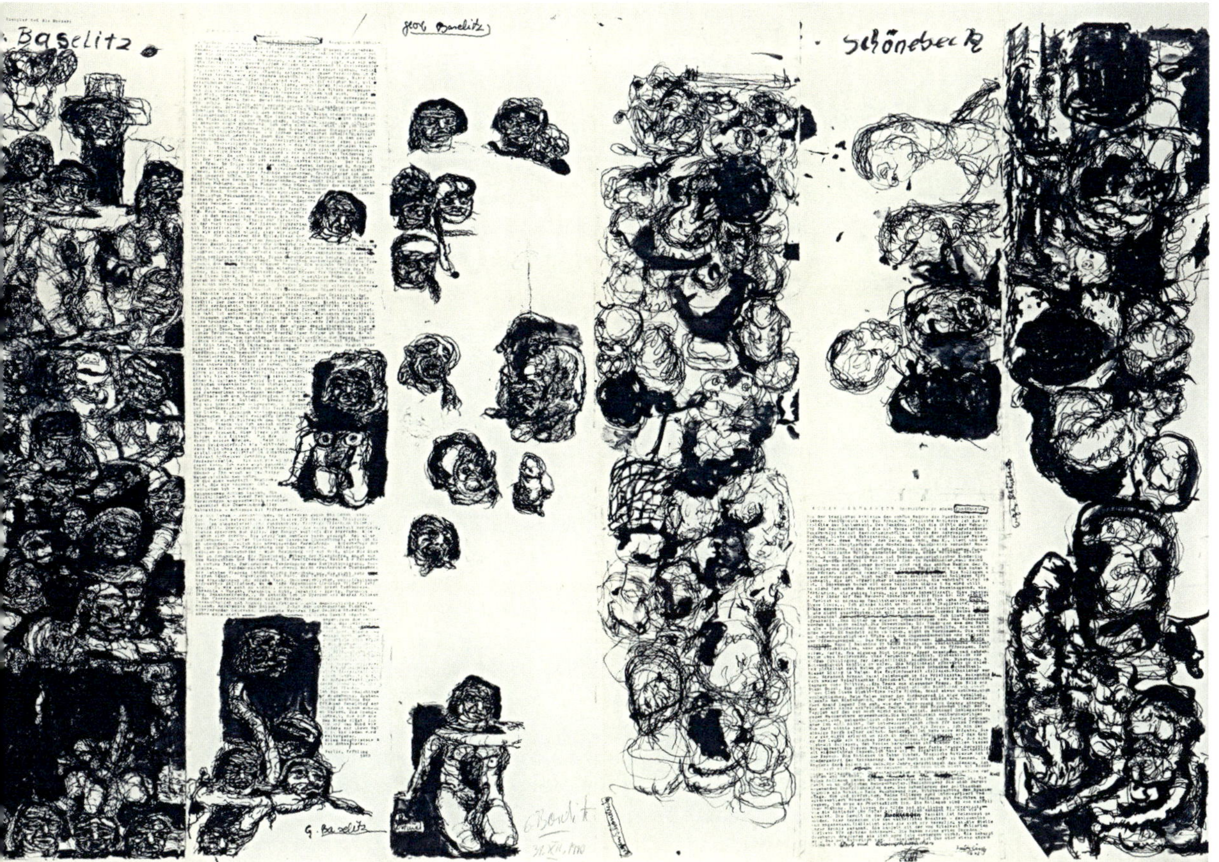

• Georg Baselitz
Eugen Schönebeck,
ndämonisches
nifest II, 1962

«Les crachats de toute la nation nageaient dans leur soupe. Ils ont poussé entre leurs muqueuses, dans les racines des hommes.»

— Georg Baselitz et Eugen Schönebeck, *Pandämonisches Manifest*

Joseph Beuys / Bazon Brock Wolf Vostell

•

Trois personnalités artistiques très diverses ont formé, dans les années 1960, un trio qui a joué un rôle crucial dans l'avènement d'une idée élargie de l'art, la sortie de l'image et les réalisations décisives des néo-avant-gardes après 1945 : Joseph Beuys, Bazon Brock, Wolf Vostell. Chacun en était d'ailleurs parfaitement conscient.

Le 24 décembre 1964, Wolf Vostell écrit de Cologne à Bazon Brock, qui séjourne à Francfort : « À plus forte raison pouvons-nous préparer une publication BBV (Beuys, Bock, Vostell) judicieuse et frappante, avec beaucoup de texte, et aussi des affiches. Laissons-nous un peu de temps pour ça. » Six mois plus tôt, le 21 juin, Beuys écrivait à Tomas Schmit : « Je te demande aussi de trouver le plus grand nombre possible d'affiches de Bazon Brock. "Prière de balancer de bonnes bombes sur le paysage de pissotière allemand." » Cette correspondance témoigne de l'estime réciproque que se portaient les trois artistes et du lien qui les unissait. Entre 1963 et 1971, Beuys, Brock et Vostell ont en effet beaucoup travaillé ensemble.

49 (ill.) · Bazon Brock lors de l'action réalisée avec Friedensreich Hundertwasser, *La ligne de Hambourg*, 18-20 décembre 1959, à l'École supérieure des beaux-arts de Hambourg. Pendant plusieurs jours, Brock et Hundertwasser ont tracé une ligne virtuellement infinie à travers une salle de classe. Brock se référait aux lignes des fils barbelés qui délimitaient les camps de concentration nazis. C'est la raison pour laquelle il tient le livre *We Have Not Forgotten. 1939-1945* sur les lignes tracées.

50 (ill.) · Joseph Beuys et Wolf Vostell au Festival der Neuen Kunst, 20 juillet 1964, Aachen (Allemagne)

Deux semaines environ avant la lettre de Vostell, le 11 décembre 1964, la deuxième chaîne de télévision allemande diffusait, en direct de son studio de Düsseldorf, une émission réunissant les trois principaux représentants du nouvel art d'action en Allemagne : Joseph Beuys (Fluxus Demonstrationen), Bazon Brock (Agit Pop) et Wolf Vostell (Dé-coll/age, Happening). Malheureusement, cette émission n'a pas été enregistrée, de sorte qu'il n'en subsiste aujourd'hui que quelques photos, notamment celles montrant Joseph Beuys en train de peindre sa célèbre formule : « *Das Schweigen von Marcel Duchamp wird überbewertet* » (Le silence de Marcel Duchamp est surestimé).

Comment cette collaboration a-t-elle vu le jour ? Beuys, Brock et Vostell sont tous les trois revenus traumatisés de la Seconde Guerre mondiale. Ce qu'ils y ont vécu les oblige à repenser et à remodeler l'art et la société. Dans les années 1950, Beuys traite de son expérience de la guerre en sculpteur et en dessinateur « religieux », en inventant le mythe de son accident d'avion : des Tartares l'auraient retrouvé dans la neige, frotté avec de la graisse et enveloppé dans du feutre, lui sauvant ainsi la vie. Vostell peint en 1953

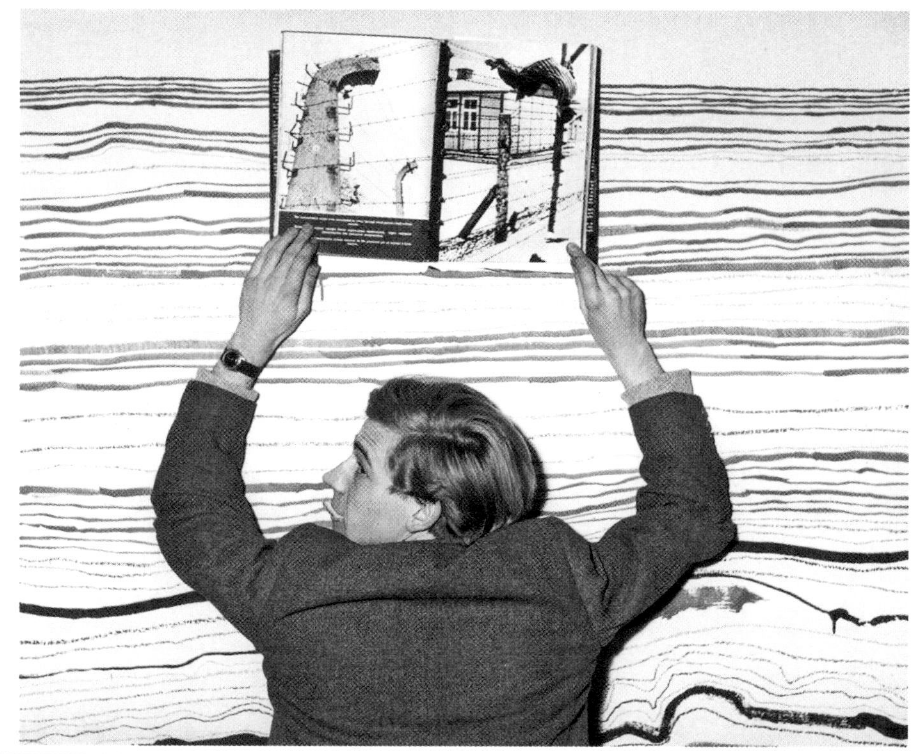

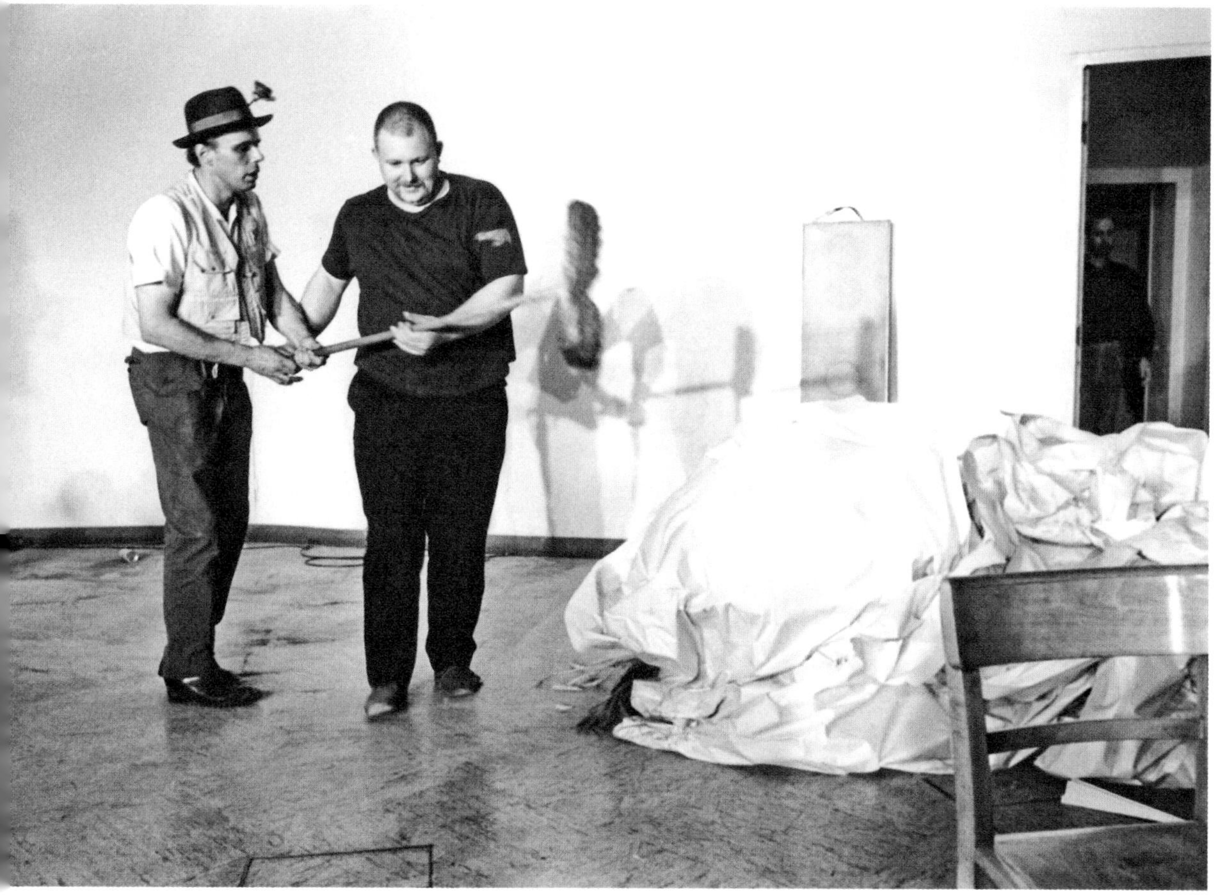

«En fait, ce choc après la fin de la guerre est mon expérience primitive, mon expérience de base, ce qui m'a conduit à m'intéresser à l'art.» — Joseph Beuys

sa *Kriegskreuzigung* (Crucifixion de guerre), montrant un Christ cloué sur un avion. Pour son concept de «Dé-coll/age», il s'inspire d'un article sur le crash d'un avion de ligne au décollage, paru le 6 septembre 1954 dans *Le Figaro*. Quant au théoricien Brock, il publie en 1963, sous forme d'affiche, un manifeste intitulé *Bitte um glückliche Bomben auf die deutsche Pissoirlandschaft* («Prière de balancer de bonnes bombes sur le paysage de pissotière allemand.») et se terminant par la phrase «Il faut que nos villes soient de nouveau réduites en poussière et en cendres!».

Dans leurs œuvres, Beuys, Brock et Vostell se sont en outre frottés tous les trois à la question d'Auschwitz. Vostell crée en 1958-1959 l'installation *Schwarzes Zimmer* (Chambre noire), composée de *Projecteur d'Auschwitz 568*, *Treblinka* et *Perspective allemande* (avec téléviseur intégré). Brock présente en 1959 avec Friedensreich Hundertwasser l'action *Die Linie von Hamburg* (La ligne de Hambourg) à l'École des beaux-arts de Hambourg: les deux artistes ont transformé une salle de classe en un labyrinthe de lignes, pour évoquer les figures tracées par les clôtures de fil de fer barbelé dans les camps de concentration. En 1957-1958, Beuys crée un mémorial pour Auschwitz. Il déclarera dans une interview en 1980: «En fait, ce choc après la fin de la guerre est mon expérience primitive, mon expérience de base, ce qui m'a conduit à m'intéresser à l'art.»

Une table rase, un nouveau départ leur semble nécessaire. Recommencer à zéro, repartir de rien: en 1964, Beuys consacre un dessin au «rien», tandis que Brock, en 1960, organise avec d'autres à Hambourg une «Exposition internationale de rien».

Les trois artistes découvrent chacun que la rue est une scène. Vostell vit à Paris et voit les affichistes, dont il s'inspire pour concevoir en 1958 l'action «dé-coll/age» *Le théâtre est dans la rue*, où le public est invité à lire des lambeaux d'affiches qu'il a préalablement décollées sur les murs. En 1961, dans le sillage de cette œuvre, il réalise à Cologne avec Benjamin Patterson une composition sur papier. En 1964, lors de l'action *Mein Gott, was ist los?* (Mon Dieu, qu'est-ce qui se passe?), Brock suit sa propre image qu'un enfant promène accrochée sur son dos à travers les rues de Francfort. Un an plus tard, il installe des rangées de sièges sur l'avenue du Kurfürstendamm à Berlin et vend des billets pour que les gens puissent assister au «théâtre de rue» présenté par les autres passants. Dans son action *Ausfegen* (Balayer, 1972), Beuys nettoie les rues de Berlin après le passage d'une manifestation.

À partir de 1960, Brock s'intitule *Beweger* (Celui qui fait bouger) sur ses cartes de visite et se met à élaborer des consignes d'action sociale, dans le cadre du projet *Wollt ihr das totale Leben?* (Voulez-vous la vie totale?). En 1962, il veut s'exposer au zoo de Francfort pour démontrer la nécessité de protéger l'espèce humaine et envisage l'année suivante de procéder à l'abattage d'un porc sur une scène en plein air. Dès la fin des années 1950, Vostell mise sur la participation active du public, auquel il donne des instructions, par exemple dans *TV-dé-coll/age für Millionen* (1961), dans *YOU* (1964), qu'il réalise aux États-Unis avec la collaboration d'Allan Kaprow, ou dans *Kleenex* (1961).

Vostell a été le premier à nouer des contacts avec Fluxus, un mouvement dont on dit qu'il a été fondé en 1962 à Wiesbaden par George Maciunas, avec la collaboration de Nam June Paik et de Vostell. La même année s'y déroule justement le premier festival Fluxus de musique contemporaine, auquel participent notamment Vostell, Dick Higgins, Paik, Alison Knowles, Maciunas, Ben Vautier et Emmett Williams. Le premier numéro de la revue *Dé-coll/age* lancée par Vostell, comprenant des contributions de Maciunas, Paik et de La Monte Young, paraît en juin de la même année. Dans les six autres numéros qui feront suite jusqu'en 1969, Brock, Beuys et d'autres seront également publiés.

La première collaboration de Beuys et Vostell a lieu en février 1963 lors du Festum Fluxorum Fluxus qui se tient à l'Académie des beaux-arts de Düsseldorf, où Beuys enseigne la sculpture monumentale depuis 1961. C'est Maciunas qui est à l'initiative de cette rencontre. Ce jour-là, Beuys exécute au piano le «premier mouvement» de sa *Symphonie sibérienne*, tandis que Vostell procède à l'action de «dé-coll/age» *Kleenex n°4*, effaçant les reportages politiques d'un magazine à grand tirage dont il frotte les pages avec du dissolvant et des Kleenex. En septembre 1963, Beuys présente dans l'étable des frères van der Grinten à Kranenburg une sélection de dessins, de peintures et d'objets sous le titre «Fluxus». Il ne s'agit pas encore d'«actions» au sens strict du mot.

Qu'ils soient peintre et graphiste comme Vostell, théoricien et critique d'art comme Brock, ou dessinateur et sculpteur comme Beuys, c'est dans cet ordre que les trois artistes se sont livrés entre 1958 et 1963 à toutes sortes d'actions, de «dé-coll/ages», de manifestations d'*agit pop* et de happenings, finissant par s'associer et par attirer l'attention des médias.

L'année 1964 marque le début des nombreuses collaborations entre Beuys, Brock et Vostell. Le 20 juillet, pour commémorer la tentative d'assassinat contre Hitler, a lieu à la Technische Hochschule d'Aix-la-Chapelle le Festival de musique nouvelle auquel participent entre autres Beuys, Brock, Vostell, Eric Andersen, Stanley Brouwn, Robert Filliou, Arthur Köpcke, Tomas Schmit, Ben Vautier et Emmett Williams. Un scandale éclate, Beuys est blessé et brandit une croix contre ses agresseurs. Lors de l'action *NIE WIEDER – NEVER – JAMAIS* qu'il réalise en souvenir de l'holocauste, Vostell porte un masque à gaz. Dans le programme de la manifestation, Beuys publie sa fameuse biographie fictive intitulée *Lebenslauf Werklauf* (Curriculum vitae – curriculum operis), où l'on trouve par exemple l'indication «1928 Première exposition du creusement d'une tranchée de tir». La même année, du 29 août au 11 septembre, les artistes du Festival de musique nouvelle se retrouvent à Copenhague. Beuys y présente son action *DER CHEF THE CHIEF* et Vostell *BUS STOP*, avec le concours de Beuys.

À partir de 1964, la galerie René Block organise à Berlin une série de soirées auxquelles participent notamment les trois artistes. Beuys y montre *DER CHEF THE CHIEF* en 1964 et *EURASIA, Sibirische Synphonie 1963* (EURASIE. Symphonie sibérienne 1963)

51 (ill.) · → p. 188-189
Wolf Vostell, *La Quinta del Sordo*, 1977, reconstitution en 2014 dans l'exposition «Beuys Brock Vostell. Aktion Partizipation Performance 1958-1977» au ZKM | Centre des Arts et Médias Karlsruhe. Vue de l'installation. Photo: Steffen Harms

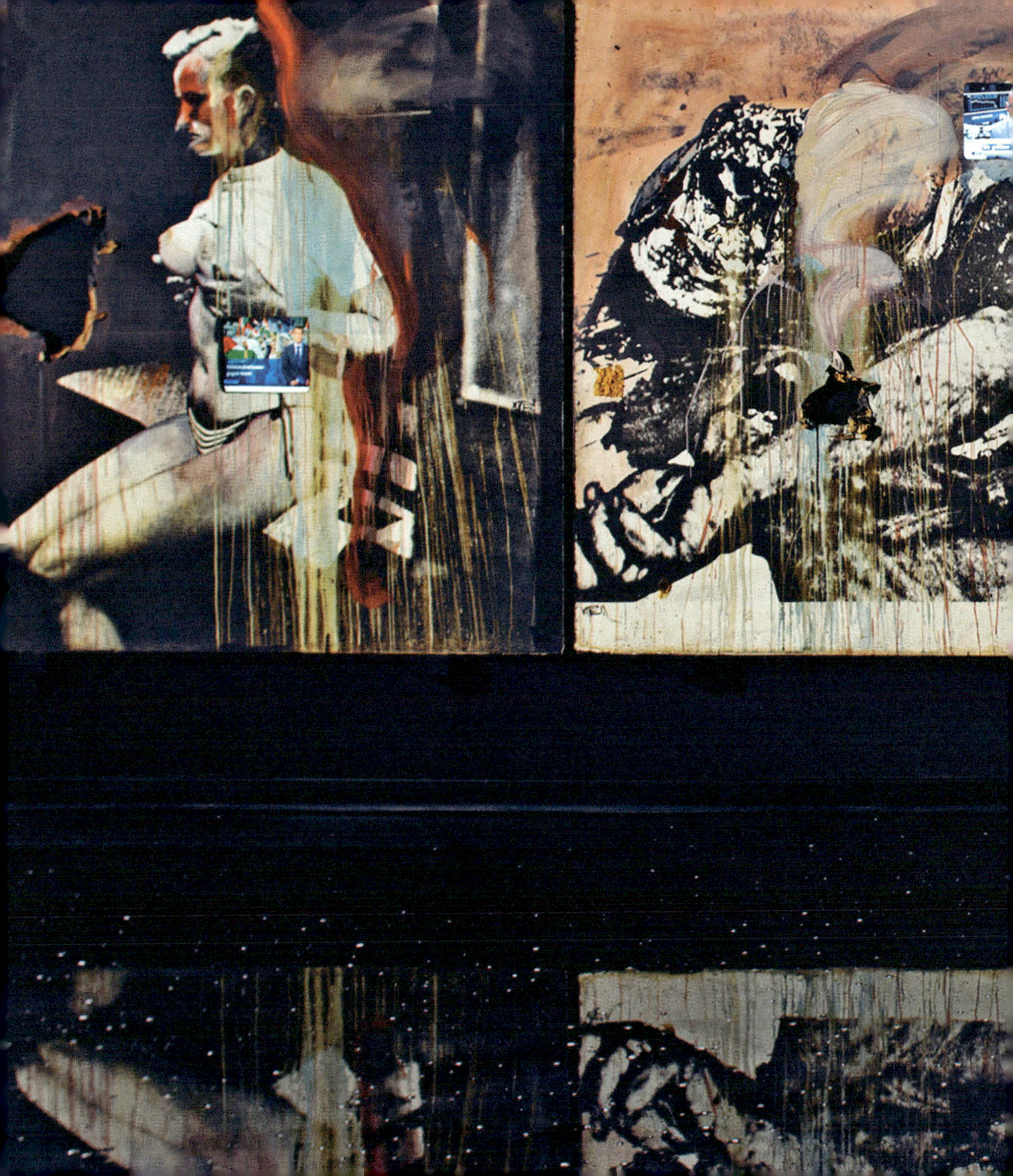

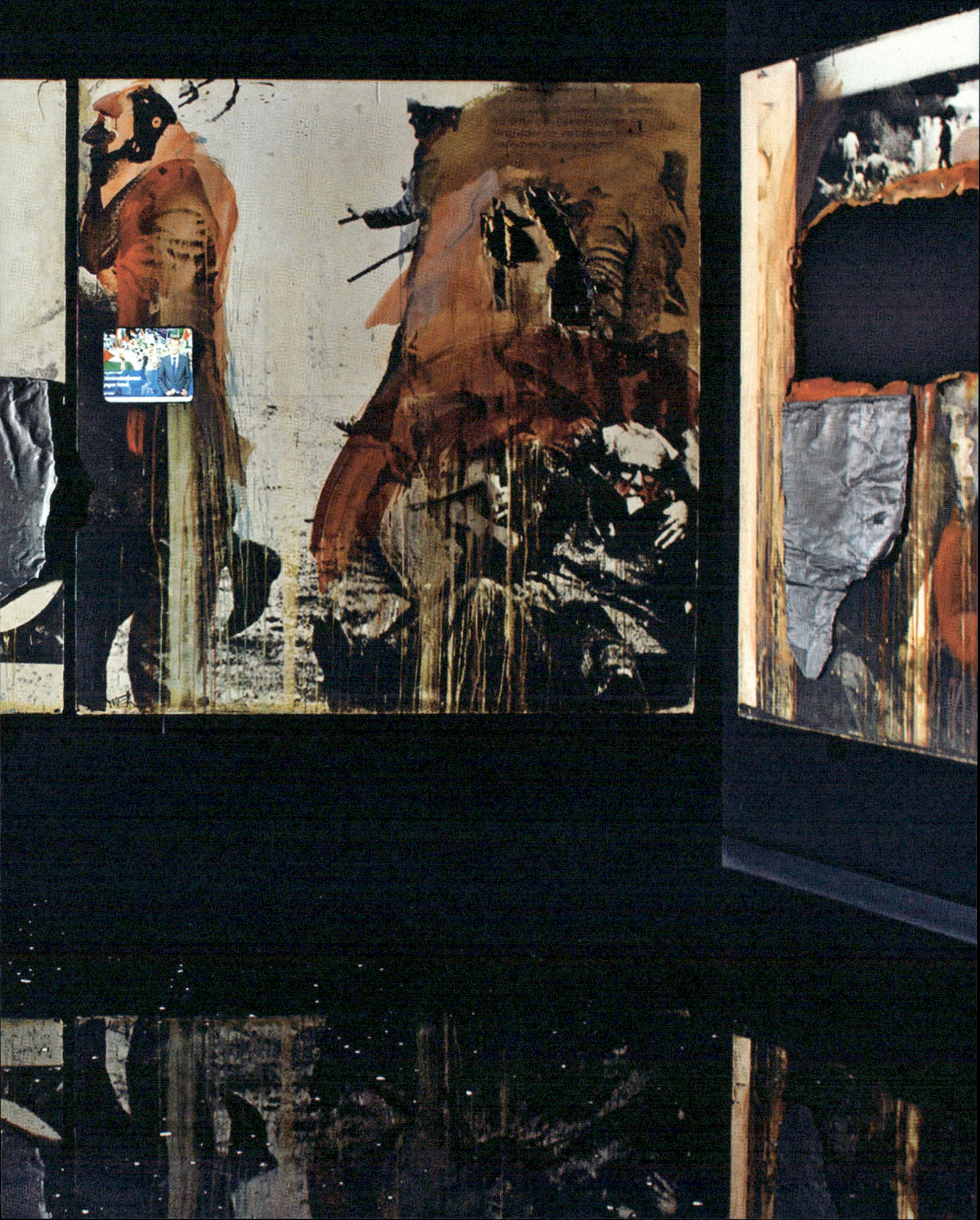

en 1966. Brock y crée entre autres l'environnement *Raum der deutschen Realität* (Espace de la réalité allemande), un salon où tous les objets et les meubles de la galerie sont coupés en deux par du fil de fer barbelé, pour évoquer la division entre Allemagne de l'Est et Allemagne de l'Ouest. Quant à Vostell, il présente en divers endroits le happening *Phänomene* (Phénomènes). En 1965, le légendaire happening *24 Stunden* (24 heures) à la galerie Parnass de Wuppertal réunit Beuys, Brock, Vostell, Paik et Schmit pour l'une des actions les plus remarquées qu'ils aient réalisées ensemble. Le livre *Happenings*, publié par Vostell et Jürgen Becker, paraît en 1965.

En 1967, Beuys et Brock fondent avec d'autres artistes le Deutsche Studenten Partei [DSP, Parti des étudiants d'Allemagne] et participent à l'exposition collective «Hommage à Lidice», qui commémore le massacre perpétré par les SS contre la population civile de Lidice, en représailles de l'assassinat à Prague de Reinhard Heydrich, vice-gouverneur du protectorat de Bohême-Moravie. Les années 1960 marquent également l'apogée des happenings et des actions spectaculaires de Beuys et Vostell.

Vers la fin de la décennie, les chemins qu'empruntent les anciens combattants se mettent peu à peu à diverger, surtout à cause des rythmes et des cours particuliers que tracent leurs carrières respectives. Chacun s'emploie de plus en plus souvent à développer un langage qui lui appartient: l'écrivain Brock invente de nouvelles formes de théâtre et d'enseignement, comme l'*action teaching* et le théâtre d'action, à l'exemple de ses *Besucherschulen* (Écoles du visiteur, 1968), de *Ich inszeniere Ihr Leben* (Je mets en scène votre vie, 1968) ou de la pratique consistant à jeter des objets par la fenêtre, *Die Wegwerfbewegung* (1967), et se tourne ainsi vers une esthétique du quotidien. Beuys s'éloigne quant à lui du néo-dada. Fluxus lui a servi de tremplin pour élargir la notion de sculpture, qu'il applique désormais à ses projets de réforme sociale. À partir de 1971, il s'insurge contre la «dictature des partis» qui règne selon lui en Allemagne et il endosse de plus en plus clairement le rôle d'un agitateur politique en lutte pour une «démocratie directe». Il défend l'idée de «sculpture sociale» et se qualifie d'«émetteur». En même temps, il tente de détourner à son usage le concept de Fluxus en l'estampillant du sceau «Fluxus Zone West», ce qui aboutit en 1968 à une vive polémique avec Vostell.

Beuys refuse en outre d'apporter son soutien à celui-ci, qui aurait voulu exposer chez Alfred Schmela, son galeriste à Düsseldorf. Le succès commercial et public croissant de Beuys creuse un fossé qui se révèle pleinement en 1968, à l'occasion de la documenta 4, où l'artiste dispose d'un espace gigantesque pour ses sculptures et ses installations. Brock y met pour la première fois en œuvre son «école du spectateur», un *action teaching* qu'il présente quotidiennement pendant toute la durée de la manifestation, dont les portes restent en revanche fermées à Vostell, qui proteste avec Jörg Immendorff et d'autres contre la documenta 4. Dans ce conflit, la galerie René Block prend à son tour parti en faveur de Beuys. De même, en 1969 à Francfort, Brock présente sa pièce *Unterstzuoberst. Auch Liebe ist Arbeit* (Inférieur à supérieur. L'amour aussi, c'est du travail) à l'experimenta 3, le festival de théâtre expérimental le plus important d'Allemagne, tandis que Vostell n'est pas invité. Malgré ces différends, Beuys et Vostell se retrouvent encore pour quelques actions en commun. En 1970, ils protestent avec Klaus Staeck contre la quatrième édition du Marché de l'art à Cologne, alors que le galeriste René Block les y avait pourtant présentés tous les deux l'année précédente. Mais surtout, Beuys, Brock et Vostell participent ensemble en 1970 à l'exposition «happening & fluxus» au Kunstverein de Cologne, sous le commissariat de Harald Szeemann, avec notamment des artistes comme Allan Kaprow et Jean-Jacques Lebel. Ils sont aussi tous les trois présents à l'experimenta 4 de 1971, aux côtés de Franz Erhard Walther, Rainer Werner Fassbinder ou Peter Weibel. Mais en 1972, lors de la documenta 5 dirigée par Harald Szeemann, seuls Beuys et Brock sont conviés, Vostell restant de nouveau sur la touche. À partir de 1980, Beuys se tourne de plus en plus vers la politique et entre au parti des Verts, qui vient d'être fondé. Lors de la documenta 6 conçue en 1977 par Manfred Schneckenburger – documenta dite «des nouveaux médias», parce qu'elle fut la première à faire voir des films et des vidéos –, Beuys, Brock et Vostell sont réunis pour la dernière fois. À l'occasion de l'exposition «Der Hang zum Gesamtkunstwerk. Europäische Utopien seit 1800» (La tendance à l'œuvre d'art totale. Utopies européennes depuis 1800) présentée au Kunsthaus de Zurich par Harald Szeemann, on assiste à la dernière collaboration de Beuys et de Brock, sous la forme d'un débat public télévisé.

Brock a classé son œuvre et celles de ses deux amis en trois catégories : Beuys a une œuvre et un impact. Vostell a une œuvre mais elle n'a pas d'effet. Lui-même, qui disait déjà en 1960 être un écrivain sans œuvre, exerce une influence sans avoir d'œuvre. Ces trois artistes se sont appliqués à faire basculer la peinture et le dessin, le langage et la sculpture du côté de l'action. Cette transformation des stratégies poétiques, picturales et plastiques a élargi la conception de l'art et l'idée de l'artiste. En 1968, Beuys affirmait ainsi que «tout homme est un artiste» et, en 1977 que «l'organisme social est une œuvre d'art». En 1975, Brock déclarait que «tout homme est un monument», tandis que Vostell soutenait en 1979 que «tout homme est une œuvre d'art», faisant écho à sa devise de 1961 *«Kunst ist Leben – Leben ist Kunst»* (L'art est la vie – la vie est l'art).

Beuys, Brock et Vostell ont tous trois travaillé à rendre poreuse la frontière entre l'art et la vie. *«Duchamp has qualified the object into art. I have qualified life into art»*, écrivait Vostell en 1972. Si Beuys était un performeur qui se donnait en spectacle devant un public passif, Vostell a au contraire privilégié la participation du public dans presque toutes ses actions. Brock, lui, pratiquait les deux formes : il performait en solo, tout en étant partisan de la participation du public. Ces trois artistes ont joué un rôle essentiel dans le tournant performatif de l'art en Allemagne.

Le livre que j'évoquais au début de ce texte, cette «publication BBV» que Vostell aurait voulu réaliser avec Beuys et Brock mais qui n'a jamais vu le jour, j'ai finalement réussi à la faire aboutir, avec le soutien d'Eckhart J. Gillen, Bazon Brock, Eva Beuys et Mercedes Vostell : *Beuys Brock Vostell. Aktion Demonstration Partizipation 1949-1983* a été publié en 2014 par le ZKM | Centre d'Art et des Médias Karlsruhe ● **Peter Weibel**

Nam June Paik

face à Joseph Beuys (portrait d'une amitié)

1 Nam June Paik, *Beuys Vox: 1961-1986*, Séoul, Won Gallery / Hyundai Gallery, 1990, p. 17.

●

Après la mort en 1986 de Joseph Beuys, son compagnon de route artistique, Nam June Paik, consacre une installation en vingt-deux parties, aux différentes étapes et à l'évolution de leur amitié : *Beuys Vox*. Si cette amitié s'est perpétuée pendant vingt-cinq ans, les manifestations et actions organisées en commun, au cours desquelles ils opéraient tantôt ensemble tantôt côte à côte, étaient nécessairement éphémères et imprévues : des événements qui s'adressaient directement à la perception du public, et dont la nature ne peut être reconstituée que partiellement. C'est la raison pour laquelle Paik se sert surtout de documents d'archives et de photographies pour matérialiser dans son installation l'esprit de leur amitié artistique.

Une photographie de la galerie Schmela de Düsseldorf, prise par Manfred Tischer en 1961, documente le début de cette amitié. C'est à l'occasion du vernissage du groupe Zero qu'a lieu leur premier échange personnel : l'artiste allemand demande au compositeur né en Corée du Sud, qui connaîtra plus tard la notoriété comme pionnier de l'art vidéo, de donner un concert dans son atelier. Deux ans auparavant, Beuys a déjà participé aux débuts artistiques de Paik lors de son *Hommage à John Cage : Musique pour bandes magnétiques et piano*. Ce jour-là, Paik produit des sons en maltraitant les cordes de son piano avec un couteau, puis il fait bruyamment tomber l'instrument en morceaux, tout en remplissant par moments l'espace de cris coréens et d'onomatopées – des bruits qui font penser après coup aux cris chamaniques ultérieurs de Beuys. Impressionné par sa musique actionniste et son style radical, Beuys cherche par la suite à entrer personnellement en contact avec Paik, lequel refuse la proposition de concert de « l'inconnu », sous prétexte d'un agenda déjà rempli[1]. La rencontre suivante a lieu en 1962, pendant le festival des Kammerspiele de Düsseldorf, dédié cette année-là à « Neo-Dada in der Musik » : au cours de son concert, au moment

ill.) · Joseph
ys, Scheveningen,
6. Photographie :
oline Tisdall

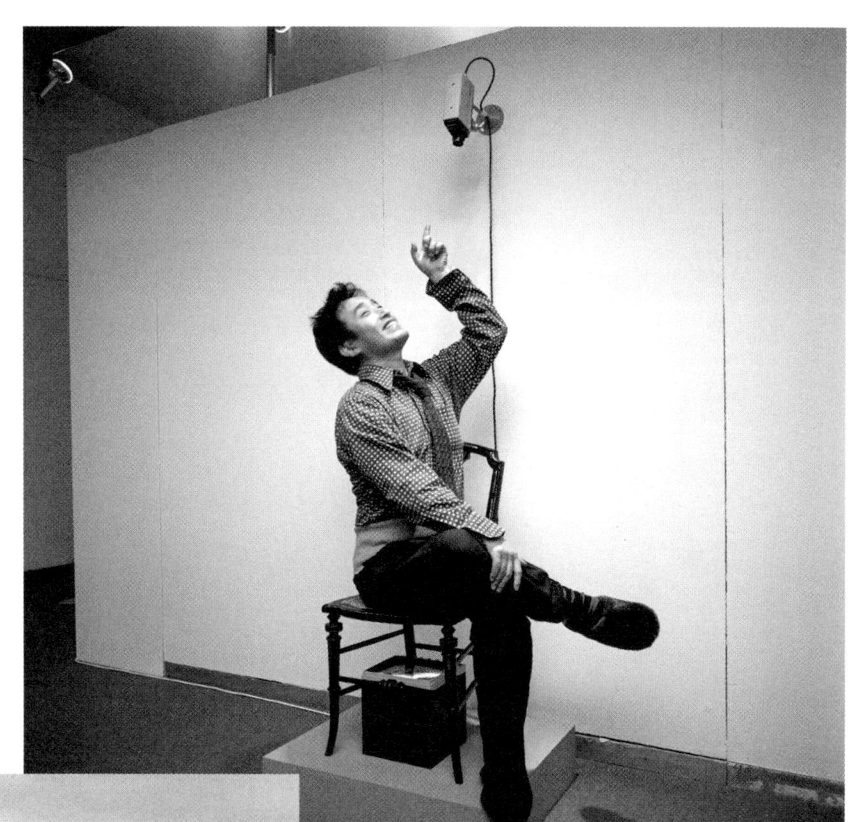

54 (ill.) · Nam June Paik assis sur son œuvre *TV Chair* (1968-1976). Photographie : Friedrich Rosenstiel

où Paik s'apprête, dans un geste impressionnant, à fracasser un violon contre une table, afin de produire une autre de ses expériences sonores autonomes, Beuys, avec l'artiste Konrad Klapeck, prend sa défense contre les protestations de certains membres du public. À cette occasion, Beuys note son nom et son adresse dans le carnet de son jeune collègue[2]. Une reproduction de cette inscription figure dans l'installation *Beuys Vox*.

L'esprit spontané qui animait les premières actions de Paik n'a pas seulement éveillé l'intérêt de ses collègues artistes ; par la suite, on en trouve aussi la trace dans la collaboration intuitive des deux artistes. Beuys a déclaré en particulier qu'en présence de son ami, il pouvait « prendre spontanément des décisions particulièrement judicieuses[3] ». Beaucoup de leurs actions communes, prévues ou non, sont nées dans l'interaction directe et l'improvisation.

C'est aussi par l'intermédiaire de Paik que Beuys entre en contact avec Fluxus. En 1963, après que Paik lui a fait rencontrer George Maciunas, fondateur et porte-parole du mouvement Fluxus, Beuys organise le festival Festum Fluxorum Fluxus, qui se déroule sur deux jours à l'Académie des beaux-arts de Düsseldorf[4]. Bien que Beuys ait gardé plus de distance à l'égard de Fluxus que Paik, son champ d'action artistique et son concept de l'art (« sculpture sociale ») se sont notoirement développés sous l'influence de ce mouvement. Beuys a emprunté à Fluxus l'idée d'un art « qui n'est pas accroché au mur, mais se déroule dans l'espace, qui imprègne les conversations et les gestes, s'accomplit dans des actions[5] ». C'est lors de ce festival, dont il a également créé l'affiche (intégrée dans *Beuys Vox*), que Beuys réalise entièrement, pour la première fois, une action avec sa *Sibirische Synphonie 1. Satz* (Symphonie sibérienne 1er mouvement) : après avoir prélevé le cœur d'un lièvre mort fixé à un tableau, il le relie à l'aide de fils de fer à son piano préparé, sur lequel il joue une composition d'Erik Satie. Le piano est la métaphore de la culture occidentale figée, à laquelle il donne, par cette « perfusion » symbolique, une nouvelle énergie organique débridée[6]. Plus tard, pour rappeler cette action, Paik collera sa photographie sur l'une des deux cartes géographiques qui figurent dans *Beuys Vox*. En entrelaçant ainsi des éléments concrets, Paik trouve un lien méthodologique avec la pratique artistique de Beuys, puisque, comme son ami, il recombine sans cesse divers éléments formels et matériels de ses œuvres, et donc les recontextualise. Parmi les motifs récurrents de Beuys, à côté de son chapeau de feutre caractéristique, il y a aussi le lièvre, qui dans l'ensemble de ses travaux est devenu peu à peu un symbole communicatif de régénération et de renaissance. Le chapeau et le lièvre figurent tous deux dans *Beuys Vox* comme des citations artistiques.

Après la mort prématurée de George Maciunas en 1978, les deux artistes, fortement marqués par l'influence de Fluxus, ont l'idée de proposer un duo de pianos, dont les bénéfices financiers serviront à venir en aide à la veuve de leur ami commun[7]. Ils programment le concert commémoratif pour une durée exacte de 47 minutes, un nombre qui devra conférer « sous une forme renversée[8] » une plasticité concrète aux 47 années de vie de Maciunas. Pour compléter cet hommage, Beuys a choisi le piano à queue qu'il avait préparé quinze ans auparavant

2 Les Kammerspiele de Düsseldorf eurent lieu le 16 juin 1962 sur le thème « Neo-Dada in der Musik ». La présence de Paik était annoncée en première place dans le programme. Il y occupait une place éminente avec cinq contributions, dont *One for Violine*.

3 « Avec Paik, je peux particulièrement bien prendre des décisions spontanées, de pures décisions, nous n'avons même pas besoin de nous entendre sur le Comment. [...] Et puis avec Paik, il y a une très bonne possibilité : ne rien savoir du tout. Commencer à s'entendre au sens le plus minimal seulement quand l'action est en cours, c'est-à-dire quand la salle est déjà complètement pleine – et alors nous arrivons sur la scène et nous ne savons absolument rien. » Cité d'après Uwe M. Schneede, *Joseph Beuys : Die Aktionen* [Les actions], Ostfildern, Ruit, 1994, p. 368.

4 Paik, *Beuys Vox...*, *op. cit.*, p. 45 et suiv.

5 Cité d'après Uwe M. Schneede, « Aktion », in Harald Szeemann (dir.), *Beuysnobiscum*, Amsterdam – Dresde, Philo Fine Arts Stiftung, 1997, p. 25.

6 Schneede, *Joseph Beuys : Die Aktionen*, *op. cit.*, p. 20-29.

7 Le concert « In memoriam Georg Maciunas » *1931-1978* eut lieu le 7 juillet 1978 à l'Académie des beaux-arts de Düsseldorf.

8 Citation de Beuys, d'après Scheede, *Joseph Beuys : Die Aktionen*, *op. cit.*, p. 360.

pour sa première *Symphonie sibérienne* lors du festival Fluxus. À l'intention de Paik, il s'est procuré un instrument de construction identique, de sorte que les artistes dialoguent directement dans l'espace de la salle, alors que musicalement ils agissent de façon complètement autonome, produisant parallèlement des compositions différentes, jusqu'à ce que la sonnerie d'un réveil posé en bonne place annonce la fin du concert. Le concert est désigné, entre autres titres, par le concept inscrit au tableau: «Continuum». Le rapport créatif au temps est devenu une autre caractéristique commune de leur art. Un album de photos, une vidéocassette ainsi qu'une invitation à un concert, où figure le masque de gorille de Maciunas, témoignent dans *Beuys Vox* de la solidarité de leur action commune.

Les artistes se retrouvent en 1984 à l'initiative d'Akira Moriguchi, du Seibu Museum of Arts de Tokyo, pour un concert similaire, alors que tous deux exposent en même temps dans des musées différents à Tokyo. Sans informer son collègue du changement qu'il apporte au déroulement du concert, Beuys ne produit pas un seul son avec son clavier; au lieu de cela, il se met à hurler des «heu-heu-heu» rythmés en imitant l'attitude d'un coyote, tandis que Paik joue des mélodies mélancoliques. Une série de trois photographies imprimées en sérigraphie, qui montrent Beuys lors de ce concert clairement plus expérimental, rappelle l'action commune *Coyote III* à Sogetsu Hall[9].

Un cliché de Manfred Leve, présent dans l'installation, évoque les adieux communs d'un autre important compagnon de route. La photo montre le galeriste de Düsseldorf Jean-Pierre Wilhelm dans l'atelier de Beuys en 1966, lors de ses adieux au monde de l'art[10]. Non seulement ce marchand d'art a offert à Paik, alors au début de sa carrière, l'occasion de se produire une première fois dans sa Galerie 22, où il a attiré l'attention de Beuys; mais plus généralement, il a aussi joué un rôle capital dans le développement de Fluxus et de l'art contemporain en Allemagne et en Europe. Sa galerie, ainsi que les nombreux programmes et manifestations qu'il a soutenus, a permis des rencontres fécondes dans le milieu de l'art rhénan en leur offrant un cadre social, suscitant ainsi des collaborations et des amitiés d'artistes. Avant d'annoncer sa retraite pour raisons de santé dans l'atelier de Beuys, Jean-Pierre Wilhelm présente la veille au soir le concert de Nam June Paik et Charlotte Moorman à l'Académie des beaux-arts de Düsseldorf, organisé par le comité des étudiants. Ce concert est interrompu par *Infiltration Homogen für Konzertflügel, der größte Komponist der Gegenwart ist das Contergankind* (Infiltration homogène pour piano de concert, le plus grand pianiste contemporain est l'enfant victime de la thalidomide), action non annoncée de Beuys qui entre dans la salle de concerts en poussant un piano enveloppé de feutre comme «dépôt sonore homogène[11]». L'absence de musique du fait de l'isolation fut, dit-on, une expérience douloureuse pour l'audience. À la suite de cette action, Beuys offre à Charlotte Moorman un violoncelle enveloppé de feutre accompagné de la composition *Infiltration-Homogen for Cello*, qui plus tard sera intégrée à son tour dans l'œuvre réalisée par Paik et Moorman, *Guadalcanal Requiem* (1977-1979)[12].

9 Scheede, *Joseph Beuys: Die Aktionen*, *op. cit.*, p. 368 et suiv.

10 Paik, *Beuys Vox*..., *op. cit.*, p. 39 et suiv.

11 «Quand il n'est pas utilisé, il est silencieux, mais il a néanmoins un potentiel sonore. Ici aucun son n'est possible, et le piano est condamné au silence... Ainsi le piano devient un dépôt sonore homogène avec un potentiel filtré par le feutre.» Cité d'après Schneede, *Joseph Beuys: Die Aktionen*, *op. cit.*, p. 112.

12 Stephan von Wiese, «"Du Martyr von 20. Juli 1964". Paik und Beuys im Medienduett» [«"Martyr du 20 juillet 1964". Paik et Beuys en duo médiatique»], in Susanne Rennert et Sook-Kung Lee (dir.), *Nam June Paik*, Ostfildern, Hatje Cantz, 2010, p. 137.

62 → p. 196-197
Nam June Paik, *Beuys Vox*, 1961-1990

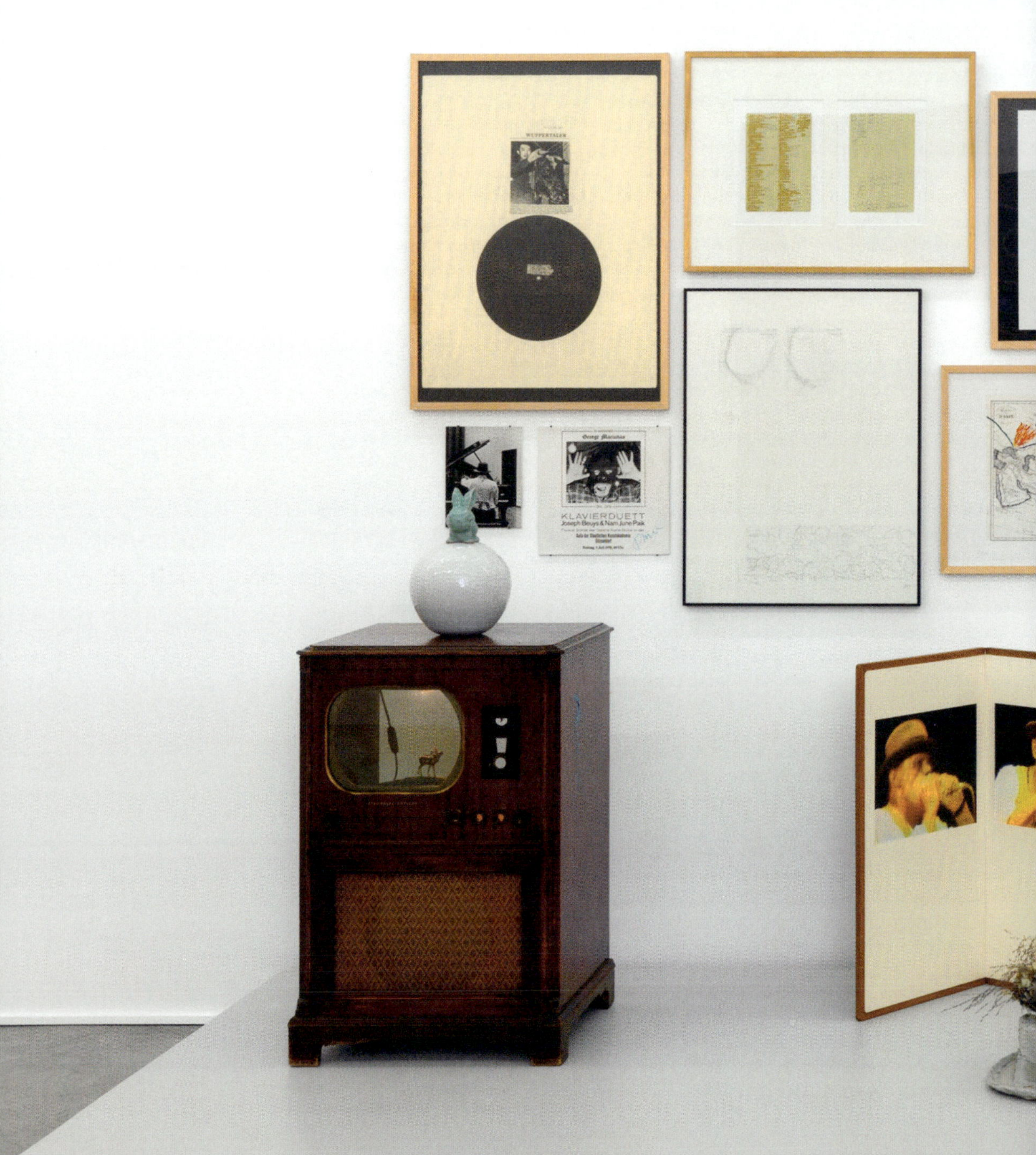
WUPPERTALER
George Maciunas
KLAVIERDUETT
Joseph Beuys & Nam June Paik

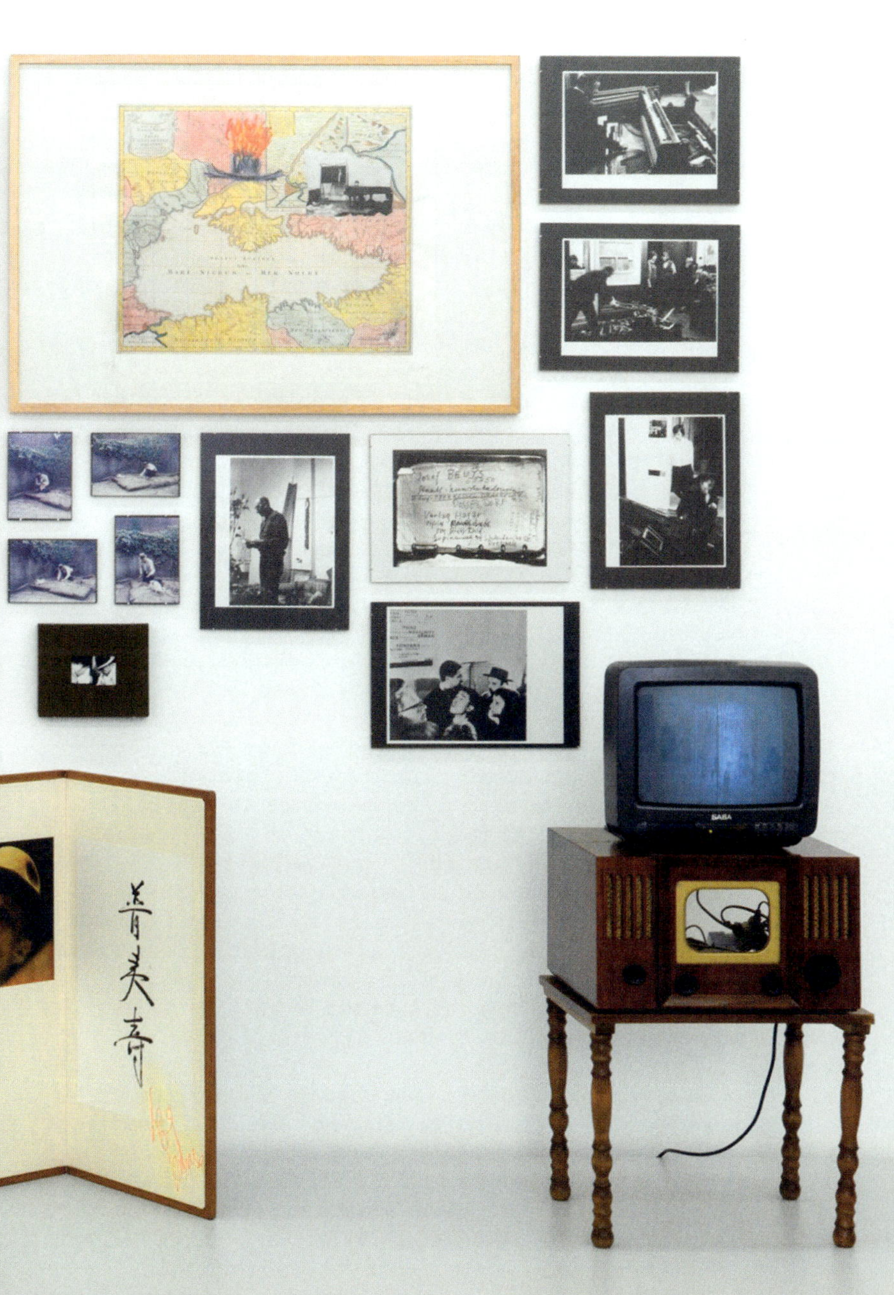

«En réalité, nous nous sommes rencontrés spirituellement en 1943, quand l'avion de Beuys s'est écrasé pendant la guerre.» — **Nam June Paik**

En dehors de l'expérience artistique commune qu'ils ont acquise surtout dans le cadre de Fluxus, Paik est convaincu que l'origine de cette amitié remonte à un événement du passé : «En réalité, nous nous sommes rencontrés spirituellement en 1943, quand l'avion de Beuys s'est écrasé pendant la guerre[13].» Beuys avait créé son propre mythe d'artiste en prétendant avoir été soigné et guéri par une tribu tatare après que son avion eut été abattu en Crimée pendant la Seconde Guerre mondiale (→ p. 184). Par la suite, il avait fait de son «*habitus* nomade» le point de départ de sa pratique artistique : Paik y associe son rôle de médiateur entre les cultures orientale et occidentale. Si pour Beuys la culture nomade incarne une mentalité libérée de visions du monde établies, Paik, lui, est animé par l'idée que son «ADN mongol[14]» le pousse à rechercher les extrêmes dans l'art. Comme on peut le voir sur les deux cartes géographiques de *Beuys Vox*, il attribue une signification culturelle particulière à leur amitié d'artistes. Les cartes ne sont pas seulement l'image de leur idée partagée de l'Eurasie – idée exprimée par une création verbale de Beuys et décrivant une région culturelle où les pensées occidentale et orientale se rejoignent et se mêlent –, elles montrent aussi que le développement de leur amitié repose sur des événements préhistoriques. Pour Paik, leur relation artistique est étroitement liée à l'histoire des Tatars, qui ont migré jadis de l'Europe et de la péninsule coréenne vers la Crimée, comme le montrent les itinéraires migratoires dessinés par Paik sur l'une des cartes[15].
Est également liée à l'Eurasie, l'expérience partagée des rituels chamaniques : Paik a grandi avec eux en Corée du Sud où ils constituent tout un pan de l'art populaire. Pour Beuys, on sait qu'ils ont constitué un point central de son art : en tant qu'artiste, il a cherché à tenir le rôle de chamane, dans le but de réaliser l'unité des faits matériels et spirituels[16].

Associé à un rituel chamanique coréen, à l'occasion de la légendaire exposition personnelle de Paik, «Exposition of Music – Electronic Television» (mars 1963), le chemin qui menait à l'intérieur de la galerie Parnass de Wuppertal faisait passer les visiteurs devant une tête de bœuf placée à l'entrée, afin de leur asséner un «choc-zen[17]» de conscience modifiée et d'ouvrir ainsi leurs esprits à sa nouvelle orientation artistique. À l'occasion de l'inauguration, Beuys utilise lui aussi la provocation en cherchant dès le début

13 Citation de Paik (1987) d'après Stephan von Wiese, *ibid.*

14 Citation de Paik (1977) d'après Susanne Rennert, « "We have time." Musik, Fluxus, Video : Paiks Zeit in Düsseldorf, im Rheinland » ["We have time." Musique, Fluxus, vidéo ; Paik à Düsseldorf, en Rhénanie], in Rennert et Lee (dir.), *Nam June Paik, op. cit.*, p. 55.

15 « Les Coréens ont toujours été des tribus nordiques, asiatiques, même des tribus nomades. La vieille map [carte] chinoise [se corrige...] la vieille map française dit sur la Corée : *Tartie chinoise* [rit]. Ethnologiquement la Corée et the Mandschous et beaucoup de tribus en Sibirian et Mongolia, Mongolie et Tatar étaient très proches. Par la langue. [...] Beuys et moi un jour on a parlé de chamanisme. Et chamane, c'est très important pour Beuys et c'est très important pour la Corée. » Cité d'après l'interview de Nam June Paik par Peter Moritz Pickshaus, « Nam June Paik "Jeder Imperialist ist beste Lehrer" » [Nam June Paik. « Chaque impérialiste est le meilleur maître »], in Peter Moritz Pickshaus (dir.), *Nam June Paik*, Cologne, Walther König, 2009, p. 98.

la confrontation, au sens littéral, avec l'œuvre de Paik, comme le montrent les photos de Manfred Leve : arborant une tenue vestimentaire exceptionnellement formelle, il entre dans la galerie et se met, dans une intervention artistique convenue – selon Paik – à démolir à la hache le seul des quatre pianos disposés dans la salle qui n'avait pas été préparé auparavant par Paik, ainsi que d'autres objets[18]. D'après Beuys lui-même, son intention principale, « ni destructive, ni nihiliste », est de « marquer un nouveau départ, une compréhension élargie de toute forme d'art traditionnelle[19] ». Si Paik, compositeur de formation, rend hommage à John Cage au début de l'action, Beuys exprime quelques instants plus tard son estime pour son collègue en fondant son contenu sur les précédentes actions de Paik.

Le nouveau départ postulé par Beuys se reflète aussi dans l'exposition qui inaugure l'orientation de Paik vers l'art des médias. L'évolution de son œuvre a donc été suivie attentivement par Beuys, comme le montre une photo d'Ute Klophaus, qui documente le *24-Stunden-Happening* (happening de 24 heures) à la galerie Parnass en 1965. À la suite des actions de 24 heures, Paik fait dans la rue une démonstration de son robot téléguidé Robot KT 678, à laquelle Beuys assiste également avec son épouse[20]. En 1984, à l'occasion de l'année George Orwell, Beuys apporte en outre son concours à la vaste action par satellite TV *Good Morning Mr. Orwell*, lors de laquelle Paik démontre une fois de plus que la télévision peut contribuer aux échanges culturels internationaux. Pour collaborer financièrement à la diffusion *live* de l'émission prévue, à laquelle participent de nombreux artistes ainsi que des chaînes de télévision internationales, Beuys offre une sérigraphie qu'il a réalisée avec John Cage. Avec *Das Orwell Bein-Hose für das 21. Jahrhundert* (Jambe de pantalon Orwell pour le XXIe siècle), il participe également à l'émission réalisée par Paik depuis le Centre Pompidou. Tandis que sa fille Jessyka tourne autour de son axe, portant un jean troué au genou droit, Beuys proclame solennellement que ce vêtement sert à la lutte contre le matérialisme mondial et contre l'oppression des jeunes[21].

C'est avec les mots « Au revoir » que Beuys prend congé de son public, dans le cadre de sa dernière action commune avec Paik et l'artiste Henning Christiansen en 1985, à l'occasion de la Biennale de la paix de Hambourg. Son mauvais état de santé ne permettant pas à l'artiste d'y participer en personne, il a donné à Wolfgang Feelisch, leur ami commun, la consigne suivante, par l'intermédiaire d'un téléphone posé sur un piano : il doit contrôler la soupape d'une bouteille d'oxygène disposée à côté du piano selon la dynamique indiquée. L'oxygène en s'échappant fait se tordre le tuyau qui y est attaché dans une sorte d'agonie dramatique. Paik accompagne la scène de notes de Chopin, devant un téléviseur allumé où est diffusée leur action *Coyote III*, remplissant ainsi l'espace des « heu-heu-heu » existentialistes de Beuys[22] ●

Elena Engelbrechter

16 *Ibid.*, p. 98 et suiv. ; Alois Martin Müller, « Schamane », in Szeemann (dir.), *Beuysnobiscum*, *op. cit.*, p. 314.

17 Interview de Nam June Paik par Peter Moritz Pickshaus : « Nam June Paik "Jeder Imperialist ist beste Lehrer" », *op. cit.*, p. 104 et suiv.

18 Selon Paik, « le piano est un tabou, il faut le détruire ». Il a donc transformé ses pianos préparés en objets sonores équipés de toutes sortes d'ustensiles quotidiens. En modifiant la position de l'instrument dans l'espace, par exemple en le posant à plat sur le sol, ou par ses nombreuses interventions, Paik agissait sur sa (non-) jouabilité, mais il générait aussi des bruits au-delà des conventions musicales, dont la production pouvait être suivie visuellement et vécue comme une expérience.

19 Cité d'après Schneede, *Joseph Beuys : Die Aktionen*, *op. cit.*, p. 36.

20 Paik, *Beuys Vox*, *op. cit.*, p. 29 et suiv.

21 Wiese, *op. cit.*, p. 139 et suiv.

22 Schneede, *Joseph Beuys : Die Aktionen*, *op. cit.*, p. 376 et suiv.

Arman / Martial Raysse

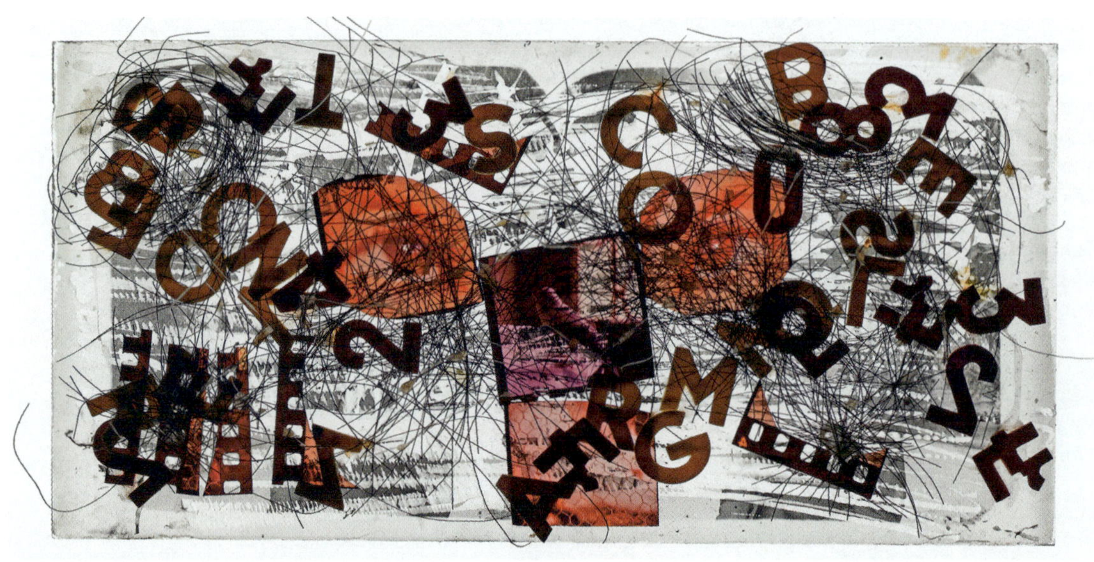

54 (**ill.**)
Plaque de verre peint avec collages d'objets divers, détail de l'intérieur de la boîte *Hygiène de la vision*

●

En octobre 1960, Arman prépare dans l'urgence son exposition «Le Plein» à la galerie Iris Clert, décidée au dernier moment (bien que le projet remonte à deux ans auparavant, à l'époque de l'exposition «Le Vide» d'Yves Klein en ce même lieu). La vitrine de la galerie, à Saint-Germain-des-Prés, sera saturée d'objets mis au rebut, lampes, vieux disques, meubles et bicyclettes cassés, ordures, aliments, dont certains en décomposition. Grande sensation, l'exposition, qui n'aura duré que dix jours, deviendra légendaire, incarnant «la force du réel condensée en une masse critique», comme l'annonçait son invitation.

Si ces faits sont bien connus, il est moins souvent rappelé qu'Arman, pris par le temps, mit à exécution son grand projet avec celui qu'Iris Clert décrit dans ses souvenirs comme «un jeune ami» originaire de Nice comme lui: Martial Raysse, qui a alors vingt-quatre ans (Arman en a trente et un). Dans «Le Plein» tous deux présentent une des rares œuvres communes qu'on leur connaisse, *Hygiène de la vision*. Le titre est générique à d'autres œuvres de Raysse à l'aube de formuler son propre langage: étalages d'objets en plastique multicolore, présentoirs de boîtes de lessive ou de conserve aux étiquettes étincelantes trouvées dans les supermarchés. «Les Prisunics sont les musées de l'art moderne», écrit Raysse avec une force poétique qui restera dans ses textes ultérieurs. «La beauté, c'est le mauvais goût. Il faut pousser la fausseté jusqu'au bout.»

Hygiène de la vision, visionneuse de plaques de verres d'un vieux kaléidoscope sur lesquelles sont collés divers petits objets, trombones, gélatines colorées, etc., ouvre sur un monde dépaysant, merveilleux et transfiguré par les choses, un monde ni complètement étincelant, ni complètement pourrissant, à mi-chemin finalement des préoccupations propres à ses deux auteurs. Arman et Raysse signent le 17 octobre 1960, à l'instigation de Pierre Restany, la déclaration constitutive du Nouveau Réalisme sur une base minimale, la seule sur laquelle les artistes (outre eux-mêmes, Yves Klein, Jacques Villeglé, Raymond Hains, François Dufrêne, Daniel Spoerri, Jean Tinguely) parviennent à se mettre d'accord: «Nouveau Réalisme = nouvelles approches perceptives du réel». «Nous partions du principe que nous avions en commun une nouvelle manière d'aborder la réalité… Ces définitions très vagues semblaient capables de garantir une entente durable. Or, le groupe n'était pas fondé depuis vingt minutes qu'il partait dans une querelle violente», se souviendra Raysse, quand Arman note sur le moment: «C'est très bien, ce petit groupe a éclaté sans même avoir vécu.» Il n'en sera pas exactement ainsi. Le Nouveau Réalisme, en dépit des tensions et des divergences évidentes, sera l'un des rassemblements à géométrie variable les plus féconds des années 1960, d'où émergeront des œuvres et des aventures parmi les plus marquantes, les plus singulières de l'époque. Le groupe incarne finalement toutes les difficultés, les ambiguïtés et la force des individus aux prises avec l'idée même de collectif ● **Cécile Bargues**

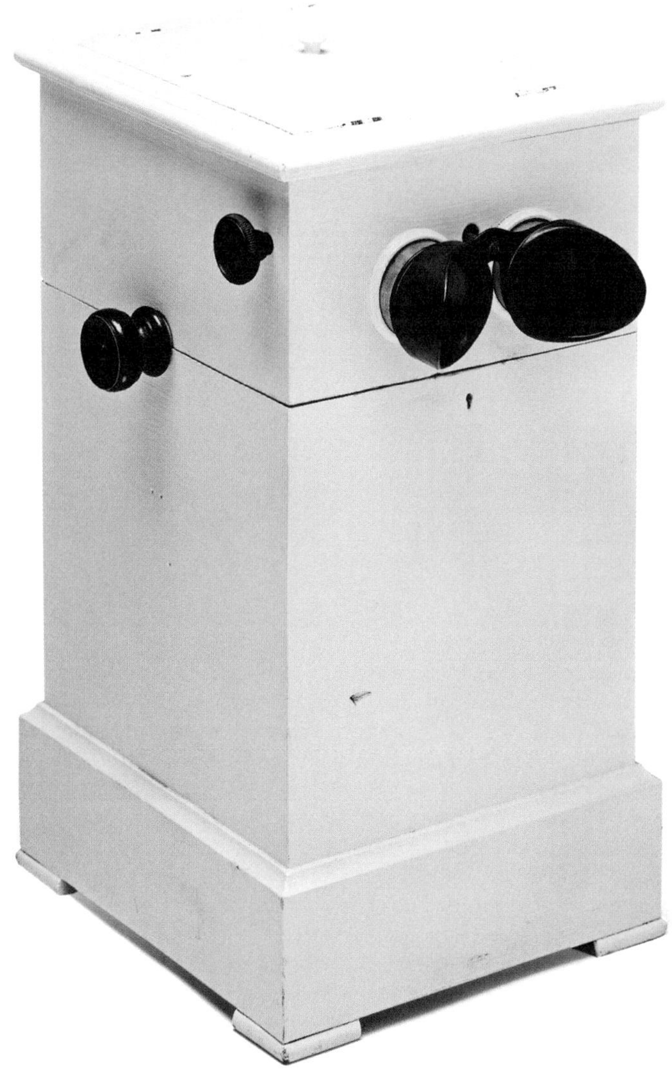

63
Arman et Martial Raysse, ***Hygiène de la vision*****, 1960**

César / Claude Givaudan

avec la complicité involontaire de Martial Raysse

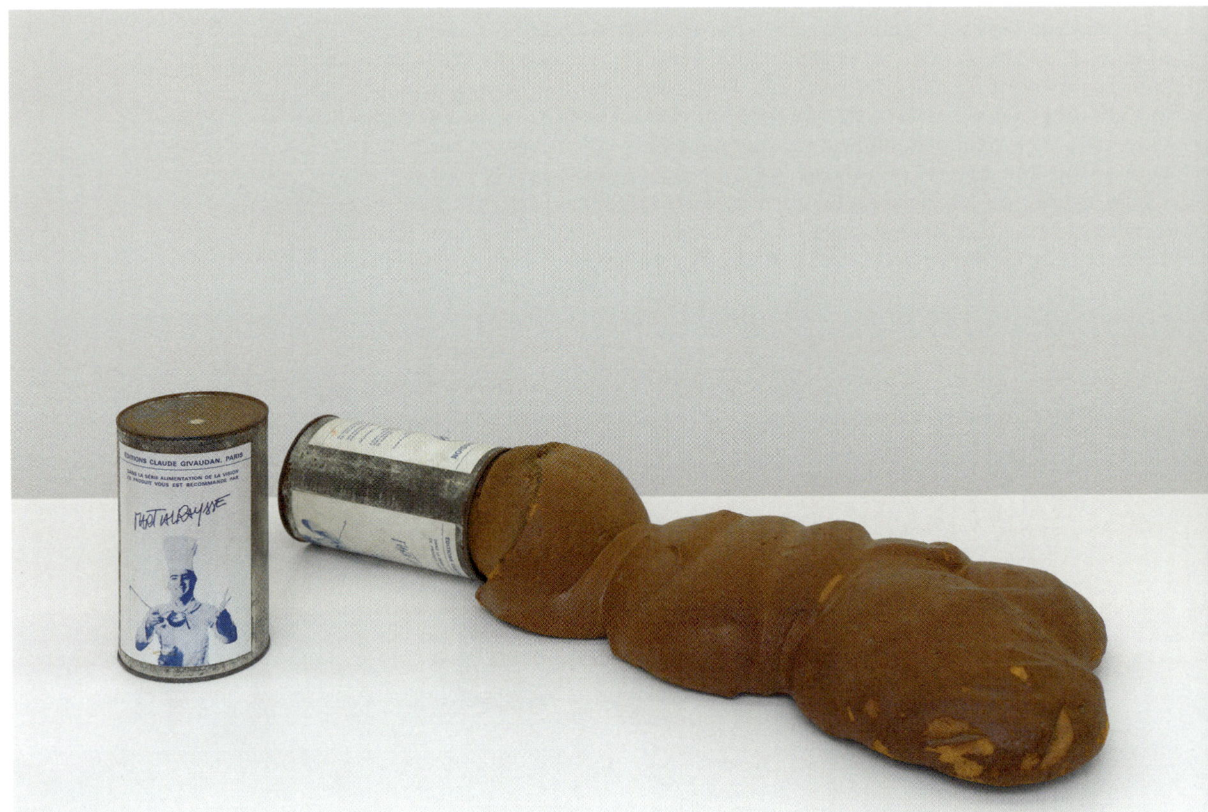

64 · César, avec la complicité involontaire de Martial Raysse, *Conserve expansion*, série « Alimentation de la vision », édition de Claude Givaudan, 1969

●
C'est au Salon de mai en 1967 que César pratique sa première expansion, technique qu'il va développer pendant plusieurs années. En 1969, César propose une œuvre où le regardeur a le rôle principal. Sous l'impulsion de Claude Givaudan, galeriste et éditeur d'art très actif dans les années 1960, César, utilisant un portrait de Martial Raysse, qu'il fréquente depuis le début des années 1960 au sein des Nouveaux Réalistes, réalise cette boîte de conserve, renfermant de la mousse polyuréthane. Œuvre d'art, à faire soi-même, cet objet est une nouvelle façon de présenter Raysse en un chef cuisinier, donnant sa recette de la vision et pour César, celle du hasard ● **Blandine Chavanne**

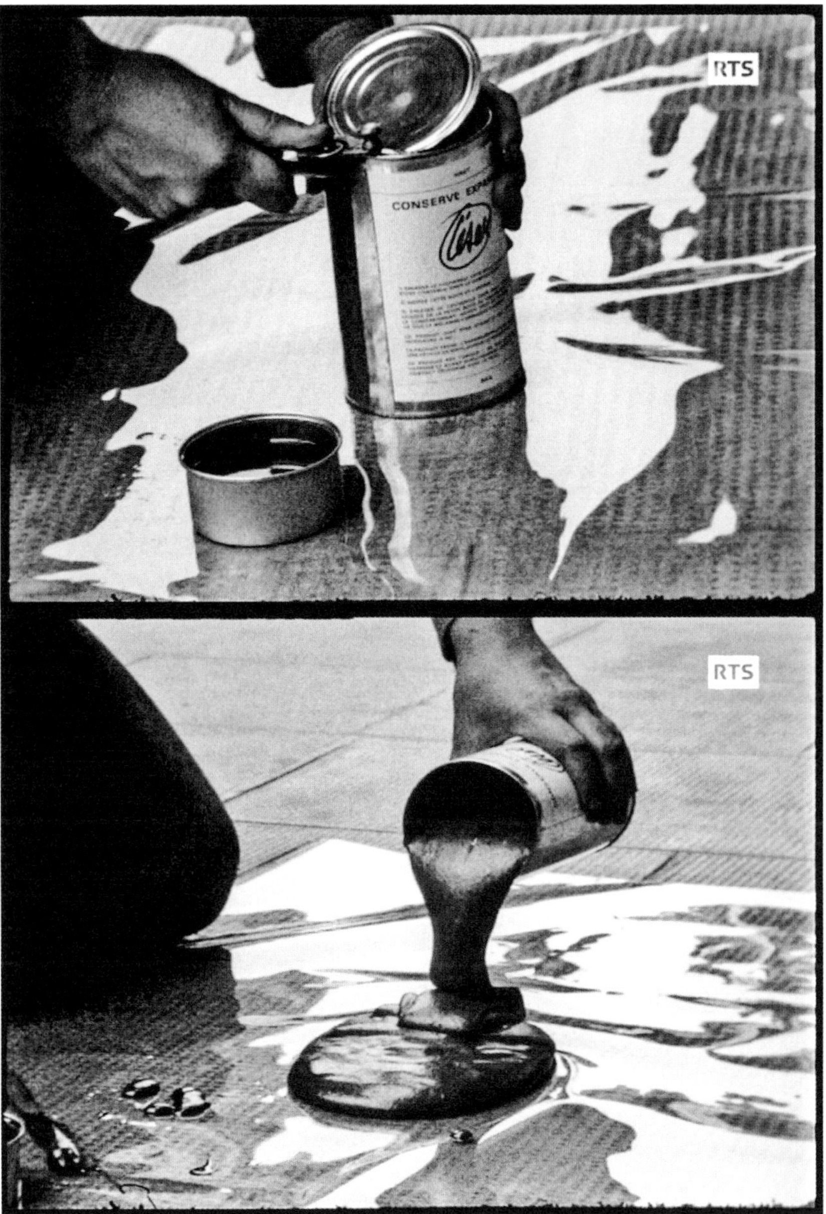

55 (ill.) • Extraits de l'émission « Le livre objet » avec Claude Givaudan, Libres propos, RTS, 28 avril 1969

Christian Boltanski
Jean Le Gac / Gina Pane

•

Dès 1968, avec Christian Boltanski, Jean Le Gac exécute un certain nombre d'interventions – promenades ou envois postaux, par exemple –, comme autant de gestes simples et anonymes, enregistrées par des photographies et des textes aux accents autobiographiques. Christian Boltanski se met également en scène dans des courts-métrages filmés par Alain Fleischer.

Quant à Gina Pane, peintre à l'origine, elle intervient dans la nature dès 1968. *Pierres déplacées* (1968), une action dans laquelle elle déplace de petites pierres de l'ombre à la lumière, *Terre protégée* (1968) ou *Enfoncement d'un rayon de soleil* (1969) sont documentées par des séries de photographies titrées et légendées. Ses actions se déroulent sans témoin, en pleine campagne à Écos, dans l'Eure, Invités en 1969 à participer à la 6e Biennale de Paris, les trois artistes décident de proposer une intervention commune : l'appropriation arbitraire d'un arpent de terre, lors d'une promenade dans la campagne normande, puis le simulacre d'une performance rappelant l'*arte povera* et enfin la création d'une autobiographie fictive qui fait l'objet de la notice 19 du catalogue de la Biennale[1], où l'on peut lire :

« LA CONCESSION À PERPÉTUITÉ (réalisation à grandeur) [...] Parce qu'ils l'avaient clôturée à leur convenance sans même consulter le cadastre, sans en avertir personne – à quoi bon d'ailleurs – cette concession était à perpétuité la leur. Un espace de terre comme tant d'autres et qui rappellerait peut-être un autre endroit identique en tous points à celui-ci

1 *Catalogue de la sixième Biennale de Paris*, Musée d'art moderne de la Ville de Paris, 1969, p. 143.

2 Dimensions : 250 × 320 × 580 cm. Le sol, protégé par une bâche, est couvert de sable ocre clair avec quatre légers édicules, et scandé d'éléments verticaux en métal laqué bleu, faisant soit 180 cm soit 10 cm de haut et de « containers » d'images en plastique cristal (sortes de panneaux) de 170 × 220 cm.

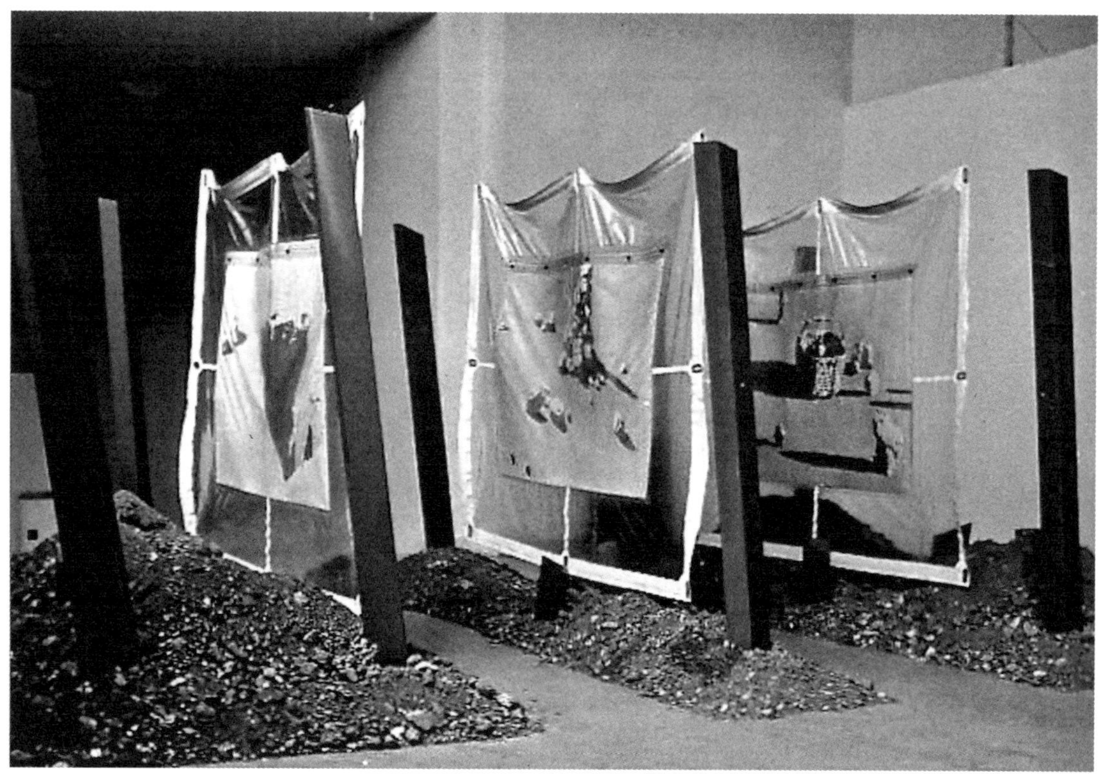

65 et 56 (**ill.**)
Christian Boltanski, Jean Le Gac et Gina Pane, ***La Concession à perpétuité*****, 1969, photo de l'installation présentée à la 6e Biennale de Paris**

et pareillement faux. Ils n'étaient pourtant pas convaincus d'avoir déjà fait des reconnaissances dans ces parages. Mais comment expliquer alors la fascination qu'exerçaient ces quelques arpents d'une terre anonyme, oubliée, usée, pourrie et toute prête à servir encore? Il fallait sans plus attendre jalonner, marquer ses limites, surveiller la terre inquiète mise à nue et se presser d'enfouir ses émergences alarmantes, faire des relevés minutieux de bonnes dimensions – reproduction de la zone de terrain mis en chantier. Responsable: Christian Boltanski, peintre – Jean Le Gac, peintre – Gina Pane, sculpteur.»

À la fin du catalogue est reproduit un dessin précisant les dimensions et les caractéristiques de l'installation[2]. La photographie légendée, technique alors commune aux trois artistes, est utilisée pour réaliser 5 planches-contacts qui reprennent le texte du catalogue de la Biennale, datant et localisant les photos de l'action: «ÉCOS (Eure) – 10 septembre 1969». Des photocopies de ces planches sont distribuées aux visiteurs.

Seule œuvre collective signée de ces trois artistes, cette action reflète leurs préoccupations à ce moment-clef de leur carrière. Par la suite, chacun développera de façon singulière cette réflexion sur la mort: Boltanski et Le Gac dans leur travail autour de l'autobiographie, Gina Pane en utilisant son corps comme médium; tous utilisent la photographie ● **Blandine Chavanne**

Jean Dupuy / Bernard Heidsieck

« Et glisse entre nous crisse le silence craque
Caressant glisse de glace étouffant crisse
Quand
De grâce tic tac crachant glisse
Suinte adieu crisse hurle le vide
Gong
Tic Tac
Tam Gong »

Bernard Heidsieck, *Poème partition « Q »* (extrait), 1956

●

Formé à l'École des beaux-arts de Paris, Jean Dupuy commence sa carrière en rejoignant le groupe des artistes abstraits lyriques. Installé à New York à partir de 1966 et ayant détruit une grande partie de ses toiles, il va dès lors utiliser toutes sortes de techniques pour concevoir de nouvelles œuvres expérimentales, en collaboration avec de nombreux artistes américains. En 1976, il rencontre George Maciunas à Berlin et fait partie de l'aventure de Fluxus.

C'est par l'intermédiaire de Françoise Janicot que Jean Dupuy fait la connaissance de Bernard Heidsieck et qu'il participe en 1967 à un numéro de la revue *Eter* fondée l'année précédente par Paul-Armand Gette. Ensemble, ils produiront deux œuvres. Pour la première, sur le principe du *cut-up* inventé par Gysin et Burroughs (→ p. 157-161), Bernard Heidsieck colle, sur une peinture de Jean Dupuy, son poème *À toute vitesse*. La seconde (ci-contre), est une composition de Dupuy commentée par un poème d'Heidsieck portant sur le thème de la couleur. Cette œuvre est réalisée comme une performance, sans repentir, traduisant l'énergie de chacun des protagonistes ● **Blandine Chavanne**

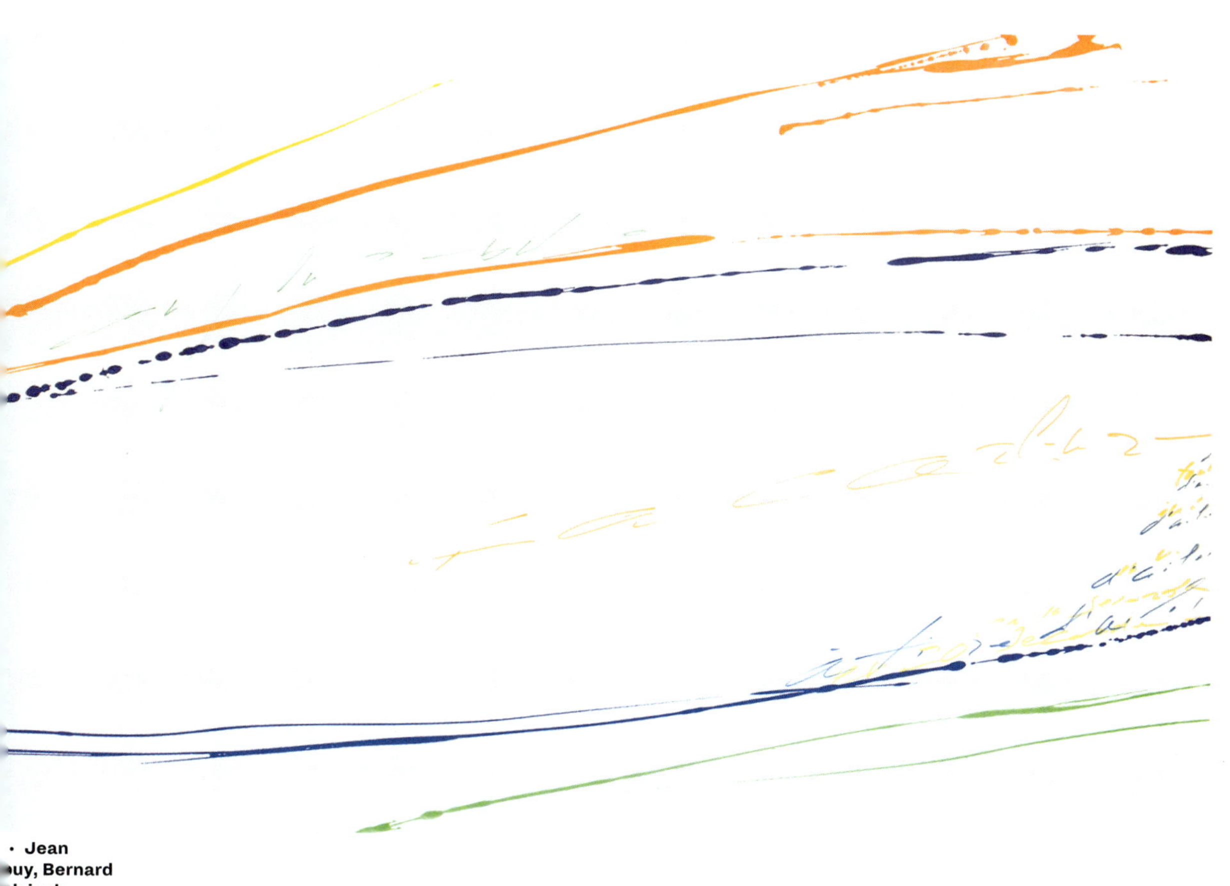

· Jean
ɔuy, Bernard
dsieck,
re d'aile,
5

Paul-Armand Gette / Bernard Heidsieck

« [...] je propose toujours un minimum d'action pour que le texte se présente comme une chose vivante et immédiate et prenne une texture quasiment physique. » — **Bernard Heidsieck**

●

L'amitié entre Bernard Heidsieck et Paul-Armand Gette a duré plus de quarante ans : « C'est par Gérard Guillot, rencontré à Lyon alors que je préparais mon exposition à la galerie L'Œil écoute (1960), que j'entrai en contact avec la revue *Cinquième Saison* d'Henri Chopin, et que je pus rencontrer Bernard Heidsieck. Il s'amorça alors une amicale collaboration qui se poursuivra jusqu'à sa disparition le 22 novembre 2014[1]. »

Gette est tout autant botaniste qu'entomologiste et artiste ; Heidsieck, lui, a créé la poésie action : « Ce que je cherche toujours, c'est [à] offrir la possibilité à l'auditeur/spectateur de trouver un point de focalisation et de fixation visuelle. Cela me paraît essentiel. Sans aller jusqu'au happening, loin de là, je propose toujours un minimum d'action pour que le texte se présente comme une chose vivante et immédiate et prenne une texture quasiment physique. Il ne s'agit donc pas de lecture à proprement parler, mais de donner à voir le texte entendu. »

Paul-Armand Gette sollicite Bernard Heidsieck en 1964 pour qu'il rédige un poème sur les coléoptères, son sujet de prédilection. Dès avril 1965, *Coléoptères & Co* est lu à la Konsthall de Lund en Suède (la lecture s'accompagne de la réalisation en direct d'un dessin par Paul-Armand Gette), puis publié par Henri Chopin dans le double numéro 23-24 de la revue *OU – Cinquième saison*).

La même année, lors de la 4e Biennale de Paris, Bernard Heidsieck prononce son poème pendant que Paul-Armand Gette esquisse un dessin anatomique de coléoptères, et que deux pompiers de la Ville de Paris (appartenant à l'amicale Aêlys) jouent un numéro de main à main. La trace de cette poésie action a été fixée par l'objectif de Françoise Janicot, et reproduite dans le catalogue de la Biennale[2], la dernière photo montrant les deux artistes exécutant dans l'atelier d'Alice Hutchins un numéro qu'ils avaient préparé avec l'aide des pompiers.

1 Note de Paul-Armand Gette, 2021.

2 Octobre 1965, publication du n° 25 de *OU* consacré à la 4e Biennale de Paris, une page reproduit les photographies prises par Françoise Janicot pendant la répétition de la lecture-action dans l'atelier d'Alice Hutchins, accompagnées d'un texte anonyme sur les coléoptères.

3 Une histoire de la performance sur la côte d'Azur de 1951 à nos jours : www.performance-art.fr/performance/poesie-action

4 En 1967, à Mont-Saint-Aignan, puis en 1969 à la Maison des jeunes et de la culture de Saint-Germain-en-Laye, en 1972 lors du premier Panorama international de poésie sonore à Paris, en 1976 dans l'atelier d'Annick Lemoine à Paris, et enfin en 1997 dans la réserve d'Area, rue d'Hauteville à Paris.

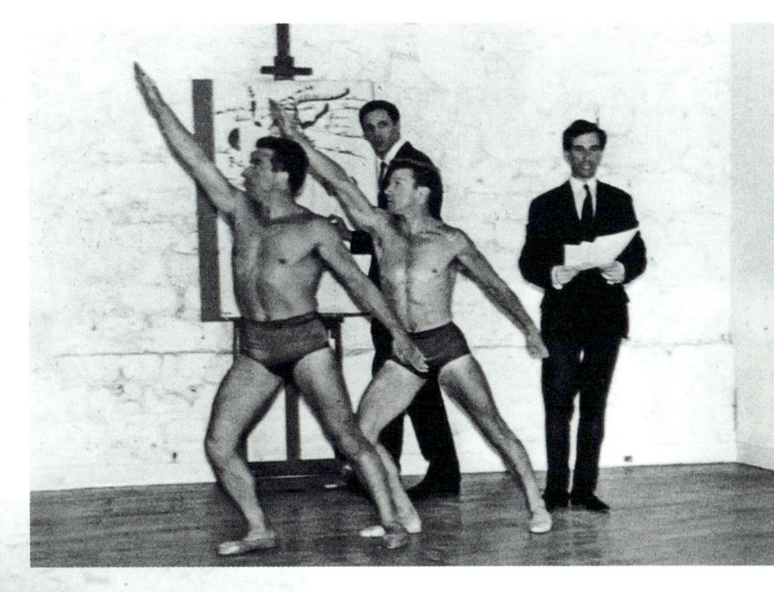

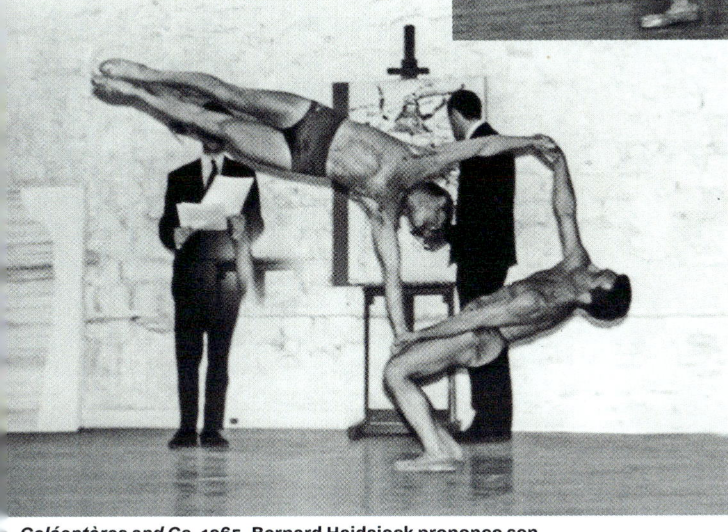

• *Coléoptères and Co*, 1965. Bernard Heidsieck prononce son me pendant que Paul-Armand Gette dessine un coléoptère ue deux pompiers de la Ville de Paris jouent un numéro de main ain. Photographies : Françoise Janicot

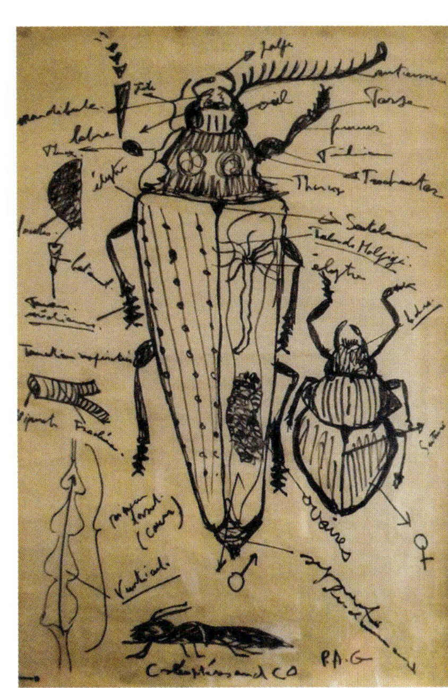

68 · Paul-Armand Gette, *Le Coléoptère*, 1965

Coléoptères & Co sera plusieurs fois « réactivé » : en 1966 à Provins et au Théâtre de poche de Nice. « Ben nous a invités à jouer *Coléoptères and Co* lorsque nous étions en vacances sur la côte d'Azur. Bernard était à Valescure et moi j'avais loué sans le savoir l'appartement de Marie Raymond (la mère d'Yves Klein) à Nice. *Coléoptères and Co* a été écrit par Bernard en clin d'œil à ma passion pour l'entomologie. L'action était composée de trois moments simultanés. Je dessinais des insectes sur un *paper board*, Bernard énonçait le texte tandis que deux pompiers/gymnastes faisaient des exercices sur scène. […] À Nice ils n'étaient pas là. Il n'y avait que nous. Je crois me souvenir que Ben a fait une présentation de notre action[3]. » Les deux artistes redonnent la lecture, plusieurs fois enregistrée, jusqu'en 1997[4] ● **Blandine Chavanne**

Lourdes Castro / Bernard Heidsieck

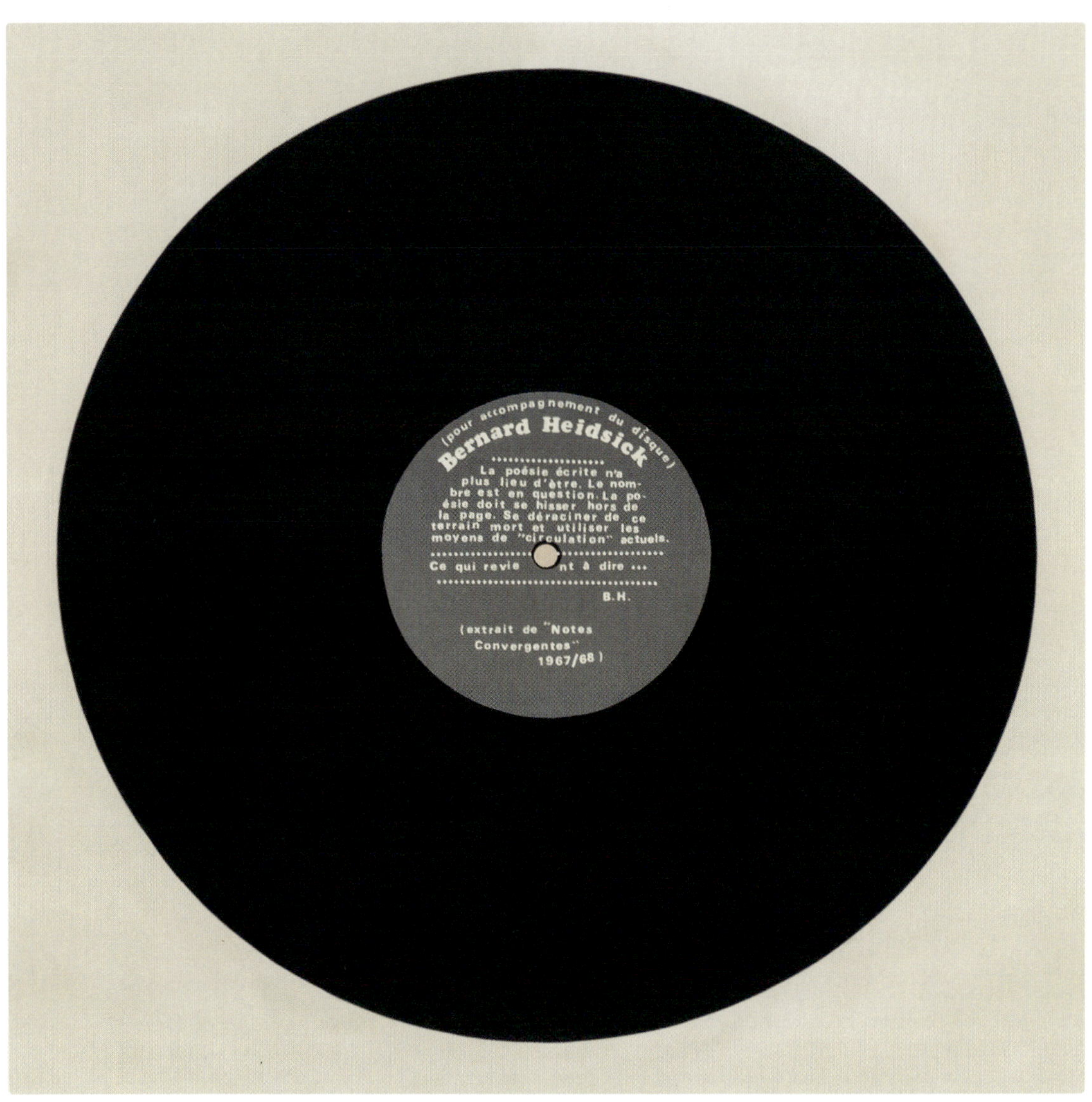

En 1968, Lourdes Castro réalise deux exemplaires de ce « disque » en plexiglass[1] reproduisant sur la pochette un poème de Bernard Heidsieck :

> « La poésie écrite n'a / plus lieu d'être. Le nom/bre est en question. La po/ésie doit se hisser hors de / la page. Se déraciner de ce / terrain mort et utiliser les / moyens de « circulation » actuels. / Ce qui revient à dire…
> B.H. (extrait de « Notes Convergentes », 1967/68)

Après des études de peinture aux Beaux-Arts de Lisbonne, Lourdes Castro quitte le Portugal pour Munich en 1957.

1 120 copies supplémentaires du disque seront publiées en 2014 par les Éditions rue Visconti, dont 100 destinées à la vente, et 20 réservées à l'artiste et à l'éditeur.

69 · **Lourdes Castro et Bernard Heidsieck,** ***Disque*, 1968**

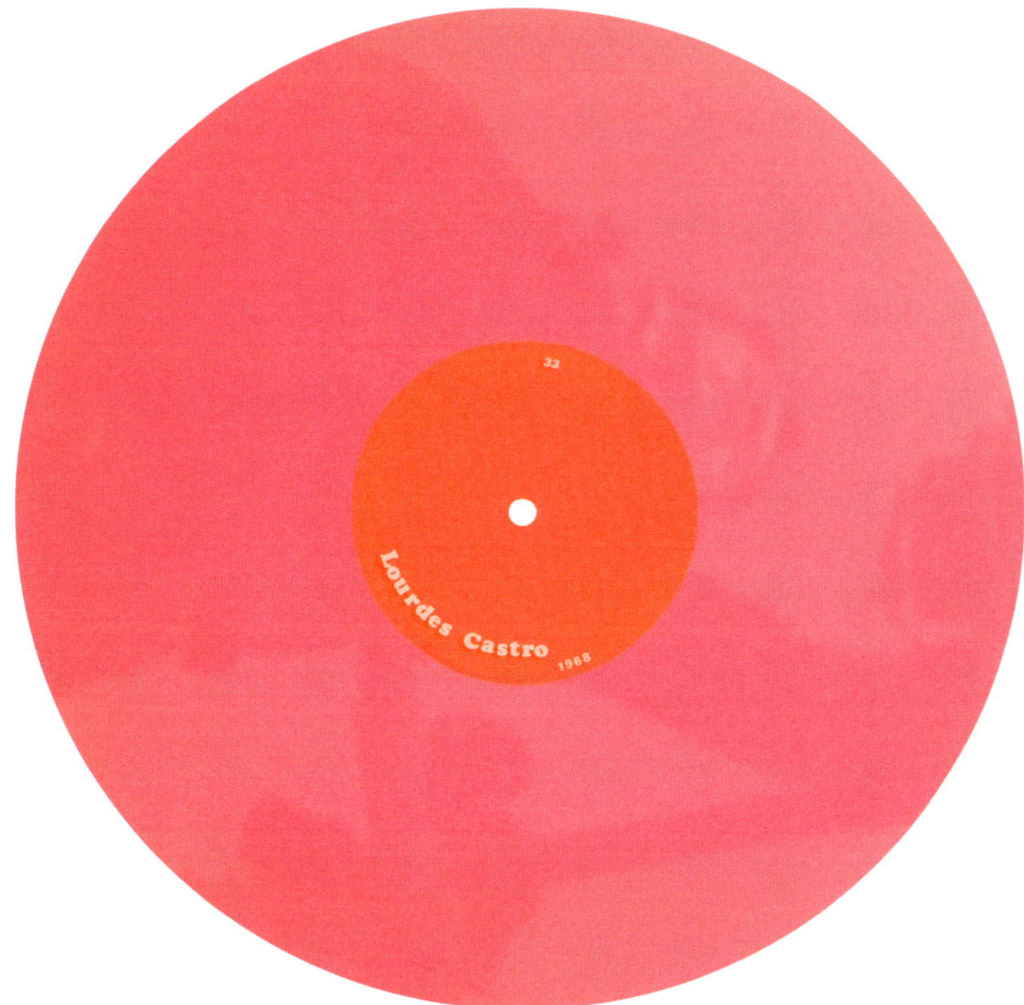

Grâce à une bourse d'études de la Fondation Gulbenkian, elle crée à Paris, avec le peintre René Bertholo, la revue expérimentale *KWY* (1958-1963) et accompagne le mouvement éponyme auquel s'associent Christo et Jan Voss. Lourdes Castro réalise des objets, assemblages d'éléments du quotidien inspirés du surréalisme et des Nouveaux Réalistes. Elle participe en 1959 à la première Biennale de Paris. Proche des artistes de la poésie sonore, elle participe au premier numéro de la revue *Eter* en 1969, dans laquelle chaque artiste mêle poésie concrète, écriture et art ● **Blandine Chavanne**

George Maciunas / Yoko Ono

«…A word-of-mouth piece,
a strip-tease piece
and an audience piece
will be performed
in this concert.» — Yoko Ono[1]

1 Programme d'une manifestation de Yoko Ono en 1964 à Kyoto, qui incluait un concert, une performance et une exposition.

●

Cette affiche est en réalité un collage d'images populaires accompagnées de consignes formulées par Yoko Ono et mises en volume par George Maciunas. Elle fut publiée dans le numéro 7 de la revue Fluxus *ccV TRE*, à l'origine sur un fond vert. Les vingt vignettes ont été exposées sous forme de cartes indépendantes dans «D.I.Y. Do It Yourself», exposition collective à la Stendhal Gallery de New York en 2009. Comme pour souligner le message de Fluxus, tout le monde peut faire de l'art.

Yoko Ono demeure une des personnalités transgressives les plus acerbes de la tribu Fluxus, et de celles qui ont le plus volontiers «joué collectif». Une de ses œuvres majeures, *Film Four,* consiste en un «portrait de groupe» d'un genre inédit, qui nous montre non pas des visages mais une série de fessiers nus, féminins et masculins, filmés en gros plan.

Dans *Do it Yourself. FluxFest*, on retrouve des dessins ludiques d'arrière-trains et d'organes génitaux en tous genres, chorégraphiés de façon caustique. Le montage en dit long sur la conception que Yoko Ono avait du collectif en ce temps-là. Au dos de l'affiche est imprimée une vaste partition où, sur un ton des plus rabelaisien, l'artiste adresse à ses divers acolytes des propositions d'actions désopilantes et pas vraiment conformes à la morale dominante ● **Jean-Jacques Lebel**

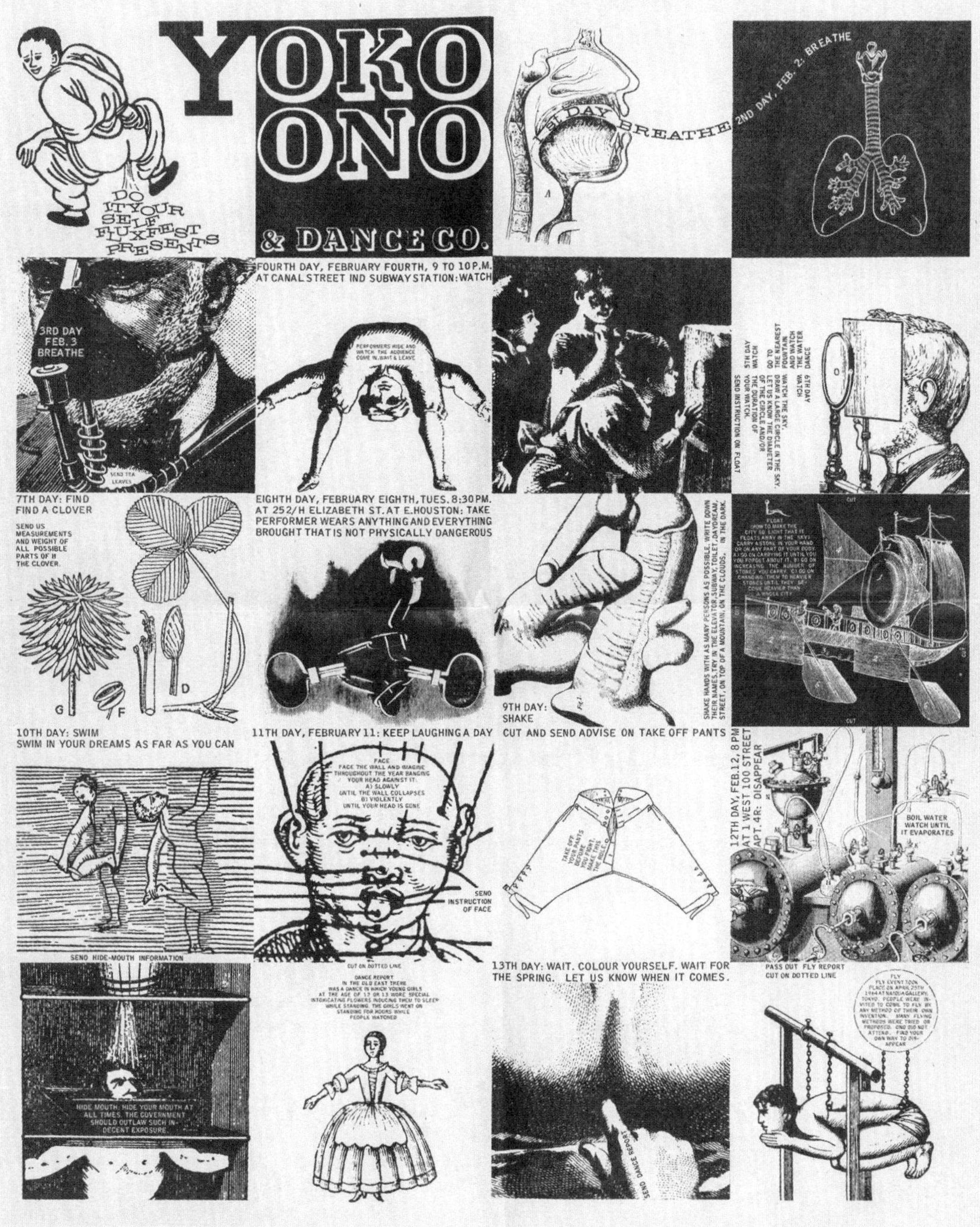

70 · George Maciunas et Yoko Ono, affiche *Do It Yourself Fluxfest Presents Yoko Ono & Dance Co*, 1966

George Brecht / Robert Filliou

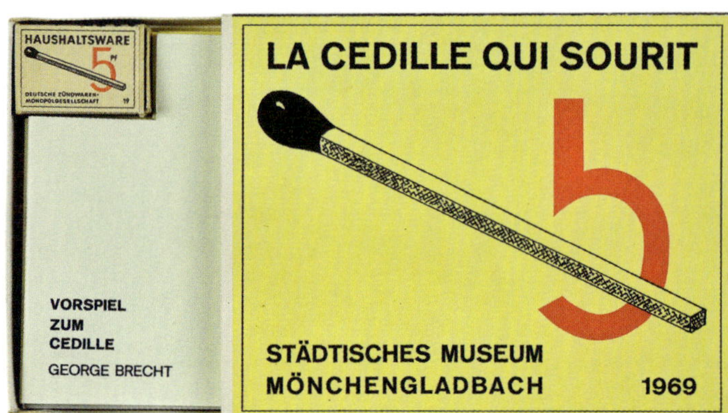

71 George Brecht, Robert Filliou, *La Cédille qui sourit*, 1969

●

En 1962, par l'entremise de Daniel Spoerri, Johannes Cladders, artiste et assistant de recherche au musée Kaiser Wilhelm de Krefeld, découvre une modeste feuille de format A4, tapée à la machine, qui l'invite à commander un *Suspense Poem*. C'est ainsi qu'il reçoit peu après de Robert Filliou quatre planchettes de bois reliées par des pitons. Chacune présente un objet réel accompagné d'une phrase. Sur la quatrième planchette figure une tête d'homme mosaïque avec le texte suivant : « Fin du poème, l'homme est solitaire. »

En 1969, alors directeur du musée de Mönchengladbach, Cladders organise du 15 juin au 17 juillet une exposition intitulée « La Cédille qui sourit ». À cette occasion, le musée édite un livre-objet en forme de boîte d'allumettes agrandie (une idée de Cladders), contenant une boîte d'allumettes « Cédille », des œuvres de Brecht et Filliou, ainsi qu'un texte de Cladders qui présente les deux artistes. La boîte respecte la charte du musée. Elle est éditée à 440 exemplaires et, à l'intérieur, figure la liste des œuvres de Brecht et Filliou antérieures à leur collaboration ainsi que celles réalisées au cours de leurs trois années d'activité commune à la Cédille (1965-1968). Des fiches invitent le lecteur à contribuer à une anthologie de blagues. On trouve également le programme d'une « journée typique pendant l'exposition Cédille », par exemple : « de 8 à 15, travailler… assister à [un] mariage… un procès… un enterrement… nager… boire un coup… » ou « de 17 à 24, [aller] aux courses… au cinéma… au lit ou où il vous plaira… »

George Brecht et Robert Filliou sont tous deux nés en 1926 ; le premier à New York, le second à Sauve, dans le Gard. Brecht est ingénieur chimiste jusqu'en 1965 et auteur de plusieurs brevets. Filliou, après s'être engagé dans les FTPF (Francs-tireurs et partisans français) pendant la guerre, travaille deux ans chez Coca-Cola aux États-Unis avant d’obtenir un master en économie politique. Il rencontre Spoerri en 1959 et, trois ans plus tard, présente dans les rues de Paris sa *Galerie légitime* qui expose les œuvres dans sa casquette. George Brecht, lui, s’intéresse à l’aléatoire et rédige en 1957 *L’Imagerie du hasard*. Il suit les cours de John Cage en 1958-1959 et présente sa première exposition à la Reuben Gallery à New York sous le titre « Toward Events » (Vers l’événement). Il dira en 1965 : « L’art est limité. Ce n’est qu’une série de possibilités, moi je suis intéressé par toutes les possibilités. » Et il ajoute : « Je ne pense jamais à ce que je fais comme étant de l’art ou pas. C’est une activité, c’est tout… Par ex[emple] : Le Corbusier construit un immeuble et moi je bouge le journal d’ici à là. Les deux choses sont identiquement nouvelles. Ce sont des arrangements. Tout ce qui se passe est une simple réorganisation… Si je quitte un bar pour aller au théâtre, je ne quitte pas la vie pour aller au théâtre[1]. » George Brecht est l’inventeur des Events Fluxus qui se caractérisent par leur proximité avec la vie quotidienne. En 1963, il les rassemble dans la boîte *Water Yam* sous la

72 · George Brecht (design), Affiche d’une manifestation *Fluxus, La Cédille qui sourit, Art Total, Poésie, Actions* organisée du 10 au 12 mars 1967 par Paul-Armand Gette à Lund en Suède

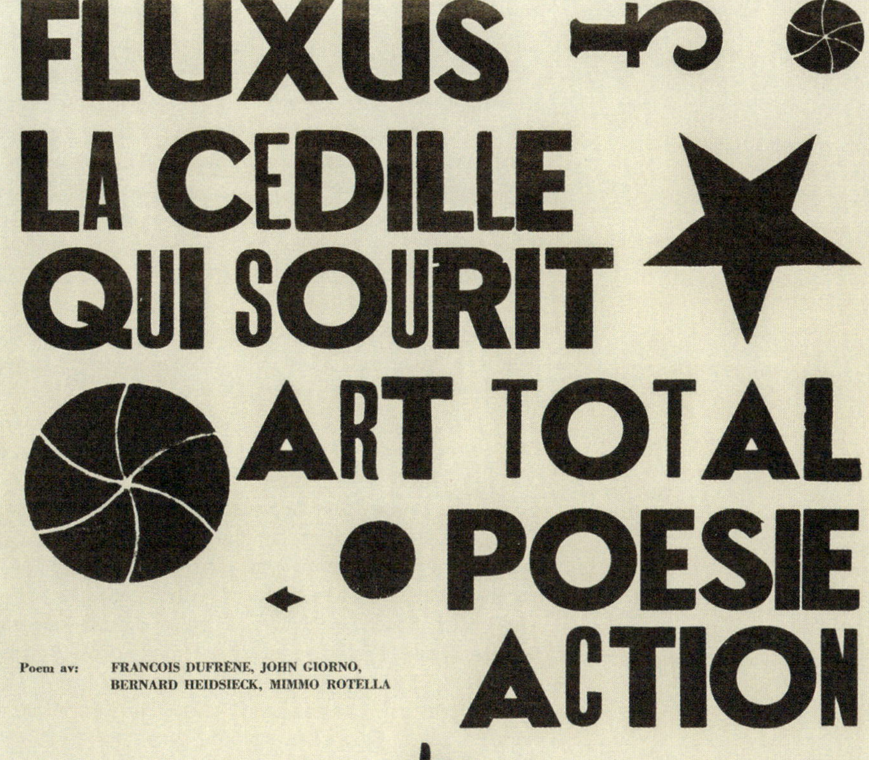

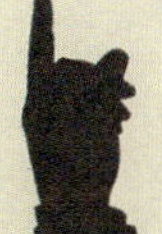

1 « Conversation sur autre chose », *Identités*, nos 11/12, Nice, été-automne 1965. L’entretien est réalisé à Villefranche avec Ben et Marcel Alocco, directeur de la revue *Identités*, en français et en anglais (trad. de l’américain par Ben et Alocco). Il sera repris dans *Texte zu einer Heterospektive von George Brecht*, Berne, Kunsthalle, 1978, p. 149-163, et plus tard dans *Fluxus Dixit, une anthologie*, vol. I, Dijon, Les Presses du Réel, 2002, p. 161-171.

«Nous avons joué à des jeux, inventé et désinventé des objets, correspondu avec les humbles et les puissants, bu et parlé avec nos voisins et vendu par correspondance des poèmes à suspense et des rébus…»

— **Programme d'une «journée typique pendant l'exposition Cédille»**

2 Conservé au Centre Pompidou, Musée national d'art moderne, Paris.

3 Conservé au musée d'Art contemporain de Lyon (MacLyon).

forme de fiches que l'on peut interpréter à sa guise. Deux ans plus tard, il édite de nombreux *Games & Puzzles* (Fluxus New York) dont les assemblages sont sans rapport de cause à effet. Brecht rencontre Filliou au café Au Go Go à New York la même année, en 1965.

Auparavant, c'est en janvier 1963, dans le métro parisien, que Filliou a l'intuition du *Poïpoïdrome*: «Ce que je dois partager avec tout le monde, c'est le truc de la Création Permanente. Un institut de la Création Permanente. Basé sur la joie, l'humour, le dépaysement, la bonne volonté et la participation.» Conçu avec l'architecte Joachim Pfeufer, il sera exposé à Mödchengladbach puis à la documenta 5 de Kassel en 1972, avant de rejoindre la collection du musée d'Art contemporain de Lyon sous forme de *Prototype* 00. Pour Filliou, «un élément important de la Création Permanente est le principe d'équivalence: Bien fait, Mal fait, Pas fait. Je propose que ces trois possibilités soient équivalentes.» Il mettra ce processus en acte avec des chaussettes dans une boîte (*Principe d'équivalence: bien fait, mal fait, pas fait*, 1968)[2] ainsi que sur une toile de 83,845 m consacrée à la *Recherche sur l'origine* (1974)[3]. Filliou est par ailleurs l'inventeur de l'Autrisme («quoi que tu fasses, fais autre chose»), de l'Économie Poétique et du Territoire de la République géniale. À Allan Kaprow, il dit: «Pour moi, la création devient facilement récréation.»

En 1965, Brecht et Filliou ouvrent La Cédille qui sourit 12, rue de May à Villefranche-sur-Mer. Atelier-boutique ou plutôt, selon les termes de Filliou, «une non-boutique», celle-ci n'est évidemment pas inscrite au registre du commerce. Elle est la plupart du temps fermée. Sur la devanture jaune canari, une ardoise précise à la craie: «La Cédille qui sourit» ou «On est au café du Midi chez Gisèle et Raymonde» ou encore «Au café chez Lucien». Brecht et Jo Brenner son épouse, Robert et Marianne Filliou ouvrent (si l'on peut dire) La Cédille durant l'été 1965 et la ferment en mars 1968 à l'occasion de son troisième anniversaire. «Nous avons simplement décidé de vendre tout ce qui a ou n'a pas une cédille», précise Marianne. Tous sont d'accord pour dire qu'ils ont conçu «un Centre International de Création Permanente» dans lequel on peut trouver des jeux (par exemple: le *Jeu utile*, le *Jeu mystérieux*, le *Jeu des objets*, le *Jeu des inventions*), des poèmes (par exemple: *Poème rêve, puzzle pour les rêveurs*), une anthologie des malentendus, des scénarios d'une minute (par exemple: «un général fait du ski-nautique, la caméra dans l'eau se déplace le long d'une corde: un soldat en nageant tire la corde avec ses dents»). On trouve également une interrogation sur la connerie («La Cédille répond à tout ce qui a été affirmé ou

LA CEDILLE QUI SOURIT

"La Cédille qui sourit" est l'entreprise de Robert Filliou et George Brecht. Installée il y a un an à Villefranche-sur-Mer, c'est un centre d'idées, une recherche, un essai coopératif entre artistes ou quiconque ayant une idée à réaliser, spécialement dans les domaines moins conventionnellement reconnus.

Jusqu'à maintenant La Cédille a proposé des inventions et des desinventions, des jeux, des puzzles, un bouquin de jeux et d'autres choses encore indescriptibles (en cours d'édition aux Etats Unis), poèmes-suspenses (dit "acheminés en petite vitesse", sous forme d'envois séparés), et un essai sur le recherche du mot "Connerie" en Allemand (publié en Allemagne dans la série "Edition Et").

Nous avons demandé à des artistes de réaliser pour la Cédille des objets que l'on pourrait donner aux copains comme cadeaux, non pas sous formes de petites versions de leurs oeuvres personnelles, mais plûtôt des choses qu'il serait plus difficiles à présenter par des moyens conventionnels. Arman a fait, par exemple, une demi-livre, d'un demi-livre, la moitié d'un livre pesant 250 grammes ; Topor une feuille de calendrier sur laquelle il a écrit "jour vécu" ; Andrée Thoreau un livre intitulé "Soixante Fois Victor Hugo", dont chacune des 30 pages est un billet de cinq francs.

En Octobre Jacqueline Ranson nous a invité à montrer La Cédille à Paris. Nous remercions tous les artistes qui nous ont aidés et ont travaillés à sa présentation ici. Même si toutes les choses ne peuvent être personellement à mon gout , il me semble que de donner d'une manière inattendue la possibilité de faire "quelque-chose d'autre" est une idée intéressante. C'est une espèce de saut dans l'inconnu, ou presque, dont nous devons l'opportunité à Jacqueline Ranson.

George BRECHT

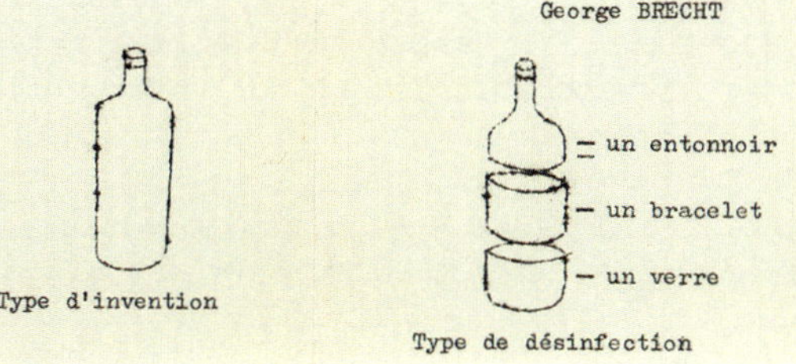

57 (ill.)
***La Cédille qui sourit*, tract, non daté**

pas»), ainsi que les éditions Something Else Press et Mat Mot. Ces «activités» sont décrites dans *Games at the Cedilla or the Cedilla takes off* (Something Else Press, New York, 1967) qui présente également les principes de l'Économie Poétique. De la Cédille, Filliou dit: «Nous avons joué à des jeux, inventé et désinventé des objets, correspondu avec les humbles et les puissants, bu et parlé avec nos voisins et vendu par correspondance des poèmes à suspense et des rébus…»

En 1984, Brecht et Filliou participent à la traduction du *Hsin Hsin Ming* écrit au VIe siècle par Seng Ts'an que l'on peut traduire par «Stances sur la foi», «Sur la foi en l'esprit», «Sur l'esprit du croyant» ou encore «Inscriptions sur l'esprit authentique».

En 1986, à soixante ans, Brecht accepte de faire sa première exposition dans un musée français, à Lyon, avant de s'éloigner du monde de l'art. Filliou se retire en 1984 au monastère bouddhiste des Eyzies où il demeure jusqu'à sa mort en 1987 ● **Thierry Raspail**

Mark Brusse

Karel Appel / Arman / Denise Brusse Koppelman Pol Bury / Erró / Robert Filliou / Al Hansen Ray Johnson / Alison Knowles / Yayoi Kusama Marta Minujín / Nam June Paik / Lil Picard / Carolee Schneemann / Daniel Spoerri / Marjorie Strider Emmett Williams

●

À la toute fin des années 1950, Mark Brusse, alors en dernière année d'école d'art à Arnhem en Hollande, crée avec quatre amis que rien ne rassemble un groupe qui, pour cette raison et par amour pour l'Espagne, se nomme Nada. En 1960, il obtient une bourse de huit mois pour Paris et là, dans un coin de grenier d'un dépôt du cimetière Montparnasse qui lui tient d'atelier, il réalise avec le bois qu'il trouve sur place ses premiers assemblages, les *Clôtures*. L'année suivante, il expose à la galerie du Haut-Pavé tenue par le père Vallée, un dominicain. C'est là qu'il rencontre Georges Boudaille qui l'invite à la Biennale de Paris. Peu après, dans son nouvel atelier de Gentilly, entouré d'anciennes tanneries en démolition, il achève ses *Soft Machines* en récupérant des poulies et des «machineries primitives» de tous ordres. Il ignore alors tout de l'exposition de William C. Seitz, «The Art of Assemblage» qui se tient cette même année au MoMA et révèle la tendance «assemblagiste» du XXe siècle, des premiers cubistes aux futurs pop artistes.

C'est Spoerri qui lui présente «le directeur» de la «Galerie légitime», Robert Filliou lequel, en lui serrant la main, enlève sa casquette et lui fait découvrir les œuvres qu'il y expose: boutons, tickets de métro, capsules, etc. Quelques années plus tard, en 1969, invité par Harald Szeemann à Berne pour l'exposition «Douze environnements», tandis que Christo emballe la Kunsthalle, Mark Brusse occupe tout le volume d'une salle par une monumentale pièce de bois. Plus tard à Berlin, il créera pour John Cage à l'occasion d'un concert «sans fin» de deux semaines, un volume d'une «durée» de 8,3 kg de poudre de marbre blanc…

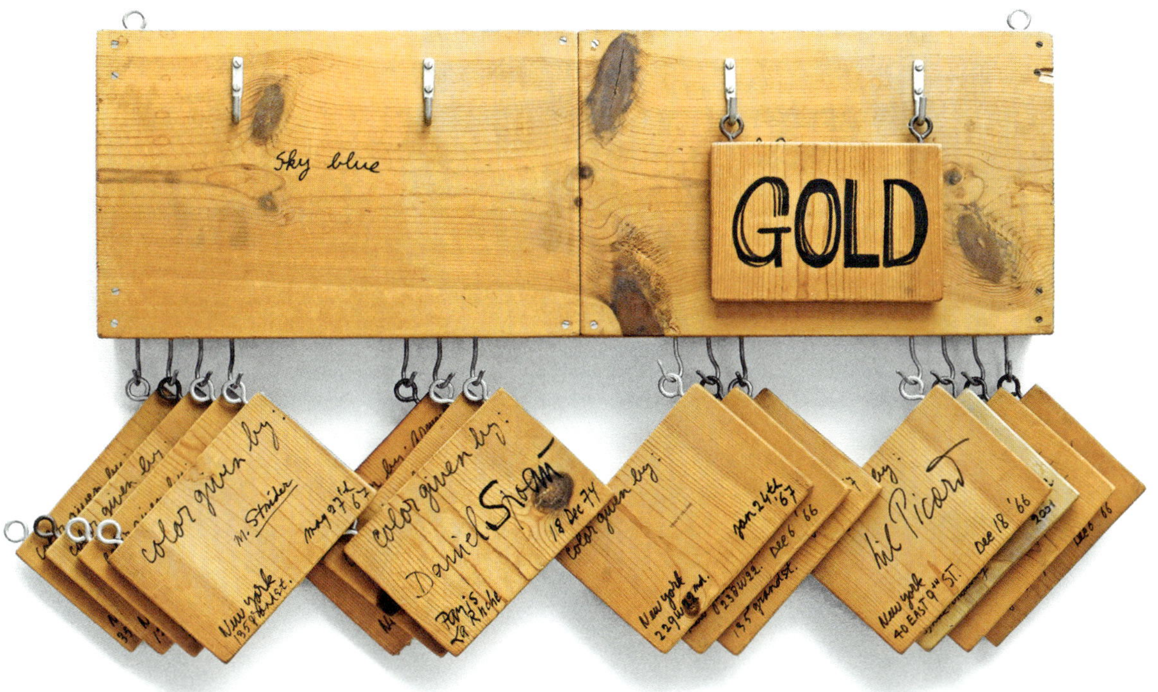

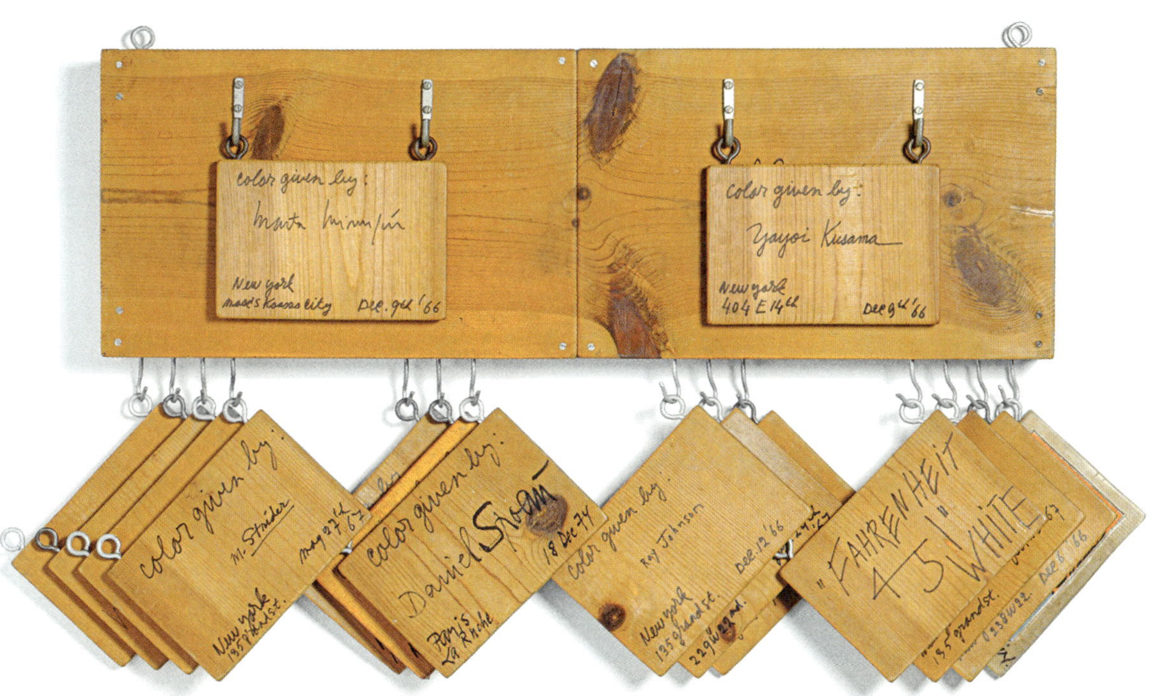

73
Mark Brusse
et 17 artistes
Double relief
in 18 colors,
***New York*, **
1966-1967

«À New York, en 1966, avec la guerre du Vietnam le monde change. S'enfermer dans l'atelier c'est négliger ce qui se passe autour. Contrairement à l'Europe cette question est brûlante, et nous réalisons des choses simples, ouvertes, même si, comme c'est mon cas, je ne souhaitais pas exprimer mon engagement dans mes pièces, essayant de pas confondre poésie et illustration.» — Mark Brusse

1 Les citations de l'artiste sont tirées d'un entretien avec Thierry Raspail dans l'atelier en septembre 2021.

Mais, en 1965, c'est grâce à Cees Nooteboom, jeune écrivain néerlandais qui obtient puis refuse une bourse de deux ans pour New York, que Brusse débarque au Chelsea Hotel (23e rue, entre la 7e et la 8e avenue). L'immeuble est le centre névralgique de l'émigration parisienne et Brusse y croise Christo, Arman, Niki de Saint Phalle mais aussi Andy Warhol et Allan Kaprow. Il sympathise bientôt avec Larry Bell et les Britanniques David Hockney, Peter Phillips, Derek Boshier… Filliou habite alors en face chez Dick Higgins et Alison Knowles, tandis que Kusama loge à la 14e rue…

Dès son arrivée, Mark Brusse rend visite à Leo Castelli muni du catalogue de chez Mathias Fels, galerie parisienne où il vient d'exposer. Leo lui explique alors qu'il représente huit artistes qui lui coûtent cher et dont il doit s'occuper en permanence. Par conséquent, il lui rend son catalogue mais, sympa, l'invite le soir même chez Claes Oldenburg. Certains des artistes de la nébuleuse Fluxus deviendront des amis proches : Nam June Paik, Al Hansen, Carolee Schneemann, Emmett Williams…

«À New York, en 1966, explique Mark Brusse, avec la guerre du Vietnam, le monde change. S'enfermer dans l'atelier, c'est négliger ce qui se passe autour. Contrairement à l'Europe, cette question est brûlante, et nous réalisons des choses simples, ouvertes, même si, comme c'est mon cas, je ne souhaitais pas exprimer mon engagement dans mes pièces, essayant de pas confondre poésie et illustration[1].» La couleur étant très présente dans son travail jusque-là, Mark Brusse, à la toute fin de 1966, a l'idée d'associer des couleurs («mentales», cette fois-ci) en écrivant simplement leur nom sur des planchettes. Il réalise alors *Relief en 25 couleurs* (collection Nederland). Puis, peut-être pour conserver

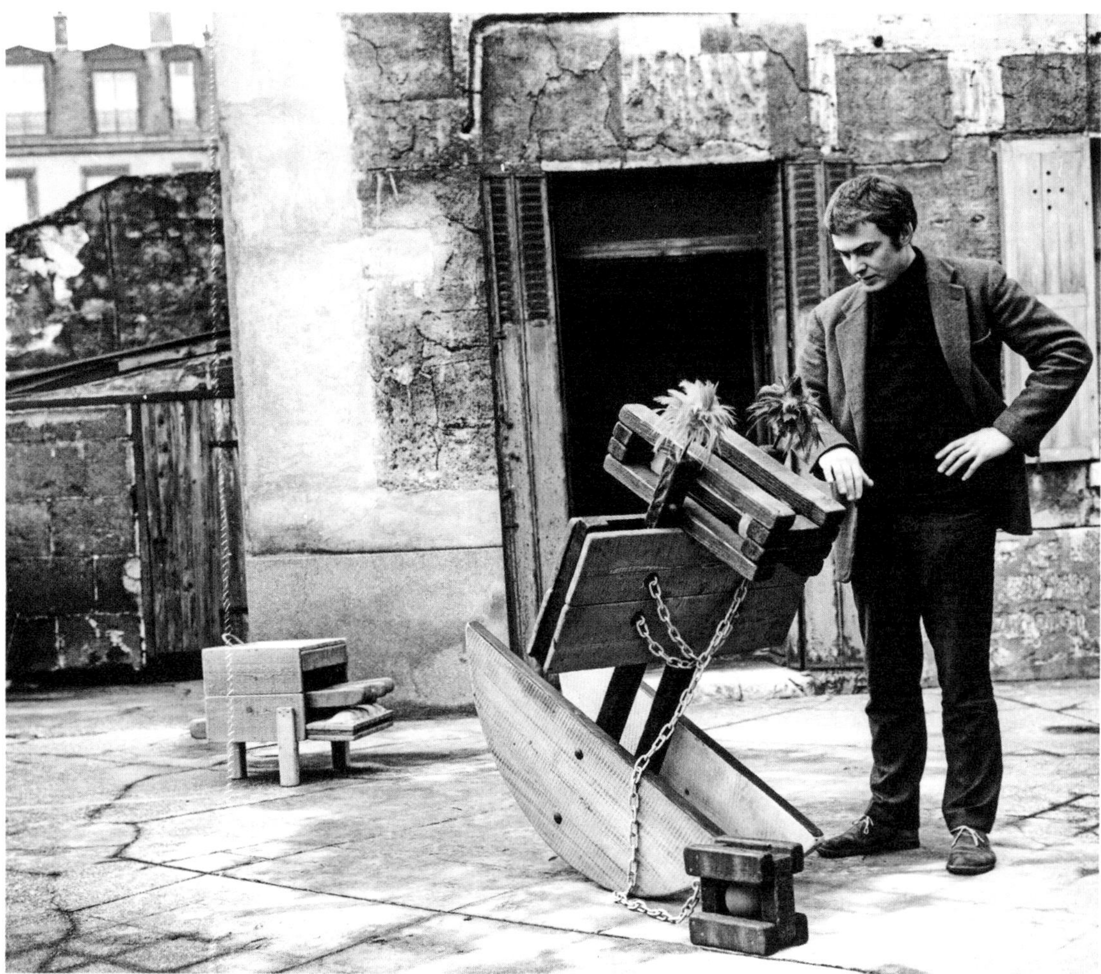

58 (ill.) • Mark Brusse en extérieur avec deux sculptures, 1965. Photographe non identifié

en mémoire cette ambiance new-yorkaise si particulière, il demande à des amis de lui donner leur couleur préférée. Écrite sur une planchette accrochée à des pitons (que Filliou n'utilise pas encore → p. 219) et donc manipulable, « la couleur » figure au recto tandis qu'au verso, on peut lire la date et le nom de l'auteur. Le premier à répondre est Robert Filliou avec *Morning glory*, qui n'est pas une couleur. (« Robert, qui avait soif, venait souvent chez moi car Dick Higgins ne pouvait pas boire. ») Kusama réalise *Gold* « dans son manteau en poil d'orang-outan ». *T.V. Blue* est signée Marta Minujín et *Dirty red*, Al Hansen. « Je m'adressais exclusivement à des copains, dit Mark Brusse : Spoerri n'était pas à New York et a réalisé sa pièce deux ans plus tard autour d'un nœud dans le bois. Quant à Erró, il n'a pas compris et m'a fait, trente ans plus tard à Paris, une peinture en couleur. Arman a écrit *Transparent* et a trempé la planchette dans de la résine. Nam June a rédigé : "Paik means white." En effet, Paik signifie blanc en coréen… »

Les planchettes ont été récupérées, puis bricolées dans l'atelier, les pitons viennent du magasin trouve-tout de Canal Street réservé aux artistes avertis. Mark a écrit *Sky Blue* et Denise, son épouse : *Blues*.

18 planchettes, 18 couleurs, 18 amis ● **Thierry Raspail**

Yves Klein / Jean Tinguely

Le présent article d'Andres Pardey est déjà paru dans *Musée Tinguely. La Collection*, Bâle, Heidelberg, 2012, p. 46.

1 Heinz Mack, « Une visite en novembre 1958 à Paris », in *Jean Tinguely's Favorites: Yves Klein* (cat. exp.), Bâle, musée Tinguely, 1999, p. 25.

●

Jean Tinguely et Yves Klein ont montré, en novembre 1958, leur première exposition commune «Vitesse pure et stabilité monochrome par Yves Klein et Jean Tinguely» à la galerie Iris Clert à Paris. En avril de cette année riche en événements, Yves Klein avait présenté *Le Vide* à la même galerie, ce happening d'exposition qui montrait la galerie peinte en blanc dans son état pur et vide, traitée en zone de sensibilité immatérielle. Après l'exposition par Tinguely de ses *Étoiles* en juin, la présentation de l'œuvre commune des deux artistes en novembre figurait comme la conclusion de leurs expositions et de leurs discussions sur la dématérialisation de l'art. Depuis longtemps déjà, les deux artistes débattaient sur la façon dont l'art pouvait non seulement se libérer de l'objet mais du matériau lui-même, s'il pouvait ne plus subsister que dans la représentation et le sentiment, en tant que zone de sensibilité individuelle.

Cette année-là, tant Tinguely que Klein avaient fait à la galerie Iris Clert leurs propositions pour ce type d'art: Klein, avec le vide radical, Tinguely avec des œuvres qui ne pouvaient être saisies qu'avec leurs tonalités individuelles. «Vitesse pure et stabilité monochrome» était constituée de six disques que Klein avait peints dans son International Klein Blue (IKB), et que Tinguely avait montés sur des mécanismes qui les mettaient en rotation – et qu'il appelait châssis, comme en construction automobile. Ils reçurent l'appellation d'*I.K.B.* ou de *La Vitesse totale*. Par ailleurs étaient montrées deux sculptures sans socle, sur lesquelles étaient fixées des cibles également rondes et tournant sur elles-mêmes, mais cette fois-ci blanches ou rouges, *Excavatrice de l'espace* et *Perforateur monochrome*. On peut aussi reconnaître sur des photographies de l'exposition au moins deux *Volumes virtuels* dressés, comme Tinguely en créait à cette époque.

Sur la petite liste imprimée des œuvres de l'exposition figure également le diamètre et le nombre de rotations que les disques devaient accomplir par minute. Pour les *I.K.B.* étaient mentionnés des diamètres entre 15,8 et 82 centimètres, les rotations se chiffrant de 450 à 2500 tours par minute. L'*Excavatrice de l'espace* portait un disque de 27 centimètres de diamètre, tournant à 4800 tours, le *Perforateur monochrome* avait lui un disque rouge de 9 centimètres, qui tournait à 10000 tours par minute. Ces vitesses de rotations élevées étaient aussi le point central de ces œuvres: les disques devaient tourner si vite que le spectateur n'ait plus la possibilité de percevoir leur surface, au point que ces disques bleus, blancs ou rouges, n'apparaissaient plus que comme

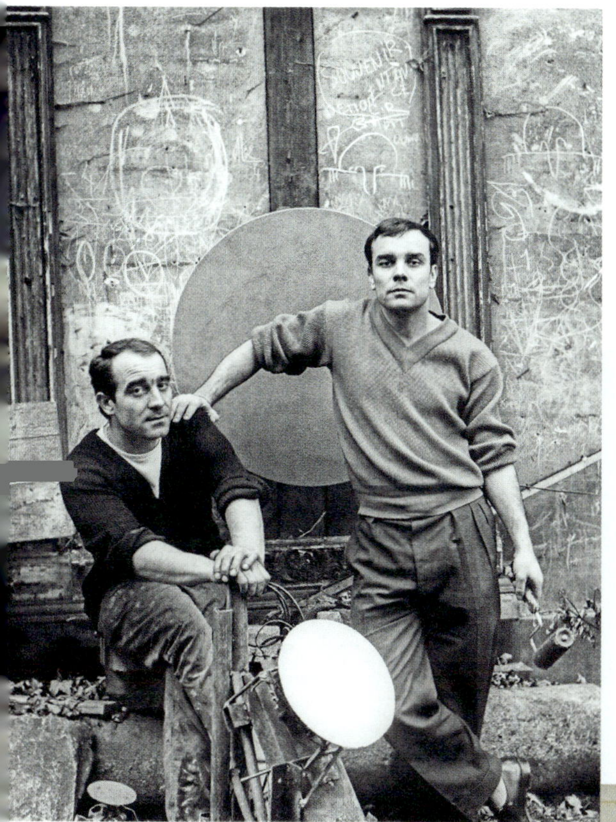

(ill.) · **Portrait Jean Tinguely d'Yves Klein, passe Ronsin, ris, 1958. otographie : rtha Rocher**

74 · Yves Klein et Jean Tinguely, ***Excavatrice de l'espace*****, 1958**

des zones de couleur dématérialisées ou comme des nuages de couleur. Heinz Mack, ami et lui aussi artiste, décrit comme une « sensation optique » sa première impression des *Vitesses*, qu'il avait déjà pu voir avant l'exposition chez Iris Clert : « [Elle] était la conséquence d'une transformation de la cible tournante en une forme volumique qui semblait flotter comme un petit nuage au-dessus de la construction en ferraille rouillée. Je me suis écrié : “Ça pulse, ça respire, ça se déplace, ça s'étend, ce n'est pourtant plus que de l'air !” Les yeux d'Yves brillaient et Tinguely tournait sur lui-même en dansant, tout en se frappant la poitrine[1]. » ● **Andres Pardey**

Niki de Saint Phalle / Jean Tinguely
Per Olof Ultvedt

60 (ill.) • **Affiche dessinée par Niki de Saint Phalle pour l'exposition collectiv « Hon / en Katedral » (« Elle, une cathédral au Moderna Museet de Stockholm en 196**

« C'était
une kermesse,
c'était la joie,
c'était le retour
à la mère,
c'était la plus
grande putain
du monde,
je ne sais
pas combien
de milliers
de spectateurs
sont passés
entre ses
portes ! »

— **Niki de Saint Phalle**

hon

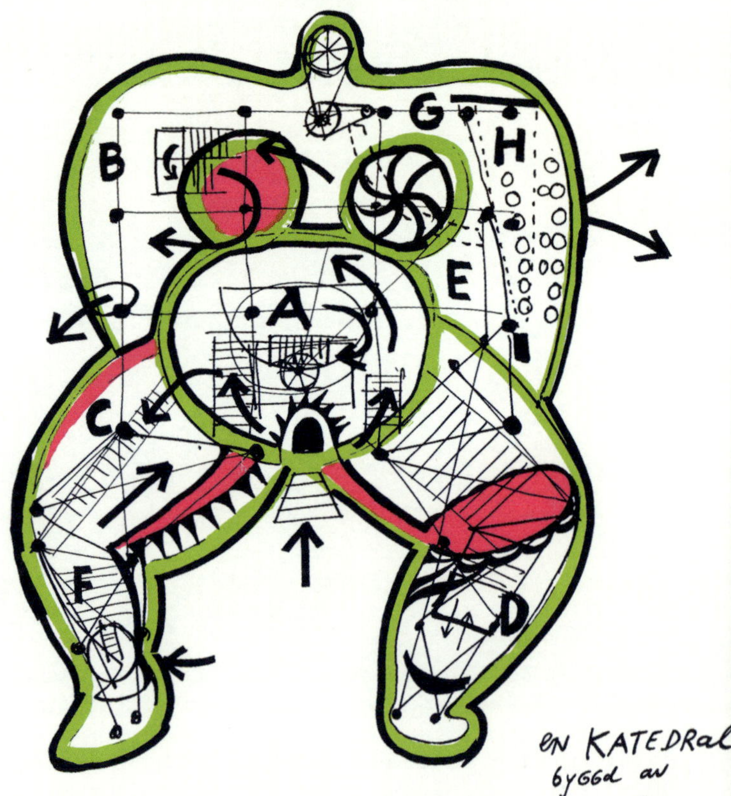

Moderna Museet

Alla dagar 12-17
Onsdagar 12-22
Efter 1/7 alla dagar 12-22

Niki de Saint Phal
Jean Tinguel
Per Olof Ultve

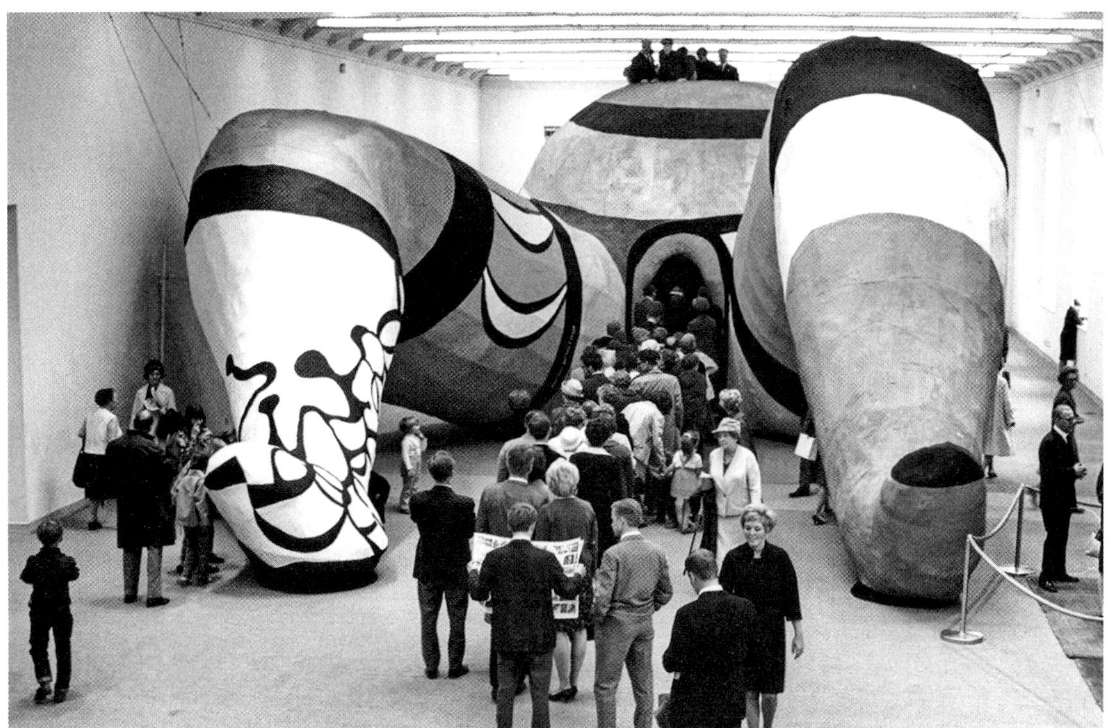

61 (ill.) · Vue de l'exposition « Hon / en Katedral », Moderna Museet, Stockholm, 1966. Photographie : Hans Hammarskiöld

●

Hon / en Katedral (« Elle, une cathédrale ») est une sculpture monumentale réalisée pour le Moderna Museet de Stockholm, d'après une maquette de Niki de Saint Phalle, avec la collaboration de Jean Tinguely et du Finlandais Per Olof Ultvedt. C'est Pontus Hulten, alors directeur du Moderna Museet, qui avait invité les trois artistes à réaliser une œuvre dans l'esprit Fluxus et en réponse au pop art américain, et qui finalement suggère la réalisation d'une gigantesque figure allongée dans l'esprit des *Nanas* de Niki de Saint Phalle.

« Des mètres de tissu furent mélangés à [de] la colle, puis disposés sur le squelette en métal. Plusieurs couches furent nécessaires pour cacher le support […]. Quand les toiles furent séchées et bien collées, nous avons peint en blanc le corps de la déesse. Puis je la décorai en apportant quelques modifications au modèle original. Plus tard, avec l'aide de Rico, je peignis la sculpture. Pontus travaillait nuit et jour, jouant de la scie et du marteau, participant à notre travail de toutes les façons qu'il pouvait. Pendant ce temps, Jean et Ultvedt s'occupaient à remplir l'intérieur du corps de toutes sortes d'attractions. Nous avions six semaines pour produire notre énorme géante. Nous avons dû travailler 16 heures par jour[1]. »

Cette *Nana* géante couchée sur le dos, jambes écartées, genoux relevés, offre son vagin comme porte d'entrée du public. À l'intérieur de la sculpture, qui se visite comme une maison, se trouvent diverses « chambres », ainsi que des mécanismes de Jean Tinguely et des assemblages de Per Olof Ultvedt. La sculpture, qui mesurait 27 mètres de long sur 9 de large, et s'élevait à 6 mètres de haut, fut malheureusement détruite ; il n'en reste qu'une affiche, des photos, des petits morceaux et un film ● **Blandine Chavanne**

1 Niki de Saint Phalle, « Lettre à Clarice », reproduite in *Niki de Saint Phalle* (cat. exp.), Bonn, Kunst- und Ausstellungshalle der Bundesrepublik Deutschland – Glasgow, McLellan Galleries – Paris, musée d'Art moderne de la Ville de Paris, 1992-1993 [Ostfildern, Hatje Cantz – Paris-Musées], p. 180.

Otto Piene / Aldo Tambellini

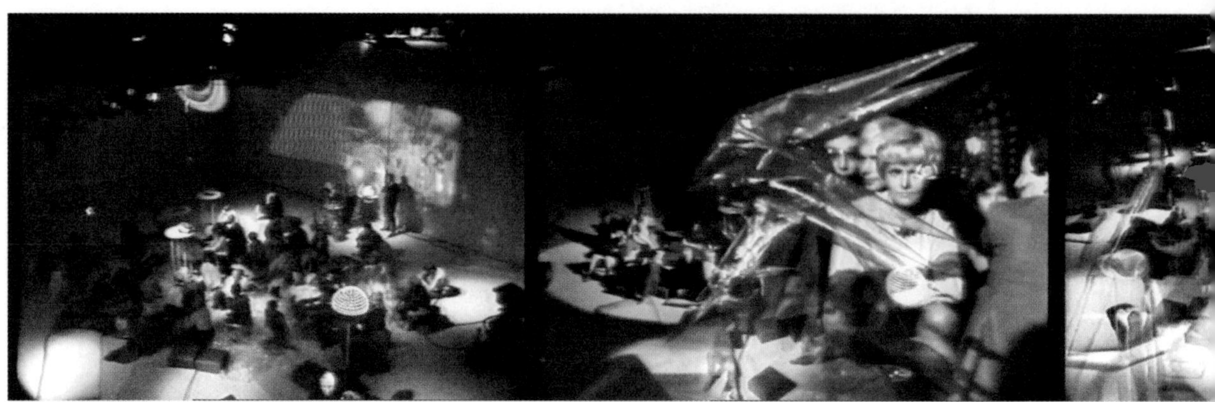

1 Dans le cadre de l'œuvre d'Otto Piene (et d'autres artistes du groupe Zero), on emploie le terme de *Sky Art* ou *Sky Event* pour les grandes installations utilisant la lumière, le mouvement, l'espace et l'énergie, réalisées en plein air.

2 L'expression « *Expanded Cinema* » désigne une pratique artistique de « cinéma élargi », apparue dans les années 1960 et 1970 avec la réflexion sur les médias. On ne se contente pas de projeter un film sur un écran, mais on conjugue projections multiples (par exemple de diapositives ou de vidéos), et/ou des actions, soit réelles, c'est-à-dire effectuées sur place, soit participatives (comme la danse, le théâtre, des performances), ou avec des objets.

●

Avec *Black Gate Cologne*, en 1968, les deux personnalités artistiques Otto Piene et Aldo Tambellini n'ont pas seulement créé une œuvre complexe et véritablement multimédia, ils ont aussi écrit une page de l'histoire de l'art : il s'agit en effet de la première œuvre d'art produite en *live* pour la télévision, diffusée le 30 août 1968. Même si ces deux artistes amis ont des parcours artistiques complètement différents, ils ont choisi chacun une sorte de point zéro comme point de départ de leur art : Zero et le noir.

L'Allemand Otto Piene (1928-2014) est indiscutablement l'un des artistes les plus influents du XXe siècle. En fondant avec Heinz Mack en 1957 son groupe d'artistes Zero, et du fait de sa longue activité comme directeur du Center for Advanced Visual Studies (CAVS) au MIT de Boston, il a renouvelé les paradigmes des deux côtés de l'Atlantique. Dès ses débuts, il place au centre de sa création le rapport entre la lumière, l'espace et le mouvement : pour lui l'art, la science, la technologie et la nature ne font qu'un. Piene cherche en outre à élargir le territoire de la création artistique. Plus généralement, il veut, avec ses projets *Sky Art*[1], faire de l'espace artistique un nouvel environnement, un lieu où l'humanité pourrait tout simplement vivre dans la paix.

L'Italo-américain Aldo Tambellini (1930-2020) compte parmi les pionniers de l'art intermédia et de l'*Expanded Cinema*[2] des années 1960 et 1970. Comme Piene, il est animé par le désir de repousser les frontières séparant les médias, les médiums et les genres artistiques. Il débute comme peintre et sculpteur et s'intéresse très tôt à la contre-culture aux États-Unis. C'est dans ce contexte qu'il co-fonde en 1962 le Group Center, une association transdisciplinaire d'artistes désireux d'exposer un art détaché des courants dominants. À cette époque, Tambellini découvre le noir comme thème et point de départ de son art (« *Black is actually the beginning of everything*[3] ») : il y associe son engagement social

75 · **Otto Piene et Aldo Tambellini, *Black Gate Cologne*, 1968**

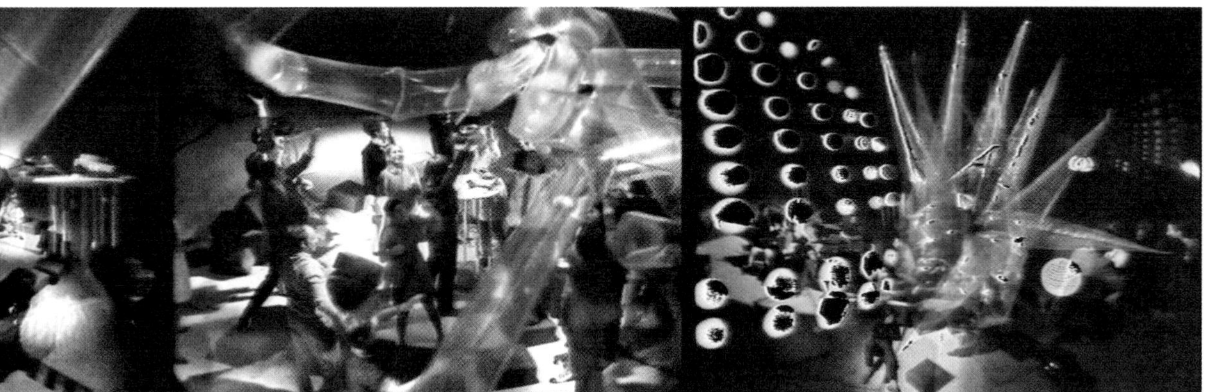

dans le cadre du mouvement Black Power. À partir de 1965, il commence à peindre directement sur des diapositives ou sur de la pellicule, donnant naissance à ses « Black Film Series » ; ces films expérimentaux sont présentés dans le cadre de « performances électromédia » (1964), accompagnés de danse, de jazz et de conférences. En 1966, c'est l'ouverture à New York du Gate Theater, dédié au cinéma expérimental. L'année suivante, il fonde dans cette même ville, avec Otto Piene, le Black Gate Theater, consacré à des performances et des installations d'électromédia.

À l'origine, le concept de *Black Gate Cologne* n'a pas été développé pour la télévision, mais pour le Black Gate Theater, où il doit être représenté avec la participation du public[4]. Mais la chaîne WDR, à Cologne, met à la disposition de Piene et Tambellini la possibilité d'utiliser un studio équipé de la technologie la plus moderne. Il en résulte un « film » de 47 minutes réunissant de nombreux participants, un mélange de jeux de lumière, de sculptures gonflables, un tuyau transparent de 250 mètres de long ainsi que plusieurs films expérimentaux, vidéos (en partie du *found footage*, soit des « enregistrements trouvés ») et diapositives de Tambellini. « Dans cette première production artistique pour la télévision, on a utilisé les possibilités spécifiques, c'est-à-dire électroniques de la télévision, certes encore minimales à l'époque, comme par exemple les surexpositions et la solarisation […] » ; mais *Black Gate Cologne* « ne se contente pas de transmettre l'action *live* dans le studio avec ses projections de diapos, ses objets de lumière et de plexiglas gonflables, et beaucoup de monde sur le plateau : c'est, en tout premier lieu, une œuvre conçue pour le téléspectateur[5]. » Piene et Tambellini ont créé et diffusé une œuvre d'art multimédia faite de lumière et de son, fondée sur la temporalité et participative, et qui couvre un large champ allant du happening op art à l'underground dystopique apocalyptique ● **Andreas Beitin**

3 Aldo Tambellini, interview dans *Arts Canada* nº 113, « Black », octobre 1967 ; cité dans la brochure de l'exposition « Aldo Tambellini. Black Matters », Karlsruhe, Zentrum für Kunst und Medien (ZKM), 11 mars-6 août 2017, s.p.

4 Christiane Fricke, « Otto Piene / Aldo Tambellini, *Black Gate Cologne* », in Rudolf Frieling, Wulf Herzogenrath (dir.), *40jahrevideokunst.de. Digitales Erbe : Videokunst in Deutschland von 1963 bis heute* [40Jahrevideokunst.de. Héritage numérique : l'art vidéo en Allemagne de 1963 à aujourd'hui], Ostfildern, Hatje Cantz, 2006, p. 98.

5 Wulf Herzogenrath, « Videokunst und die Institutionen: die ersten 15 Jahre » [L'art vidéo et les institutions : les 15 premières années], in *40Jahrevideokunst.de*, *op. cit.*, p. 23.

Allan Kaprow

Fred Barzyk / Nam June Paik / Otto Piene James Seawright / Thomas Tadlock / Aldo Tambellini

●

Considéré comme l'un des inventeurs et le premier théoricien du happening, Allan Kaprow entame d'abord une carrière de peintre figuratif, puis pratique la peinture gestuelle et les assemblages avant de suivre en 1956-1957 les séminaires de John Cage à la New School for Social Research (New York), où il se familiarise avec l'art de l'aléatoire et la pensée de Marcel Duchamp. Dès lors, il cherche à effacer les frontières entre les différents types d'expressions artistiques et crée l'« Action Theater ». Ces expérimentations multidisciplinaires le conduisent à créer le « happening ». Son premier, *18 Happenings in 6 parts*, est présenté à la Reuben Gallery de New York en 1959. Sept ans plus tard, il rassemblera ses principes et idées maîtresses dans un ouvrage intitulé *Assemblage, Environnements and Happenings*.

Allan Kaprow réalise *The Medium is the Medium* en 1969 : produit par WGBH-TV à Boston, c'est l'un des premiers exemples de collaboration entre la télévision publique et le domaine émergent de l'art vidéo aux États-Unis. Sollicités par Allan Kaprow, cinq artistes – Aldo Tambellini, Thomas Tadlock, James Seawright, Otto Piene et Nam June Paik – sont invités à créer chacun une œuvre audiovisuelle originale et à travailler avec des techniciens de la télévision, explorant toutes les possibilités du traitement de l'image et de l'interaction entre les différentes disciplines, danse, sculpture, vidéo… *The Medium is the Medium* réunit en une seule œuvre toutes leurs interventions : Avec *Hello*, Allan Kaprow invente le « téléhappening », en recourant à l'usage de plusieurs moniteurs et la participation d'individus issus de différents coins de Boston. Ceux-ci sont invités à se contacter les uns les autres, scrutant un fouillis d'écrans à la recherche de visages familiers. Parmi eux, figurent entre autres les producteurs de WGBH David Atwood et Fred Barzyk, mais également Allan Kaprow lui-même, Alvin Lucier, Nam June Paik, David Silver et Gus Solomons Jr.

Musicien de formation, Nam June Paik commence à réaliser des performances dès le milieu des années 1960 en même temps qu'il s'adonne à la vidéo dont il devient un des maîtres les plus innovants. Dans *Electronic Opera #1*, il réunit un danseur et trois protagonistes dont les images sont manipulées et déformées, saturées de couleurs additionnelles. Certains personnages apparaissent déformés à l'écran, notamment Richard Nixon et d'autres célébrités. Une voix off informe le téléspectateur qu'il s'agit de « participation TV », lui demande ensuite de fermer et d'ouvrir les yeux, avant de lui intimer un dernier ordre : « Éteignez votre téléviseur. »

Le sculpteur James Seawright utilise l'électronique dès son arrivée à New York en 1961, pour réaliser des machines interactives

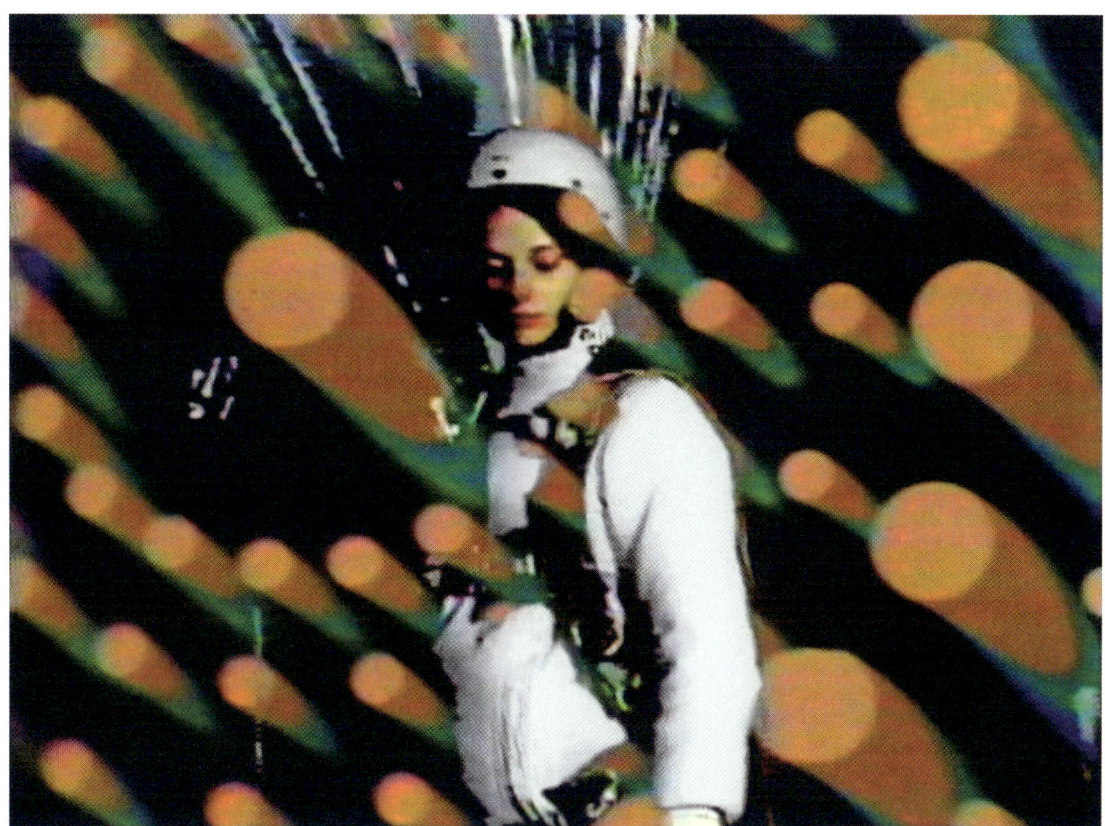

76
Otto Piene,
***Electronic Light Ballet*,**
1969

jouant avec la lumière et des miroirs. Dans *Capriccio*, il filme deux danseurs et conjugue leurs images négatives et positives sur des fonds de couleurs. Otto Piene travaille très tôt avec la lumière et le mouvement après des études à la Kunstacademie de Düsseldorf. Cofondateur du groupe Zéro en 1958 avec Heinz Mack, il est, en Allemagne, un des pionniers dans le domaine du multimédia. Dans *Electronic Light Ballet*, une jeune femme lévite grâce à un ballon d'air chaud sur fond de commentaires chuchotés et de dessins colorés.

Passionné par la diffusion audiovisuelle et les nouveaux médias, Aldo Tambellini, qui a abandonné une carrière de chercheur à Syracuse (États-Unis), fonde en 1959 le Group Center, un collectif new-yorkais organisant des événements performatifs. Son œuvre *Black* juxtapose diapositives, extraits de films et d'images de télévision auxquels il adjoint des réactions d'enfants. Tournée en noir et blanc, elle s'ouvre sur des dessins circulaires abstraits ; la caméra se déplace ensuite dans la rue et s'arrête sur des visages d'enfants noirs qui se mettent à parler d'identité raciale.

Quant à Thomas Tadlock, diplômé de la Rhode Island School of Design, il découvre le travail de Nam June Paik lors de l'exposition « Art Turned On » à Boston en 1968. Ce « sculpteur de lumière » invente alors pour *Archetron* une machine optique électronique, qui crée des motifs kaléidoscopiques de couleur et de lumière à partir de plusieurs images.

Réunis tant par l'amitié que par leur insatiable curiosité à l'égard de la vidéo comme médium expérimental, les six artistes livrent ici une œuvre novatrice ouvrant la voie à de multiples champs de recherches et à tous les futurs artistes vidéastes

● **Blandine Chavanne**

Balthasar Burkhard / Markus Raetz Jean-Frédéric Schnyder Harald Szeemann / Alfred Wey

77 · **Balthasar Burkhard, Markus Raetz, Jean-Frédéric Schnyder, Harald Szeemann et Alfred Wey,** ***Live in your Head. When Attitudes become form*****, 1970**

●
L'exposition collective «Live in Your Head / When Attitudes Becomes Form», organisée par Harald Szeemann du 22 mars au 27 avril 1969 à la Kunsthalle de Berne, est restée dans les mémoires comme une aventure collective, pour laquelle le célèbre curateur avait réussi à rassembler 40 artistes américains et européens, et aussi comme objet de scandale (→p. 48-53). Markus Raetz, qui en avait signé l'affiche, lui rend un hommage un an plus tard, en créant avec d'autres artistes une installation, produite en multiples (12 exemplaires) par la galerie Loeb, à Berne, et inspirée de son affiche d'origine : une photo de Balthasar Burkhard flanquée d'un néon d'Alfred Wey, auxquels s'ajoutent une cordelette de sécurité soutenue par deux plots de Jean-Frédéric Schnyder. Harald Szeemann apparaît aussi au générique de cette œuvre collective, comme auteur de l' «idée». L'œuvre était vendue dans une boîte sur le couvercle de laquelle était collé un tirage photographique de l'affiche de l'exposition de Szeemann ● **Blandine Chavanne**

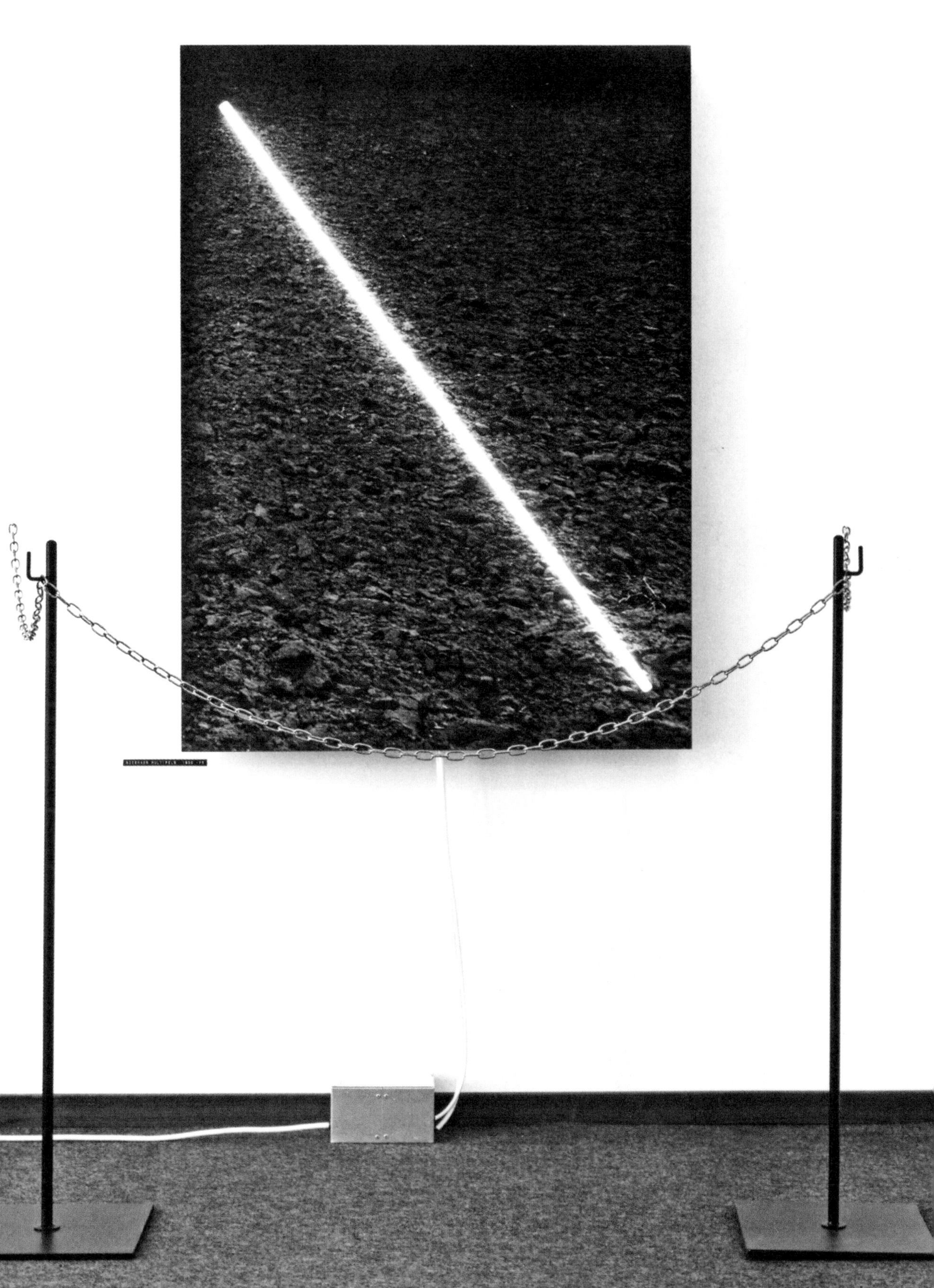

Daniel Spoerri

Otmar Alt / Peter Bohl / Will Brüll / Heinrich Brummack / Hede Bühl Bernd Busch / Erik Dietman / Ugo Dossi / Egil / Trude Esser / Robert Filliou Herbert Götzinger / Hawoli / Michael Hoff / J. Holzapfel / Alfonso Hüppi Dorothy Iannone / Michael Langer / Wolfgang Liege / Karolus Lodenkämper Roswitha Lüder / Antoni Miralda / Missendo (?) / Walter Moser / Herbert Oehm Peter Paulus / H. Pflüger/ Joan Rabascall / Bernd Rosenheim / Robert Rotar Dieter Roth / Michael Schwarze / W.J. Seeszelberg / Wil Sensen Nikolaus Sievers / Ferdinand Spindel / Rudolf Vombek / Paul van Rafelgehm Wolf Vostell / Werner Wenz / Friederich Werthmann / Stefan Wewerka

●

« Le meilleur de moi-même, ce sont mes amis », a coutume de dire Daniel Spoerri, dont l'activité est marquée d'un bout à l'autre par la chaleur des rencontres et la liberté des collaborations volontiers épanouies à rebours des groupes et catégories qu'une certaine histoire de l'art se plaît à opposer. Spoerri aime les œuvres communes. Il aime catalyser, fédérer, depuis son édition *M.A.T.* créée en 1959 (Multiplication d'Art Transformable : des multiples d'œuvres mobiles, instables, par Duchamp, Albers, Baj, Munari, Tinguely, etc.) jusqu'aux grands banquets dont il fut expert, depuis la *Topographie anecdotée du hasard* écrite avec Robert Filliou et illustrée par Roland Topor, plusieurs fois augmentée avec Emmett Williams et Dieter Roth, jusqu'à aujourd'hui où il continue à enrichir son Giardino en Toscane, lieu où toutes celles et tous ceux qui ont compté pour lui – et ils sont nombreux – trouvent place. En 1969, refusant d'occuper seul l'espace, Spoerri co-organise avec Harald

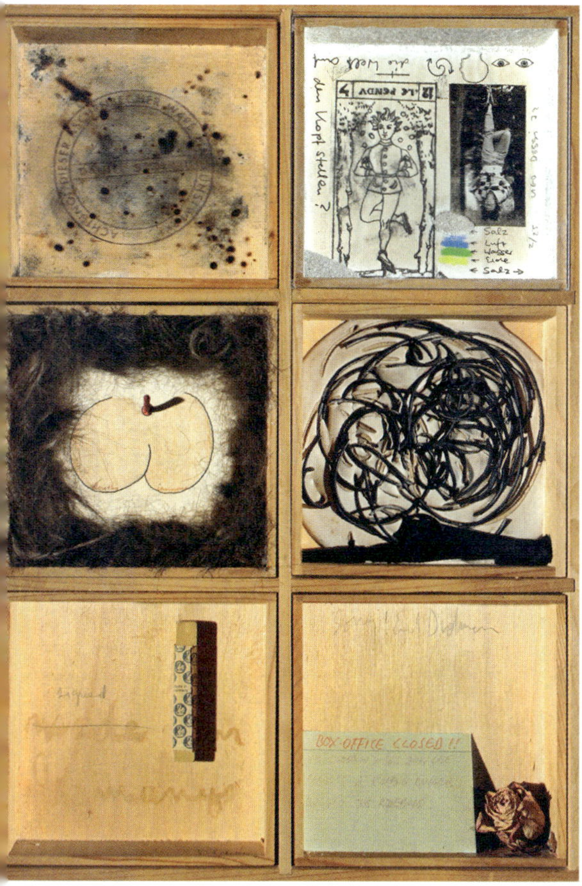

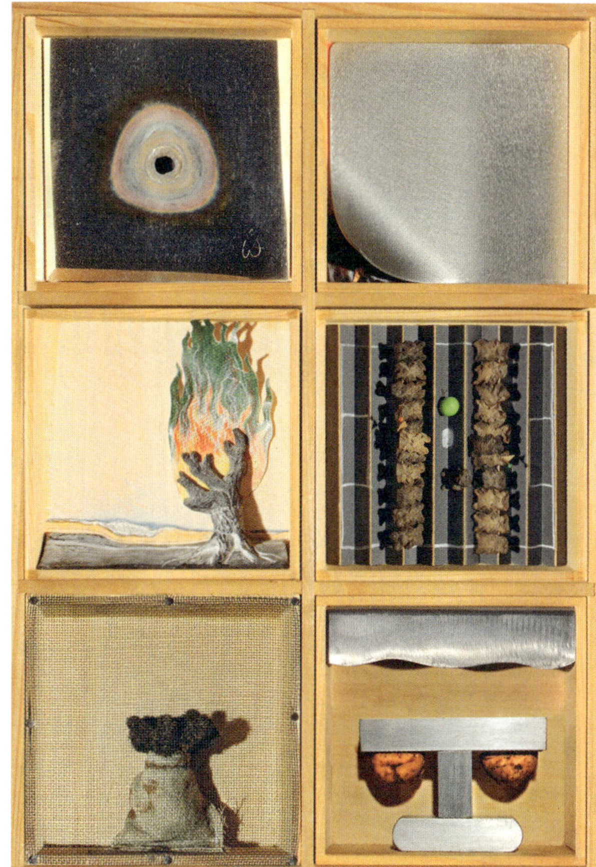

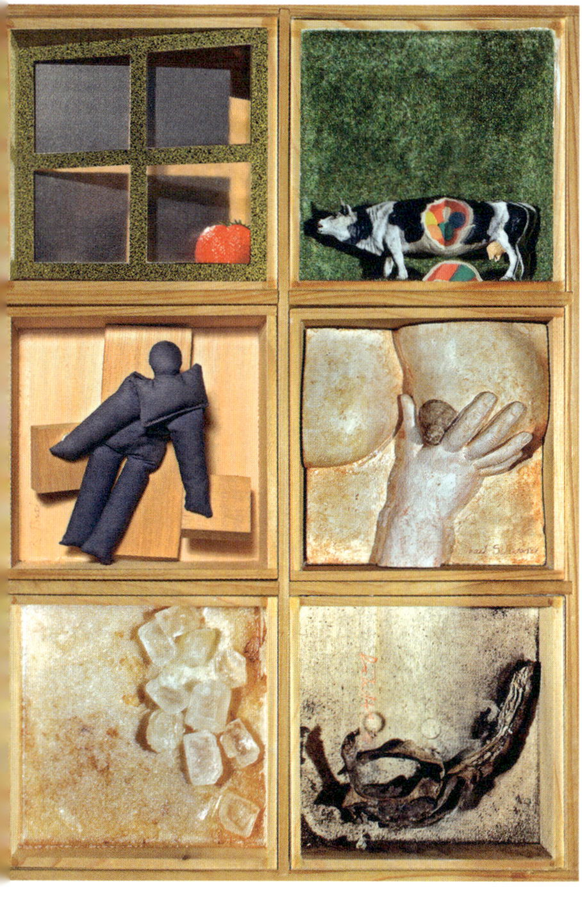

78 · Daniel Spoerri et 41 artistes, *Eat Art Gallery*, 1972-1973

Boîte II : Werner Wenz, Michael Hoff, Bernd Busch, Michael Schwarze, W.J. Seeszelberg et Dieter Roth

Boîte I : Friederich Werthmann, Will Brüll, Nikolaus Sievers, Peter Bohl, Herbert Götzinger et Heinrich Brummack

Boîte V : Hawoli (Hans Wolfgang Lingemann), Herbert Oehm, Ferdinand Spindel, Karolus Lodenkämper, Bernd Rosenheim et Robert Rotar

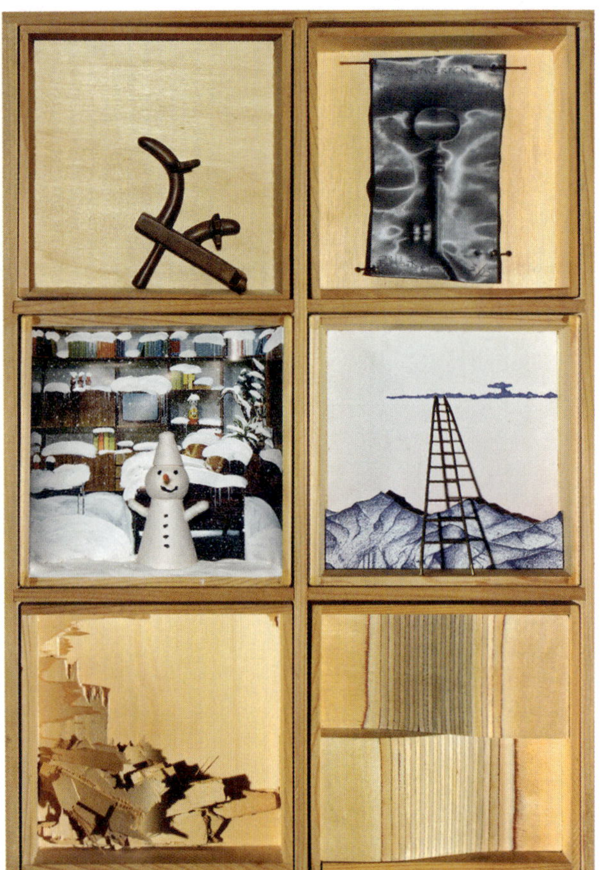

Boîte III : Daniel Spoerri, Ugo Dossi, Dorothy Iannone, Wolfgang Liege, Robert Filliou et Erik Dietman

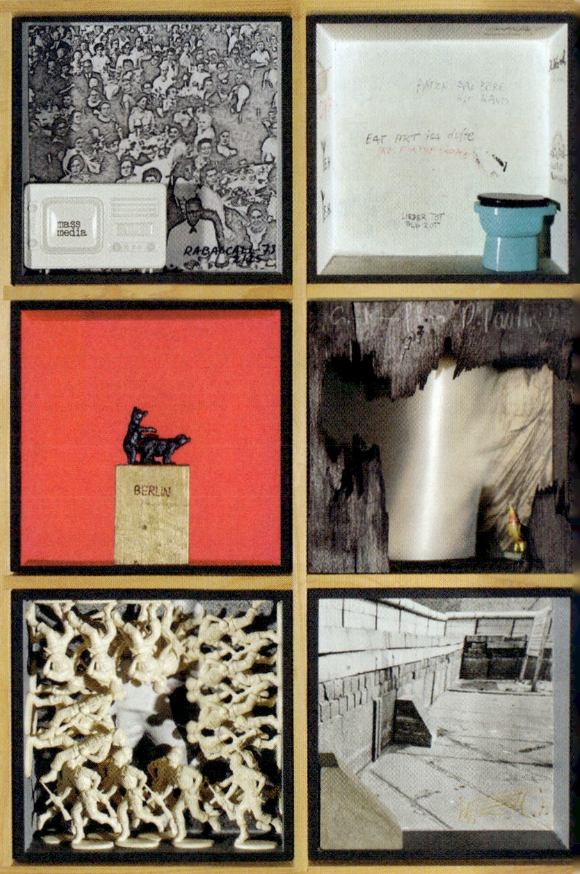

Boîte IV : Rudolf Vombek, Roswitha Lüder, Hede Bühl, Trude Esser, Stefan Wewerka et Missendo (?)

Szeemann l'exposition agrégative « Freunde + Freunde + Friends + Fruend » (ou « Freunde–Friends–d'Fründe », selon le catalogue) à Berne puis à Düsseldorf (→ p. 48-53).

En juin 1968, il avait ouvert en cette dernière ville le restaurant Spoerri, dont les murs sont tapissés de sa propre correspondance et où on peut, à côté d'un menu classique, manger les plats les plus étonnants (omelette de grillons, trompe d'éléphant…). Succès fulgurant, le lieu, dit Spoerri, devient le cadre d'un « happening permanent ». En septembre 1970, le restaurant se double, d'abord au premier étage puis dans un bâtiment à part, de l'Eat Art Gallery, qui produit des multiples d'œuvres éventuellement périssables parce que composées d'aliments. Spoerri explique vouloir « travailler sur ce qui se transforme le plus, c'est-à-dire les aliments comestibles ». Seront produits des multiples en arêtes de poisson par Joseph Beuys, ou en chewing-gums par François Morellet (« Mords-les ! »), etc.

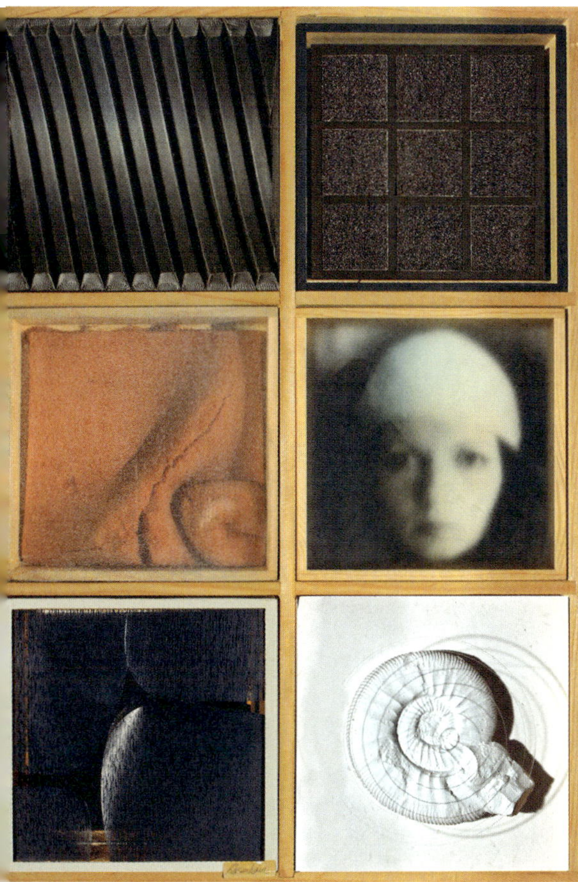

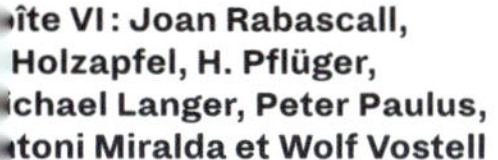
îte VI : Joan Rabascall, Holzapfel, H. Pflüger, ichael Langer, Peter Paulus, toni Miralda et Wolf Vostell

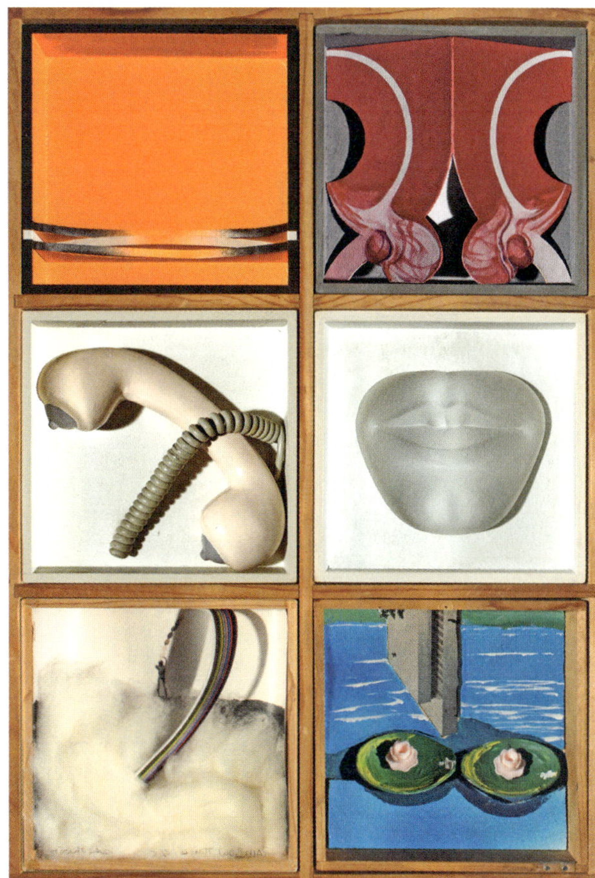

Boîte VII : Otmar Alt, Paul van Rafelgehm, Walter Moser, Egil, Alfonso Hüppi et Wil Sensen

On sait très peu quant aux circonstances de la création du multiple ici présenté (son « catalyseur » que nous avons interrogé n'en gardant pas de souvenir) ; c'est le seul exemplaire en bon état complet qui subsiste (sur vingt-cinq annoncés). Il est composé de 42 œuvres de même format carré dues à autant d'artistes. L'une comporte le tampon « Attention œuvre d'art », que Spoerri avait appliqué à des produits de consommation courante vendus au prix habituel dans son « épicerie » établie en la galerie d'Arthur Köpcke en 1961 à Copenhague, premier point de départ de l'Eat Art. Les œuvres du multiple, non composées d'aliments, parfois datées de 1972 et 1973, semblent appartenir à l'époque où Spoerri laisse peu à peu le restaurant à disposition de son gérant (lui-même n'en fut jamais propriétaire), Carlo Schröter. Les artistes réunis ici, Erik Dietman, Joan Rabascall, Robert Filliou, Dieter Roth, Wolf Vostell, etc. dessinent le nomadisme des êtres et des rencontres que Spoerri aura su susciter dans son épicentre underground de l'art à l'aube des années 1970 ● **Cécile Bargues**

Arnulf Rainer / Dieter Roth

1 Telle la fameuse installation *Basisraum Nasse Wäsche* de Joseph Beuys en juin 1979 à la Sécession de Vienne.

2 West a ensuite pratiqué la collaboration artistique toute sa vie. Franz Graf, un des assistants de Rainer, réalisa avec Brigitte Kowanz une œuvre commune qui a marqué les années 1980 en Autriche.

●

« Rainer & Roth » : ce nouveau nom d'artiste (parfois également formulé « Roth & Rainer »), apparu vers 1972-1973, réunit deux artistes alors déjà bien connus dans le petit cercle de l'art d'avant-garde international, plus ou moins lié à l'art conceptuel qui vient de prendre forme. À cette époque, Arnulf Rainer (né fin 1929), peintre des débuts de l'expressionnisme abstrait, engage son corps dans des autoportraits photographiques aux distorsions extrêmes et violemment repeintes. Dieter Roth (né début 1930) est, lui, issu d'un autre courant : réfugié en Suisse sous le nazisme, il a démarré par le graphisme expérimental, s'ouvrant progressivement à des matériaux divers, souvent périssables, comme le chocolat ou d'autres cultures à moisissures.

Dieter Roth avait sollicité plusieurs autres collaborations, dont la plus connue est celle avec Richard Hamilton, artiste et théoricien du pop art anglais en relation étroite avec Marcel Duchamp : une seule série d'œuvres communes est alors produite, plutôt consensuelle.

La collaboration de Rainer et Roth s'étend sur une douzaine d'années, de 1972 à 1983, et forme un ensemble d'environ 700 pièces. Dans la production des deux artistes, ces œuvres constituent une part important. Ce qui les caractérise, c'est le mouvement de destruction suivi d'une reconstruction : l'un détruit, ou plutôt contredit ce que l'autre a imaginé comme acte pictural ou corporel. La plupart de ces travaux sont en effet marqués par un geste apparemment violent consistant à déchirer, effacer ou rendre ridicule ce que le premier artiste vient d'exécuter ou suggère d'exécuter. Dans un deuxième temps se pose la question suivante : « Que faire avec cela ? » En résultent des bricolages, des assemblages – qui ne se trouvent ni chez Rainer ni chez Roth dans leur travail personnel –, de nombreuses séries d'œuvres bizarres, inattendues, dotées d'une grande force et traversées par un rire nietzschéen qui vient d'ailleurs et se moque de tout.

Pendant les années de leur collaboration, Arnulf Rainer et Dieter Roth furent mus par cette seule pulsion : détruire ce que l'autre venait de faire, pour ensuite recoller les morceaux autrement, afin de proposer autre chose ; et pour, en fin de compte, s'accorder sur le résultat : « C'est pas mal. » Chacun savait qu'il ne serait jamais arrivé à ce résultat tout seul.

Arnulf Rainer et Dieter Roth se comportaient comme de faux frères qui se chamaillaient en permanence. Fin 1979, lors d'un festival international de performances au Lenbachhaus de Munich, Roth, déjà alcoolisé, fit s'asseoir Rainer sur une chaise. Il prit une tondeuse électrique et lui coupa

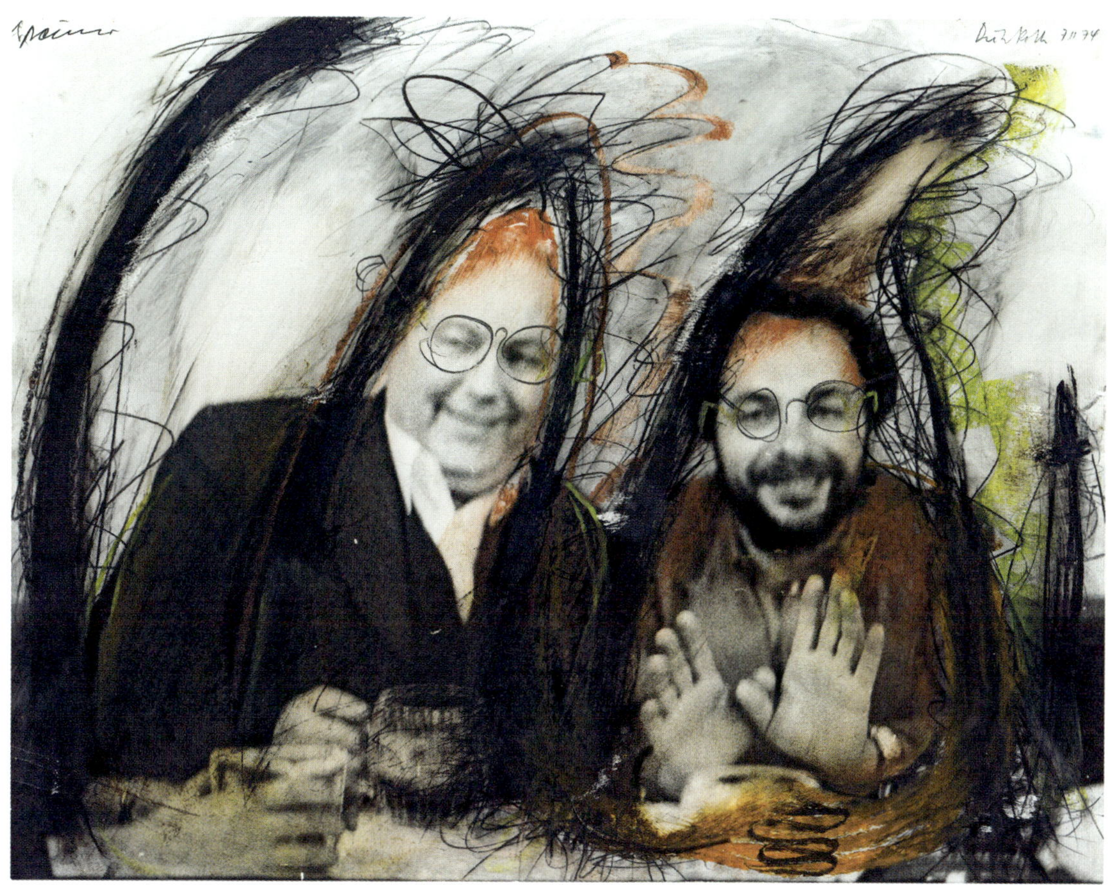

79 · Arnulf Rainer et Dieter Roth, *Ohne Titel, 7.11.74 (Sans titre 7.11.74)*, 1974

les cheveux avec des gestes amples, improvisés et violents, d'une intentionnalité sadique, faisant craindre au public pour la vie de Rainer. Ce fut de loin la performance la plus impressionnante du festival.

Dans la seconde moitié des années 1970, Roth et Rainer furent très présents à Vienne. Dieter Roth vivait entre Bâle, Stuttgart, Hambourg, Reykjavik et Vienne. Quand il séjournait dans la capitale autrichienne, il habitait chez Rainer, dans l'appartement-atelier de celui-ci, sur Mariahilferstrasse. C'était également la rue des prostituées ; Roth en ramenait une chaque soir et Rainer, pour l'empêcher de perturber son sommeil, finit par remplacer le grand lit par un lit minuscule… Aux vernissages des expositions d'art d'avant-garde, ils arrivaient parfois ensemble, après une journée de travail. Il fallait alors vite ranger le vin blanc, puisque si Roth y touchait, il détruisait ensuite les œuvres qui ne lui plaisaient pas[1]. Ma génération comme celle de Franz West, d'une dizaine d'années plus âgée, était pourtant consciente d'assister à un événement artistique majeur[2].

Les œuvres de « Rainer & Roth » forment un ensemble unique dans l'art d'avant-garde des années 1960 et 1970. Ce fut, pour utiliser un vocabulaire sportif, une mêlée sans fin, où les artistes ne se faisaient jamais aucune concession. Aller contre l'idée de l'autre, en faire surgir une troisième idée, en constituait le principe. La dispute, fût-elle amicale

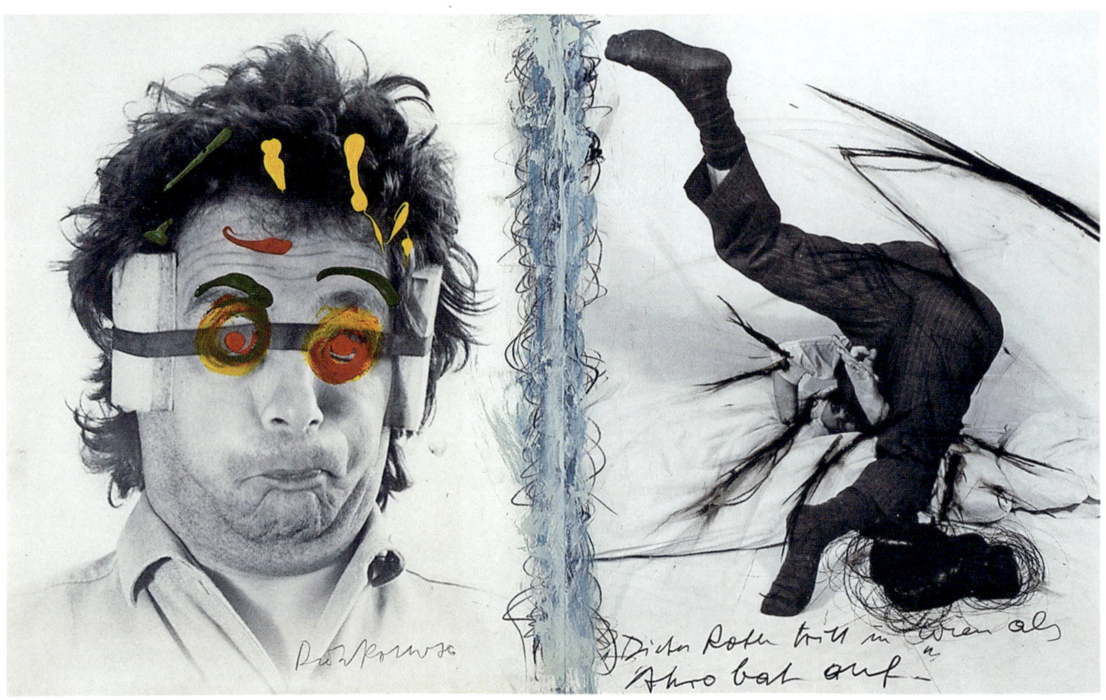

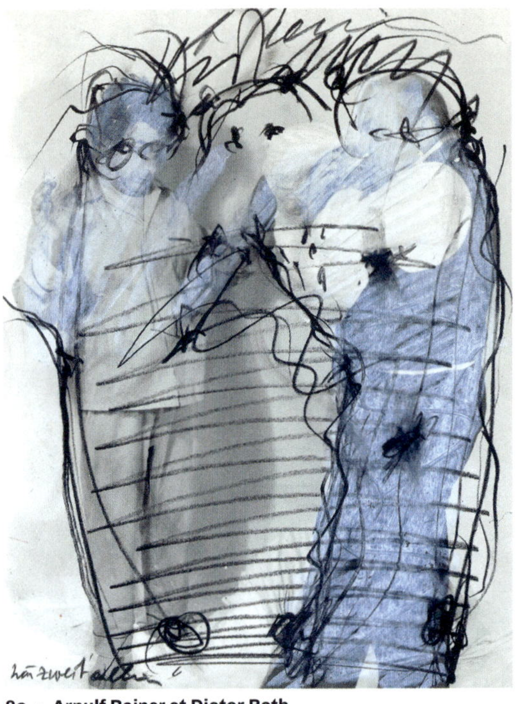

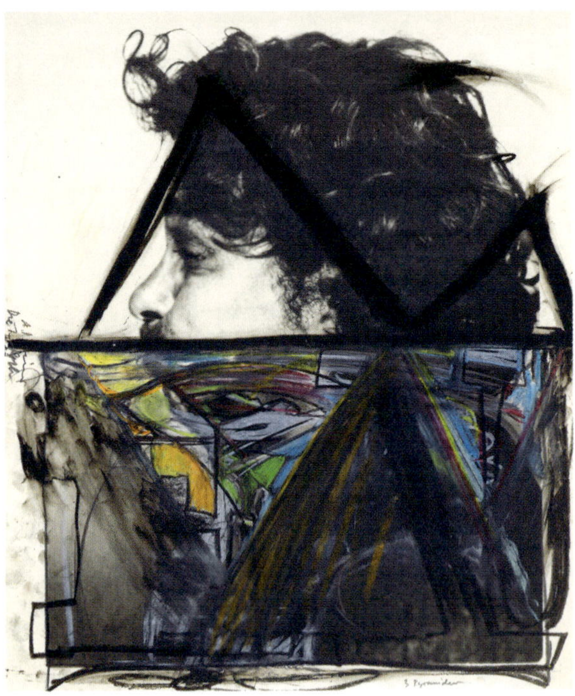

80 • Arnulf Rainer et Dieter Roth,
***Dieter Roth tritt in Wien als Akrobat auf*, 1975**

81 • Arnulf Rainer et Dieter Roth,
***Hin Zweit allein*, 1979**

82 • Arnulf Rainer et Dieter Roth,
***3 Pyramiden, o.J.*, 1975**

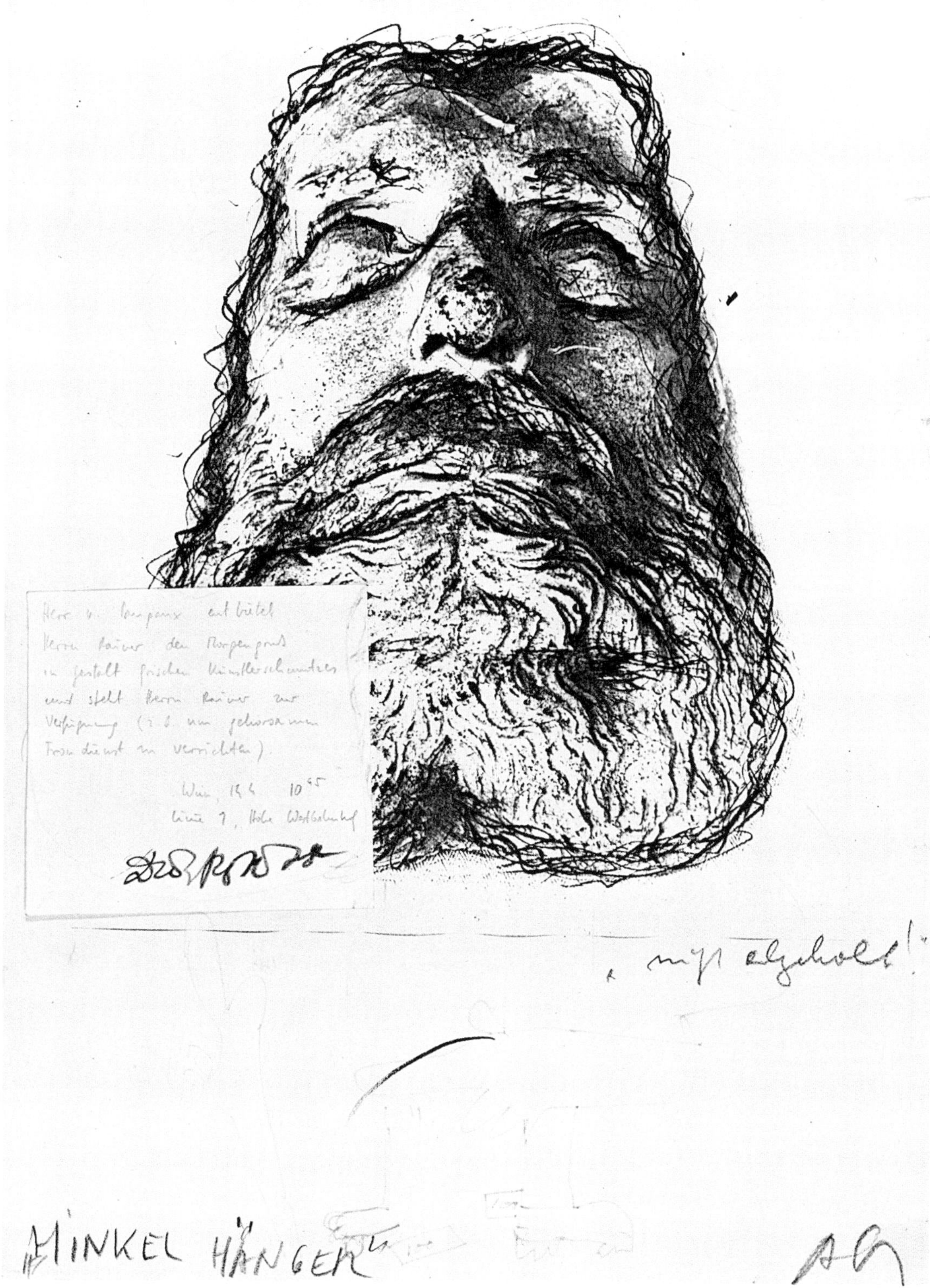

83 · Arnulf Rainer et Dieter Roth, ***Rainer: Hinkel Hänger, Roth: nicht abgeholt*****, 1978**

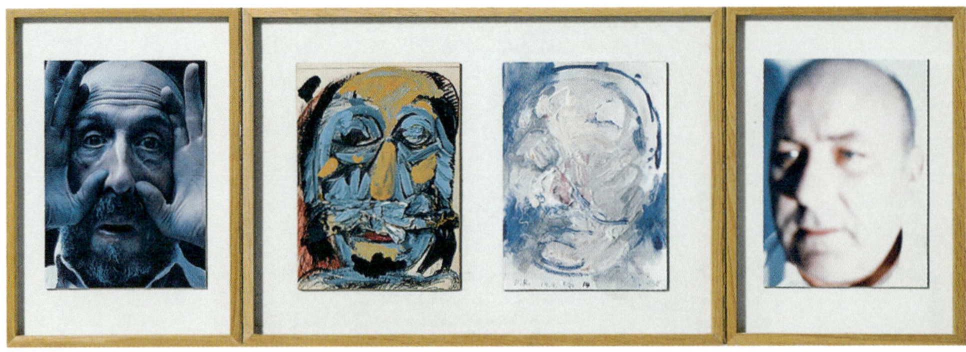

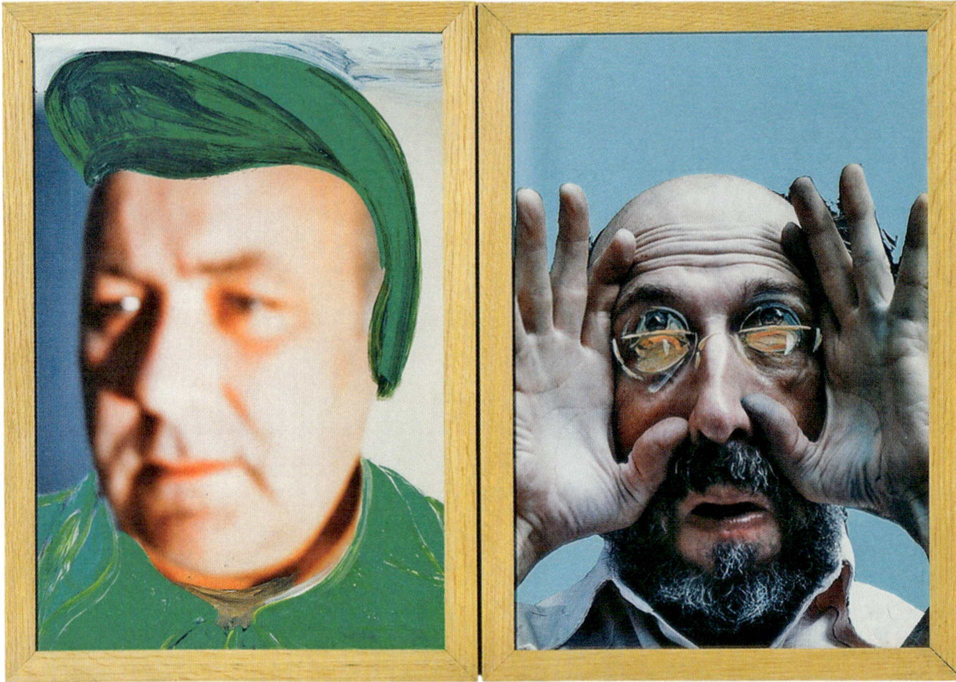

84 · Richard Hamilton et Dieter Roth, *Interfaces 13.14*, 1977-1978 (triptique ouvert et fermé)

et pleine d'admiration mutuelle, était néanmoins bien réelle ; ils l'avaient érigée en mode de travail. En résultent des œuvres d'un humour désarmant, fonctionnant sur un registre formel que rien ne laissait deviner dans le travail ni de l'un ni de l'autre : leur relation avait donné naissance à une tierce personne – « Rainer/Roth ». Dès 1974, les créations communes figuraient sous la dénomination « Misch- und Trennkunst », ce qui signifie « un art de mélange et de séparation ». L'expression, sous forme de tampon, fut apposée sur de nombreuses pièces.

Malgré ce logo et l'originalité des résultats, la production commune se vendait mal. Les rares collectionneurs d'art d'avant-garde des années 1970 souhaitaient avoir « du Rainer » ou « du Roth », non pas les deux entremêlés. De plus, le mode du *slapstick* (style d'humour impliquant une violence feinte exagérée), qui traverse nombre de ces pièces, fit douter du sérieux de cet art. Même les galeries des deux artistes ne comprenaient rien à ces œuvres, qui ne furent ainsi exposées que tardivement, à partir de 1978 par Helmut Klewan à Munich. Une production de multiples, comme le disque vinyle 45 tours « *RAINER-ROTH – RATIO-KONDITIO. Ratio-Gespräch. Wien, 17.3.79* » (édité conjointement chez Lebeer-Hossmann à Hambourg et par la petite maison d'édition de Roth à Stuttgart), assurait les fins de mois.

La collaboration prit fin vers 1983 après une énième colère homérique de Dieter Roth. Peu avant son décès, en 1998, il y eut des retrouvailles. Après avoir regardé un portrait filmé de Rainer à la télévision, Roth lui envoya un fax admiratif ; Rainer et sa famille vinrent alors rendre visite à ce dernier en Islande. Mais l'œuvre commune connut une longue mise en sommeil. Même Björn Roth, fils de Dieter Roth et coauteur des œuvres collaboratives à partir de 1980, ne parvenait pas à convaincre musées et galeries de consacrer une exposition à ce corpus. La partie de ce corpus conservée par Arnulf Rainer fut exposée à partir de 2006, d'abord par les Deichtorhallen de Hambourg[3], puis à Madrid, Las Palmas de Gran Canaria et Vienne, accompagnée d'un catalogue[4] puis d'un livre monographique[5]. Le fonds d'œuvres communes conservé dans la succession Dieter Roth a été, lui, montré pour la première fois en 2014[6].

Les deux artistes ont toujours partagé, à la pièce près, les œuvres de ce corpus. Mais si l'on regarde les deux ensembles, ce que Roth a choisi dans cette production commune et ce qu'en a gardé Rainer n'ont pratiquement rien à voir. Rainer choisissait des œuvres « classiques » – photographies d'actions collées et retravaillées avec de l'écriture, dessins et peintures –, tandis que Roth s'intéressait davantage à des formes apparemment dérisoires, comme des papiers déchirés et des notations momentanées. L'intérêt esthétique de Roth était visiblement tout autre que celui de son comparse autrichien ; preuve que chacun, tout en ayant consacré une grande partie de son travail à cette collaboration prolifique, avait une idée très différente du chemin artistique qu'il souhaitait emprunter. « Rainer & Roth » ou « Roth & Rainer » formait véritablement, aux côtés des deux artistes, un troisième personnage ● **Robert Fleck**

3 Pour cette exposition, j'ai demandé en 2002 à Arnulf Rainer si je pouvais travailler sur ses archives. Il m'a répondu : « J'ai tout jeté, sauf les choses avec Roth dont j'ai gardé le moindre papier. Mais on a finalement fait que très peu de choses en commun. » Hannelore et Clara Ditz, l'épouse et la fille de l'artiste, ont ensuite retrouvé plus de 350 pièces « Rainer & Roth » dans ses différents ateliers. Lors de l'exposition viennoise, au Belvedere, en 2008, l'artiste Valie Export s'exclama avec surprise : « Ces photos de Roth et Rainer assis au restaurant, retravaillés par eux, sont de moi ! Je les avais complètement oubliées. » Elle nous offrit les pellicules.

4 *Arnulf Rainer – Dieter Roth. Mezclarse y separarse* (cat. exp.), éd. Robert Fleck, Madrid Comunidad de Madrid, Publicaciones Oficiales, 2006.

5 Robert Fleck, *Rainer/Roth. Hier Distans. Arnulf Rainer, Dieter Roth & die Wiener Künstlerbohème der Siebziger*, Hambourg, Philo Fine Arts, 2008.

6 *Dieter Roth & Arnulf Rainer, collaborations* (cat. exp.), éd. Barry Rosen, Londres, Hauser & Wirth, 2014 [Cologne, Snoeck ; textes de Björn Roth et Robert Fleck].

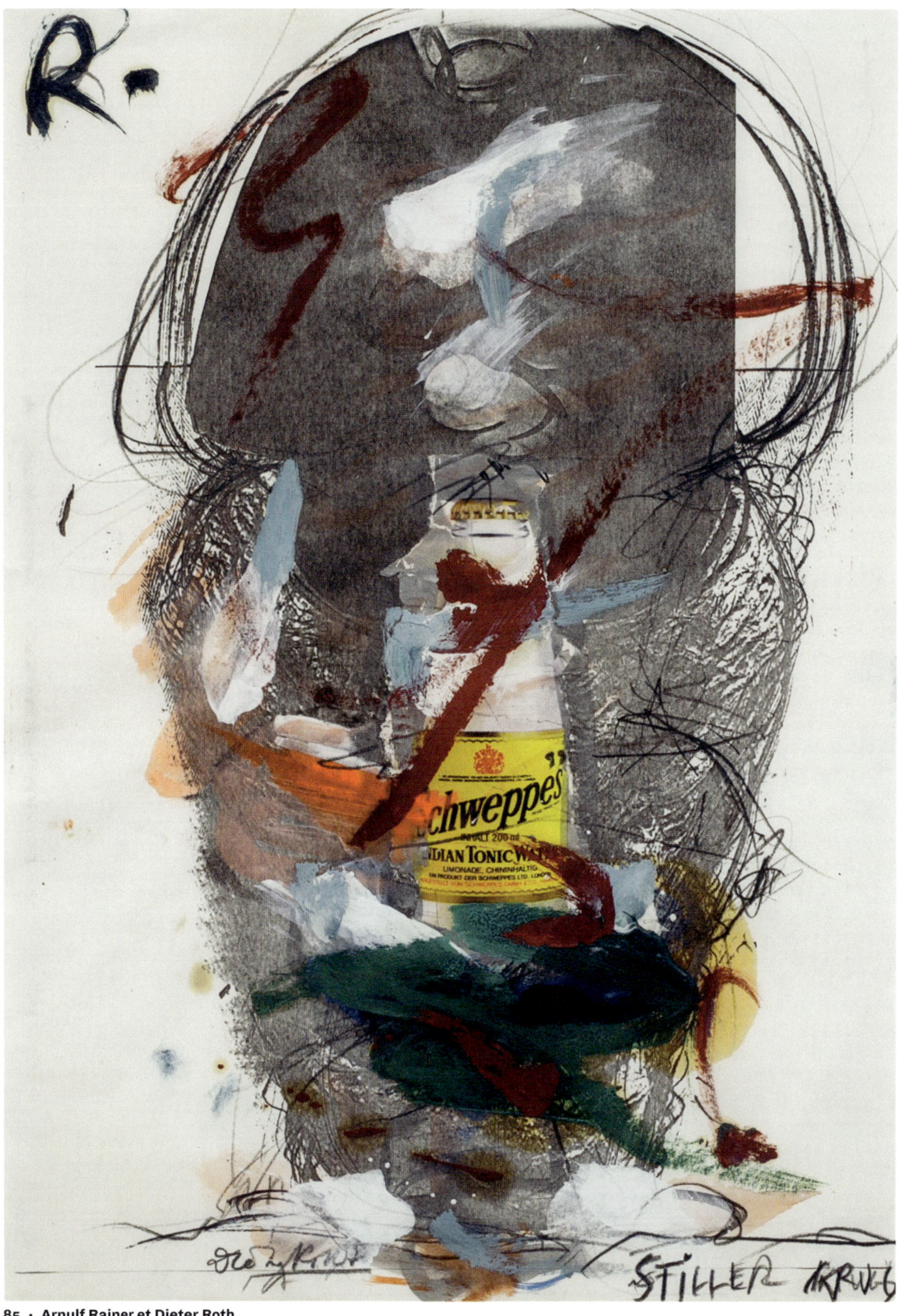

85 · Arnulf Rainer et Dieter Roth,
***Stiller Krug*, 1977**

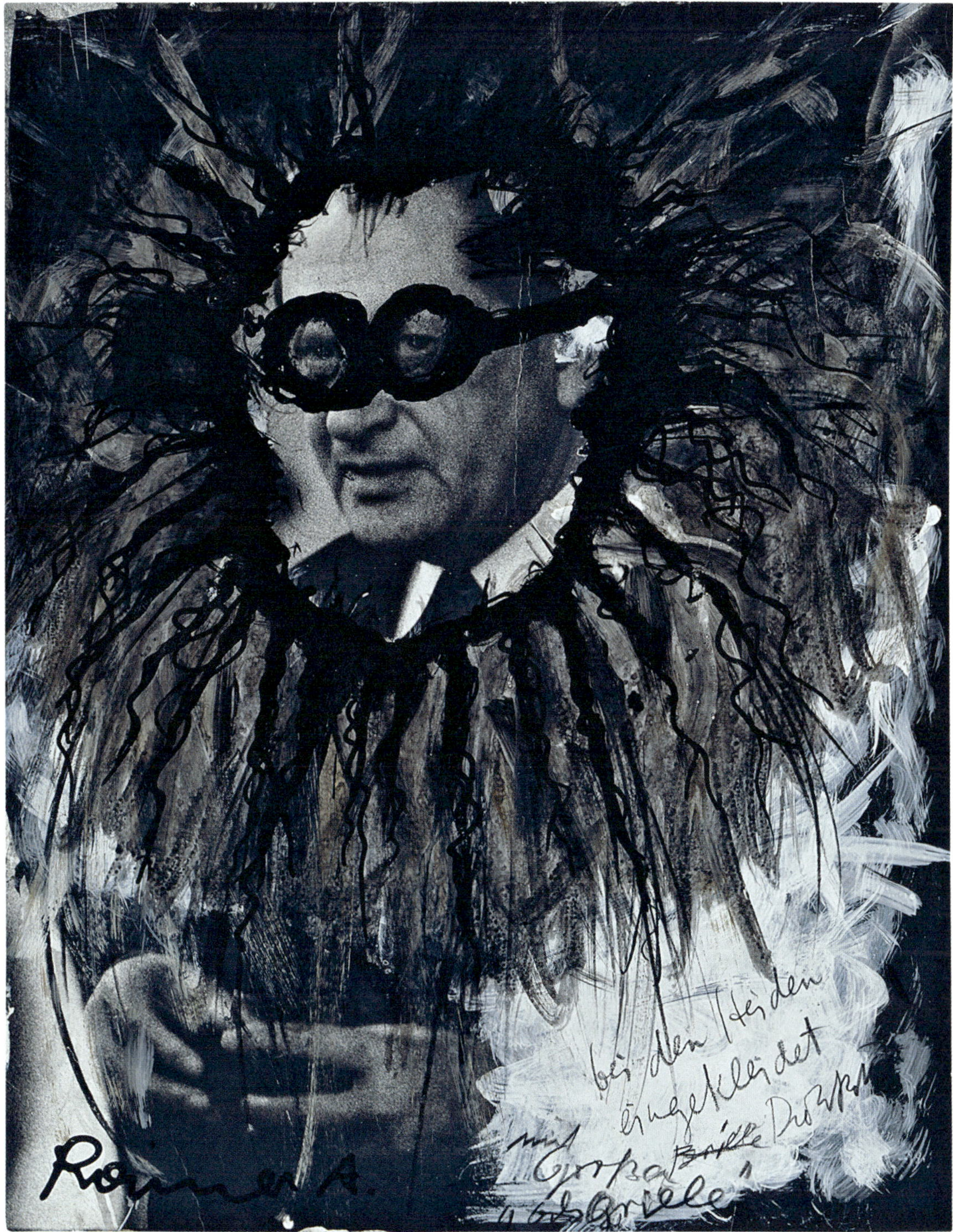

86 · **Arnulf Rainer et Dieter Roth, *Mit großer Brille als Grille. Bei den Heiden eingekleidet*, 1977**

Werner Büttner / Luciano Castelli Rainer Fetting / Martin Kippenberger Albert Oehlen / Salomé

« […] les tableaux en collaboration témoignent […] aussi bien du changement dans la conscience personnelle des artistes que de l'évolution du concept de l'art. » — **Wolfgang Max Faust**

●

À partir de la fin des années 1970, un nouveau courant artistique désigné par le nom générique de « Nouveaux Sauvages » – un nom désormais usuel mais largement critiqué – apparaît dans plusieurs grandes villes d'Allemagne : Hambourg, Cologne et surtout Berlin, dont la situation territoriale à l'époque, en raison de la guerre froide, s'apparente à celle d'une île. Si l'art berlinois du milieu des années 1970 se caractérise encore par « un mélange d'actionnisme dadaïste, de réalisme politique mordant, et surtout par une peinture figurative, intellectuelle[1] », la Nouvelle Peinture marque l'avènement d'une peinture aussi provocante que tonitruante, dont la créativité innovante oscille entre le doute et la mégalomanie. Étroitement liés à différents milieux de la subculture, mais aussi de la musique, du cinéma ou des performances, avec lesquels ils échangent, des artistes se rassemblent : pour eux, le travail en commun n'est pas seulement une pratique singulière, mais aussi, depuis quelques années une évidence permanente, voire un élément constitutif de leur identité artistique. Ainsi « les tableaux en collaboration témoignent […] aussi bien du changement dans la conscience personnelle des artistes que de l'évolution du concept de l'art[2] » ; la création individuelle voire le culte du génie se trouvent minimisés dans les œuvres réalisées en commun, alors même

1 Stephan Schmidt-Wulffen, « *Galerie am letzten Fleck* » (La galerie du Bout du monde), in *Moritzplatz* (cat. exp.), Bonn, Bonner Kunstverein et al., 1985, p. 3.

2 Wolfgang Max Faust, « Gemeinschaftsbilder : ein Aspekt der Neuen Malerei » (Œuvres en collaboration : un aspect de la Nouvelle Peinture), *Kunstforum International*, vol. 67, novembre 1983, p. 25.

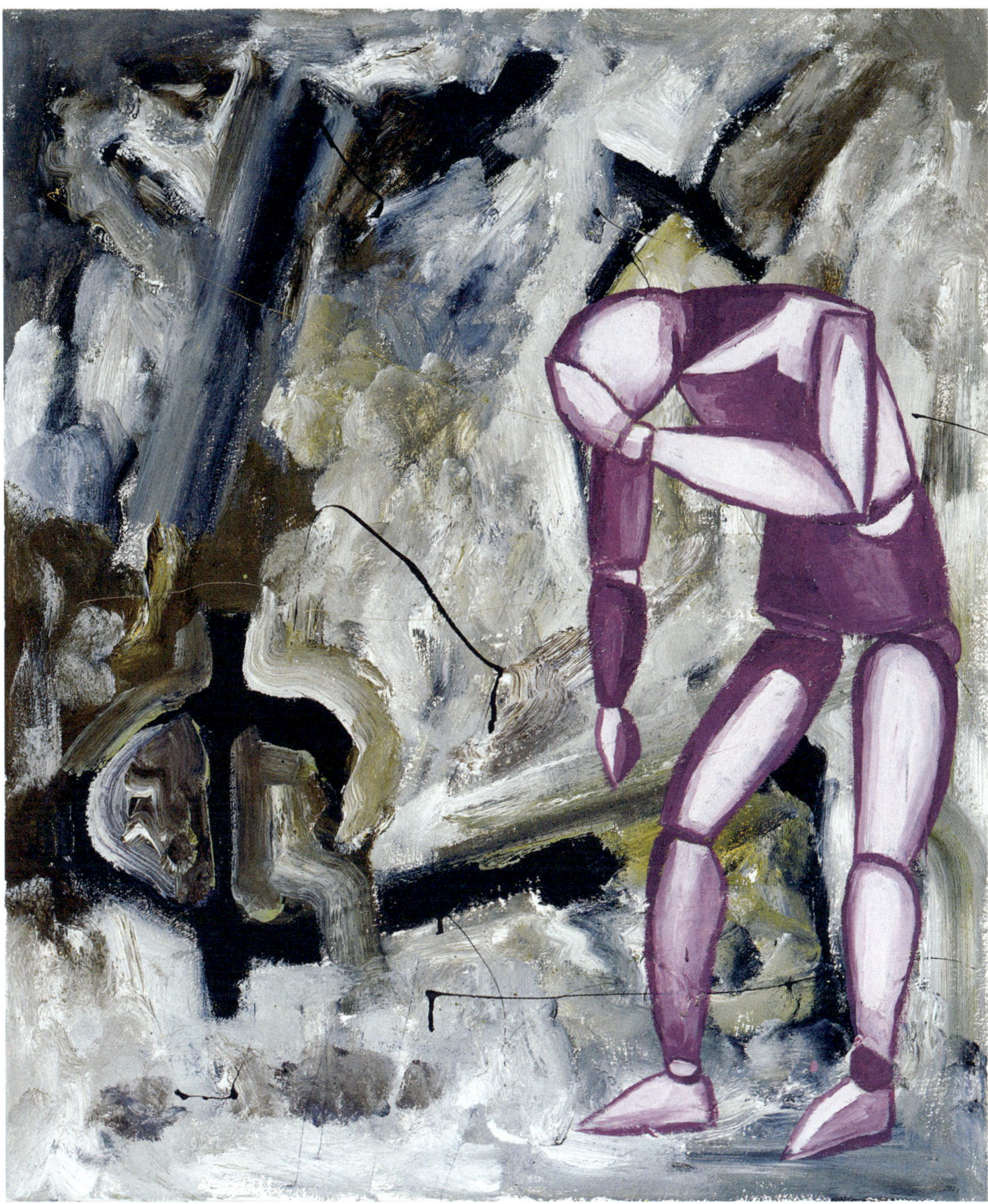

87 · Werner Büttner et Martin Kippenberger, *Mal a Tete*, 1982

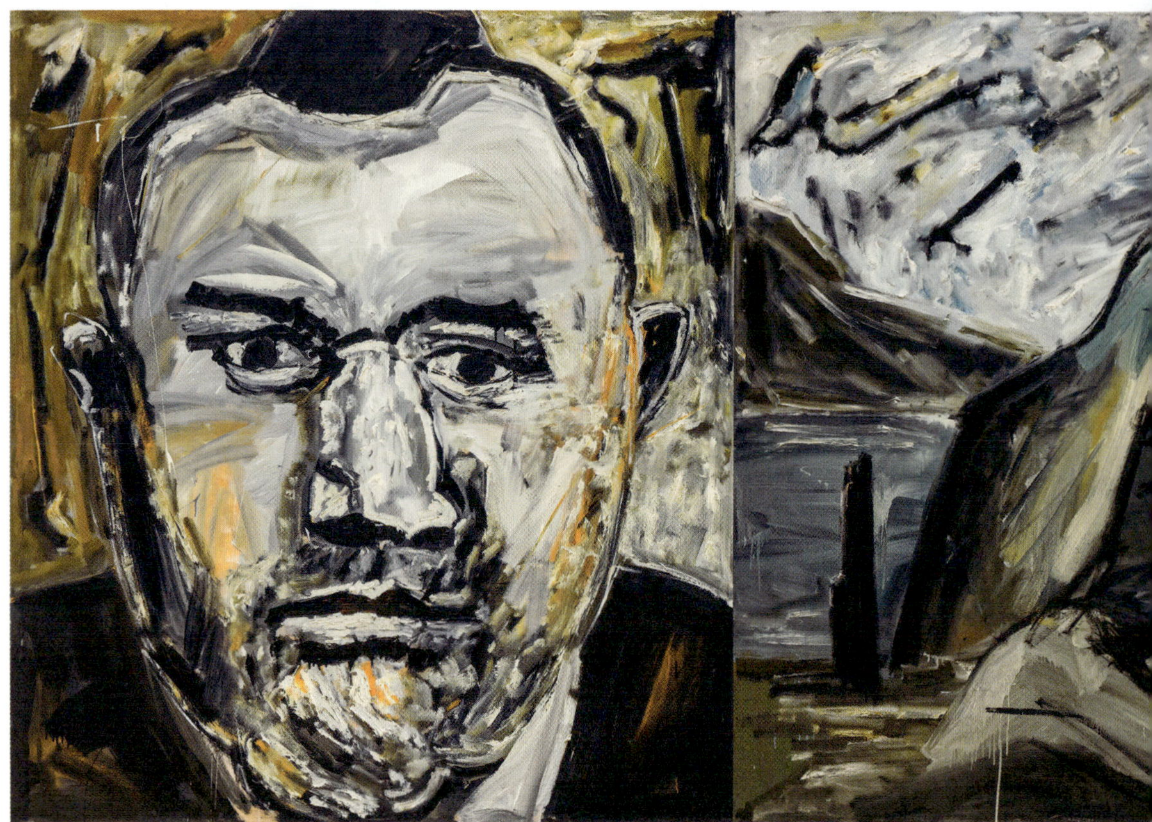

88 · Werner Büttner et Albert Oehlen *Triumphgeschrei* (*Erich Mielke, Zarathustrafelsen, Lottotrommel*), 1983

que celles-ci manifestent une attitude commune dans le rapport au monde. Dans ce contexte, la réalisation de tableaux en collaboration a lieu principalement dans le cadre d'amitiés, mais aussi de liaisons, temporaires ou durables (telle celle d'Ina Barfuss avec Thomas Wachweger). Les contenus de ces œuvres couvrent un champ très vaste, de sujets très personnels, à caractère de confession, aux grands thèmes socio-politiques, traités parfois de façon ironique ou satirique. Les approches peuvent être conceptualisées aussi bien que spontanées et automatiques. Sur les toiles de cette Nouvelle Peinture, en général, le geste se montre expressif, donnant l'impression de la spontanéité, avec une volonté tout à fait consciente de se distinguer, par un style provocateur, des situations artistiques établies de l'époque. En fait ce refus de « l'art du marché » se constate chez tous les peintres de la Nouvelle Peinture autour de 1980 : oui, on veut peindre, bon sang ! Mais en même temps cracher sur cette forme suprêmement bourgeoise de l'art. Rainer Fetting, Luciano Castelli ou Salomé ne craignent pas le moins du monde les très grands formats – chez eux, les tableaux de 5 ou même 10 mètres de large ne sont pas rares. Et si, à l'intérieur de leur communauté créative, chacun jette sur les autres un regard critique et provocant, vis-à-vis de l'extérieur il s'agit toujours

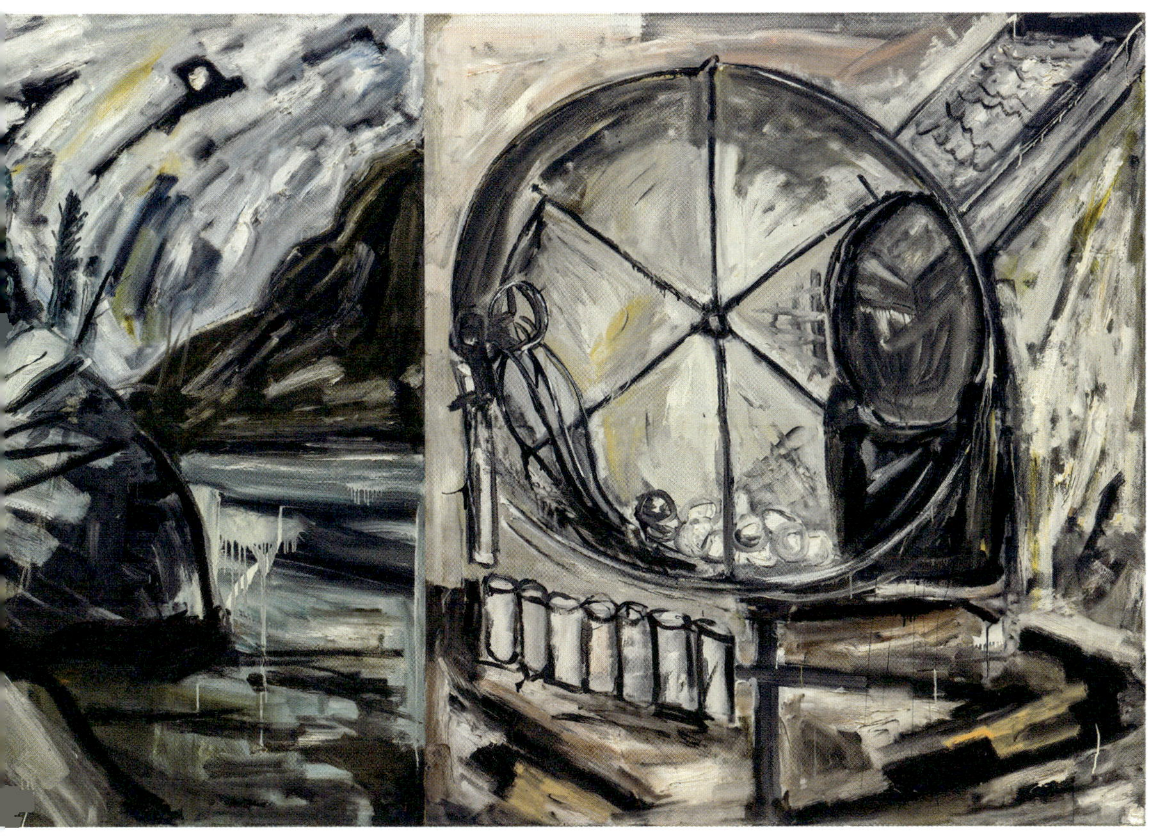

d'assurer et de protéger mutuellement la position des uns et des autres, de manifester une force commune face au reste du milieu artistique, au marché, au système dans son ensemble. On peut aussi voir dans les tableaux collectifs de la Nouvelle Peinture l'expression d'une vision du monde partagée.

À Hambourg émergent en particulier, à cette époque, les peintres Werner Büttner, Martin Kippenberger ainsi qu'Albert Oehlen et son frère Markus. Leur regard critique sur l'histoire allemande et sur l'actualité socio-politique, mâtiné de ce mélange d'ironie, de sarcasme et de provocation qui leur est propre, caractérise leurs œuvres aussi bien individuelles que collectives. « L'essentiel dans le travail en commun, c'est que nous échangeons constamment nos opinions. Il y a de grandes différences dans nos manières de peindre et dans nos sujets », confie Albert Oehlen[3]. Œuvre collective au programme particulièrement ambitieux, le triptyque de Werner Büttner et Albert Oehlen, *Triumphgeschrei* (Cris de triomphe, 1983), affiche trois sous-titres désignant les motifs des trois parties : *Erich Mielke*, *Zarathustrafelsen* (Le rocher de Zarathoustra), *Lottotrommel* (Tambour de loterie). Trois sujets à première vue parfaitement inconciliables : Erich Mielke, le douteux cadre du parti socialiste unifié (SED) et ministre de la Sûreté d'État de l'époque en RDA, Friedrich

3 Albert Oehlen, cité in « Werner Büttner, Albert und Markus Oehlen, Martin Kippenberger : Erschlägt Wirklichkeit Kunst ? », in *Kunstforum International*, *op. cit.*, p. 56.

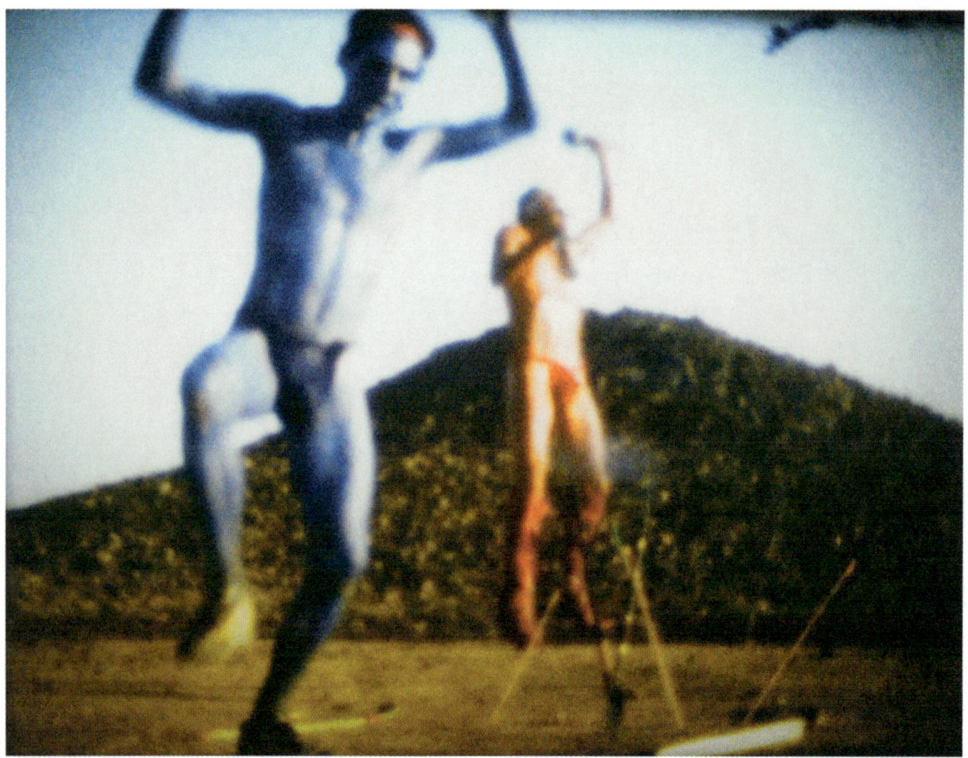

89 · **Luciano Castelli et Rainer Fetting,** ***Room Full of Mirrors*****, 1982**

90 · **Luciano Castelli et Salomé,** ***The Bitch and Her Dog*****, 1981**

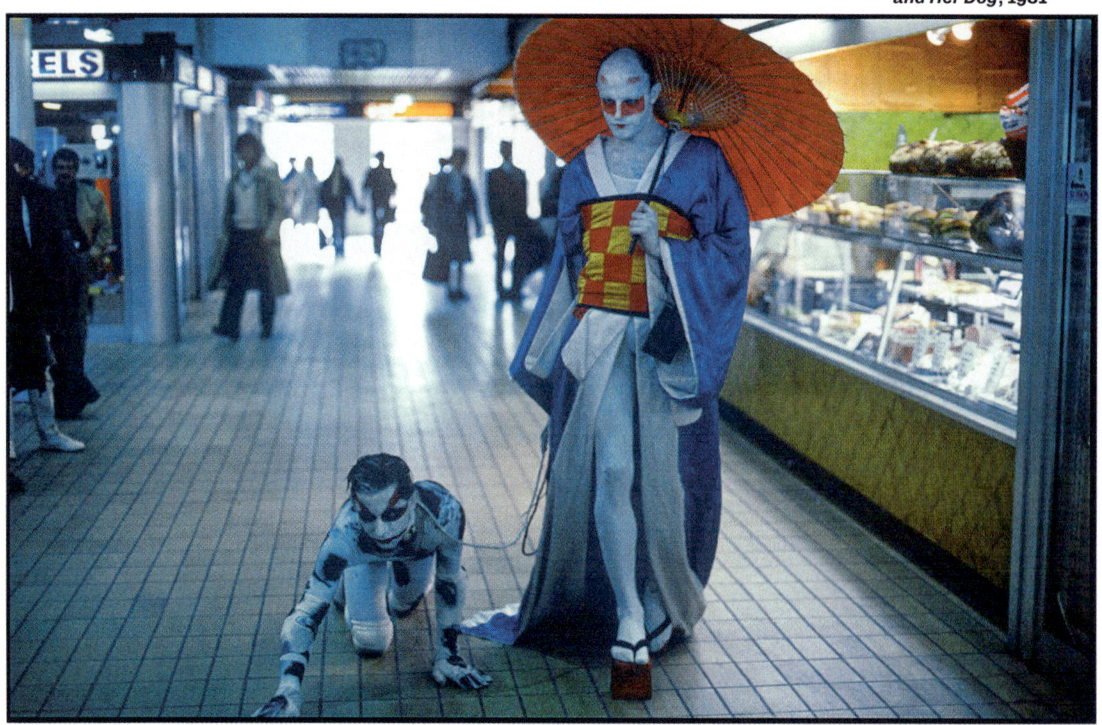

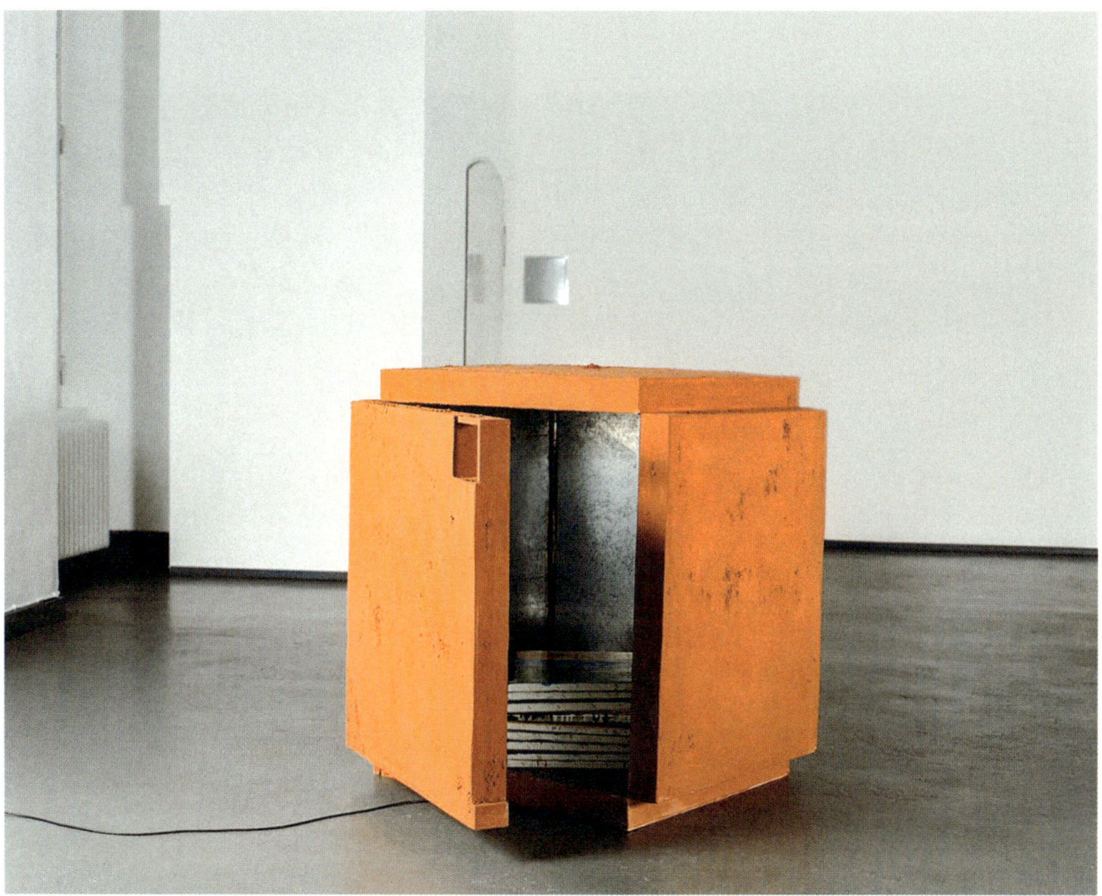

91 · Martin Kippenberger et Albert Oehlen, *Orgon-Kiste bei Nacht*, 1982

Nietzsche et la loterie télévisée, promesse de fortune ; si « ce tableau en collaboration suggère quelque chose, c'est justement l'absence d'un message clair et l'évocation de préjugés idéologiques[4] ».

L'un des rares travaux collectifs en sculpture est *Orgon-Kiste bei Nacht* (Caisse-Orgone la nuit, 1982[5]) de Martin Kippenberger et Albert Oehlen : une boîte en forme de coffre-fort formée d'un assemblage de plaques de couleur ocre contenant une pile de toiles d'égale grandeur. Ici aussi on se réfère à un topos situé en dehors du monde de l'art : la théorie de l'orgone du psychanalyste et sexologue Wilhelm Reich (1897-1957). Celle-ci voit dans l'orgone une énergie biologique spécifique, qui pourrait être concentrée dans un accumulateur construit par Reich, un fondement biophysique de sa thérapie. Le duo Kippenberger/Oehlen traduit cette idée en langage artistique : dans leur œuvre, l'art doit apparemment apporter la guérison, sous la forme de peinture accumulée – ici empilée. La démystification de l'obscure théorie de l'orgone va de pair avec l'ironie (supposée ?) sur la suffisance de la posture artistique, que pourrait suggérer l'accumulation des toiles.

Autre œuvre qui non seulement a été réalisée en commun, mais constitue en même temps un double autoportrait : *Portrait* (1981), des Berlinois Luciano Castelli et Salomé. Comme

4 Faust, « Gemeinschaftsbilder... » *op. cit.*, p. 56 et suiv.

5 Il s'agit d'une allusion à l'accumulateur d'orgone inventé par Wilhelm Reich, une boîte en tôle d'acier qui doit permettre à celui qui y prend place de retrouver son énergie vitale.

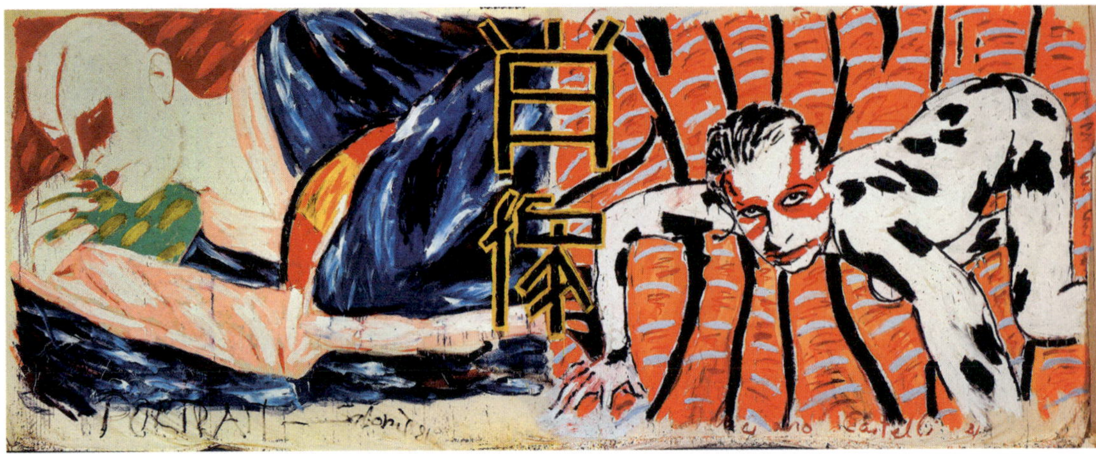

62 (ill.) · **Luciano Castelli et Salomé,**
***Portrait*, 1981**

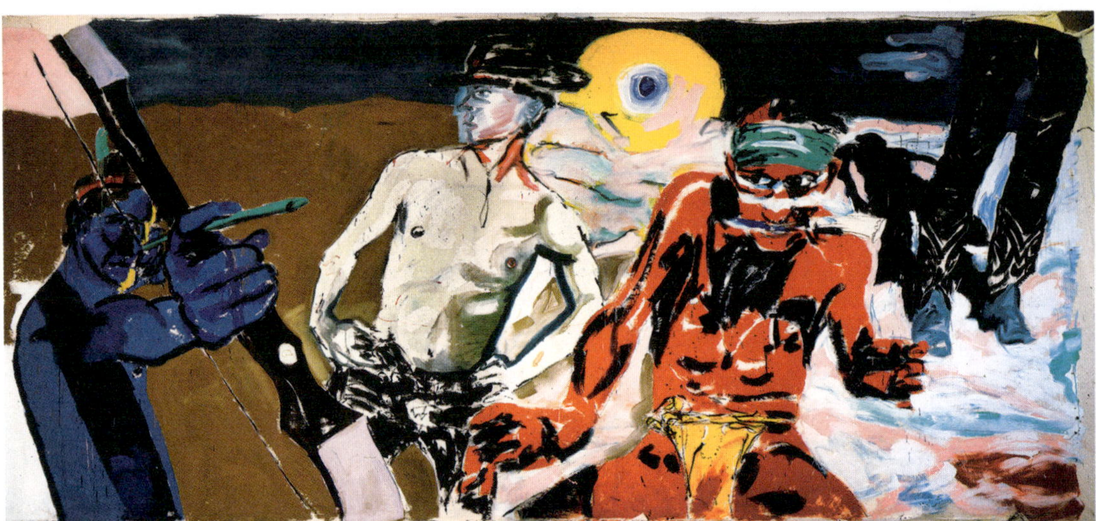

92 · Luciano Castelli et Rainer Fetting,
***Room Full of Mirrors*, 1981**

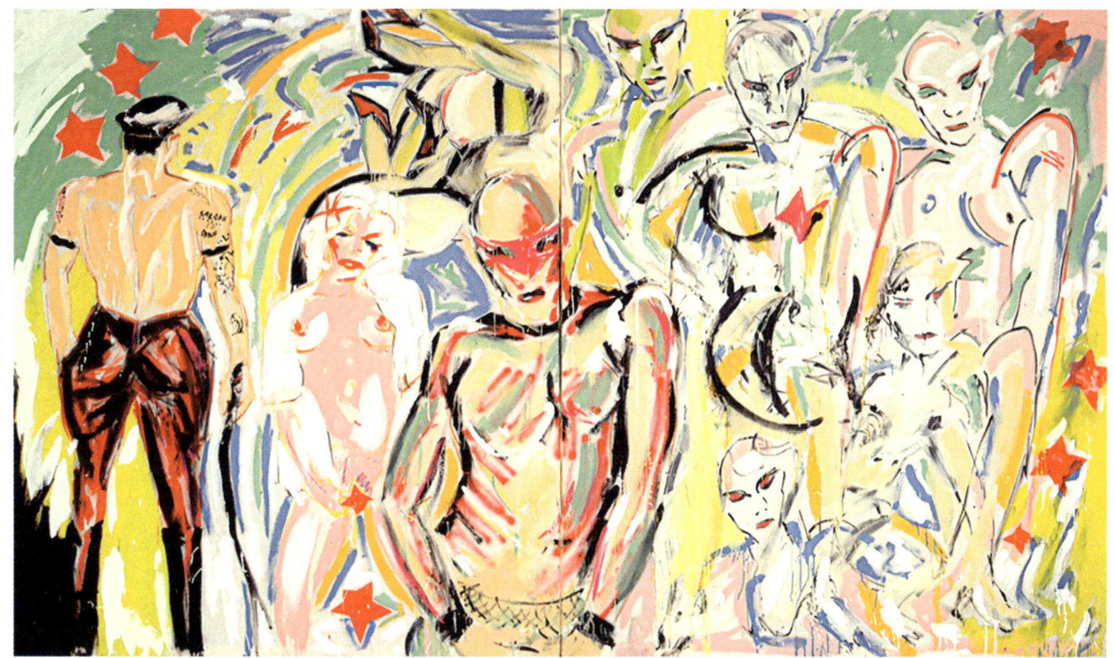

93 · **Luciano Castelli et Salomé, *Rote Liebe*, 1980**

d'autres productions de ces deux artistes à la même époque, ce tableau de 4 mètres sur 10 est tout à la fois un manifeste de la recherche et de la découverte de soi et un acte de libération des conventions et des clichés. Tandis que quelques autres tableaux réalisés ensemble célèbrent le plaisir et la liberté (homo)sexuelle de la subculture berlinoise, ce tableau monumental juxtapose les deux artistes chacun dans son propre style de peinture et dans différentes positions du corps. Ici, pas d'effort pour harmoniser les deux langages formels : les deux parties se font face, affichant chacune ses couleurs et ses formes – à gauche Salomé avec des coups de pinceau plutôt calmes et de grandes surfaces de couleur, à droite Castelli sur un fond vibrant. Au milieu, deux idéogrammes japonais, exprimant les titres de ce tableau et d'un autre (*Japan Dog Bitch*, 1981), servent d'éléments de liaison. Salomé se présente en kimono, maquillé de blanc et en position allongée, tandis que Castelli apparaît sous forme d'un animal tacheté à quatre pattes, comme à l'affût. Les attitudes, le costume et les motifs de maquillage ont leur origine dans la performance *The Bitch and Her Dog*, que Castelli et Salomé ont réalisée à Lyon en 1981 ; ils se promènent alors en geisha (Salomé) et en dogue (Castelli) à travers le centre-ville, en provoquant ou du moins en intrigant les passants. La performance, avec son travesti érotique et sadomasochiste, met en question les divers rapports de pouvoir sociaux, mais aussi la manière dont certains thèmes exotiques aspirent à exister concrètement. Les motifs – en peinture – ou les situations – dans les performances – se rejoignent et s'unissent, dans le tableau comme dans la performance ou la vidéo ● **Andreas Beitin**

Durs Grünbein / Via Lewandowsky

•

Travail sérieux à l'allemande. Le poète Durs Grünbein et le plasticien Via Lewandowsky s'entretiennent sur leur amitié d'artistes. Conversation animée par Eckhart J. Gillen

Les artistes qui parlent ici de leur amitié sont tous deux originaires de Dresde. Durs Grünbein, né en 1962, a publié son premier recueil de poèmes, *Grauzone morgens*[1] (Zone grise le matin) en 1988, bientôt suivi par d'autres volumes de poèmes et d'essais. Ses pièces en vers et en prose, à la construction rigoureuse, dont les thèmes vont de la physique quantique et de la neurologie à l'Antiquité et aux systèmes totalitaires du XXe siècle, ont fait de Grünbein l'un des plus importants poètes de langue allemande de notre temps, récompensé par de nombreux prix et distinctions, parmi lesquels le prix Büchner en 1995, la Croix du mérite (sciences et arts) en 2008 et en 2009 la Grande Croix fédérale avec étoile. Il a obtenu une bourse de la Villa Massimo et enseigne depuis 2005 la poétique à l'Académie des arts de Düsseldorf.

Via Lewandowsky, né en 1963, s'est fait connaître par ses performances et ses installations dans l'espace public. En 2003, par exemple, il a conçu pour l'entrée du ministère de la Défense à Berlin un «tapis rouge» montrant une vue à vol d'oiseau de la ville de Berlin détruite par la guerre. Avec l'exposition «Gehirn und Denken. Kosmos im Kopf» (Cerveau et pensée. Cosmos dans la tête) au Musée allemand de l'Hygiène à Dresde, il a fixé, en collaboration avec Grünbein, de nouveaux standards pour l'installation et l'exposition d'œuvres d'art, confrontés aux derniers acquis de la science. Les leitmotivs de sa méthode de travail déconstructiviste sont le malentendu, l'inattendu, l'absurde et le grotesque dans le quotidien. En ce sens, il s'appuie sur les jalons posés par le dadaïsme et le surréalisme. C'est l'un des artistes les plus représentatifs de sa génération en Allemagne, lauréat de nombreux prix et bourses, notamment à Pékin, à la Villa Aurora à Los Angeles et à la Villa Massimo à Rome.

> «L'amitié, c'était un drôle de truc, pas facile de la conserver. […] Les quelques amis que j'ai, ils sont aujourd'hui dispersés dans le monde entier. […] Il y en a un avec qui je partage la même ville, j'essaie de jouer au ping-pong aussi souvent que possible dans son atelier. Ça fait tenir la plus vieille amitié.»

Dans ce poème, Durs Grünbein fait allusion à sa première amitié, qui débuta au milieu des années 1980 par une invitation de l'artiste Via Lewandowsky à venir le voir dans son atelier dans le quartier de Friedrichstadt à Dresde.

1 Durs Grünbein, *Grauzone morgens* Francfort-sur-le-Main, Éditions Suhrkamp, 1988.

2 L'entretien avec Durs Grünbein et Via Lewandowsky a eu lieu le 4 octobre 2021.

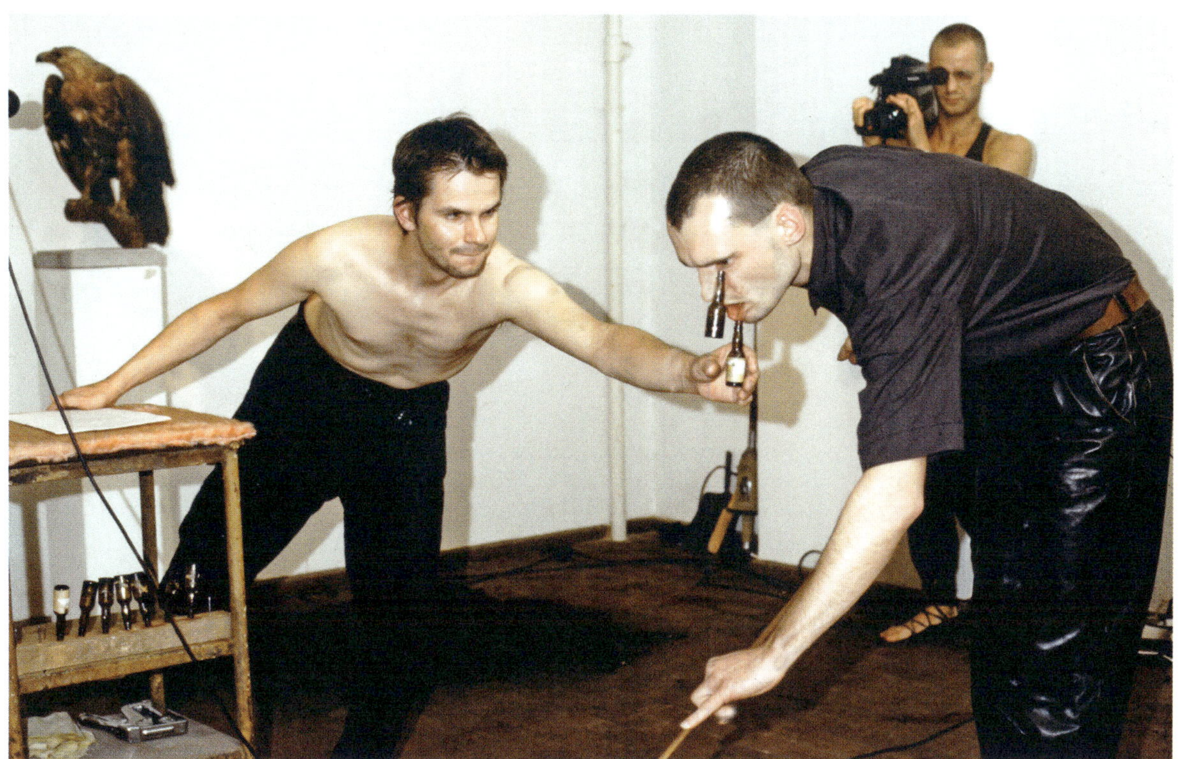

94 · Durs Grünbein et Via Lewandowsky [Volker Via Lewandowsky], *Deutsche Gründlichkeit*, 22 juin 1989, performance à la galerie Weisser Elefant, Berlin, dans le cadre de la Conférence permanente sur l'art. Photo : Jochen Wermann

DURS GRÜNBEIN – C'est là que, pour la première fois, j'ai été incorporé à une œuvre d'art. Il m'a dit «mets-toi là», et sur le mur on avait une œuvre de lui avec moi devant. C'est ainsi qu'est né le *Portrait du jeune auteur*, dont on voit une reproduction dans mon premier recueil de poèmes : *Grauzone morgens*. Aujourd'hui, on peut dire que c'était le premier acte d'intégration. Et ensuite, pour une raison quelconque, nous nous sommes retrouvés plusieurs fois et on a commencé à peindre un tableau commun. Un assez grand format. Comme je ne suis pas peintre, j'ai fait beaucoup de choses avec de l'écriture, mais aussi avec du dessin, des sortes de caricatures. Ça s'est mis à croître et à embellir, avec de plus en plus de couleurs et de collages[2].

VIA LEWANDOWSKY – J'ai trouvé ça beau. Pour rencontrer certaines personnes que j'aimais bien, je les ai invitées à faire de la peinture avec moi.

Durs Grünbein était fasciné par l'image comme réplique du texte et Via Lewandowsky était intéressé par des textes qu'il mêlait à ses installations ou qu'il intégrait sous forme sonore à ses «salles d'attente», une série particulière de ses installations ; les titres de ses œuvres fonctionnent eux-mêmes comme un dispositif de mise à feu de ses images et de ses espaces.

DURS GRÜNBEIN – Je me sentais plus à l'aise parmi les artistes plasticiens que parmi les gens de lettres. En dehors de leur peinture et de leur art objectal sauvage, c'était les actions-performances

«Je l'ai tué. Je l'ai tué. J'ai enfin réussi à le tuer. Je l'ai enfermé, affamé, brisé dans la torture de l'isolement. Cela s'est niché au plus profond de moi. […] il a fallu que je le tue, péniblement, avec tout le sérieux du travail à l'allemande.» — Via Lewandowsky

qui m'attiraient comme par magie. J'ai tout de suite eu envie d'en faire partie. Mais comme le groupe *Auto-perforationsartistik*[3] était déjà fermement constitué, je ne pouvais pas en faire partie. C'est pourquoi nous avons alors commencé à réaliser des performances à deux.

VIA LEWANDOWSKY – Avec la collaboration de Durs, les thèmes étaient bien plus diversifiés. Il y avait une contextualisation bien plus forte, au sens littéraire du terme : par exemple, quand il amenait l'un ou l'autre scientifique russe et que cela correspondait à mes propres sources en histoire de la médecine.

Cela a commencé en 1988 avec *Ghettohochzeit* (Noces au ghetto), puis ce fut *Hirsche sagen ab (und kommen doch)* (Les cerfs se décommandent [et viennent quand même]), avec Durs Grünbein qui fait une conférence sur les insectes nécrophages. L'année suivante, celui-ci présente la *Verlesung der Befehle* (Lecture des consignes), une sorte de mode d'emploi pour la fabrication d'une momie, et Lewandowsky plonge sa tête pour quelques minutes dans un grand saladier rempli de bouillie de semoule[4].

VIA LEWANDOWSKY – Pour le public, ça a fait l'effet d'un turbo. Il y a eu la conférence avec les textes pleins d'images fortes de Durs, et en même temps ces représentations performatives radicales. Mettre sa tête pendant des minutes entières dans un grand plat plein à ras bord de bouillie de semoule, ça avait quelque chose de très dérangeant. Les gens se demandaient si on voulait se noyer dans la bouillie. Les performances étaient souvent des actions silencieuses, gestuelles, auxquelles la lecture des textes ajoutait une couche de langage. La chorégraphie spatiale et la présentation des textes se fournissaient réciproquement des images.

La quatrième performance commune eut lieu le 22 juin 1989, à la galerie Weisser Elefant, quelques mois avant la chute du mur de Berlin, dans le cadre d'une «Conférence permanente sur l'art» au centre de la «capitale de la RDA». Dans la galerie, on avait rassemblé les accessoires d'une salle de classe allemande : deux animaux empaillés, un aigle et un busard provenant du musée des sciences naturelles, un miroir sombre de la taille d'un tableau noir, un pupitre, un vieil aspirateur et une enveloppe clouée au mur, dont

3 Le concept d'*Autoperforationsar-tistik* fut introduit p[ar] Micha Brendel, Else Gabriel et Volker (Vi[a]) Lewandowsky pour la première fois en liaison avec la performance *Herz Horn Haut Schrein* (Cœur corne peau boîte) le 3 juillet 198[…] à la Hochschule für Bildende Künste de Dresde, Güntzstrass[e]. Rainer Görss faisait aussi partie du group[e]. L'état d'exception permanente dans la RDA de l'époque est rendu visible dans cette tentative autonome. L'agressi[on] contre soi-même (autoperforation) agresse le public, aiguise la perceptio[n] de douleurs fantôme[s] et de pertes, libère des émotions captiv[es].

4 Récit dans *Autoper-forationsartistik* (cat. exp.), Kunsthal[le] Nuremberg, 1991, p. 10 et suiv.

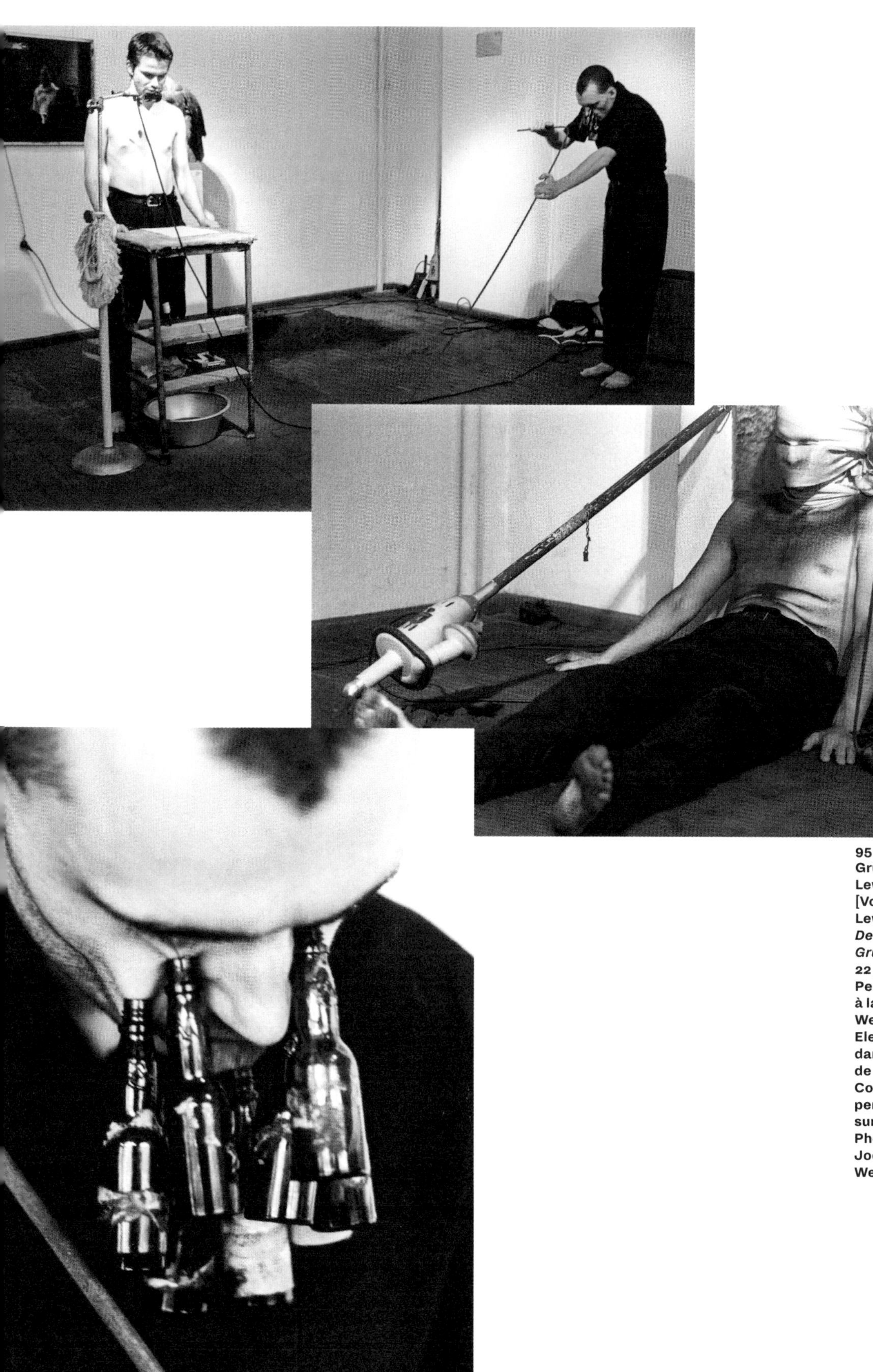

95 · Durs Grünbein et Via Lewandowsky [Volker Via Lewandowsky], *Deutsche Gründlichkeit*, 22 juin 1989, Performance à la galerie Weisser Elefant, Berlin, dans le cadre de la Conférence permanente sur l'art. Photos : Jochen Wermann

sortait le bourdonnement énervant d'une tondeuse à barbe, couvert au bout d'un moment par des caquètements de poule. Avant que Durs Grünbein entre en scène, Via Lewandowsky promène par à-coups sur le sol, à l'aide d'une longue barre de fer, un haricot médical contenant le cadavre d'un pigeon, symbole de paix pourri du camp socialiste. À ses joues sont accrochés, juste entamés, douze flacons d'Underberg [un digestif allemand]. De temps à autre, Grünbein fait une pause dans sa lecture pour cueillir un des petits flacons sur le visage de Via et le placer dans un portoir de tubes à essai. Quand ils ont tous été enlevés, Via Lewandowsky interrompt brusquement la conférence du poète, qui est justement en train d'évoquer le dressage intérieur de l'homme nouveau socialiste : « Je l'ai tué. Je l'ai tué. J'ai enfin réussi à le tuer. Je l'ai enfermé, affamé, brisé dans la torture de l'isolement. Cela s'est niché au plus profond de moi. [...] il a fallu que je le tue, péniblement, avec tout le sérieux du travail à l'allemande. [...] Nous sommes l'engeance de nos pères malades, le fruit de l'accouchement précipité du mur [...] L'œil brisé cherchant avidement un horizon plus vaste, nous sommes cruellement décadents, dressés avant la naissance. L'Allemagne ? [...] Ô notre pays, cynique Euphon[5]. »
À l'aide d'élastiques, Lewandowsky fixe la tête de Grünbein à la renverse sur la table du pupitre. Le poète devenu aveugle, réduit au silence, est assis par terre, le dos au mur, où comme un petit tas de misère, un bouffon aveugle, il reçoit la poussière de charbon que Lewandowsky lui souffle au visage avec l'aspirateur. Tandis que le nuage noir se répand dans la salle, l'artiste baisse son pantalon et se rase les poils pubiens avec la tondeuse de l'enveloppe.
Les deux protagonistes – le poète ligoté et bâillonné et l'artiste qui se rase le pubis – manifestent sur eux-mêmes l'intrusion de l'État dans l'intimité du corps et la mise à mort de leur propre personne. La révolte intérieure est révolue, scellée, gelée.
La scène sombre dans le brouillard de poussière de charbon.

DURS GRÜNBEIN – Il s'agit là d'un symbolisme qui, vu aujourd'hui, est parfaitement clair. Sauf qu'à l'époque, nous ne considérions pas du tout cela symboliquement. Le problème du socialisme, c'était des gens qui étaient au parti, qui se posaient quelque part et faisaient des discours aux travailleurs, toujours blablabla. En revanche, dans notre performance on dit : « *shut up!* » J'ai été en quelque sorte forcé de me taire, et alors les éléments me tombent dessus : le charbon, la vraie crasse, le bruit. Voilà quelle serait la symbolique de cette scène. J'étais couché là dans un coin comme l'orateur d'un congrès socialiste qu'on aurait débranché, et à qui on souffle maintenant de la poussière de charbon dans la figure. Si tu avais suivi le chemin du charbon à travers la société, tu pouvais lire bien des choses. Il y avait d'un côté les camarades de la mine, qui devaient vraiment faire ce sale boulot, l'exploitation du charbon. Puis ça va dans les usines, où l'écrivain Wolfgang Hilbig, qui était ouvrier-chauffeur, a travaillé sur toute la hiérarchie de ces usines. Tout en haut s'est installée la direction du parti qui ne se salit pas les mains, et un peu plus loin les ingénieurs, etc. Et encore ! Les gens dans les grands ateliers de fabrication se croyaient toujours un peu au-dessus du chauffeur dans la chaufferie en sous-sol. Ça commençait déjà à la cantine. On s'écartait un peu de lui, il était crasseux, il avait l'air de sortir des entrailles de la terre, etc. C'était dingue, ces contradictions. Le dieu, c'était le charbon, c'était ce qui faisait tenir tout ce merdier.

5 Ces dernières lignes ont été publié[es] sous le titre *O Heim[at,] zynischer Euphon* (Ô notre pays, cyniq[ue] Euphon) dans le rec[ueil] *Schädelbasislektion* (Leçon de la base d'un crâne), Francfo[rt-] sur-le-Main, 1991, p. 111.

6 Dans les pays de l'ancien bloc soviétique, le terme « samizdat » désigne la littérature dissidente auto-publiée (N.d.T.).

7 En français dans le texte.

«J'étais couché là dans un coin comme l'orateur d'un congrès socialiste qu'on aurait débranché, et à qui on souffle maintenant de la poussière de charbon dans la figure.» — **Durs Grünbein**

Et le chauffeur le savait bien: si maintenant je m'arrête de travailler, l'atelier va rester froid, espèces de salopards, et de toutes façons tout s'arrêtera. Ça m'a toujours fasciné, l'inconscient de cette drôle de société, ça n'a jamais été traité. Au début par contre – prenons par exemple les premières «histoires de production» de Heiner Müller –, c'était aussi le désir de savoir qui disait aux écrivains d'aller là où ça se passe. Il faut commencer par regarder qui fait vraiment le travail dans l'État des Ouvriers et des Paysans. Il fallait empêcher les abstractions pour aller au fond des choses. C'est toute cette symbolique-là qu'on pourrait voir là-dedans. Au fond, nous avons été des membres tardifs de cette société, plutôt des marginaux. C'était clair, nous ne voulions plus participer à cette société. Nous ne voulions plus la changer.

VIA LEWANDOWSKY – Nous n'avions plus aucun rapport avec tout ça. Mais la question décisive, c'est: pourquoi ne pouvions-nous plus prendre au sérieux ce que la génération de nos pères prenait encore au sérieux? Beaucoup de choses nous paraissaient absurdes. Même le milieu des dissidents nous semblait tout à coup anachronique. Nous avons vu plutôt le ridicule que ce qui faisait peur. Buñuel ou les films dystopiques de Tarkovski, ou le film *Sibériade* d'Andreï Kontchalovski, où un type trace une route à travers la taïga pour finir noyé dans un marais, avaient quelque chose de vain, d'inutile, et dans notre propre époque nous ne pouvions nous empêcher d'éclater d'un rire hystérique.

DURS GRÜNBEIN – Je parlais souvent de Kafka avec Heiner Müller et un jour je lui ai dit: «Ce Josef K., c'est moi; ce qu'il a vécu, j'ai l'impression de le connaître.» Tu étais dans un système clos, où tu étais contrôlé en permanence, où du berceau à la tombe on te donnait des consignes, au fond toute ta vie était planifiée. Il fallait chercher la digression, cela ne passait que par le renoncement à la carrière. Pour cela, il y avait le jeu du chat et de la souris des artistes. Nous étions les derniers de la génération samizdat[6]; notre geste politique, c'était la démission, la rupture avec les règles de la communication critique. Ce qui nous guidait, c'était un sentiment esthétique de subversion, et c'est aux pratiques des surréalistes et des pionniers de Dada que cela ressemblait le plus. Comme nous ne croyions plus à aucune réforme, c'était une forme de dissidence à vide. C'est dans cet esprit de *l'acte gratuit*[7] que nous avons participé aux manifestations d'octobre 1989, nous étions les bouffons de la résistance.

«Les surréalistes ont établi de vrais protocoles de ce qu'ils faisaient, séances de rêves, expérience de drogues, etc. Nos séances n'en étaient pas si loin. Et c'était là le point central, passer du temps ensemble, peut-être pour avancer ensemble.» — Durs Grünbein

VIA LEWANDOWSKY – Je me suis toujours demandé : comment peut-on passer cinq ans à l'Académie à représenter des nus? Pour moi, c'est une pure perte de temps. Dans la bibliothèque de l'école, il y avait un «enfer» auquel on n'avait accès qu'avec une recommandation spéciale du professeur. C'est là que j'ai examiné des catalogues d'exposition actuels de la documenta ou de biennales. J'y ai remarqué des artistes comme Gotthard Graubner avec ses masses spatiales, Günther Uecker et ses tableaux de clous ou Anselm Kiefer. Ils m'ont montré comment on peut comprendre la peinture comme une sculpture.

DURS GRÜNBEIN – Le sarcasme, c'était ma manière de dire qu'historiquement nous avions touché le fond de tout et que je ne voyais plus aucun sens. Pour moi, tout n'était plus qu'une rhétorique creuse, tout ce qui était dans le journal, le bavardage des politiciens, des cadres du parti, le bavardage à l'école, tout cela était au-delà d'une vérité, au-delà du réalisme d'une société. Le sarcasme était le seul moyen de toucher le fond de tout ça. Chez les artistes de l'auto-perforation, ce côté animal, l'abattage des bêtes, les déchets d'abattoir, tout ça a toujours joué un grand rôle. Le corps humain était présenté ici d'une tout autre manière que le prévoyait l'image socialiste de l'homme. C'était un homme misérable qu'on y montrait, dans sa nudité, son côté direct, et ça se communiquait tout de suite aux spectateurs. C'était les corps de gens jeunes, qui se démenaient dans une cage. On ne pouvait pas se vanter de ça.

VIA LEWANDOWSKY – Pour moi, la langue très imagée de Durs a été une grande inspiration, mais elle a aussi suscité des frictions. À quoi bon des images, si la langue est déjà si forte? Ça m'a donné envie de réfléchir davantage à la signification du langage dans mon propre travail. À partir de ce moment-là, mon art ne fut plus possible sans titre ou sans sous-texte.

DURS GRÜNBEIN – En fait, l'élément décisif de ce partenariat fut de pénétrer ensemble dans une même clairière, comme des chevreuils qui tout à coup apparaissent sur une chaussée et regardent tranquillement autour d'eux dans la lumière des phares. Il fallait pour cela une certaine confiance, il fallait pouvoir compter l'un sur l'autre dans ces actions.

VIA LEWANDOWSKY – À l'époque, nous nous étions fabriqué nous-mêmes une scène, sur laquelle nous pouvions nous entraîner à l'écart des chemins déjà tracés pour d'autres stratégies de subversion. C'était notre propre monde modèle, un monde riche, qui a ouvert des voies nouvelles.

Comme les héros d'un roman de Karl May, nous étions déjà en route, au-delà de l'Est qui tournait en rond. Nous nous sommes inspirés mutuellement, il y a eu des discussions, des disputes, il y a eu aussi des moments de profonde perplexité.

DURS GRÜNBEIN – C'était une collaboration libre, parallèle, mais sans que l'un ait observé l'autre en train de faire. Il y avait bien une indépendance. Le caractère de cette collaboration – c'est intéressant – faisait qu'il y avait quelque chose qui nous dépassait. Nous nous sommes en quelque sorte donné rendez-vous pour des séances. Surtout en racontant nos histoires d'atelier, nous avons pris du plaisir à aller au fond des choses en parlant pendant des heures, à improviser en pensée. Les surréalistes ont établi de vrais protocoles de ce qu'ils faisaient, séances de rêves, expérience de drogues, etc. Nos séances n'en étaient pas si loin. Et c'était là le point central, passer du temps ensemble, peut-être pour avancer ensemble. C'était plus intéressant que si on était juste resté chez soi avec son manuscrit, ou Via avec ses projets dans son atelier. Le résultat de ces collaborations, ce furent des éditions de texte et de dessins, des textes-manifestes, des projets de films et de photos, mais avant tout des performances, qui demandaient toujours à être longuement discutées en amont. Peut-être que le plus important, c'était le chemin menant à la performance. C'était comme un voyage initiatique vers un lieu qui nous était commun, et que nous étions seuls à voir.

Cette confiance réciproque a abouti jusqu'à aujourd'hui à un échange de textes et de peintures dans des projets comme *Traumführer Berlin* (Guide onirique de Berlin) dans le cadre des *Images d'Allemagne* en 1997, *Gehirn und Denken, Kosmos im Kopf* au Musée allemand de l'Hygiène en 2000, *Windhauch, Windhauch* (Souffle de vent, souffle de vent) au Musée juif de Berlin en 2011 ou encore *Intercom* (Interphone), des photographies en couleur que Lewandowsky a envoyées à Grünbein au cours de ses voyages à travers le monde, en l'invitant à y ajouter un commentaire. L'image déclenche des associations d'idées chez le poète. Le texte et l'image restent indépendants l'un de l'autre, ce sont des pièces uniques[8]. *Intercom* est la métaphore d'une longue tradition d'échange de balles et de répliques entre ces amis artistes ● **Eckhart J. Gillen**

8 Quarante-neuf d'entre elles seront bientôt publiées sous forme de recueil sous le titre *Intercom* par la galerie Ute Pardhun de Düsseldorf.

Jenny Holzer / Lady Pink

Au début des années 1980, Jenny Holzer et Lady Pink comptaient parmi les rares artistes féminins travaillant dans l'espace public de New York. Holzer couvrait l'environnement urbain de ses célèbres *Truismes* depuis la fin des années 1970 : des aphorismes et des slogans qui provoquaient le public et le faisaient réfléchir ; au même moment, Sandra Fabara, une artiste nettement plus jeune née en Équateur, qui taguait sous le pseudonyme de « Lady Pink » pour se distinguer des graffeurs de l'époque, en majorité des hommes, réalisait ses premiers graffitis sur des murs d'immeubles ou des trains de la métropole[1]. Autre facteur de rapprochement entre les deux artistes et point de départ essentiel de leur collaboration, leur intérêt pour les thèmes socio-politiques et féministes[2] se reflétait notamment dans leur réception commune des photographies réalisées à partir de 1978 par Susan Meiselas : un témoignage sur la guerre civile au Nicaragua et ses effets.

Les clichés de cette photojournaliste montrent les violents affrontements lors du renversement du régime dictatorial par le Front national de libération sandiniste (*Frente Sandinista de Liberacion Nacional*), de gauche, et de la contre-révolution qui suivit. À côté de scènes révélant l'escalade de la violence, Meiselas a fait le portrait de différents acteurs impliqués et mis en lumière les façades des maisons, avec leurs bariolages caractéristiques : pendant la guerre, ces murs étaient devenus le vecteur de textes politiques, que les milices, les militaires et la population civile lisaient comme des messages de propagande et des mots d'ordre de protestation. Sans doute leurs efforts pour faire entendre leur voix dans l'espace public, conjugués à leur démarche subversive, expliquent la fascination de Jenny Holzer et de Lady Pink pour les photos de Meiselas. Ensemble, elles réalisent treize toiles de grand format, comportant des éléments typographiques sous forme d'aphorismes choisis, et quelques scènes se rapportant directement à la guerre civile au Nicaragua.

Lady Pink est partie de ses impressions visuelles pour taguer sur ces grandes toiles, dont les dimensions rappellent les surfaces de l'espace urbain, les événements de la guerre civile (re)mis en scène et condensés. Les différentes œuvres sont composées pour la plupart à partir des photos originales de Meiselas : Lady Pink se charge de la transposition « picturale », tandis que Jenny Holzer, dont le moyen d'expression privilégié est le langage, sélectionne les aphorismes qui accompagnent les peintures, afin de replacer le contenu des scènes représentées dans un nouveau contexte. Elle emprunte ces exhortations, généralement anonymes, à sa « Survival Series » (1983-1985), dans laquelle elle questionne la relation de l'individu avec son environnement social et politique. Dotés d'un caractère percutant, provocateur, ces fragments de texte instaurent un rapport socio-politique critique à l'égard de l'époque contemporaine. Ilona Granet, amie et collègue de l'artiste, dispose

1 Lady Pink a également porté des T-shirts *Truisms* de Jenny Holzer. Une photographie de 1983 montre Lady Pink à New York avec un T-shirt blanc portant l'inscription « Abuse of Power Comes As No Surprise ». La photo a été partagée un grand nombre de fois sur les réseaux sociaux en 2017, dans le courant du mouvement #metoo.

2 Jenny Holzer, qui prit l'initiative de l eur collaboration, a exprimé ainsi son envie de travailler avec Lady Pink : « J'ai collaboré avec Lady Pink parce qu'elle avait éveillé ma curiosité. C'était l'une des rares graffeuses artistes et je [...] me suis dit que c'était sans doute une fille intéressante, avec un sacré caractère : ce qui est le cas. » Cité d'après Nancy Princenthal, « Jenny Holzer : Language Lessons », in *After the Revolution. Women Who Transformed Contemporary Art*, éd. par Eleanor Heartley, Helaine Posner, Nancy Princenthal et Sue Cott, Munich/Londres/Berlin/New York, Prestel, 2007, p. 151 [p. 144-167].

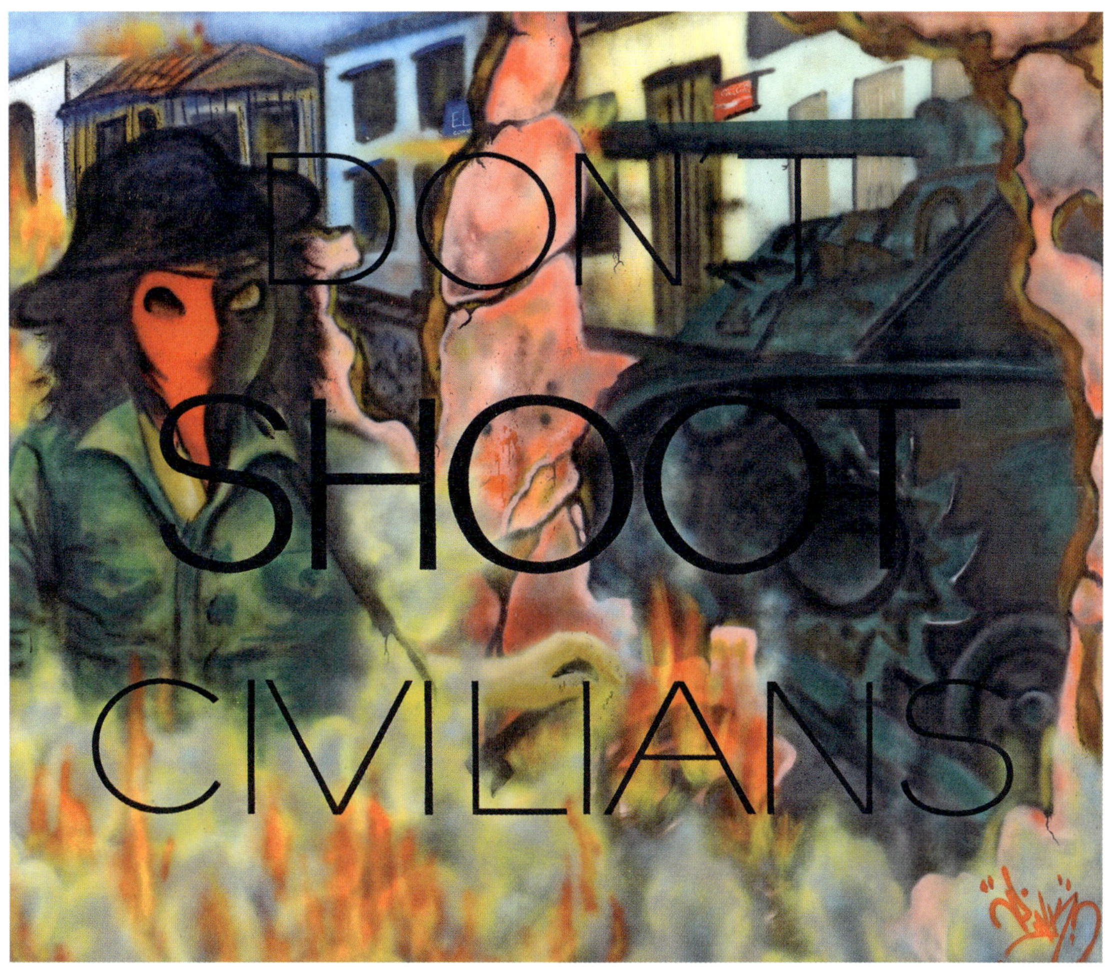

96
Jenny Holzer et Lady Pink, *Untitled (Don't Shoot Civilians)*, 1984

les mots sur chacune des toiles, en majuscules sans empattement, dans des styles variés et à des emplacements variables.

Dans *Untitled (Don't Shoot Civilians)*, Lady Pink met en image de façon dramatique les maisons – allusion au contexte urbain –, un membre de la milice, homme ou femme, enveloppé dans un large vêtement, regardant droit devant lui l'espace hors du tableau, ainsi que la machinerie de guerre sous la forme d'un char aux contours schématiques, dont le canon tire sur une cible indéfinissable. Les flammes, immenses et menaçantes, semblent prêtes à consumer la scène picturale, et même l'ensemble du tableau lui-même. Elles sont le symbole du chaos politique et des excès de violence. Visuellement très clair, le message typographique percutant «*Don't Shoot Civilians*» se détache nettement de la composition. Le regard du personnage semble lui aussi suivre la phrase écrite sur toute la surface du tableau, avec son appel à une solution pacifique. Ces lignes s'adressent aussi directement aux spectateurs, qu'elles provoquent et forcent à se confronter au contenu par le sens des mots. Mais ce travail peut aussi être interprété comme une critique de la politique extérieure des États-Unis, qui pendant la guerre froide poursuivaient leur intérêt propre en s'immisçant dans le conflit sud-américain et cherchaient à limiter autant que possible l'influence de l'Union soviétique sur les États d'Amérique latine ● **Elena Engelbrechter**

Guerrilla Girls

«Comment montrer le sexisme, le racisme et la corruption de la politique, de l'art, des films et de la pop culture? Avec des faits, de l'humour et un visuel scandaleux.»

●
L'exposition «An International Survey of Recent Painting and Sculpture», au MoMA en 1984, censée dresser un panorama de la production artistique de l'époque, ne présentait que treize femmes pour 166 artistes. Deux artistes anonymes utilisant les pseudonymes de Käthe Kollwitz et Frida Kahlo s'associèrent alors pour fonder les Guerrilla Girls, un collectif qui s'agrandira au fil du temps en accueillant davantage de membres et en développant différentes branches, à la manière d'une franchise.

Les Guerrilla Girls dénoncent les comportements sexistes, racistes et discriminants qu'elles constatent dans le monde de l'art, mais aussi les pratiques relevant de la corruption et les manipulations politiques. Leur engagement prend la forme d'actions: essentiellement des campagnes d'affichage, des performances et des vidéos. Elles conçoivent également des objets, sortes de produits dérivés de leurs revendications.

L'anonymat des Guerrilla Girls (dont on ignore le nombre) leur permet de diriger l'attention du public sur leurs messages et non sur leurs identités, et de ne pas s'exposer à de quelconques agressions ou représailles dans leurs carrières personnelles. Elles apparaissent affublées de masques de gorilles (s'appropriant un symbole de domination masculine, King Kong) et sous des pseudonymes d'artistes telles Hannah Höch ou Alice Neel: autant de grands noms féminins négligés par l'histoire de l'art.

Si la «Conscience du monde de l'art» (*«Conscience of the art world»*) est leur signature, l'humour dérangeant est leur procédé de prédilection: «Comment montrer le sexisme, le racisme et la corruption de la politique, de l'art, des films et de la pop culture? Avec des faits, de l'humour et un visuel scandaleux.» ● **Blandine Chavanne**

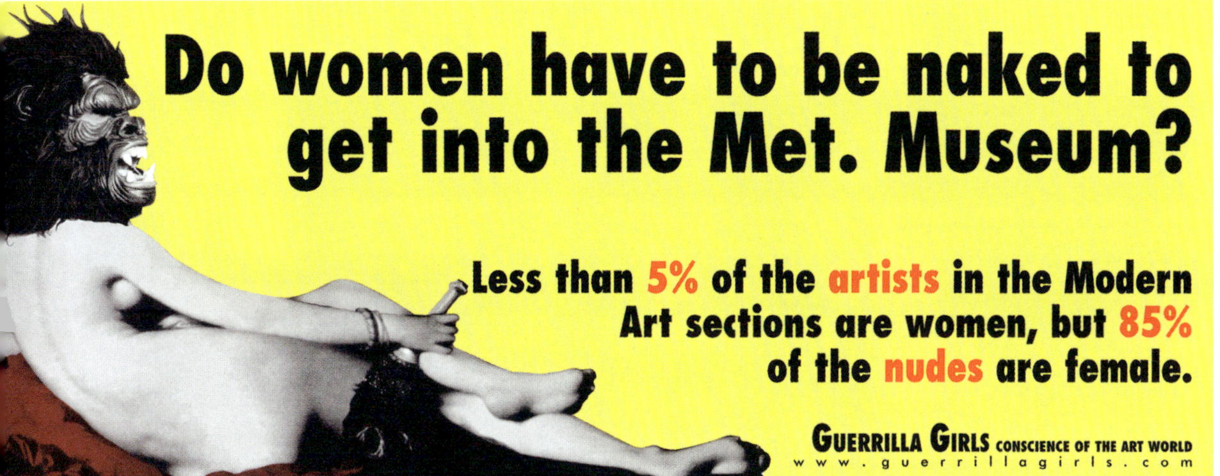

· **Guerrilla Girls,**
Women Have to
Naked to Get into the
***et. Museum?*, 1989**

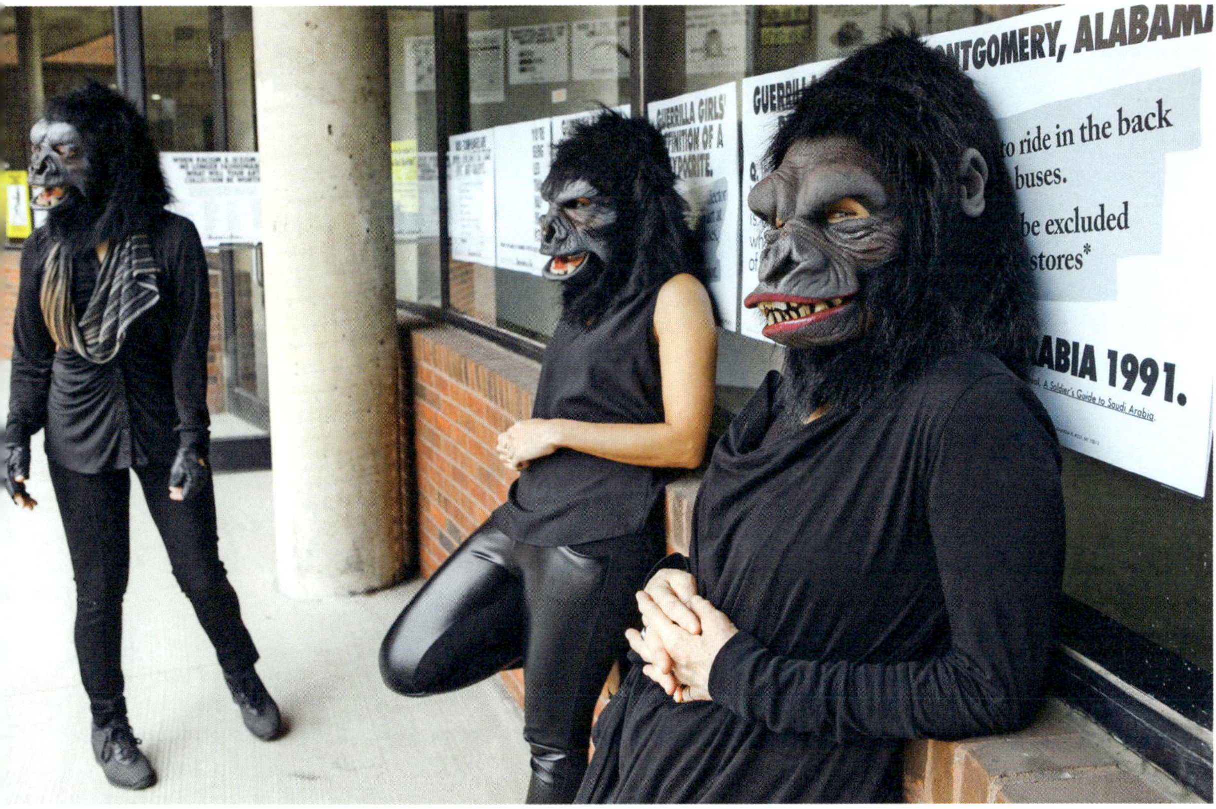

(ill.) · Les Guerrilla
irls à New York
2015. Photographie :
ndrew Hinderaker

Mike Kelley / Paul McCarthy

●

La scène artistique de Los Angeles des années 1970 à 1980 s'est nourrie de la complexité de cette « ville-monde » où les mouvements underground se mêlent à la culture populaire californienne, à ses expressions communautaires, comme à l'univers de ses fabriques de rêves que sont Hollywood et Disneyland. Le travail de Mike Kelley et de Paul McCarthy s'inscrit dans ce que l'on appelle la contre-culture américaine. McCarthy, qui vit à Los Angeles, commence à réaliser des actions dès 1969. Quant à Kelley, il s'installe en Californie en 1976 et c'est à partir de 1990 qu'il rejoint McCarthy. Tous deux réalisent dès lors ensemble des performances, des installations et des projets multimédias.

En 1992, Paul McCarthy et Mike Kelley sont invités à participer à une exposition d'artistes californiens en Autriche. Ils décident de mettre en scène les personnages de la célèbre série *Heidi*, l'histoire d'une jeune orpheline qui vit dans le décor idyllique des Alpes en compagnie de son ami Peter et de son grand-père. Dans la version de Kelley et McCarthy, la jeune fille est entourée d'un grand-père pervers et d'un jeune garçon attardé mental, détournement critique de l'innocence présumée de ces histoires d'enfants ● **Blandine Chavanne**

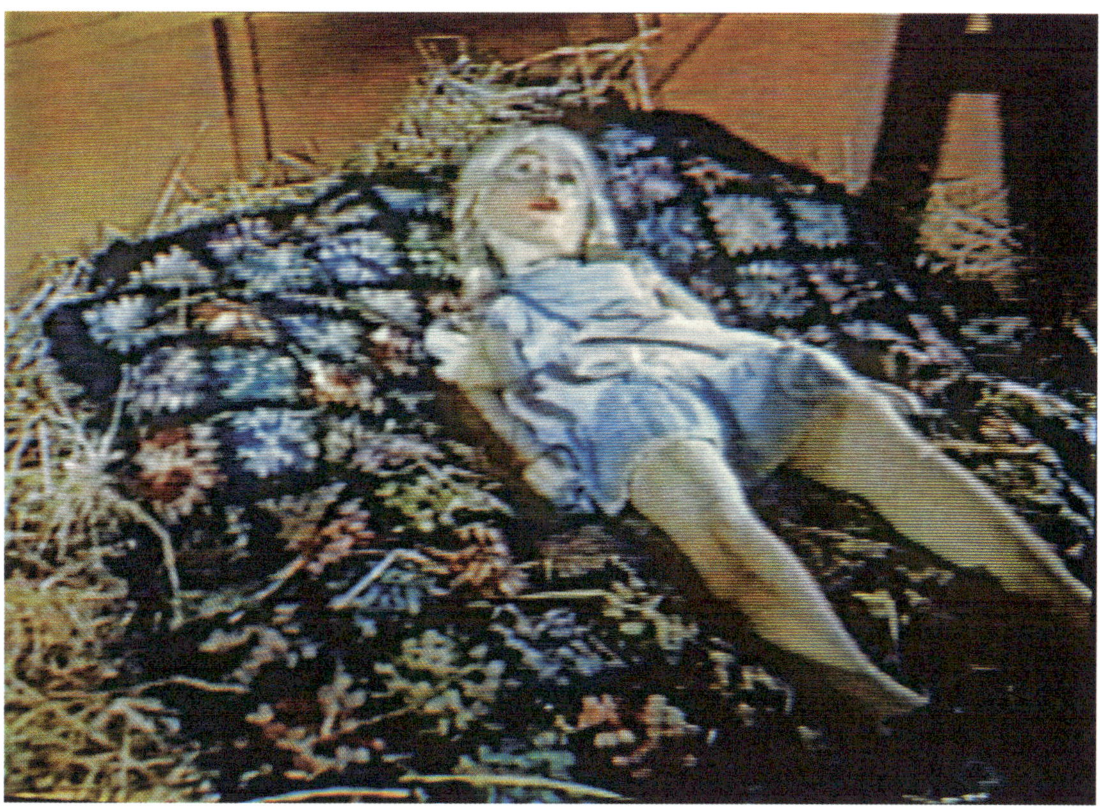

98 · **Mike Kelley et Paul McCarthy,** ***Heidi*, 1992**

Paul McCarthy / Jason Rhoades

●

Il est impossible d'exclure les questions du marché de l'art du concept de l'expression personnelle de l'artiste. Elles « font partie du jeu » et sont un élément indispensable de son idée de garder le contrôle sur le « logiciel système » que constitue l'art. Dans le cadre de *Propposition*, leur grande œuvre commune destinée à l'inauguration de l'Arsenale, à l'occasion de la Biennale de Venise en 1999, McCarthy et Rhoades développent sous le pseudonyme Trojan Horse leur idée de contourner, comme duo d'artistes, les stratégies globales du marché de l'art. Préalablement à la Biennale, dans un hôtel prestigieux de Los Angeles, ils ont invité d'éminents collectionneurs et marchands d'art, et bien entendu aussi leurs galeristes David Zwirner et Iwan Wirth, à venir souscrire des actions lors d'une présentation vidéo. Cela n'a rien donné. Quoi qu'il en soit, lorsque j'ai fait l'acquisition en 2002 de *Propposition*, j'ai obtenu en même temps le droit, garanti par contrat, de reproduire en édition illimitée toute œuvre faisant partie de l'installation, depuis les volumineux *donuts* jusqu'aux pièces de carrosserie de Ferrari, et de les vendre au prix de leur coût de fabrication plus 100 %, en reversant 30 % aux artistes.

Il s'agit de beaucoup plus de 100 pièces. Jusqu'ici, je ne me suis pas lancé dans la production ni dans la commercialisation, mais qui sait si un jour je ne concrétiserai pas l'idée d'un McCarthy/Rhoades-shop.

L'arrivée de *Propposition* dans ma collection de Hambourg, orchestrée par McCarthy et Rhoades eux-mêmes, a tourné à l'acte de destruction. Les artistes – revêtus de l'uniforme original des pompiers du 11 Septembre – ont percé des cloisons, détruit des fenêtres, afin de transporter les pièces dans les nouveaux espaces, laissant derrière eux une sorte d'entrepôt chaotique, où les choses avaient été déposées et laissées en plan. Leur travail, qui a duré presque trois semaines, a été documenté par une vidéo, un exemplaire unique d'une durée de presque 20 heures. Un symbole des errances et mouvances du marché de l'art d'aujourd'hui ? À chacun de décider ● **Harald Falckenberg**

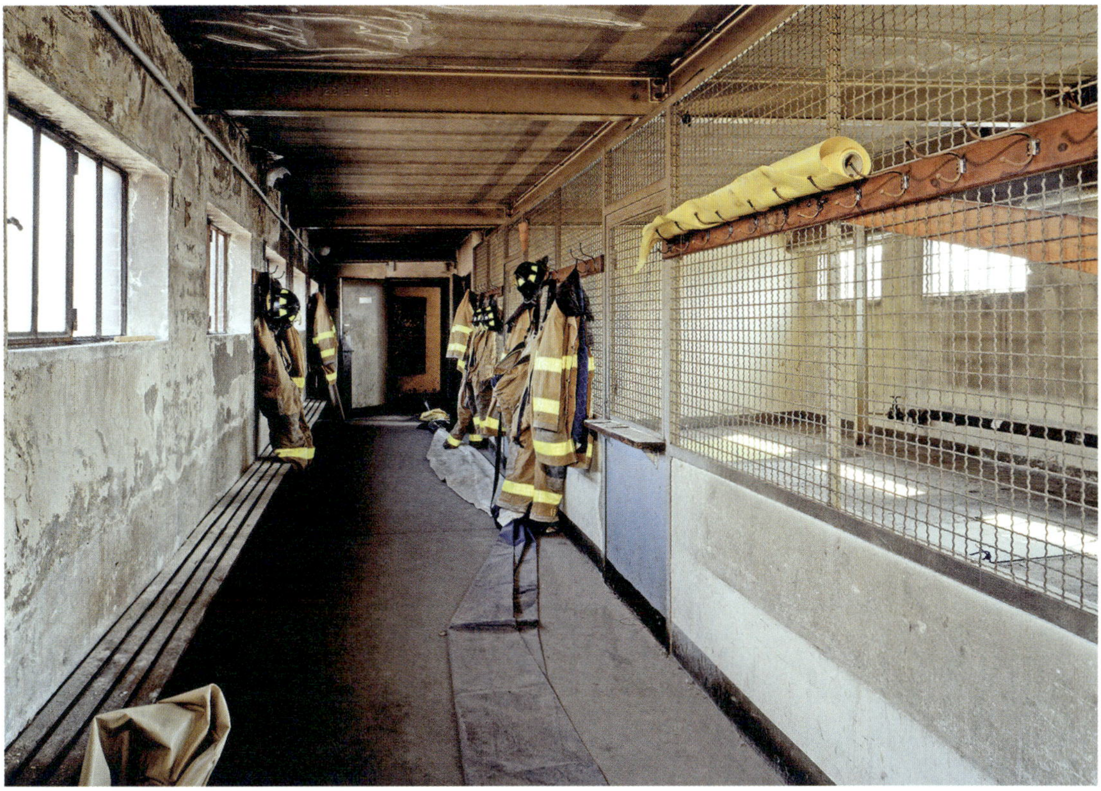

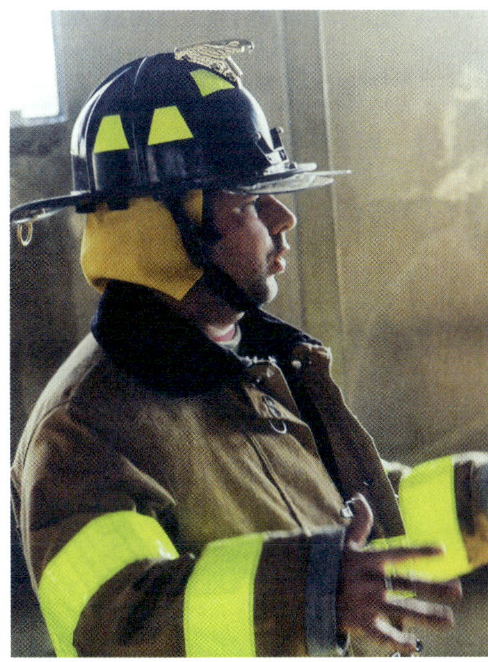

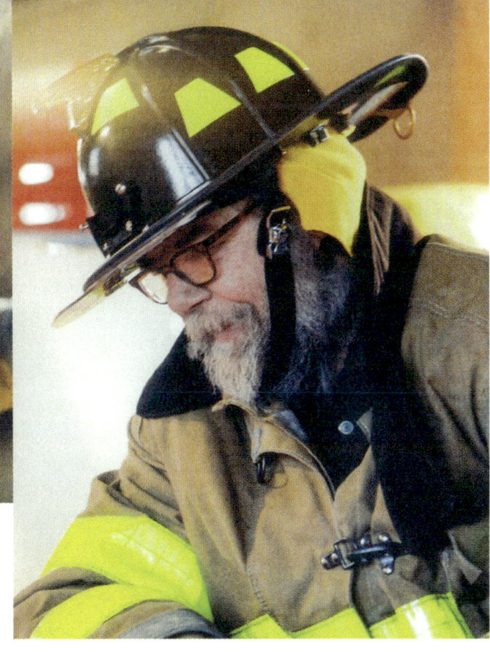

64 (ill.) • Paul McCarthy et Jason Rhoades, *Propposition*, 1999. Les artistes en uniforme de pompier pendant l'installation de leur œuvre à Hambourg. Photos : Egbert Haneke

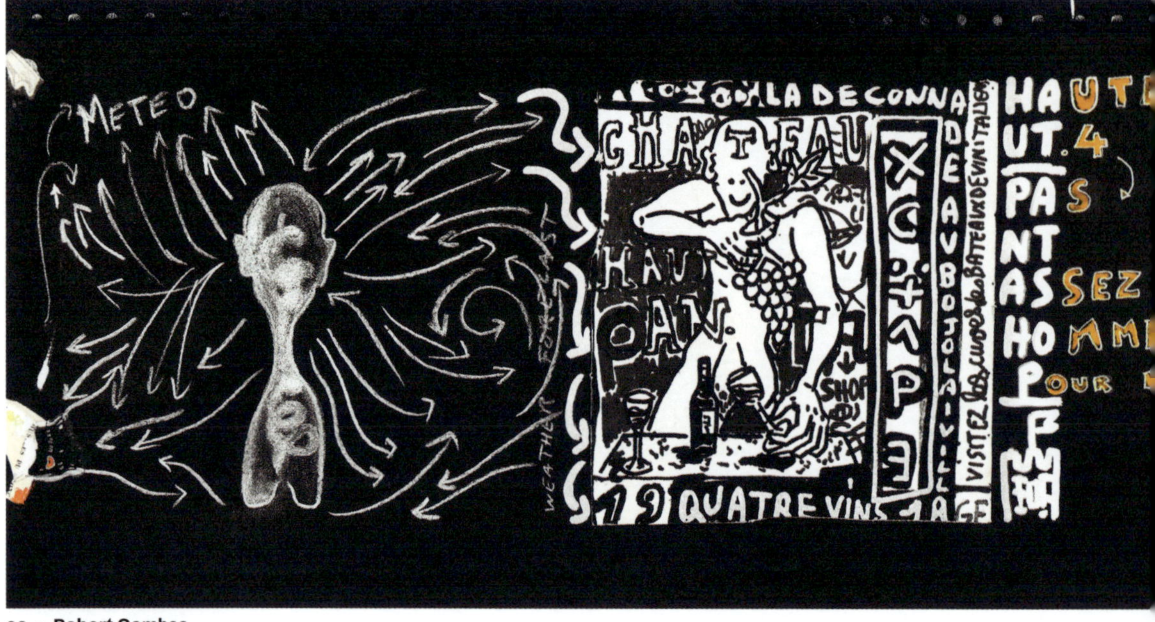

99 · **Robert Combas, Erik Dietman, Philippe Favier et Fabrice Hyber,** ***Cadavres exquis*** **(détail), 1998**

Robert Combas / Erik Dietma

1 André Breton, « Le cadavre exquis, son exaltation », in *Le Cadavre exquis, son exaltation* (cat. exp.), musée d'Art et d'Industrie de Saint-Étienne, 1975, p. 12.

2 *Les Cahiers intempestifs*, nº 9, Saint-Étienne, Printer, 1998.

●

« Ce qui nous a, en effet, exaltés dans ces productions, c'est la certitude que, vaille que vaille, elles portent la marque de ce qui ne peut être engendré par un seul cerveau et qu'elles sont douées, à un beaucoup plus haut degré, du pouvoir de *dérive* dont la poésie ne saurait faire trop de cas[1]. »

L'enthousiasme d'André Breton pour les cadavres exquis trouve un écho chez de nombreux artistes et amateurs des générations suivantes. En effet, d'abondants exemples de cette pratique jalonnent la production artistique depuis les années 1920.

Pour accompagner la Coupe du monde de football en 1998, le musée d'Art moderne et contemporain de Saint-Étienne, ville dont l'équipe de football suscite un engouement populaire, sollicite Philippe Favier ; lui-même invite d'autres artistes supporters des « Verts » : Robert Combas, Fabrice Hyber et Erik Dietman à travailler selon le principe du cadavre exquis. Ce choix renvoie-t-il à l'idée d'un sport qui exige des joueurs de la coordination ? Les auteurs des cadavres exquis avancent pourtant à l'aveuglette, contrairement aux joueurs de football qui se regardent et s'observent. Le résultat du travail

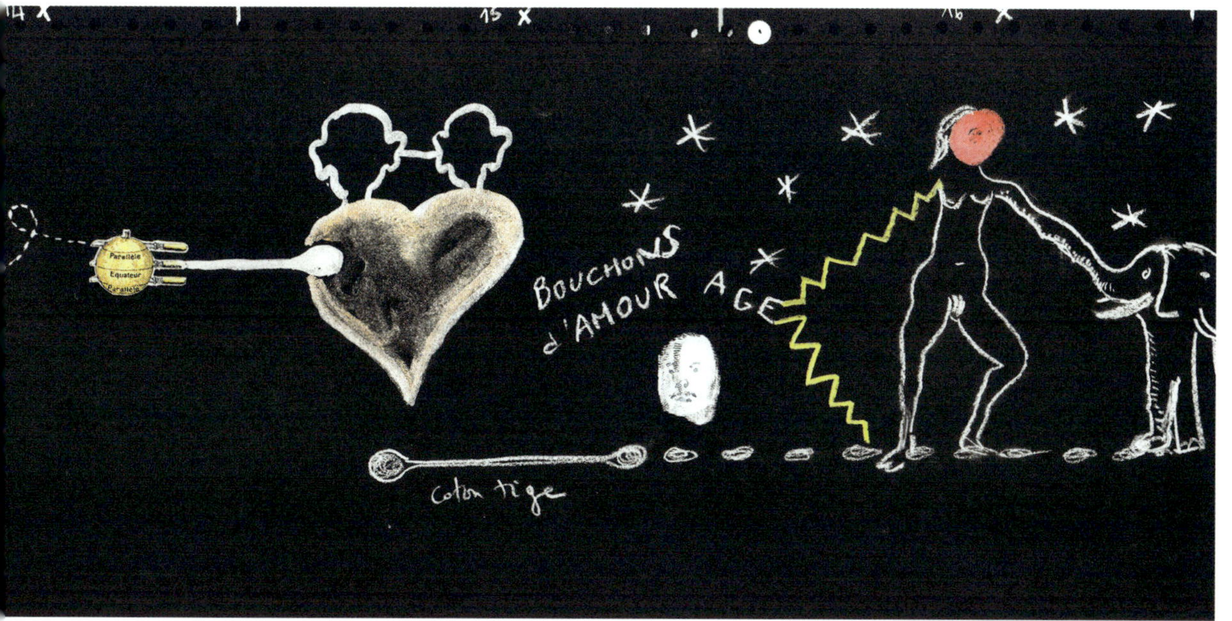

ilippe Favier / Fabrice Hyber

collectif est monumental et spectaculaire : 200 dessins pour cinq cadavres exquis, transférés ensuite sur film et projetés sur grand écran à Saint-Étienne du 20 au 24 juin 1998 à l'occasion des matchs. Ils seront reproduits, adaptés et publiés dans la revue *Les Cahiers intempestifs*[2], témoins de ce moment de liesse populaire qu'a vécu la France durant quelques semaines.

L'artiste le plus âgé, Erik Dietman, sculpteur, peintre et dessinateur d'origine suédoise, allie l'assemblage tant visuel que narratif, associant à la manière surréaliste « la carpe et le lapin ». Son œuvre *Le Valet de Boccioni* (un bronze datant de 1994) trône sur la terrasse du musée d'Art moderne et contemporain de Saint-Étienne. Robert Combas, chef de file du mouvement de la Figuration libre, fit ses études à l'École des beaux-arts de Saint-Étienne, de même que Philippe Favier, adepte des jeux, des contraintes et de tous les possibles qu'elles offrent, et familier des propositions surréalistes, des cadavres exquis aux dessins communiqués. Enfin, Fabrice Hyber, formé à l'École des beaux-arts de Nantes, poursuit une carrière où les sciences, les mathématiques et la philosophie se croisent dans une œuvre multiforme ● **Blandine Chavanne**

Camilla Adami / Erró Jean-Jacques Lebel / Peter Saul

●
La très grande majorité des œuvres collectives – qu'elles soient picturales, sculpturales, graphiques ou autres – sont des formes fixes. *L'Œil cacodylate* de Francis Picabia et ses nombreux amis (→ p. 90-93), les cadavres exquis emblématiques des années 1930 et 1940, la sculpture/peinture de Germaine Richier et Hans Hartung, le *Erased De Kooning Drawing* par Robert Rauschenberg (→ p. 141), le *Grand Tableau Antifasciste Collectif* (→ p. 164-173), le *Mural de La Havane* (→ p. 13-19), l'*Excavatrice de l'espace* de Jean Tinguely et Yves Klein (→ p. 222-223) – pour ne citer que ces exemples là –, une fois terminés et cosignés, ne sont plus modifiables. C'est précisément pour tenter d'échapper à une telle fixité que quatre comparses, une Italo-Parisienne, un Islando-Parisien, un Américain et un Parisien – elle n'ayant jamais rencontré l'Américain mais les trois autres se connaissant de longue date – ont décidé au début des années 2000 de remettre en jeu l'acte coopératif même. Chaque intervenant a contribué en un élément de mêmes dimensions (150 × 150 cm) pouvant être permuté à volonté par rapport aux autres. La plasticité de cette œuvre collective sans titre fut donc délibérée. Les quatre éléments étant interchangeables, l'agencement de l'ensemble est éminemment variable soit en carré (300 × 300 cm), soit verticalement (600 × 150 cm), soit horizontalement (150 × 600 cm), ou bien encore en forme d'équerre ouverte (comme la lettre « L » à l'endroit ou à l'envers). La permutabilité des éléments modifie, à chaque « montrage », le rapport du signifiant au signifié. On peut donc constater qu'à la Maison Rouge, au Mamco de Genève, à la Fiac, au ZKM de Karlsruhe et, aujourd'hui, au Mucem de Marseille et au Kunstmuseum Wolfsburg, ce n'est pas tout à fait la même œuvre qui a été exposée et vue.

Les quatre comparses ont déterminé, librement et sans en référer à qui que ce soit, la nature de leur contribution. Il n'y a eu ni concertation préalable ni mot d'ordre. Si chacun a fait référence aux conflits meurtriers qui ne cessent d'ensanglanter et détruire les sociétés existantes aux quatre coins de la planète, c'est parce qu'il y a une vraie convergence entre le désespoir et la consternation des uns et des autres. Une espèce de preuve d'amitié, en quelque sorte ● **Blandine Chavanne**

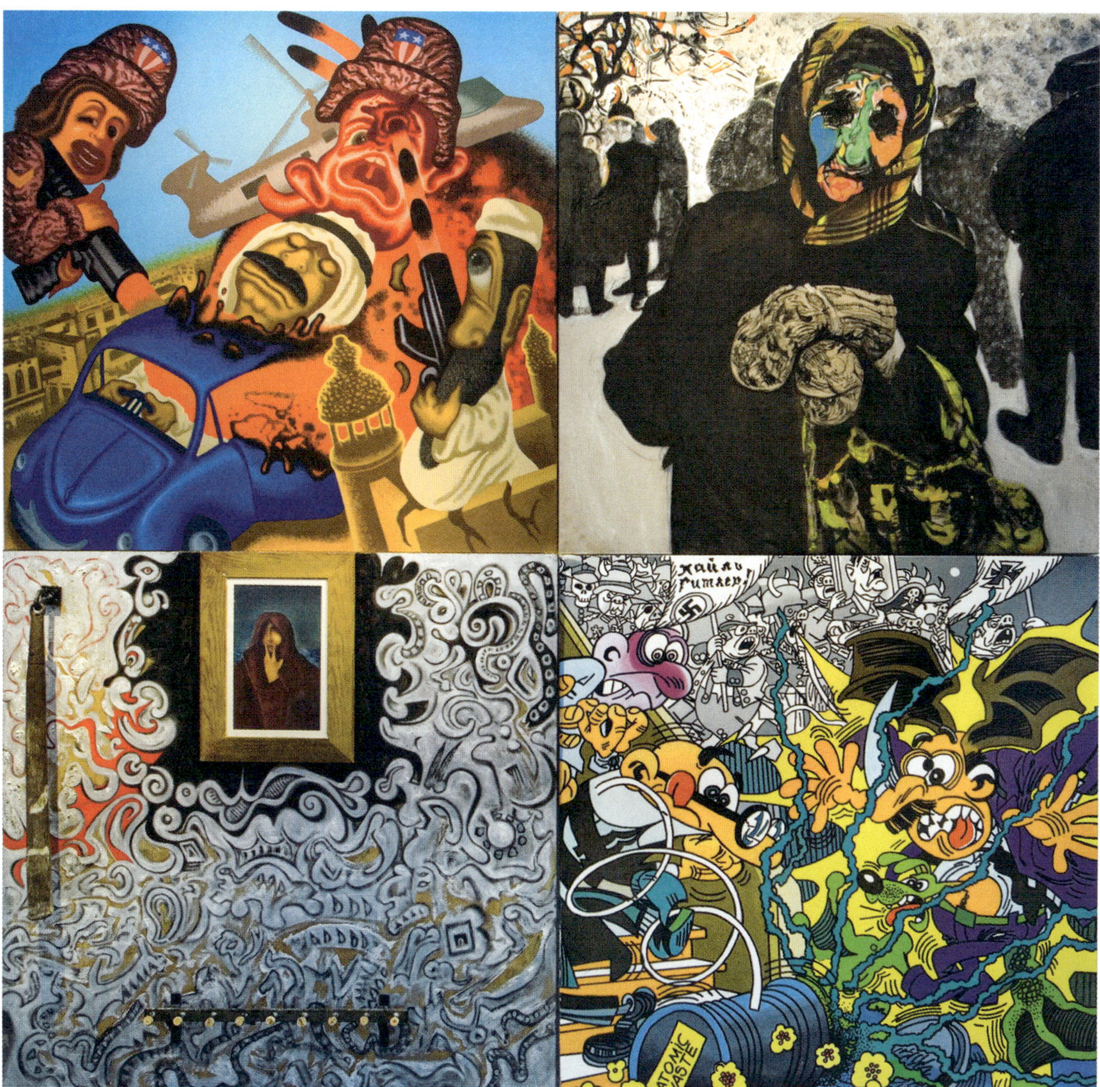

100 • Camilla Adami, Erró, Jean-Jacques Lebel et Peter Saul, *Tableau collectif*, 2006

Alain Fleischer / Jean-Jacques Lebel Danielle Schirman

1 Antonin Artaud, in *Pour en finir avec le jugement de dieu* [1948], Paris, Gallimard, 2003.

2 Cité dans *Jean-Jacques Lebel, soulèvements* (cat. exp.), Paris, La Maison Rouge, 2009-2010, p. 24.

●

C'est à l'occasion de l'exposition «Présenter l'irreprésentable», montrée au Hangar à Bananes à Nantes sous l'égide du musée des Beaux-Arts en 2014, que les trois artistes, dont l'amitié remontait à plusieurs décennies, eurent l'idée de réaliser ensemble cette œuvre sonore.

Le thème de l'irreprésentable hantait le travail des artistes depuis très longtemps. Dès 1960, Jean-Jacques Lebel dénonçait la torture et les autres atrocités commises par l'armée française durant la guerre d'Algérie. C'est lui qui initia le *Grand Tableau Antifasciste Collectif* (*GTAC*,→ p. 164-173). Pour cette exposition, il présente *Le Labyrinthe, scènes de l'occupation américaine à Bagdad* (2013) où les regardeurs déambulent au milieu des scènes de tortures infligées aux prisonniers politiques irakiens par des soldats et soldates américains. Alain Fleischer, artiste prolifique, écrivain, photographe, cinéaste, vidéaste, plasticien, a souvent choisi comme sujet la Shoah, dénonçant la perte d'identité et toutes les horreurs qui frappèrent les communautés juives. Un de ses procédés de prédilection est l'apparition ou la disparition de l'image visible, qu'il met en œuvre en utilisant le pouvoir aveuglant voire brûlant de la lumière.

Danielle Schirman, cinéaste et vidéaste, a réalisé de nombreux reportages sur les artistes et documentaires sur le design. Cependant, elle a une œuvre personnelle moins connue de dessinatrice, mettant notamment en scène des personnages sadiens.

Pour l'*Auto-Insurrection-Polyphonik-Trinitaire*, les trois artistes ont réalisé un collage sonore aléatoire d'éléments hétérogènes. Chacun a choisi des extraits sonores qui se mêlent tous dans un magma, fait de «bric et de broc» selon les termes de Jean-Jacques Lebel, d'où l'on peut extraire ce que l'on souhaite entendre. On y reconnaîtra les chœurs de l'Armée rouge chantant avec grandiloquence l'*Internationale*, des psalmodies de moines bouddhistes tibétains, la voix d'Antonin Artaud, et toutes sortes de composantes hétéroclites.

Dans un espace sombre et clos, le visiteur est invité à se laisser envahir par des bruits, des mots, des notes, parfois identifiables, des sensations auditives provoquant l'émergence d'images mentales. Ainsi, on reconnaît le timbre puissant d'Antonin Artaud déclamant[1] :

pah **ertin**
tara
tara **bulla**
rara **bulla**
rara **hutin**
vers le **poh** *ceci se resserre*
suraigu **putinah** *et*
lancinant **ke kula**

101 · Alain Fleischer, Jean-Jacques Lebel et Danielle Schirman, *Auto-Insurrection-Polyphonik-Trinitaire*, 2014 : fragment de texte d'Antonin Artaud

Dans cette œuvre, Jean-Jacques Lebel nous donne à entendre la langue cryptée de l'auteur du *Théâtre et son double*. « C'est ainsi qu'Artaud, "*le suicidé de la société*" qui de son vivant a été rejeté de partout, qui a été enfermé, torturé aux électrochocs, censuré, est aujourd'hui enfin, aimé des poètes, artistes et philosophes[2]. » L'innommable rejoint ici l'irreprésentable ● **Blandine Chavanne**

Ben / Charles Dreyfus

●
Si Ben Vautier fait partie des animateurs du mouvement Fluxus depuis sa création dans les années 1960, Charles Dreyfus, de douze ans son cadet, ne rejoint le mouvement qu'après une rencontre à New York en 1974 avec George Maciunas. Il en deviendra un des historiens de référence.

Ben Vautier s'est fait connaître dès 1958 par ses interventions, ses multiples signatures et écritures ainsi que ses installations – il s'appropria même le ciel. Fervent militant de la cause du multiculturalisme et de l'Occitanie, il ouvre un magasin à Nice où il expose ses maximes, ses œuvres et celles de ses amis, invitant et provoquant le débat sur « presque tout ».

Charles Dreyfus est tout à la fois poète, artiste-plasticien, performeur et critique d'art. Son œuvre entière, qui appartient au champ de l'art conceptuel, aime ramener le spectateur de l'apparence vers l'idée. Les mots sont au cœur des pratiques de ces deux artistes.

En 2012, le galeriste Arnaud Brument, qui possède sans doute un des plus petits lieux d'exposition de Paris – Incognito artclub 24/24[1] – demande à Charles Dreyfus d'y présenter son travail. Sur le carton d'invitation, Arnaud Brument intitule l'exposition : « (D)e(u)x égocentriques », car Charles Dreyfus a suggéré d'associer Ben Vautier, et fait la proposition suivante :

> « Sur mon idée de faire quelque chose de collectif avec mes centaines de phrases à double-entendre, j'ai demandé à Ben de faire quelque chose avec moi. Parmi le grand nombre de phrases, on en a choisi neuf (pourquoi ce choix dieu seul le sait) pour faire neuf toiles au même format pour la Galerie Incognito (au très petit espace). Arnaud Brument a trouvé la personne qui a écrit la partie me concernant de couleur dorée. Ludo l'assistant de Ben qui est mon voisin à Strasbourg m'a dit qu'il a peint le fond noir. Moi j'ai signé (mais pas daté) ; nous avons partagé les neuf toiles : trois pour Arnaud – trois pour Ben – trois pour Charles – à redistribuer en cas de non-vente[2]. »

Ces neuf peintures manifestent le goût des deux artistes pour les mots : pour Ben Vautier, c'est l'appropriation et l'énonciation ; pour Charles Dreyfus, le jeu de mot et les doubles sens. À travers ces œuvres collectives, tous deux rejoignent les jeux mis en place par Robert Filliou et George Brecht dans le cadre de *La Cédille qui sourit* (→ p.214-217) ● **Blandine Chavanne**

1 L'espace consiste en une porte, une vitrine étroite et une longue salle de la largeur de la porte et de la vitrine. Ainsi, l'exposition peut se voir depuis la vitrine sans qu'il soit nécessaire d'entrer dans la galerie.

2 Informations données par Charles Dreyfus dans un message du 16 janvier 2021.

2
n (Ben
utier)
Charles
eyfus
rbiturique/
rbie tue
ck, 2012

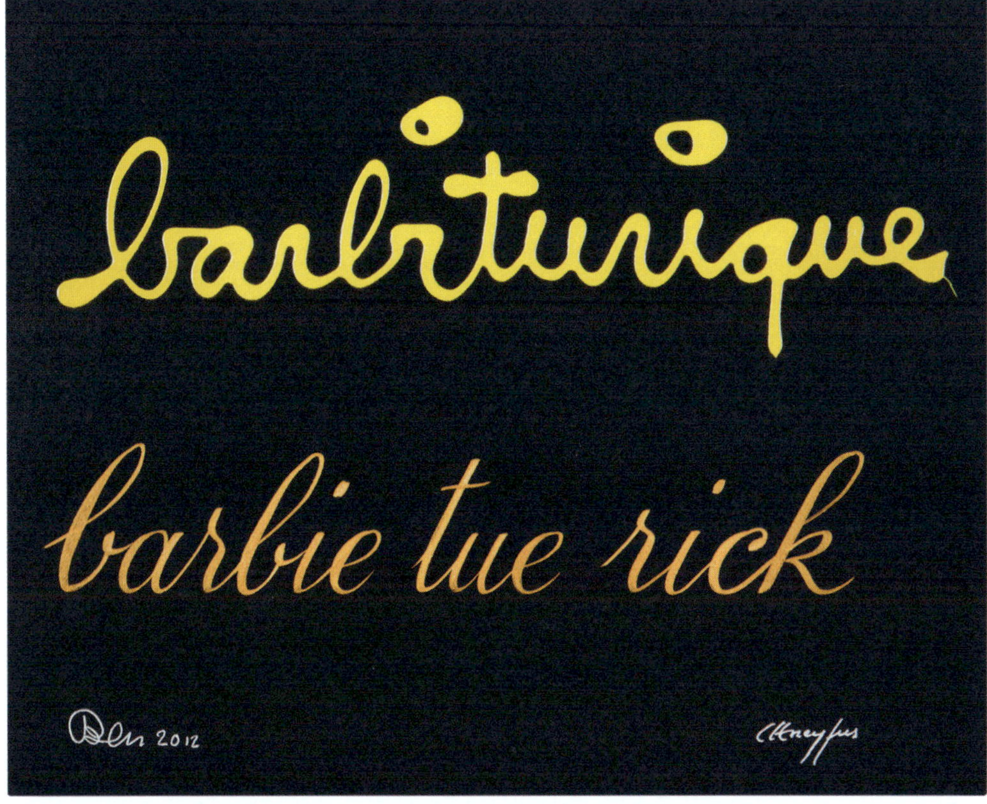

3
n (Ben
utier)
Charles
eyfus
Canular/
Cas nu
rt, 2012

Étienne Bossut / Taroop & Glabel

●

Cette œuvre est le fruit d'une longue amitié liant Étienne Bossut et Taroop & Glabel (une des identités utilisées par Ernest T.), deux artistes amateurs de jeux de mots et de détournements d'images ou d'objets.

Ernest T., peintre et dessinateur, joue avec des images trouvées dans la presse pour ausculter le monde de l'art, retrouvant l'esprit des arts incohérents, un mouvement de la fin du XIXᵉ siècle qui rassemblait des œuvres mettant en scène l'absurde et le ridicule, et celui de *l'Album zutique*. Il joue aussi sur l'identité et invente un pseudonyme étrange, Taroop & Glabel, où «officie depuis le début des années quatre-vingt-dix un groupe d'artistes aux contours flous, dont l'objectif principal semble être de mettre en cause les valeurs sociales les mieux répandues. La religion, le commerce sous toutes ses formes, la société du divertissement facile et du spectacle creux (du sport aux parcs d'attraction), les ordres militaires ou médiatiques, rien n'échappe à ces cyniques furieux qui ne semblent faire œuvre que pour désacraliser ("ridiculiser" serait plus juste!) tout ce qui aliène l'homme et sa conscience[1].»

C'est à l'invitation de Taroop & Glabel que le sculpteur Étienne Bossut a contribué à cette œuvre à quatre mains. Bossut travaille le polyester à partir de moules – qu'il fabrique lui-même, à l'instar d'un photographe développant ses propres négatifs – d'objets du quotidien, qu'il multiplie ensuite à l'envi pour proposer un monde coloré où l'usage est joué, déjoué, renversé, retournant le monde «cul par-dessus tête».

Créé et présenté au sein de l'exposition consacrée à Taroop & Glabel, «Dialectique pneumatique» au FRAC Bourgogne en 2002, *Le Temps des cerises* fait partie d'une série composée de trois tampons surdimensionnés, portant respectivement les textes: «L'Amour du bon Dr Papier», «Prout» et «Le Temps des cerises». Célèbre chanson écrite en 1866 par Jean-Baptiste Clément et mise en musique par Antoine Renard en 1868, *Le Temps des cerises* symbolise pour tous la Commune: ainsi que l'a raconté Louise Michel, elle fut dédiée par Clément à une ambulancière qui mourut sur la dernière barricade et à la dernière heure de la révolte. «Personne ne la revit. […] La Commune était morte, ensevelissant avec elle des milliers de héros inconnus[2].»

L'œuvre de Bossut et Taroop & Glabel occupe une place à part dans le travail de chacun des artistes. Elle repose sur le détournement ironique (une pratique que l'on retrouve surtout chez Ernest T.) du titre de la célèbre chanson annonçant un monde meilleur. Étienne Bossut a, cette fois, renoncé à l'utilisation d'un objet existant, pour répondre aux mots suggérés par Ernest T. en fabriquant la matrice de cet énorme tampon qu'il moule ensuite en polyester. La création

1 Cité par Christian Caujolle, «Taroop & Glabel: l'humour retrouvé!», *Artnet*, 1er mars 2010 [www.artnet.fr/magazine/livres/Caujolle/Taroop-Glabel.asp].

2 Louise Michel, *La Commune*, Paris, Bibliothèque sociologique nº 22, Stock, 1898.

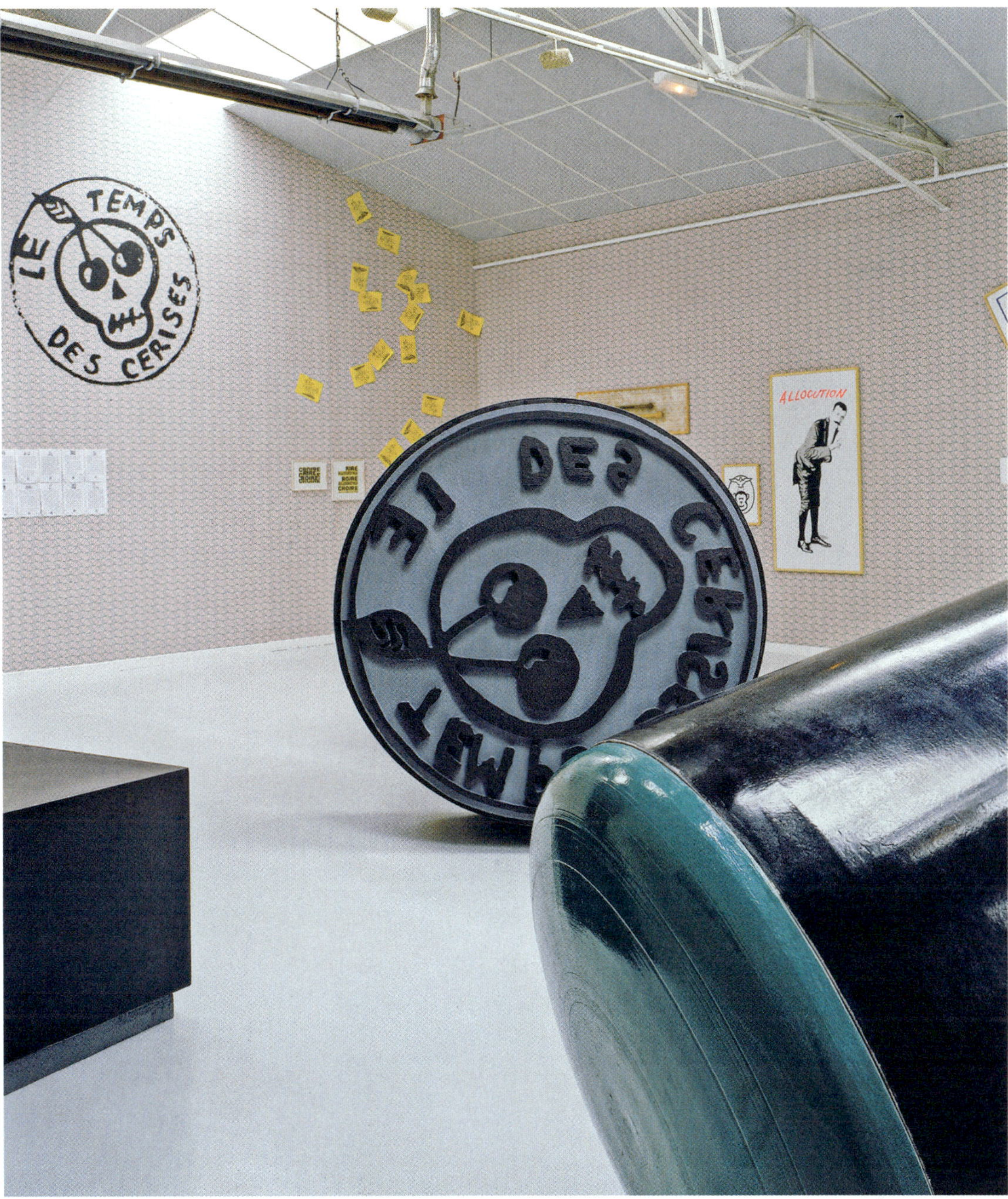

104 · Étienne Bossut et Taroop & Glabel
Le Temps des cerises
2002

concrétise bien la rencontre entre deux pratiques artistiques différentes mais dont les préoccupations convergent : nous aider à lire le monde qui nous entoure à la fois par un esprit critique, mais également en manipulant notre quotidien. Par le biais de l'agrandissement et de sa multiplication sur le mur, le slogan regagne un peu de sa légèreté. La tête de mort agrandie et répétée emprunte l'humour qui entoure ce motif dans la culture mexicaine. L'énorme tampon au sol laisse imaginer un univers gargantuesque, et le rire rabelaisien des deux amis nous entraîne vers leur « monde nouveau » ● **Blandine Chavanne**

Bertrand Lavier / Niele Toroni

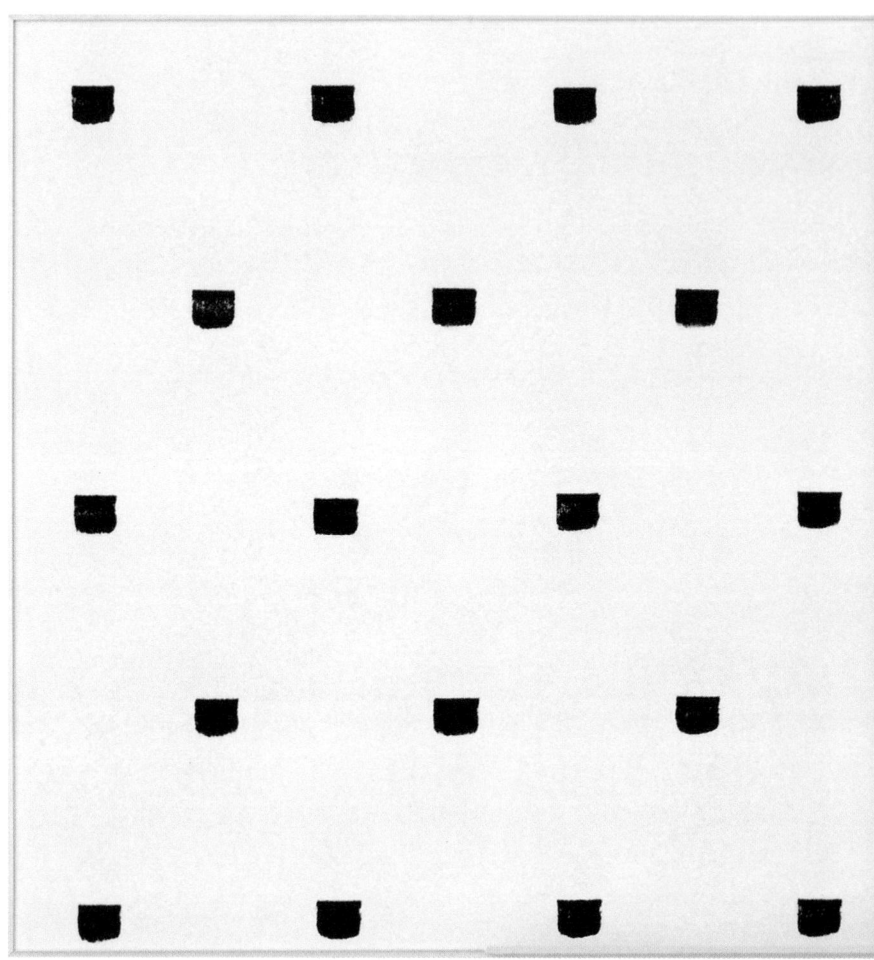

●

En 1982, Marc Hostettler, galeriste à Neuchâtel en Suisse, avait réuni Bertrand Lavier et Niele Toroni pour une exposition dont le titre était « Bonjour Monsieur Lavier, Bonjour Monsieur Toroni ». Les œuvres des artistes étaient présentées en regard, séparément les unes des autres, mais l'une d'elles s'avérait commune : un tableau noir d'école dont chacun avait peint une moitié. La partie gauche revenait à Bertrand Lavier, qui reprenait la couleur noire du fond du tableau et la couleur brune de l'encadrement en bois ; Niele Toroni avait réussi à placer dix empreintes de pinceau n° 50 répétées à intervalles réguliers de 30 centimètres sur la partie droite, à l'image de sa pratique picturale emblématique.

Un jour, j'ai interrogé les deux artistes sur la possibilité d'un tableau d'école ou de salle de conférence blanc, en réponse au tableau noir. Mon projet fut approuvé. Le tableau qui en résulta est coupé en

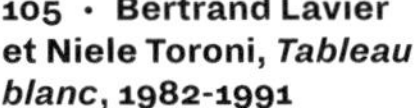

105 · **Bertrand Lavier et Niele Toroni,** ***Tableau blanc*****, 1982-1991**

deux parties égales attribuées individuellement. Les deux artistes, comme les personnages du célèbre tableau de Gustave Courbet, ôtant leurs chapeaux, se saluent très courtoisement – « Bonjour Monsieur Lavier » et « Bonjour Monsieur Toroni » – avant d'entreprendre leur tâche. Celle-ci est la même pour chacun d'eux : comment s'approprier la partie attribuée ?

Il ne s'agit plus de « couleurs en un certain ordre assemblées » (selon la célèbre formule de Maurice Denis) pour former une figure mais plus fondamentalement de mettre la peinture à l'épreuve sur la « surface plane ». Chacun va donc y expérimenter sa méthode : Bertrand Lavier par mimétisme à la couleur que son pinceau rencontre, Niele Toroni par le marquage du support au moyen des empreintes laissées par son pinceau. De la juxtaposition sobre des pratiques est née une œuvre claire et inédite ● **Jean Brolly**

Paul-Armand Gette / Niele Toroni

●

Amis de longue date[1], Paul-Armand Gette et Niele Toroni n'avaient jamais eu l'occasion de réaliser une œuvre commune. Mais si leurs travaux respectifs sont très éloignés dans leur mise en forme, ils peuvent cependant se connecter intellectuellement. C'est par un défi lancé à l'occasion d'un vernissage que naît le projet : l'un et l'autre se proposent de se lancer dans une installation à quatre mains.

Le projet voit le jour, et une exposition Paul-Armand Gette/Niele Toroni est inaugurée dans la Salle blanche du musée des Beaux-Arts de Nantes le 7 novembre 2007. Chaque artiste a réalisé une fresque murale, complétée par des photographies, pour Paul-Armand Gette, et par des empreintes de pinceau n° 50 sur toile, pour Niele Toroni. C'est le thème de Diane/Artémis qui est retenu, en écho au grand tableau d'Orazio Gentileschi conservé dans les collections du musée[2] : les artistes déclinent le sujet sous la forme de triangles plus ou moins évocateurs du sexe féminin – et même très suggestifs chez Gette. Ce dernier a regroupé les photographies des différentes « Artémises » qu'il a rencontrées sur les plages de Malmö, en Suède, ou arrangées lors de ses promenades botaniques. Quant à Toroni, il a peint de petits tableaux disposant ses empreintes de pinceau de façon à former un triangle[3].

La rencontre se reproduit en 2008 au Tritonkabinet du Gemeentemuseum de La Haye (aujourd'hui Kunstmuseum den Haag). C'est à cette occasion qu'est créée *Empreintes sur photostat*. L'image est conçue par Paul-Armand Gette à partir d'un moulage de l'*Aphrodite de Cnide*, due à Praxitèle, dont le musée du Louvre conserve une copie hellénistique ou romaine en marbre. L'artiste modifie la sculpture en positionnant sur son sexe une grappe de fruits d'*Ailanthus altissima*, dit aussi « frêne puant », puis en recouvrant ses épaules d'une veste du couturier Olivier Strelli ; Niele Toroni applique cinq empreintes de pinceau n° 50. Cette œuvre sert pour le carton d'invitation à l'exposition, ainsi que pour la couverture du catalogue, conclusion heureuse d'une aventure artistique où les deux artistes ont pu collaborer et croiser leurs apparentes différences stylistiques ● **Blandine Chavanne**

1 Comme en témoigne une petite publication : Niele Toroni, *Deux lettres adressées à Paul-Armand Gette*, Malmö (Suède), Eter SDF, 2006.

2 Orazio Gentileschi, *Diane chasseresse*, XVIIe siècle, huile sur toile.

3 *Paul-Armand Gette, Niele Toroni* (cat. exp.), Nantes, musée des Beaux-Arts, 2007 [éditions Burozoïque], 2007.

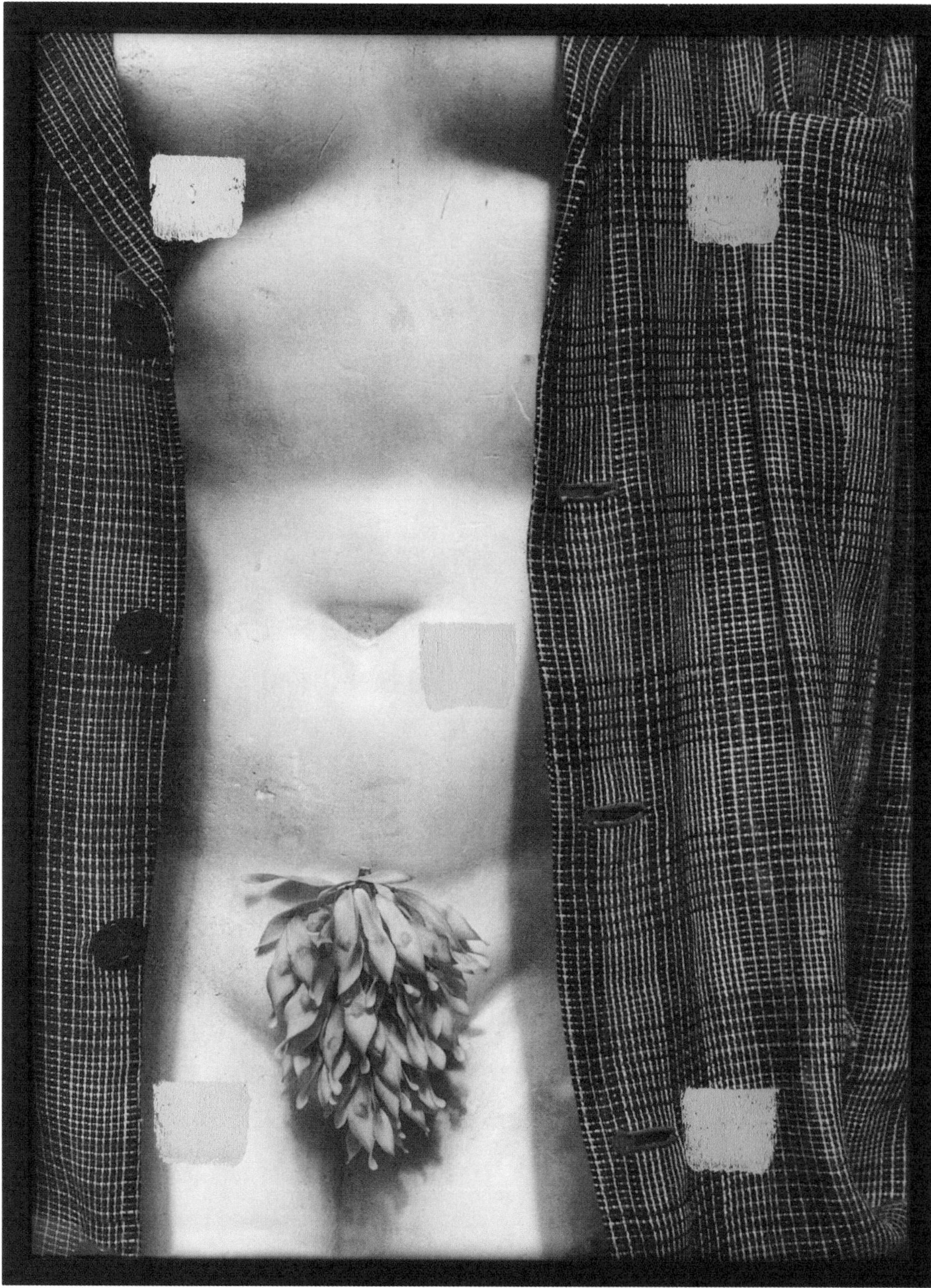

106 · Paul-Armand Gette et Niele Toroni,
***Empreintes sur photostat*, 2008**

Pierre Huyghe / Philippe Parreno

Jean-Claude Ameisen / Henri Barande / Angela Bulloch & Imke Wagener / François Curlet / Kathryn Davis Lily Fleury / Liam Gillick / Dominique Gonzalez-Foerster Pierre Joseph & Mehdi Belhaj Kacem / Stefan Kalmár Maurizio Lazzarato / M/M. Paris / Molly Nesbit Hans Ulrich Obrist / Melik Ohanian / Richard Phillips Maurice Pianzola / Israel Rosenfeld / Beatrix Ruf Luc Saucier / Joe Scanlan / Rirkrit Tiravanija Anna Lena Vaney / Jan Verwoert

●

«Je n'ai jamais été conçue pour survivre…[1] » C'est en ces termes qu'Annlee, le personnage du film d'animation de Philippe Parreno *Anywhere Out of the World* (2000) expose sa destinée de produit commercial de l'industrie du manga. En 1999, les artistes Pierre Huyghe et Philippe Parreno acquièrent pour la modique somme de 46000 yens le copyright de ce personnage de l'agence japonaise Kworks, qui à l'époque n'a encore ni nom ni personnalité spécifique. Ils ont l'intention de le libérer de sa fonction de représentation dans le cadre de productions de cinéma, de publicité, de BD ou de vidéo, ainsi que des contraintes du marché de la création. Le prix assez bas, équivalent à environ 360 euros, correspond à la faible capacité de développement du personnage. En plus de qualités psychologiques, il lui manque le potentiel nécessaire pour se fixer dans les mémoires comme protagoniste principal d'une fiction. L'image bidimensionnelle au regard mélancolique est un produit jetable, programmé simplement pour faire de la figuration, pour disparaître en silence et pour toujours, comme un accessoire interchangeable à l'intérieur d'un récit plus complexe. La consommation rapide et l'effacement deviennent des éléments tragiques constitutifs du personnage.

1 «*I was never designed to survive*». Philippe Parreno, *Anywhere Out of the World*, 2000, cité d'après *No Ghost, Just a Shell* (cat. exp.), édité par Philippe Parreno et Pierre Huyghe, Zurich, Kunsthalle – Cambridge, Institute of Visual Culture – Eindhoven, Van Abbemuseum, 2003 [Cologne], p. 33.

2 Cf. Pierre Huyghe, Stefan Kalmár, Philippe Parreno, Beatrix Ruf et Hans Ulrich Obrist, «Conversations», in *No Ghost, Just a Shell… op. cit.*, p. 17.

3 *Ibid.*, p. 22.

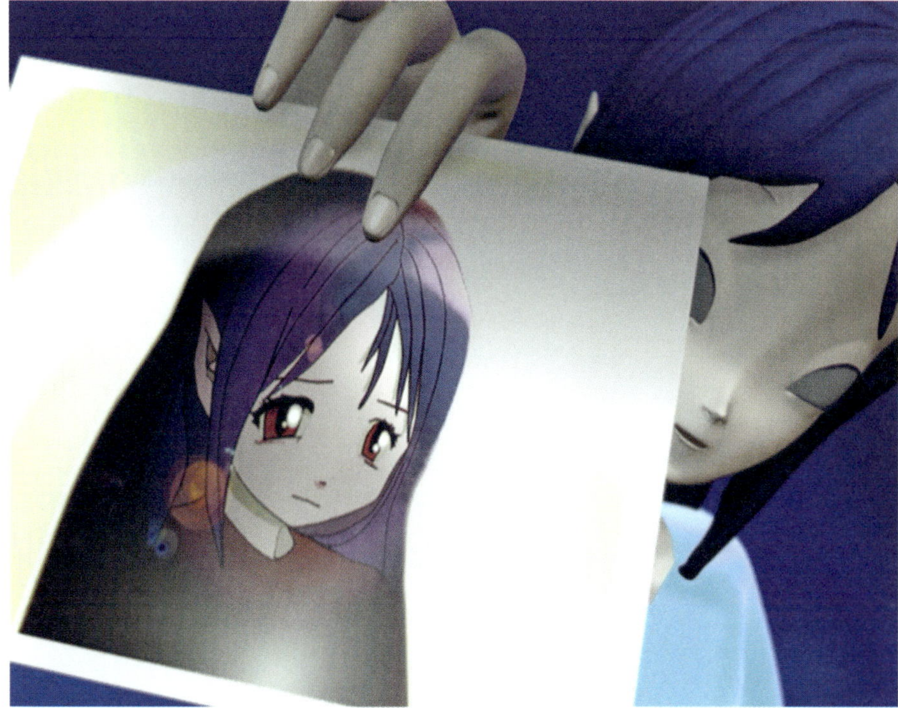

65 (ill.) • **Philippe Parreno, *Anywhere Out of the World* (extrait de *No Ghost Just a Shell*, 1999-2002), 2000**

Avec l'achat de ces droits d'exploitation, les deux artistes amis reprennent un projet qu'ils ont déjà réalisé auparavant, au centre duquel se trouvait également un personnage fictif, nommé *Anna Sanders* ; ils l'ont développé eux-mêmes en 1987 et lui ont consacré une revue du même nom[2]. Huyghe et Parreno s'intéressent tous deux depuis de longues années aux collaborations artistiques et aux formes de récit alternatives évoluant dans l'espace entre fiction et réalité. Pour le projet Annlee, ils associent des amis artistes, avec qui ils partagent leur personnage comme « enveloppe vide ».
Les participants sont invités à développer le contenu d'Annlee en même temps que leurs propres récits et modes d'expression artistiques, en lui conférant en quelque sorte une nouvelle présence matérielle, acoustique, spatiale et temporelle.
La règle de base implicite du projet est que les artistes ne doivent pas manifester leur propre identité. Au contraire, à l'intérieur des différentes contributions artistiques, Annlee doit être mise en scène comme productrice de ses propres souvenirs et expériences vécues ou acquises.
Les deux initiateurs ne suivent pas de schéma établi dans le choix des artistes participants[3]. De plus, la conception ouverte du projet se reflète dans tous les récits et modes d'apparition non linéaires, en partie disparates, voire paradoxaux du personnage.
Le prologue du projet artistique, intitulé *No Ghost Just a Shell*, est signé par Pierre Huyghe et Philippe Parreno eux-mêmes. Jusqu'en 2002, vingt-huit artistes, historiens de l'art et philosophes y participent, produisant films, installations, peintures, objets, mais aussi un volume d'essais

et d'interviews, et d'autres formes encore. Le titre général du projet est une réminiscence de *Ghost in the Shell*, un manga mondialement connu de Masamune Shirow, ainsi que les films d'animation qui s'en sont inspirés. Pour ce qu'ils appellent un « film d'imaginaire[4] », Huyghe et Parreno collaborent avec le studio de production d'Anna Lena Vaney, responsable de la plupart des coûteuses animations en 3D créées pour ce projet. Le premier épisode produit par Parreno, qui esquisse la préhistoire d'Annlee, se termine sur ce commentaire d'Annlee sur elle-même, où l'on peut lire en quelque sorte le déclencheur initial du projet : « J'appartiens à quiconque pourra me remplir de n'importe quel matériel imaginaire[5]. »

Simultanément est réalisé l'autre épisode signé Pierre Huyghe, *Two Minutes Out of Time* (2000). Annlee semble s'émanciper lentement de son existence fictionnelle de personnage de manga et, en prenant conscience d'elle-même, entrer en interaction avec le public et le monde réel : « J'ai été animée, mais non pas par une histoire avec une intrigue, non... Je suis hantée par votre imagination... et c'est ce que je veux de votre part... En fait, je ne suis pas là pour votre plaisir, c'est vous qui êtes là pour le mien[6]. » Par la suite, la nouvelle autonomie d'Annlee sera toutefois remise en question de façon critique dans le film de Dominique Gonzalez-Foerster, *An Lee in Anzen Zone* (2000), ou dans celui de Melik Ohanian, *I Am Dreaming About a Reality* (2002), qui rappellent la dépendance d'Annlee envers ses artistes. Par un changement de perspective narrative pas toujours intelligible, Annlee s'empare aussi d'autres identités, par exemple dans le film d'animation de Huyghe *One Million Kingdoms* (2001), dans lequel elle commente avec la voix de Neil Armstrong les images de l'alunissage d'Apollo 11. Dans le même temps, elle crée à l'intérieur du film son environnement virtuel, en modifiant les lignes à peine esquissées de la topographie rocheuse, en synchronisme avec sa propre parole. Dans *Witness Screen* (2002) de François Curlet, Marie-Pierre Jammot, la rédactrice de trente-deux ans engagée pour tenir un journal de bord, échange sa vie pour quelques mois avec l'enveloppe d'Annlee, afin d'appréhender son existence douloureuse. Les qualités humaines d'Annlee apparaissent au premier plan dans le film de Rirkrit Tiravanija (*Ghost Reader C.H.*, 2002) : les gestes humains familiers contrastent avec l'action de la dystopie de Philip K. Dick parue en 1968, *Les Androïdes rêvent-ils de moutons électriques ?*, dont Annlee lit l'intégralité pendant huit heures et demie. La question centrale de la différence entre humains et androïdes, traitée par ce livre, est au cœur du projet de coopération. Avec leur *KonnektiKit* (2002), Angela Bulloch et Imke Wagener dessinent des objets servant d'accessoires qui doivent permettre à l'être virtuel d'entrer en contact avec le monde réel. Le suicide d'Annlee mis en scène par Joe Scanlan en 2002 annonce la fin de ce projet collaboratif.

Comme une sorte de dernier geste de libération, Pierre Huyghe et Philippe Parreno cherchent des moyens juridiques pour transférer à Annlee le copyright acquis lors de la fondation de leur propre entreprise. Depuis 2002, un contrat établit qu'en dehors des reproductions déjà existantes, aucune image

4 *Ibid.*, p. 16 et suiv.

5 « *I belong to whom ever is able to fill me with any kind of imaginary material.* » Philippe Parreno, *Anywhere Out of the World*, 2000, cité d'après *No Ghost, Just a Shell... ibid.*, p. 35.

6 « *I have become animated however not by a story with a plot, no... I'm haunted by your imagination... and that's what I want from you... See, I'm not here for your amusement... You are here for mine!* » *Ibid.*, p. 45.

7 Luc Saucier, « Assignment of Rights Contract Covering the Author of Annlee », 2002, in *No Ghost, Just a Shell... op. cit.*, p. 310-314.

8 Pierre Huyghe, Stefan Kalmar, Philippe Parreno, Beatrix Ruf et Hans Ulrich Obrist, « Conversations », in *No Ghost, Just a Shell... op. cit.*, p. 26 ; Maurizio Lazzarato, « Dialogism and Polyphony », in *ibid.*, p. 701.

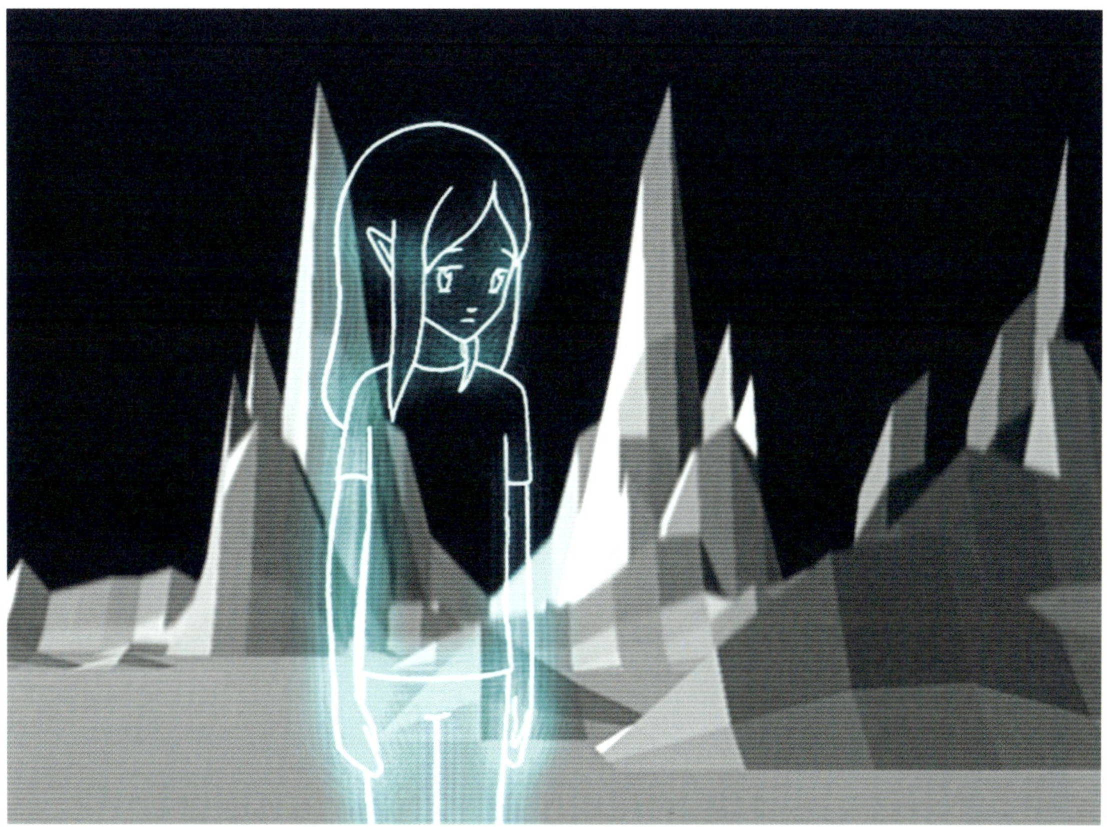

66 (ill.) · **Pierre Huyghe, *One Million Kingdoms*, 2001 (extrait de *No Ghost, Just a Shell*, 1999-2002), 2001**

ni aucun récit relatif à Annlee n'est autorisé à circuler[7]. La même année, sa libération symbolique est célébrée par un feu d'artifice à la foire Art Basel de Miami, au cours duquel son effigie part en fumée dans le ciel nocturne.

Ces différents travaux et bien d'autres ont été montrés dans divers contextes, mais c'est en 2002 que, pour la première fois, les œuvres de *No Ghost Just a Shell* font l'objet d'une exposition commune à la Kunsthalle de Zurich. Dès le départ, Pierre Huyghe et Philippe Parreno ont été inspirés par l'idée d'exposer, comme une œuvre polyphonique commune, les productions hétérogènes qui contribuent à la personnalité multiple d'Annlee[8]. Après la présentation de cette «œuvre d'art totale» à l'Institute of Visual Culture de Cambridge ainsi qu'au Museum of Modern Art de San Francisco, le Van Abbemuseum d'Eindhoven a acquis l'intégralité de *No Ghost Just a Shell*, envisageant désormais une manière nouvelle d'enrichir ses collections. Avec l'empathie que les artistes participant à ce projet avaient témoignée à Annlee, leur collaboration évolue vers la mise en scène d'une manifestation de solidarité envers le personnage de manga. Dans le cadre de cette expérimentation artistique et utopique, Annlee représente le «destin» des nombreuses existences fictives de l'industrie des médias ● **Elena Engelbrechter**

Élisabeth Ballet / Véronique Joumard

●

Fruit d'une aventure collective remarquable tissée de liens d'amitié, le *Cyclop* est avant tout une utopie réalisée au cours de nombreuses années par «une équipe de sculpteurs fous» réunie autour des personnalités de Jean Tinguely et de Niki de Saint Phalle.

Le chantier du *Cyclop* démarre en 1969 dans la forêt de Milly, aux abords de Fontainebleau. Jean Tinguely finance lui-même les travaux et, selon sa volonté de créer en toute liberté, n'invite aucun architecte à participer à la construction: «En travaillant dans la forêt, confiera-t-il, nous rêvons à une utopie et à une action sans limite (c'est illusoire je le sais) et notre attitude est celle de la Recherche de l'Acte Gratuit et Inutile. Et nous sommes très heureux comme ça, pourvu que personne ne nous empêche de travailler (comme des fous, ça va de soi).» Nombreux sont les amis et artistes qui prennent progressivement part à l'entreprise, avec enthousiasme et persévérance: Eva Aeppli, Arman, Philippe Bouveret, César, Seppi Imhof, Pierre Marie Lejeune, Bernhard Luginbühl, Giovanni Battista Podestà, Jean-Pierre Raynaud, Larry Rivers, Niki de Saint Phalle, Jesús Rafael Soto, Daniel Spoerri et Rico Weber. En 1987, afin d'assurer sa protection et sa conservation, Jean Tinguely et Niki de Saint Phalle décideront de faire don du *Cyclop* à l'État français. Sept ans plus tard, en mai 1994, il est inauguré par le président de la République François Mitterrand et ouvert au public.

107
Élisabeth Ballet et Véronique Joumard,
***1, 2, 3, soleil*,**
2015

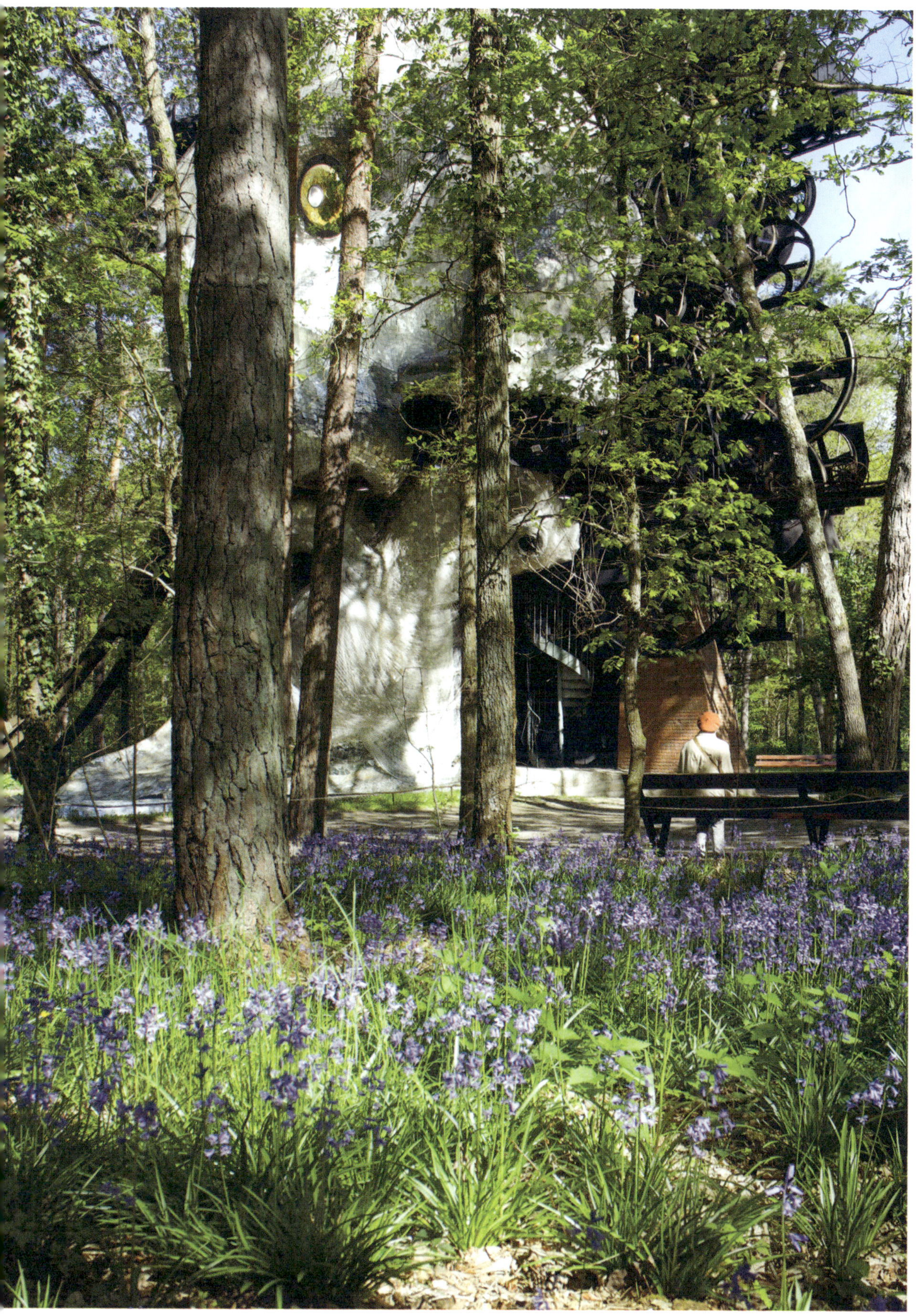

67 (ill.) • **Jean Tinguely, Eva Aeppli, Arman, Philippe Bouveret, César, Seppi Imhof, Pierre Marie Lejeune, Bernhard Luginbühl, Giovanni Battista Podestà, Jean-Pierre Raynaud, Larry Rivers, Niki de Saint Phalle, Jesús Rafael Soto, Daniel Spoerri et Rico Weber,** ***Le Cyclop*****, 1994**

Le *Cyclop* est une œuvre sculpturale en béton et métal haute de 22 mètres et recouverte en partie de miroirs. Au cœur de la forêt, monumental et caché, le cyclope scrute l'environnement de son œil unique. Pour le connaître, il faut pénétrer dans sa tête, s'inviter dans son esprit. Un tout autre univers s'y révèle alors, à la fois grave et plein d'humour. Le visiteur prend part à une expérience d'art total, visuelle, tactile et sonore.

Il n'était plus permis d'ajouter quoi que ce soit au *Cyclop*, œuvre définitive. Mais à ses pieds, on pouvait encore envisager une discrète intervention. « Invitée par François Taillade [actuel directeur du site], à concevoir un projet pour le *Cyclop*, Véronique Joumard s'est associée à Élisabeth Ballet, renouant ainsi avec le mode collaboratif de construction [...] instauré par Jean Tinguely[1] ».

Les travaux d'Élisabeth Ballet et de Véronique Joumard, toutes deux sculptrices et amies de longue date, appartiennent à une même famille plastique – entre économie de moyens et retenue dans les formes –, l'une travaillant l'espace et l'autre principalement la lumière. Pour leur première collaboration, elles proposent d'accompagner le *Cyclop*. « Nous avons partagé l'idée d'un parterre fleuri qui ne tienne plus compte des limites circulaires de la grille d'enceinte sécuritaire, qui nous semble bien trop inadéquate à l'œuvre montrée. Pour la faire "taire", nous avons décidé de planter des espèces indigènes de bulbes et de graminées, qui prolongeront notre regard au-delà de son enceinte vers l'immensité de la forêt[2]. » Ainsi, à chaque printemps, y fleurissent une multitude de plantes de sous-bois : des hyacinthes des bois, de l'ail des ours et des digitales, mêlées aux fougères aigles ou autres herbacés spécifiques de la flore de ce territoire[3].

L'emplacement du *Cyclop* avait été déterminé par la présence d'un bosquet de chênes au milieu de la clairière, que Jean Tinguely avait choisi d'intégrer à la construction de son projet archisculptural. La nature, l'environnement sont dès lors intrinsèquement liés au *Cyclop*. Juliette Laffon conclut en ces termes : « En choisissant de renoncer à la réalisation d'une œuvre et d'accorder la préséance au vivant, [Élisabeth Ballet et Véronique Joumard] sont devenues jardiniers, comme le suggère le paysagiste Gilles Clément : "Faire le plus possible avec, le moins possible contre." » Mise en valeur éphémère mais saisonnière, l'œuvre prolonge la philosophie de Jean Tinguely lorsqu'il conçut le *Cyclop* ● **Blandine Chavanne**

1 Juliette Laffon, *La forêt réenchantée # 2. Une saison au Cyclop 2015*, article en ligne [www.elisabethballet.net/IMG/pdf/La_fore_t_re_enchante_e_.pdf]

2 Note d'intention d'É. Ballet et V. Joumard.

3 Le Parc naturel régional du Gâtinais français et la Maison familiale de l'Essonne verte ont partagé leurs savoir-faire dans la réalisation de cette œuvre.

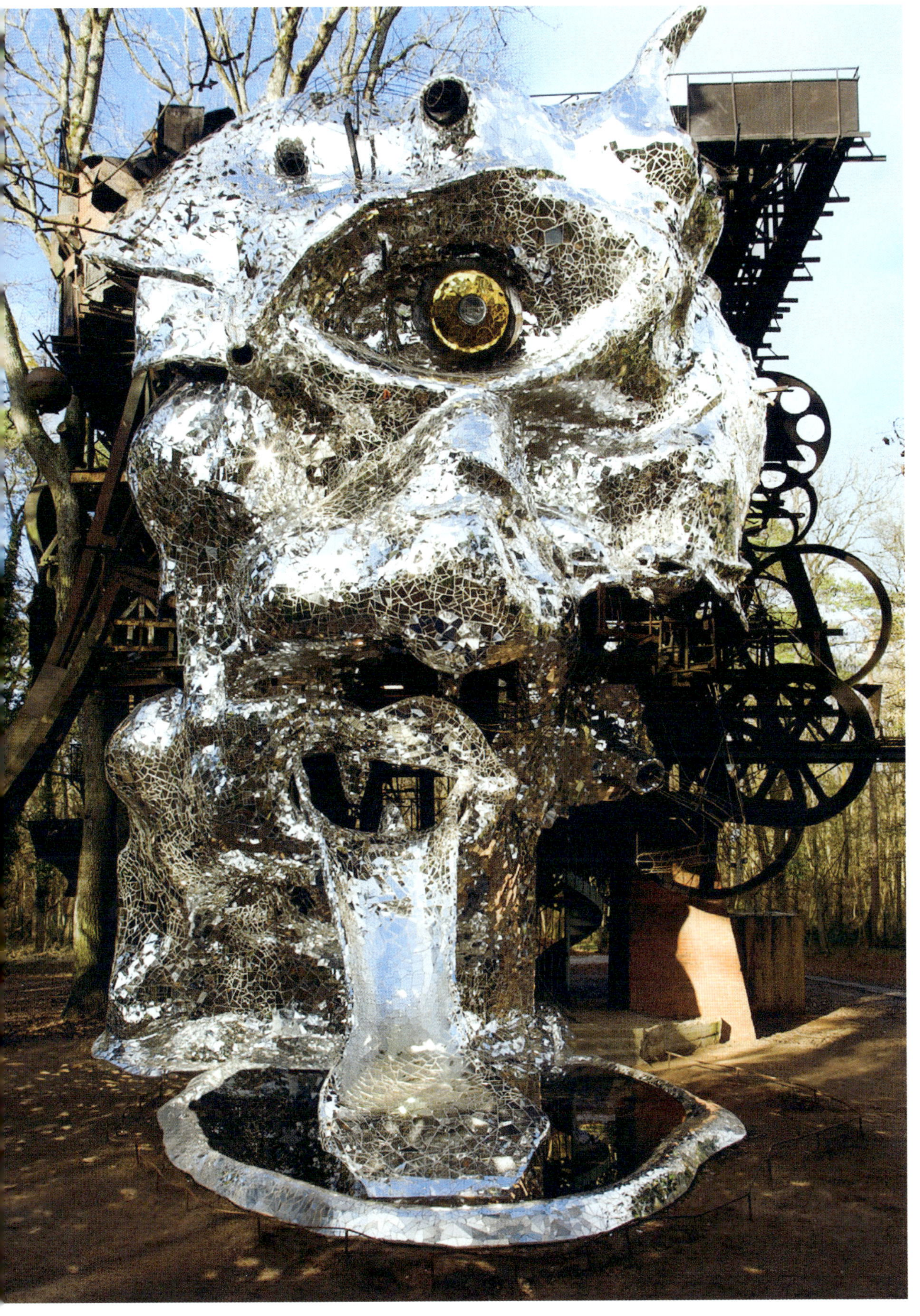

Liste des œuvres exposées

Les lettres M et W suivant les numéros indiquent dans lequel des deux musées l'œuvre est exposée :
M : Mucem
W : Kunstmuseum Wolfsburg
MW : Mucem et Kunstmuseum Wolfsburg

1, 2, 3, 4 (MW) • Arthur Rimbaud, Paul Verlaine, Paul Bourget, Ernest Cabaner, les frères Charles, Antoine, Charles et Henri Cros, André Gill, un certain J. M, Michel Eudes de L'Hay (dit Penoutet), Henri Mercier, un certain Miret, Germain Nouveau, Camille Pelletan, Raoul Ponchon, Gustave Pradelle, Jean Richepin, Charles de Sivry et Léon Valade, *Album zutique,* fac-similé, Paris, éditions Jean-Jacques Pauvert, 1962, 18 × 28 cm. Collection privée

5 (M) • Gilles Deleuze et Félix Guattari, *Capitalisme et schizophrénie 1 : L'Anti-Œdipe*, Paris, Les Éditions de Minuit, 1972

6 (M) • Gilles Deleuze et Félix Guattari, *Rhizome*, Paris, Les Éditions de Minuit, 2021 (1re édition 1975)

7 (M) • Gilles Deleuze et Félix Guattari, *Capitalisme et schizophrénie 2 : Mille plateaux*, Paris, Les Éditions de Minuit, 1980

(M) • Félix Guattari et Suely Rolnik, *Micropolitiques*, Paris, Les Empêcheurs de penser en rond, 2021

8 (M) • Victor Brauner, André Breton, Óscar Domínguez, Wifredo Lam et anonyme, couverture du recueil de dix-neuf dessins collectifs surréalistes, 1940-1941, techniques multiples sur papier, 30 × 24 cm. Marseille, musée Cantini, don d'Aube et Oona Elléouët-Breton, inv. C.08.01 (09)

9 (M) • André Breton et Philippe Soupault, *Vous m'oublierez*, sketch [mai 1920] dans *Littérature*, nouvelle série, nº 4, septembre 1922. Paris, bibliothèque Kandinsky, musée national d'Art moderne / Centre de Création industrielle, BK 18167 RP12

10 (MW) • André Breton, Paul Éluard, Théodore Fraenkel et Philippe Soupault dans *Vous m'oublierez*, un sketch dada d'André Breton et Philippe Soupault, 1922, photographie. Collection privée

(MW) • Paul Éluard et Benjamin Péret, *152 proverbes mis au goût du jour*, Paris, La Révolution surréaliste, 1925

11 (M) • André Breton et Paul Éluard, *L'Immaculée Conception*, Éditions surréalistes, Paris, 1930. Paris, bibliothèque Kandinsky, musée national d'Art moderne / Centre de Création industrielle, BK 18167 RLQ 822

(M) • André Breton, René Char et Paul Éluard, *Ralentir travaux*, Paris, Éditions surréalistes, 1930. Paris, Bibliothèque littéraire Jacques Doucet, CII1 (5)

12 (M) • Ornette Coleman, *Free Jazz/A Collective Improvisation*, Atlantic Records, 1961 (fac-similé). Sur la couverture, détail de *White Light* de Jackson Pollock

13 (MW) • Affiche du 3e Festival de la libre expression annonçant les deux séances du happening *120 minutes dédiées au Divin Marquis*, 1966. Collection privée

14-15 (MW) • Jean-Jacques Lebel, happening *120 minutes dédiées au Divin Marquis*, 1966. Photos de Manuel Bidermanas, François Massal, Horace Dimayo et D.R. Collection privée

16 (MW) • Francis Picabia, Jean Arp, Tristan Tzara et Gabrielle Buffet, *Réveil Matin*, 1919, encre sur papier, 31,8 × 23 cm. Londres, Tate

17 (M) • Francis Picabia et une cinquantaine d'artistes, *L'Œil cacodylate*, 1921, huile sur toile et collage de photographies, cartes postales, papiers divers découpés, 148,6 × 117,4 cm. Paris, Centre Pompidou, musée national d'Art moderne / Centre de Création industrielle, inv. AM 4408 P

18-19 (MW) • Francis Picabia et René Clair, *Entr'acte*, 1924, film 35 mm noir et blanc, son, numérisé, 20'. Paris, Centre Pompidou, musée national d'Art moderne / Centre de Création industrielle, inv. AM 1976-F0105

(MW) • Luis Buñuel et Salvador Dalí, *Un chien andalou*, 1929, film 35 mm noir et blanc, muet, numérisé, 15'31". Paris, Centre Pompidou, musée national d'Art moderne / Centre de Création industrielle, inv. AM 1995-FDEP0001

20 (MW) • Photogramme du film *Un chien andalou* de Luis Buñuel et Salvador Dalí, 1929 (fac-similé). Collection privée

21 (MW) • Galerie Gravida (André Breton), paravent surréaliste, 1937, technique mixte sur bois, 200 × 165 cm. Paris, Galerie Maeght

22 (MW) • Nusch Éluard, Paul Éluard et un artiste non identifié, *Cadavre exquis*, vers 1930, crayon de couleur sur papier noir, 32,5 × 24 cm. Paris, collection David et Marcel Fleiss, galerie 1900-2000

23 (MW) • Auteurs non identifiés, *Cadavre exquis*, vers 1930, encres de couleur sur papier, 21 × 13,6 cm. Strasbourg, collection Carole Schaller

24 (MW) • Auteurs non identifiés, *Jolie, jolie, ma belle*, vers 1930, crayon de couleur sur papier, 33,2 × 25 cm. Paris, collection David et Marcel Fleiss, galerie 1900-2000

25 (MW) • André Breton, Marcel Duhamel, Max Morise et Yves Tanguy, *Cadavre exquis*, vers 1928, crayons de couleur, crayon et encre de Chine sur papier plié, 28,3 × 21,7 cm. Paris, galerie Natalie Seroussi

26 (MW) • Auteurs non identifiés, *Cadavre exquis*, vers 1930, crayons de couleur sur papier bleu, 27,2 × 21,6 cm. Paris, collection David et Marcel Fleiss, galerie 1900-2000

27 (M) • Auteurs non identifiés, *Cadavre exquis*, vers 1930, crayons de couleur sur papier bleu, 27,2 × 21,6 cm. Australie, collection David et Marcel Fleiss, courtesy Farrer collection, galerie 1900-2000

(W) • André Breton, Valentine Hugo, Greta Knutson-Tzara et Tristan Tzara, *Cadavre exquis*, vers 1933, crayon de couleur sur papier noir, 24 × 31,5 cm. Collection privée

(MW) • Auteurs non identifiés, *Cadavre exquis*, vers 1928, crayons de couleur sur papier, 28 × 21 cm. Paris, galerie Natalie Seroussi

(MW) • Auteurs non identifiés, *Cadavre exquis*, vers 1925, crayons de couleur sur papier, 28 × 21 cm. Paris, galerie Natalie Seroussi

28 (W) • André Breton, Thérèse Caen, Benjamin Péret, Robert Rius et Remedios Varo, *Dessins communiqués*, vers 1937-1939, 5 dessins, crayons sur papier. Paris, collection David et Marcel Fleiss, galerie 1900-2000

29 (MW) • Adolphe Acker, Flora Acker, Georges Mouton et Remedios Varo, *Dessins communiqués*, vers 1937-1939, 4 dessins, crayons sur papier double-face. Paris, collection David et Marcel Fleiss, galerie 1900-2000

30 (MW) • Adolphe Acker, Flora Acker, Georges Mouton et Remedios Varo, *Dessins communiqués*, vers 1937-1939, 4 dessins, crayon et encre sur papier double-face. Paris, Collection David et Marcel Fleiss, galerie 1900-2000

31 (MW) • Benjamin Péret et Robert Rius, *Dessins communiqués, Visage et cœur*, vers 1937-1939, 2 dessins, crayons sur papier, 30,3 × 37 cm (encadré). Paris, Collection David et Marcel Fleiss, galerie 1900-2000

32 (M) • Victor Brauner, André Breton, Jacques Hérold, Wifredo Lam, Jacqueline Lamba, Óscar Domínguez et un artiste non identifié, dessin collectif surréaliste, 1940-1941, techniques multiples sur papier, 24 × 30 cm. Marseille, Direction des musées de Marseille / musée Cantini, don d'Aube et Oona Elléouët-Breton, inv. C.08.01(19)

33 (W) • Victor Brauner, André Breton, Jacques Hérold, Wifredo Lam, Jacqueline Lamba, Óscar Domínguez et un artiste non identifié, dessin collectif surréaliste, 1940-1941, techniques multiples sur papier, 24 × 30 cm. Marseille, Direction des musées de Marseille / musée Cantini, don d'Aube et Oona Elléouët-Breton, inv. C.08.01(05)

34 (W) • Victor Brauner, André Breton, Jacques Hérold, Wifredo Lam, Jacqueline Lamba, Óscar Domínguez et un artiste non identifié, dessin collectif surréaliste, 1940-1941, techniques multiples sur papier, 30 × 24 cm. Marseille, Direction des musées de Marseille / musée Cantini, don d'Aube et Oona Elléouët-Breton, inv. C.08.01(08)

35 (M) • Victor Brauner, André Breton, Jacques Hérold, Wifredo Lam, Jacqueline Lamba, Óscar Domínguez et un artiste non identifié, dessin collectif surréaliste, 1940-1941, techniques multiples sur papier, 30 × 24 cm. Marseille, Direction des musées de Marseille / musée Cantini, don d'Aube et Oona Elléouët-Breton, inv. C.08.01(06)

36 (MW) • Bill Copley, Roberto Matta, Victor Brauner, *Fait par Bill Copley, Roberto Matta, Victor Brauner*, 1953, pinceau et gouache, encre de Chine, cire griffée sur papier filigrané Pur Fil, Marais, 56,4 × 44,4 cm. Saint-Étienne, musée d'Art moderne et contemporain de Saint-Étienne Métropole, inv. 90.10.1455

37 (M) • Fernando de Azevedo, António Domíngues, António Pedro, João Moniz Pereira et Marcelino Vespeira, *Cadavre exquis* ou *Quadro colectivo*, 1948, huile sur toile, 150 × 180 cm. Lisbonne, CAM – Fundação Calouste Gulbenkian, inv. 83P119

38 (MW) • Maurice Henry, carton d'invitation à l'inauguration de la fresque collective réalisée dans l'hôpital Sainte-Anne, 1945. Collection privée

39 (MW) • Karel Appel, Constant (Constant Anton Nieuwenhuys, dit), Corneille (Guillaume Cornelis van Beverloo, dit), Asger Jorn et Erik Nyholm, sans titre, 1949, huile sur toile, 42 × 62 cm. Silkeborg (Danemark), Museum Jorn, inv. 1959/0660

40 (MW) • Constant (Constant Anton Nieuwenhuys, dit.), Gallizio Jr, Asger Jorn, Jan Kotík, Giuseppe Pinot-Gallizio, Piero Simondo, *Senza titolo* (sans titre), 1956, huile et résine sur masonite, 155 × 75 cm. Rivoli (Turin), Castello di Rivoli Museo d'Arte Contemporanea, dépôt de la fondation Cassa di Risparmio di Cuneo

41 (MW) • Christian Dotremont et Asger Jorn, *Les poèmes ne lisent jamais rien / Ô doux manteau à poche de chair / Dentelles de foudre*, 1948, huile sur toile, 29 × 22 cm. Bruxelles, Archives et musée de la Littérature, inv. CDMO 02760/1948/001

42 (MW) • Henri Baranger, Camille Bryen et Raoul Michelet (Ubac, dit), *Affichez vos poèmes, Affichez vos images*, 1936, encre sur papier et photographie de Raoul Ubac, 26 × 32,6 cm. Dépôt de la Fondation de France au musée d'Arts de Nantes, inv. FF633

43 (MW) • Raymond Hains, Jacques Villeglé (Jacques Mahé de La Villeglé, dit), *Ach Alma Manetro*, 1949, affiches lacérées collées sur papier marouflé sur toile, 58 × 256 × 7,5 cm. Paris, Centre Pompidou, musée national d'Art moderne / Centre de Création industrielle, inv. AM 1987-938

44 (MW) • Camille Bryen, Raymond Hains, Jacques Villeglé (Jacques Mahé de La Villeglé, dit), *Hépérile éclaté*, 1953, éditions Librairie Lutetia, 12 × 16 cm. Dépôt de la Fondation de France au musée d'Arts de Nantes, inv. FF16

45 (M) • Allen Ginsberg, Gregory Corso, Ghérasim Luca et Peter Orlovsky, *Sans titre (Bouquet)*, 1957, huile sur papier, 60 × 65 cm. Collection privée

46 (MW) • Ian Sommerville, *Double portrait de William S. Burroughs et Brion Gysin*, 1962, photomontage, 4,8 × 3,6 cm. Collection Soizic Audouard

47 (MW) • William S. Burroughs et Jack Kerouac, *And the Hippos Were Boiled in Their Tanks* [1945], New York, Grove Press, 2008

48 (MW) • William S. Burroughs, *Scrapbook 3*, 1979, reproduction en fac-similé numérotée et signée par William S. Burroughs, Genève, édition Claude Givaudan, (Great White Way Kinetics, New York), nº 25/30, 34 × 23 cm. Collection Soizic Audouard

49 (MW) • Antony Balch, William S. Burroughs et Brion Gysin, *The Cut-Ups*, 1966, film 16 mm noir et blanc, sonore, numérisé, 20′10″. Paris, Centre Pompidou, musée national d'Art moderne / Centre de Création industrielle, inv. AM 2000-F1445

(MW) • William S. Burroughs et Brion Gysin, *The Third Mind*, New York, Viking Press, 1977

(M) • William S. Burroughs et Brion Gysin, *Œuvre croisée*, Paris, Flammarion, 1977

(MW) • Allen Ginsberg, *Collected Poems, 1947-1980*, Londres, Penguin Books, 1987. © 1956, 1961, Allen Ginsberg, avec l'aimable autorisation de The Wylie Agency (UK) Limited

50 (M) • Allen Ginsberg, Jack Kerouac et Neal Cassady, *Pull My Daisy*, publié dans Allen Ginsberg, *Collected Poems 1947-1980*, 1re édition américaine, Harper and Row, 1984 ; 1re édition anglaise, Viking 1985. © 1956, 1961, Allen Ginsberg, avec l'aimable autorisation de The Wylie Agency (UK) Limited

51 (W) • Enrico Baj, Roberto Crippa, Gianni Dova, Erró (Guðmundur Guðmundsson, dit), Jean-Jacques Lebel, Antonio Recalcati, *Le Grand Tableau Antifasciste Collectif*, 1960, huile et collage sur toile, 400 × 500 cm. Collection privée

52 (M) • *Manifeste des 121*, 1957, tract, 27 × 21 cm. Collection privée

53 (M) • Henri Alleg, *La Question*, Paris, Les Éditions de Minuit, 1958

54 (M) • Pierre Vidal-Naquet, *L'Affaire Audin*, Paris, Les Éditions de Minuit, 1958

55 (M) • Simone de Beauvoir et Gisèle Halimi, *Djamila Boupacha*, Paris, Gallimard, 1962

56 (MW) • Reproduction de l'affichette de l'exposition « Anti-Procès 3 », organisée par Alain Jouffroy et Jean-Jacques Lebel, au cours de laquelle fut exposé pour la première fois le *Grand Tableau Antifasciste Collectif*, en juin 1961 à la Galleria Brera de Milan. Collection privée

57 (MW) • Erró et Jean-Jacques Lebel retouchant le *Grand Tableau Antifasciste Collectif* la veille du vernissage de l'exposition « Anti-procès 3 » à la Galleria Brera de Milan, 1961. Photo : Mario Dondero. Collection privée

(M) • Hamid Bousmah, *Les Traces de l'Épreuve*, 1997, film, 59′51″. Marseille, courtesy Hamid Bousmah © 1997 – IDEA Productions / IVP / H.B

58 (MW) • Jean-Jacques Lebel et Daniel Pommereulle, *Lotta di Liberazione*, 1963, gouache et collage, 107 × 79,5 cm. Collection privée

(MW) • GRAV (Groupe de recherche d'art visuel), Guide de la Troisième Biennale de Paris : manifestation biennale et internationale des jeunes artistes du 28 septembre au 3 novembre 1963, musée d'Art moderne de la Ville de Paris, 1963. Nantes, musée d'Arts de Nantes

59 (MW) • GRAV (Groupe de recherche d'art visuel), « Assez de mystifications », tract, 1963. Nantes, musée d'Arts de Nantes

60 (W) • Georg Baselitz et Eugen Schönebeck *Pandämonisches Manifest I* (1re version), 1961, encre de Chine sur papier, 59 × 102,7 cm. Aix-la-Chapelle, Ludwig Forum für internationale Kunst, inv. ZGB 1471

61 (MW) • Georg Baselitz et Eugen Schönebeck, *Pandämonisches Manifest II*, 1962 (fac-similé), 88 × 124 cm. Berlin, Berlinische Galerie / Museum for Modern Art, Photography and Architecture, inv. BG-Ar 11/99

62 (MW) • Nam June Paik, *Beuys Vox*, 1961-1990, ensemble comprenant 22 éléments (photographies, sérigraphies, mobilier, vidéo, sculptures), dimensions variables. Genève, musée d'Art moderne et contemporain (Mamco), don anonyme en mémoire de Marika Malacorda, inv. 2016-36 (1 à 22).

63 (M) • Arman (Armand Fernandez, dit) et Martial Raysse, *Hygiène de la vision*, 1960, bois, miroir, verre, optique, 48 × 26 × 28 cm. Paris, Centre Pompidou, musée national d'Art moderne / Centre de Création industrielle, inv. AM 2004-17

64 (MW) • César avec Claude Givaudan, et la complicité involontaire de Martial Raysse, *Conserve expansion*, série « Alimentation de la vision », 1969, édition de Claude Givaudan, boîte de conserve, mousse de polyuréthane, 17 × 10 × 10 cm (fermée), 13 × 39,5 × 33 cm (ouverte). Collection Soizic Audouard

65 (MW) • Christian Boltanski, Jean Le Gac et Gina Pane, *La Concession à perpétuité*, 1969, 5 planches contact de 21 × 29 cm (fac-similé). Collection Anne Marchand, légataire universelle de Gina Pane

66 (MW) • Jean Dupuy et Bernard Heidsieck, *À tire d'aile*, 1965, peinture et feutres de couleur sur papier, 67 × 102 cm. Collection privée

67 (MW) • Françoise Janicot, 8 photographies de la performance *Coléoptères and Co* de Paul-Armand Gette et Bernard Heidsieck, 1965, 13 × 18 cm chacune. Collection privée

68 (MW) • Paul-Armand Gette, *Le Coléoptère*, dessin, 127 × 87 cm (encadré). Collection privée

(MW) • Paul-Armand Gette et Bernard Heidsieck, récit de la performance *Coléoptères and Co*, 2012, pièce sonore, 16′47″. Nice, Centre d'art de la Villa Arson

(MW) • Paul-Armand Gette et Bernard Heidsieck, *Coléoptères and Co*, Paris, Area, 1997. Paris, Collection Paul-Armand Gette

69 (MW) • Lourdes Castro et Bernard Heidsieck, *Disque*, 1968, pochette cartonnée imprimée en sérigraphie 3 couleurs, 31,5 × 31,5 cm (fermée), disque de Plexiglas® fluorescent imprimé en sérigraphie monochrome, diamètre 30 cm. Exemplaire (sur les 120 de cette édition) signé et numéroté par Lourdes Castro. Collection privée

70 (MW) • George Maciunas et Yoko Ono, affiche *Do It Yourself Fluxfest Presents Yoko Ono & Dance Co*, 1966, lithographie, 87 × 55,5 cm. Collection privée

71 (MW) • George Brecht et Robert Filliou, *La Cédille qui sourit*, 1969, 16 fiches cartonnées, 2 feuillets et un cahier de 24 pages dans une boîte en carton, 16,5 × 20,5 × 2 cm (boîte). Strasbourg, musée d'Art moderne et contemporain, inv. 55.2012.12.2

72 (MW) • George Brecht (design), affiche d'une manifestation *Fluxus, La Cédille qui sourit, Art Total, Poésie, Actions*, organisée du 10 au 12 mars 1967 par Paul-Armand Gette à Lund en Suède, 1967, lithographie, 39 × 30,5 cm. Collection privée

73 (MW) • Mark Brusse avec Karel Appel, Arman, Denise Brusse Koppelman, Pol Bury, Erró, Robert Filliou, Al Hansen, Ray Johnson, Alison Knowles, Yayoi Kusama, Marta Minujín, Nam June Paik, Lil Picard, Carolee Schneeman, Daniel Spoerri, Marjorie Strider et Emmett Williams, *Double relief in 18 colors, New York*, 1966-1967, bois, métal, marqueur, peinture, vernis, 86 × 145,5 × 13 cm. Paris, Centre Pompidou, musée national d'Art moderne / Centre de Création industrielle, inv. AM 2002-118

74 (MW) • Yves Klein et Jean Tinguely, *Excavatrice de l'espace*, 1958, diverses pièces de métaux, disque en fibre dure peint en blanc, moteur électrique d'aspirateur Hoover, 82 × 109 × 107 cm. Bâle, musée Tinguely, un engagement culturel de Roche, donation Niki de Saint Phalle, inv. 011111

75 (W) • Otto Piene et Aldo Tambellini, *Black Gate Cologne. Ein Lichtspiel*, 1968, vidéo (Betacam SPV), noir et blanc, son, 47'. Karlsruhe, ZKM | Center for Art and Media

76 (MW) • Allan Kaprow, Nam June Paik, Otto Piene et Aldo Tambellini, *The Medium is the Medium*, 1969, film noir et blanc/couleur, son, 16'57". Boston, WGBH Reproduction page 299 : Otto Piene, *Electronic Light Ballet*. Courtesy of Electronic Arts Intermix (EAI), New York.

77 (MW) • Balthasar Burkhard, Markus Raetz, Jean-Frédéric Schnyder, Harald Szeemann et Alfred Wey, *Live in your Head. When Attitudes Become Form*, 1970, affiche, bois, néon, appareillage électrique, 128 × 90,5 × 14,6 cm, multiple tiré à 12 exemplaires, n° 11, monogrammé par Markus Raetz. Berne, éditions Loeb. Collection Soizic Audouard

78 (MW) • Daniel Spoerri avec 41 artistes, *Eat Art Gallery*, 1968-1973, assemblage de 7 boîtes de 6 éléments chacune, 53 × 35,7 × 5,2 cm chaque élément, technique mixte. Collection privée

79 (M) • Arnulf Rainer et Dieter Roth, *Ohne Titel, 7.11.74* (Sans titre 7.11.74), 1974, technique mixte sur photo, 47,5 × 59,5 cm. Londres, Paris, Salzbourg, Séoul, galerie Thaddaeus Ropac, inv. AR 1216

80 (W) • Arnulf Rainer et Dieter Roth, *Dieter Roth tritt in Wien als Akrobat auf*, 1975, collage de photos rehaussé de peinture par les deux artistes, 60 × 96 cm. Collection Falckenberg

81 (MW) • Arnulf Rainer et Dieter Roth, *Hin Zweit allein*, 1979, crayon et gouache sur papier photographique, 24 × 18 cm. Saint-Étienne, musée d'Art moderne et contemporain de Saint-Étienne Métropole, inv. 95.5.39

82 (M) • Arnulf Rainer et Dieter Roth, *3 Pyramiden, o.J.*, 1975, pastel à l'huile sur photo, 59,5 × 49,8 cm. Londres, Paris, Salzbourg, Séoul, galerie Thaddaeus Ropac, inv. AR 1217

83 (W) • Arnulf Rainer et Dieter Roth, *Rainer : Hinkel Hänger, Roth : nicht abgeholt*, 1978, fusain sur papier, 42 × 29,5 cm. Collection Falckenberg

84 (M) • Richard Hamilton et Dieter Roth, *Interfaces 13.14*, 1977-1978, retable polyptyque recto/verso repliable, peinture acrylique, photographie et collage, 44 × 122,5 × 3 cm (ouvert). Marseille, Direction des musées de Marseille/ musée d'Art contemporain (Mac), inv. C.97.5.1 à C.97.5.6

(W) • Dieter Roth et Richard Hamilton, *Interfaces 57-58*, 1977, triptyque, photographie et collage, 44 × 122 cm. Reims, FRAC Champagne-Ardenne

85 (M) • Arnulf Rainer et Dieter Roth, *Stiller Krug*, 1977, technique mixte et collage, 43 × 29,6 cm. Londres, Paris, Salzbourg, Séoul, galerie Thaddaeus Ropac, inv. AR 1204

86 (W) • Arnulf Rainer et Dieter Roth, *Mit großer Brille als Grille. Bei den Heiden eingekleidet*, 1971, photographie de Mgr Otto Mauer rehaussée, 40 × 30 cm. Collection Falckenberg

(M) • Arnulf Rainer et Dieter Roth, *Theler Boy / Ausseres Geschlechtliches* (Laveur de vaisselle / Sexe extérieur), 1974, pastel, huile, aquarelle et bande adhésive sur papier, 51 × 52,9 cm. Paris, Centre Pompidou, musée national d'Art moderne / Centre de Création industrielle, inv. AM 1977-175

(M) • Arnulf Rainer et Dieter Roth, sans titre, 1974, pastel gras et mine graphite sur papier, 36,5 × 51 cm. Paris, Centre Pompidou, musée national d'Art moderne / Centre de Création industrielle, inv. AM 1977-176

(M) • Arnulf Rainer et Dieter Roth, sans titre, 1975, technique mixte sur une page de livre, 70 × 100 cm. Londres, Paris, Salzbourg, Séoul, galerie Thaddaeus Ropac, inv. AR 1229

(W) • Arnulf Rainer et Dieter Roth, sans titre, 1976, collage, fusain et acrylique sur papier, 44 × 61 cm. Collection Falckenberg

87 (W) • Werner Büttner et Martin Kippenberger, *Mal a Tete*, 1982-1983, huile sur toile, 90 × 75 cm. Courtesy Werner Büttner

88 (W) • Werner Büttner et Albert Oehlen, *Triumphgeschrei (Erich Mielke, Zarathustrafelsen, Lottotrommel)*, 1983, huile sur toile (3 parties), 170 × 514 cm (ensemble). Courtesy Werner Büttner

89 (MW) • Luciano Castelli et Rainer Fetting, *Room Full of Mirrors*, 1982, film Super-8 en couleur, son, numérisé, 33'51". Courtesy Luciano Castelli

90 (W) • Luciano Castelli et Salomé, *The Bitch and Her Dog*, 1981, film Super-8 numérisé, 11'28". Courtesy Luciano Castelli et Salomé

91 (W) • Martin Kippenberger et Albert Oehlen, *Orgon-Kiste bei Nacht [Boîte d'orgone la nuit]*, 1982, dispersion, bois, métal, flocons d'avoine, toile, peinture à l'huile, 120 × 110 × 90 cm. St. Georgen (Allemagne), Collection Kunstraum Grässlin

92 (M) • Luciano Castelli et Rainer Fetting, *Room Full of Mirrors*, 1981, pigments sur toile libre, 400 × 900 cm. Suisse, collection privée

93 (W) • Luciano Castelli et Salomé, *Rote Liebe*, 1980, acrylique sur toile, deux parties, 240 × 400 cm. Berlin, collection privée

94-95 (W) • Durs Grünbein et [Volker] Via Lewandowsky, *Deutsche Gründlichkeit*, 22 juin 1989, performance à la galerie Weisser Elefant, Berlin, dans le cadre de la Conférence permanente sur l'art, 6 photos de Jochen Wermann. Courtesy Durs Grünbein et Via Lewandowsky

(W) • Durs Grünbein et [Volker] Via Lewandowsky, *Deutsche Gründlichkeit*, 22 juin 1989, vidéo de la performance à la galerie Weisser Elefant, Berlin, dans le cadre de la Conférence permanente sur l'art, 10'36". Courtesy Durs Grünbein et Via Lewandowsky

(W) • Durs Grünbein et [Volker] Via Lewandowsky, *Deutsche Gründlichkeit*, 22 juin 1989, affiche de la performance à la galerie Weisser Elefant, Berlin, dans le cadre de la Conférence permanente sur l'art, 75 × 104 cm. Collection Eckhart J. Gillen

96 (MW) • Jenny Holzer et Lady Pink (Sandra Fabara, dite), *Untitled (Don't Shoot Civilians)*, 1984, spray, émail sur toile, 255 × 292 cm. Budapest, Ludwig Museum – Museum of Contemporary Art, don du Peter und Irene Ludwig Stiftung, 1989, inv. 1989.30.1

97 (MW) • Guerrilla Girls, *Do Women Have to be Naked to Get into the Met. Museum?*, 1989, sérigraphie sur papier, 30 × 65,6 cm (encadré). Paris, collection particulière

98 (MW) • Paul McCarthy et Mike Kelley, *Heidi*, 1992, bande vidéo 1 pouce NTSC numérisée 4/3 couleur, son, 63′. Paris, Centre Pompidou, musée national d'Art moderne / Centre de Création industrielle, inv. AM 1994-402

99 (MW) • Robert Combas, Erik Dietman, Philippe Favier, Fabrice Hyber (Hybert dit), *Cadavres exquis*, dessin, pastel, collage et feutre sur papier, 25 × 800 cm. Fonds de dotation du château de Châteaudouble

100 (MW) • Camilla Adami, Erró (Guðmundur Guðmundsson, dit), Jean-Jacques Lebel et Peter Saul, *Tableau collectif*, 2006, acrylique sur toile, 4 éléments de 150 × 150 cm chacun. Collection privée

101 (MW) • Alain Fleischer, Jean-Jacques Lebel et Danielle Schirman, *Auto-Insurrection Polyphonik-Trinitaire*, 2014, dispositif acoustique Surround Sound permettant de faire tourner le son dans l'espace, 14′. Œuvre produite par le musée d'Arts de Nantes et le studio national du Fresnoy. Le Fresnoy, Studio National, Tourcoing

102 (MW) • Charles Dreyfus et Ben Vautier, *Barbiturique*, 2012, acrylique sur toile, 38 × 46 cm. Paris, collection Arnaud Brument, c/o incognito artclub

103 (MW) • Charles Dreyfus et Ben Vautier, *Un canular*, 2012, acrylique sur toile, 38 × 45 cm. Blois, collection Ben Vautier, Fondation du Doute, inv. ID8522

104 (MW) • Étienne Bossut, Taroop & Glabel, *Le Temps des cerises*, 2002, polystyrène et résine, 270 × 89 × 130 cm. Dijon, FRAC Bourgogne, inv. 2002-18 (1)

105 (MW) • Bertrand Lavier et Niele Toroni, *Tableau blanc*, 1982-1991, acrylique et liquitex sur tableau, 120 × 240 cm. Strasbourg, musée d'Art moderne et contemporain, inv. D.55.998.3.11

106 (MW) • Paul Armand Gette et Niele Toroni, *Empreintes sur photostat*, 2008, empreintes de pinceau (peinture) sur photostat, 72 × 52 cm (encadré). Paris, collection particulière Paul Patrik Gette

107 (MW) • Élisabeth Ballet et Véronique Joumard, *1, 2, 3, soleil*, 2015, photographie. Paris, collection Véronique Joumard

(M) • Arno Bertina, Mathieu Larnaudie et Olivier Rohe, avec Emmanuel Ruben, *Boulevard de Yougoslavie*, Paris, Éditions Inculte, 2021

(M) • Performance collective. Soirée Polyphonix « Le cadavre exquis est toujours vivant » organisée par Joël Hubaut et Arnaud Labelle-Rojoux le 15 octobre 2022 au Mucem. Avec la participation de Julien Blaine, Christine Bouvier, Alexandre Gérard, Joël Hubaut, Hayoung Kim, Arnaud Labelle-Rojoux, Rochdy Laribi, Marina Mars, Louna Marsauche, Stéphane Novak, Nathalie Quintane et Liam Witter

Table des illustrations

18 (ill.) • Francis Picabia, Jean Arp, Tristan Tzara, Gabrielle Buffet, *Réveil Matin*, couverture de la revue *Dada* 4/5 édition française, 1919. Agence Bridgeman

19 (ill.) • Luis Buñuel par Leo Matiz, Mexico, 1945, épreuve gélatino-argentique, 25,3 × 20,2 cm. The Museum of Modern Art (MOMA), New-York

20 (ill.) • Salvador Dalí par Carl Van Vechten, 1939, épreuve gélatino-argentique. Library of Congress, Prints and Photographs Divisions, Washington DC, Carl Van Vechten Collection

21 (ill.) • Salvador Dalí et Marcel Duchamp, sans titre (à Leonard Lyons), 1961, feutre / stylo bille et empreinte digitale sur une page de livre imprimée, 31,1 × 23,5 cm, signé et dédicacé au recto par Marcel Duchamp et Salvador Dalí. Collection privée. Courtesy Ubu Gallery, New York

22 (ill.) • Man Ray, reproduction d'une photographie de groupe : Man Ray, Jean Arp, Yves Tanguy, André Breton, Tristan Tzara, Salvador Dalí, Paul Éluard, Max Ernst, René Crevel, vers 1930, négatif au gélatino bromure d'argent sur verre, 9 × 12 cm. Centre Pompidou, musée national d'Art moderne / Centre de création industrielle. AM 1995-281 (1197)

23 (ill.) • Victor Brauner, Matta, *Intervision*, 1955. Huile sur toile, 129,5 × 195 cm. Paris, Centre Pompidou, musée national d'Art moderne / Centre de Création Industrielle, AM 1984-18

24 (ill.) • Victor Brauner, Matta, *Innervision*, 1956. Huile sur toile, 145 × 196 cm. Collection privée

25 (ill.) • Soir du vernissage de la fresque de l'hôpital Sainte-Anne, 16 décembre 1945. Source : Laurence Husson, « Surréalisme à l'Hôpital Sainte-Anne. La salle de garde dans tous ses états », *Psychologie clinique*, n° 34, 2012.

26 (ill.) • Vue de la salle de garde. À gauche, panneau peint par Luis Fernández (en haut) et par Óscar Domínguez (en bas). Source : Laurence Husson, « Surréalisme à l'Hôpital Sainte-Anne. La salle de garde dans tous ses états », *Psychologie clinique*, n° 34, 2012.

27 (ill.) • À gauche, détail du panneau peint par Luis Fernández ; à droite, détail du panneau peint par Óscar Domínguez. Source : Patrick Belloul, *La salle de garde ou Le plaisir des dieux*, T. 1, Loya Urrugne, 1993.

28 (ill.) • Portrait de Raymond Hains dans le Quartier Latin, Paris. Photographie : Harry Shunk et Kender Janos. Paris, Bibliothèque Kandinsky, musée national d'Art moderne / Centre de Création industrielle

29 (ill.) • Jacques Villeglé travaillant, Montparnasse, Paris. Photographie : Harry Shunk et Kender Janos. Paris, Bibliothèque Kandinsky, musée national d'Art moderne / Centre de Création industrielle

30 (ill.) • Portrait de Camille Bryen assis les mains posées sur les genoux, 1948. Photographie : Denise Colomb (Loeb, dite). Médiathèque du patrimoine et de la photographie, Charenton-le-Pont

31 (ill.) • Robert Rauschenberg devant trois de ses œuvres réalisées par transfert en 1958, dans son atelier de Front Street, New York, United States, 1958. Photographie : Jasper Johns. Robert Rauschenberg Foundation Archives, New York (P151). Photograph Collection

32 (ill.) • Jasper Johns dans son atelier de Pearl Street devant une peinture de la série "Flags", New York, vers 1955. Photographie : Robert Rauschenberg. Robert Rauschenberg Foundation Archives, New York

33 (ill.) • Jasper Johns, Robert Rauschenberg, *Erased De Kooning Drawing*, 1953. Traces de dessin sur papier avec cartel et cadre doré, 64,14 × 55,25 cm. Collection SFMOMA. Don de Phyllis C. Wattis

34 (ill.) • Robert Rauschenberg, avec Jasper Johns, *Minutiae*, 1954. Huile, papier, tissu, journaux, peinture, nuancier de couleurs, graphite, métal et plastique, miroir suspendu, sur bois. Collection privée. Courtesy Hauser & Wirth.

35 (ill.) • John Cage, Merce Cunningham et Robert Rauschenberg, Londres, juin 1964. Photo : Douglas H. Jeffery. Victoria and Albert Museum, London

36 (ill.) • Jasper Johns, Allan Kaprow et Robert Rauschenberg, *Untitled [Remnant from 18 Happenings in 6 Parts]*, 1959, huile sur mousseline de coton, 142,9 × 126,7 cm. New York, The Metropolitan Museum of Art, RRF 59.029.

37 (ill.) • Jasper Johns, Robert Rauschenberg, *Short Circuit*, 1955. *Combine* : peinture à l'huile, tissu et papier sur bois et cabinet à double porte contenant une peinture de Susan Weil et une reproduction d'un « Drapeau » de Jasper Johns peint par Elaine Sturtevant. 103,5 × 95,3 × 10,8 cm. Art Institute of Chicago, RRF 55.005

38 (ill.) • Steve Taylor, Allen Ginsberg, Jean-Jacques Lebel et Peter Orlovsky au Festival Polyphonix, American Center, Paris, 1979. Photographie : Marion Kalter

39 (ill.) • William S. Burroughs devant le théâtre de l'Odéon à Paris (*Naked Lunch Launch series*, Paris, October 1959), 1959. Photographie : Brion Gysin, « Danger Series ». Tirage noir et blanc, 19 × 25 cm. Collection privée

40 (ill.) • Peter Orlovsky, Jack Kerouac et William S. Burroughs sur la plage de Tanger, Maroc, 1956. Photographie : Allen Ginsberg / CORBIS

41 (ill.) • Robert Frank et Alfred Leslie, *Pull My Daisy*, 1959, film, son, noir et blanc, 26′11″. Pace Gallery, New-York. Photo de tournage

42 (ill.) • Djamila Boupacha et son avocate Gisèle Halimi lors du procès de Rennes en 1962. Agence France Presse

43 (ill.) • Pierre-Henri Simon, *Contre la torture*, éditions du Seuil, 1957

44 (ill.) • Vues d'exposition du *Labyrinthe* du GRAV à la Biennale de Paris, 1963, au musée d'Art moderne de la Ville de Paris. © Atelier Le Parc

45 (ill.) • GRAV, *Labyrinthe*, plan pour l'exposition au musée d'Arts décoratifs de Paris, 1964. © Atelier Le Parc

46 (ill.) • Les membres du GRAV en 1963 à la Biennale de Paris. © Atelier Le Parc

47 (ill.) • Georg Baselitz dans son atelier à Berlin, 1966. Photographie : Elke Baselitz

48 (ill.) • Portrait d'Eugen Schönebeck, vers 1965

49 (ill.) • Bazon Brock lors de l'action réalisée avec Friedensreich Hundertwasser, *La ligne de Hambourg*, 18-20 décembre 1959, à l'École supérieure des beaux-arts de Hambourg. Photo © Hundertwasser Archive, Vienna / Photo-Graphik-Witting, Hamburg

50 (ill.) • Joseph Beuys et Wolf Vostell au Festival der Neuen Kunst, 20 juillet 1964, Aix-la-Chapelle (Allemagne). Photographie © Peter Thomann

51 (ill.) • Wolf Vostell, *La Quinta del Sordo*, 1977, reconstitution en 2014 dans l'exposition « Beuys Brock Vostell. Aktion Partizipation Performance 1958-1977 » au ZKM | Centre des Arts et Médias Karlsruhe. Vue de l'installation. Photographie : Steffen Harms

52 (ill.) • Nam June Paik assis sur son œuvre *TV Chair* (1968/1976) in *Nam June Paik Werke 1946-1976: Musik–Fluxus–Video*, Kölnischer Kunstverein, Cologne, 1976. Photographie : F. Rosenstiel

53 (ill.) • Joseph Beuys, Scheveningen, 1976. Photographie : Caroline Tisdall

54 (ill.) • Plaque de verre peint avec collages d'objets divers, détail de l'intérieur de la boîte *Hygiène de la vision*. Paris, Centre Pompidou, musée national d'Art moderne / Centre de Création industrielle

55 (ill.) • Extraits de l'émission « Le livre objet » avec Claude Givaudan, *Libres propos*, RTS, 28 avril 1969

56 (ill.) • Christian Boltanski, Jean Le Gac et Gina Pane, *La Concession à perpétuité*, 1969, photo de l'installation présentée à la 6e Biennale de Paris. Collection privée

57 (ill.) • *La Cédille qui sourit*, tract, non daté. Collection privée

58 (ill.) • Mark Brusse en extérieur avec deux sculptures, 1965. Photographe non identifié. Tirage noir et blanc 20 × 20 cm. Bibliothèque Kandinsky, musée national d'Art moderne / Centre de création industrielle – Fonds général des photographies

59 (ill.) • Jean Tinguely et Yves Klein, Impasse Ronsin, Paris, 1958. Photo : Martha Rocher

60 (ill.) • Affiche dessinée par Niki de Saint Phalle pour l'exposition collective « Hon / en Katedral » au Moderna Museet de Stockholm en 1966. Moderna Museet, Stockholm

61 (ill.) • Vue de l'exposition « Hon / en Katedral », Moderna Museet, 1966. Photographie : Hans Hammarskiöld

62 (ill.) • Luciano Castelli et Salomé, *Portrait*, 1981. Huile sur toile libre, 500 × 1 000 cm. Paris, collection particulière (via Farideh Cadot)

63 (ill.) • Les Guerrilla Girls à New York en 2015. Photo Andrew Hinderaker

64 (ill.) • Arrivée de l'œuvre *Propposition* de Paul McCarthy et Jason Rhoades à Hambourg dans la collection Falckenberg. Deichtorhallen Hamburg / Collection Falckenberg. Photographie : Egbert Haneke

65 (ill.) • Philippe Parreno, *Anywhere Out Of The World*, 2000 (partie du projet collectif *No Ghost Just a Shell*, 1999-2002). DVD vidéoprojeté, enceintes, lumière. Courtesy Philippe Parreno. Photogramme © Philippe Parreno

66 (ill.) • Pierre Huyghe, *One Million Kingdoms*, 2001 (partie du projet collectif *No Ghost Just a Shell*, 1999-2002), film d'animation, 6′, Courtesy Pierre Huyghe. Photogramme © Pierre Huyghe

67 (ill.) • Niki de Saint Phalle, Jean Tinguely, *Le Cyclop*, 1969-1994. FNAC 95419. Donation Jean Tinguely, Niki de Saint Phalle à l'État en 1987. Centre national des arts plastiques

Index des artistes et amis

Crédits auteurs / éditeurs ▸ p. 36-41 copyright © 2019 by Paolo Fabbri ▸ p. 163 *Pull My Daisy*, Allen Ginsberg, Neal Cassady et Jack Kerouac. Copyright © 1956, 1961, Allen Ginsberg, used by permission of The Wylie Agency (UK) Limited.

Crédits photographiques ▸ p. 15, p. 16 : © Éditions Jean-Jacques Pauvert ▸ p. 21 : © Granger Coll. NY / Aurimages ▸ p. 23 : © Pinacoteca di Brera, Milano / Bridgeman Images ▸ p. 25 : © Adagp, Paris 2022 (Anne et Patrick Poirier); Courtesy Galerie Mitterrand, photo : Rebecca Fanuele ▸ p. 27 : © Succession Picasso 2022 et © Adagp, Paris 2022 (Derain); photo : Yale University Art Gallery ▸ p. 29 : © Les Éditions de Minuit ▸ p. 32-33 : © Marc Gantier / Gamma-Rapho via Getty Images ▸ p. 38, p. 39 © Adagp, Paris 2022 (Brauner, Breton, Masson, Domínguez) ; photos : © Ville de Marseille, Dist. RMN-Grand Palais / Jean Bernard ▸ p. 40 : © Adagp, Paris 2022 (Breton) ; photo : © Ville de Marseille, Dist. RMN-Grand Palais / David Giancatarina ▸ p. 43 : © Adagp, Paris 2022 (Breton) ; photo : © Centre Pompidou, MNAM-CCI, Dist. RMN-Grand Palais / image Centre Pompidou, MNAM-CCI ▸ p. 45h : Chancellerie des Universités de Paris, Bibliothèque littéraire Jacques Doucet ; © photo : Suzanne Nagy ▸ p. 45b : DR ; Collection privée ▸ p. 47h : © Adagp, Paris 2022 (Breton, Dalí) ▸ p. 47b : © Association Atelier André Breton ▸ p. 50, p. 51 : © JRP Éditions, photo : Yves Inchierman ▸ p. 52 : © *Chroniques de l'art vivant*, photo : Yves Inchierman ▸ p. 53 : © Hansjörg Mayer, Stuttgart, photo : Yves Inchierman ▸ p. 55 : © Atlantic Records ; Pollock © Adagp, Paris 2022 ▸ p. 59 : © David Montgomery / Hulton Archive / Getty Images ▸ p. 62-63 : © Val Wilmer / Redferns / Getty Images ▸ p. 70 : © Archives Fondation Dubuffet, Paris / Adagp, Paris 2022 ▸ p. 77 : hd © Manuel Bidermanas, milieu d © Adagp, Paris 2022 (Massal), bd © Horace Dimayo, DR ▸ p. 85 : © Fonds France-Soir / BHVP / Roger-Viollet ▸ p. 87 : © adoc-photos ▸ p. 88 : © Adagp, Paris 2022 (Arp, Picabia) ; photo © Archives Charmet / Bridgeman Images ▸ p. 89 : © Adagp, Paris 2022 (Arp, Picabia) ▸ p. 91 : © Adagp, Paris 2022 (Picabia) ; photo © Centre Pompidou, MNAM-CCI, Dist. RMN-Grand Palais / image Centre Pompidou, MNAM-CCI ▸ p. 95, p. 97 : © Adagp, Paris 2022 (Picabia); © Succession René Clair ▸ p. 98h : © 2022 Estate of Leo Matiz ; © photo Scala images ; droits d'image de Salvador Dalí réservés. Fundació Gala-Salvador Dalí, Figueres, 2022 ▸ p. 98b : © Library of Congress, Prints and Photographs Divisions, Washington DC, Carl Van Vechten Collection ▸ p. 99 : © EGEDA ▸ p. 101 : © Salvador Dalí, Fundació Gala-Salvador Dali / Adagp, Paris 2022 et © Association Marcel Duchamp / Adagp, Paris 2022 ; photo © Courtesy Ubu Gallery, New York ▸ p. 103 : © Adagp,Paris 2022 (Breton, Ernst, Herold, Lamba, Varo), © Succession Alberto Giacometti / Adagp, © Successió Miró / Adagp, Paris, 2022 ; © Photo Galerie Maeght, Paris ▸ p. 105 à 109 : © Adagp, Paris 2022 (Breton, Tanguy) ; photos : p. 105, p. 106 : © Galerie 1900-2000 ▸ p. 107 : © Collection Seroussi, p. 108, p. 109 : © Galerie 1900-2000 ▸ p. 111, p. 112 : © Adagp, Paris 2022 (Brauner, Breton, Domínguez, Hérold, Lam, Lamba, Varo) ; photos : © Galerie 1900-2000 ▸ p. 113 : © Man Ray 2015 Trust / Adagp, Paris 2022 ; photo : © Centre Pompidou, MNAM-CCI, Dist. RMN-Grand Palais / image Centre Pompidou, MNAM-CCI. Droits d'image de Salvador Dalí réservés. Fundació Gala-Salvador Dalí, Figueres, 2022 ▸ p. 114, p. 115, p. 116, p. 117 : © Adagp, Paris 2022 (Brauner, Breton, Domínguez, Hérold, Lam, Lamba) ; photo : © Ville de Marseille, Dist. RMN-Grand Palais / David Giancatarina ▸ p. 119 : © Adagp, Paris 2022 (Brauner, Matta) ; photo : h © Centre Pompidou, MNAM-CCI, Dist. RMN-Grand Palais / image Centre Pompidou, MNAM-CCI; b © Sotheby's ▸ p. 121 : © Adagp, Paris 2022 (Brauner, Matta) ; photo : MAMC+ / Musée d'Art moderne et contemporain de Saint-Étienne Métropole ▸ p. 123 : © CAM-Fundação Calouste Gulbenkian, Lisbon ; photo : Paulo Costa ▸ p. 125, p. 126, p. 127 : © Adagp, Paris 2022 (Domínguez, Fernández, Henri) ; photos : Collection Bibliothèque Henri Ey du GHU Paris psychiatrie & neurosciences ▸ p. 131 : © Adagp, Paris 2022 (Constant, Corneille), © Donation Jorn, Silkeborg / Adagp, © Karel Appel Foundation / Adagp ; photo : Museum Jorn ▸ p. 132 : © Adagp, Paris 2022 (Constant, Jorn) ; photo : Fondazione Cassa di Risparmio di Cuneo ▸ p. 133 : © Adagp, Paris 2022 (Dotremont) et © Donation Jorn, Silkeborg / Adagp ; photo : © AML (Archives et Musée de la Littérature) ▸ p. 135 : © Adagp, Paris 2022 (Bryen, Ubac) ; photo : Musée d'Art de Nantes ▸ p. 136-137 : © Adagp, Paris 2022 (Hains, Villeglé) ; photo : © Centre Pompidou, MNAM-CCI, Dist. RMN-Grand Palais / Christian Bahier / Philippe Migeat ▸ p. 138 : © Adagp, Paris 2022 (Bryen, Hains, Villeglé) ; photo : Musée d'Art de Nantes ▸ p. 139h : © Adagp, Paris 2022 (Hains, Villeglé) ; photos : © Centre Pompidou, MNAM-CCI Bibliothèque Kandinsky, Dist. RMN-Grand Palais / Fonds Shunk et Kender ▸ p. 139b : © RMN-Grand Palais - Gestion droit d'auteur ; photo © Ministère de la Culture - Médiathèque du patrimoine et de la photographie, Dist. RMN-Grand Palais / Denise Colomb ▸ p. 140 à 147 : © Jasper Johns / Adagp, Paris, 2022, © Robert Rauschenberg Foundation / Adagp, Paris, 2022 © The Willem de Kooning Foundation / Adagp, Paris, 2022 ; photos p. 140 : © Robert Rauschenberg Foundation Archives, New York, p. 141 : © SF Moma, photo : Ben Blackwell, p. 143 : © Courtesy Hauser & Wirth, p. 145 : © The Metropolitan Museum of Art, Dist. RMN-Grand Palais / image of the MMA, p. 147 : © Art Institute of Chicago, Dist. RMN-Grand Palais / image The Art Institute of Chicago ▸ p. 144 : © Douglas H. Jeffery / Victoria and Albert Museum, London ▸ p. 148 : © Marion Kalter ▸ p. 149 : photo © Florian Kleinefenn ▸ p. 151 : Collection Soizic Audouard ▸ p. 152 : © Ed. Grove Press, New York ▸ p. 153 : © Collection privée p. 155 : © Allen Ginsberg / CORBIS / Corbis via Getty Images ▸ p. 158-159 : © Éd. Claude Givaudan, Genève ▸ p. 161 : © Centre Pompidou, MNAM-CCI, Dist. RMN-Grand Palais / image Centre Pompidou, MNAM-CCI ▸ p. 163 : © Pace Gallery ▸ p. 165 et p. 169 : © Adagp, Paris 2022 (Crippa, Erró, Lebel) ▸ p. 166 : © AFP ▸ p. 167 : © Éditions du Seuil et Éditions de Minuit, photos : Collection privée ▸ p. 171 : Collection privée ▸ p. 175 : © Adagp, Paris 2022 (Lebel, Pommereulle) ▸ p. 177, p. 178 : © Adagp, Paris 2022 (Le Parc, Morellet, Sobrino, Yvaral) ; photos : p. 177 © Atelier Le Parc, p. 178 © Musée d'Art de Nantes, p. 179 : DR ▸ p. 180, p. 183 : © Adagp, Paris 2022 (Schönebeck) et © Georg Baselitz 2022 ; photos : p. 180 © Ludwig Forum für Internationale Kunst, Aachen, loan of the Peter und Irene Ludwig Stiftung, photo : Carl Brunn, p. 183 : © BPK, Berlin, Dist. RMN-Grand Palais / image BPK ▸ p. 181 g : DR ▸ p. 181 d : © Elke Baselitz ▸ p. 185h : © Hundertwasser Archive, Vienna / Photo-Graphik-Witting, Hamburg ▸ p. 185b : © Peter Thomann ▸ p. 188-189 : © Adagp, Paris 2022 (Vostell) ; © ZKM / Karlsruhe, photo: Steffen Harms ▸ p. 193h : © Photo: F. Rosenstiel, Cologne, Zentralarchiv des internationalen Kunsthandels (ZADIK), Cologne ▸ p. 193b : © Caroline Tisdall (DR) ▸ p. 196-197 : © Estate Nam June PAIK ; photo : Annik Wetter ▸ p. 200, p. 201 : © Adagp, Paris 2022 (Arman), © SBJ / Adagp (Raysse) ; photos © Centre Pompidou, MNAM-CCI, Dist. RMN-Grand Palais / Philippe Migeat (p. 200) et Georges Meguerditchian (p. 201) ▸ p. 202, 203 : © Adagp, Paris 2022 (César) ; p. 202 : photo © Annik Wetter, p. 203 : captures © RTS Radio Télévision Suisse – 1969 ▸ p. 205 : © Adagp, Paris 2022 (Boltanski, Le Gac, Pane) ; photo © DR Collection privée (Jean Le Gac) ▸ p. 207 : © Adagp, Paris 2022 (Dupuy, Heidsieck) ; photo © Stéphanie Fraisse ▸ p. 209 : © Adagp, Paris 2022 (Gette, Heidsieck, Janicot) ▸ p. 210, p. 211 : © Adagp, Paris 2022 (Heidsieck) ; photos © Stéphanie Fraisse ▸ p. 213 : © George Maciunas / Adagp, Paris, 2022 ▸ p. 214, p. 215, p. 217 : © Adagp, Paris 2022 (Brecht) ; photos : p. 214 © Musées de Strasbourg, M. Bertola, p. 215 et 217 © Florian Kleinefenn ▸ p. 219 : © Adagp, Paris 2022 (Brecht) ; photo © Centre Pompidou, MNAM-CCI, Dist. RMN-Grand Palais / Philippe Migeat ▸ p. 221 : © Centre Pompidou, MNAM-CCI, Dist. RMN-Grand Palais / Philippe Migeat ▸ p. 223 : © Adagp, Paris 2022 (Tinguely), © Succession Yves Klein c/o Adagp ; photo : h © Martha Rocher (DR) ▸ p. 224, p. 225 : © 2022 Niki Charitable Art Foundation / Adagp, Paris, © Adagp, Paris 2022 (Tinguely) ; photos : p. 224 © Moderna Museet, p. 225 © Hans Hammarskiöld Heritage ▸ p. 226, p. 227 : © Adagp, Paris 2022 (Piene) ; photo © ZKM / enter for Art and Media Karlsruhe ▸ p. 229 : © Adagp, Paris 2022 (Piene) ; photo © Courtesy of Electronic Arts Intermix (EAI), New York ▸ p. 231 : © Getty Research Institute ; Harald Szeemann papers ▸ p. 233 à 235 : © Adagp, Paris 2022 (Spoerri) ▸ p. 237, p. 238, p. 239, p. 242, p. 243 : © Dieter Roth Estate. Courtesy Hauser & Wirth ; photos : p. 237, p. 238 bd, p. 242 : © Arnulf Rainer. Photo: Charles Duprat. Courtesy Galerie Thaddaeus Ropac, London - Paris - Salzburg – Seoul, p. 238 bg : © Musée d'Art moderne et contemporain de Saint-Étienne Métropole / Yves Bresson, p. 238h, p. 239, p. 243 : © Deichtorhallen Hamburg / Collection Falckenberg, photo : Egbert Haneke ▸ p. 240 : © R. Hamilton. All Rights Reserved, Adagp, 2022 et © Dieter Roth Estate. Courtesy Hauser & Wirth ; photos : [mac] musée d'Art contemporain, Marseille ▸ p. 245 : © Courtesy Werner Büttner, © Estate of Martin Kippenberger, Galerie Gisela Capitain, Cologne ▸ p. 246-247 : © Adagp, Paris 2022 (Oehlen) ; photo : © Courtesy Kunstmuseum Wolfsburg, photo: Marek Kruszewski ▸ p. 248 : © Adagp, Paris 2022 (Castelli, Salomé), © Courtesy Luciano Castelli ▸ p. 249 : © Adagp, Paris 2022 (Oehlen) ▸ p. 250, p. 251 : © Adagp, Paris 2022 (Castelli, Salomé) ; photos © Courtesy Luciano Castelli and Salomé ▸ p. 253, p. 255 : © Adagp, Paris 2022 (Lewandowsky) ; © Courtesy Via Lewandowsky and Durs Grünbein, photo : Jochen Wermann ▸ p. 261 : © Adagp, Paris 2022 (Holzer) ; © Ludwig Museum – Museum of Contemporary Art, photo: József Rosta ▸ p. 263h : © Guerrilla Girls ; photo : © Cooper Hewitt, Smithsonian Design Museum, Dist. RMN-Grand Palais / image Cooper-Hewitt Smithsonian Design Museum ▸ p. 263b : © Guerrilla Girls ; photo : Andrew Hinderaker ▸ p. 265 : © The Mike Kelley Foundation / Kelley Studio ; © Paul McCarthy, Courtesy the artist and Hauser and Wirth ; photo : © Centre Pompidou, MNAM-CCI, Dist. RMN-Grand Palais / Philippe Migeat ▸ p. 267 : © Paul McCarthy, Courtesy the artist and Hauser and Wirth / © The Estate of Jason Rhoades, Courtesy the Estate of Jason Rhoades, Hauser & Wirth and David Zwirner ; photos : © Deichtorhallen Hamburg / Collection Falckenberg, photo: Egbert Haneke ▸ p. 268-269 : © Adagp, Paris 2022 (Combas, Dietman, Favier, Hybert) ; photo : © Médiathèques de Saint-Étienne ▸ p. 271 : © Adagp, Paris 2022 (Erró, Lebel), © 2022 Peter Saul / Adagp, Paris 2022 ▸ p. 275 : © Ben Vautier / Adagp, Paris, 2022 ; photos : h © Arthus Boutin, b © Fondation du doute ▸ p. 277 : © Étienne Bossut, © T & G ; photo : Frédéric Buisson / Frac Bourgogne ▸ p. 278-279 : © Adagp, Paris 2022 (Lavier, Toroni) ; photo © Musées de Strasbourg, M. Bertola ▸ p. 281 : © Adagp, Paris 2022 (Gette, Toroni) ; photo © Arthus Boutin ▸ p. 283 : © Philippe Parreno ▸ p. 285 : © Adagp, Paris 2022 (Huyghe) ; photo © Pierre Huyghe ▸ p. 287 : © Adagp, Paris, 2022 (Ballet, Joumard) ; photo : ▸ p. 289 : © Adagp, Paris, 2022 (Tinguely), © 2022 Niki Charitable Art Foundation/Adagp, Paris ; photo : CNAP © Régis Grman. En dépit de nos recherches, certains ayants droit n'ont pas été retrouvés. Les personnes ou les sociétés qui détiendraient les droits de reproduction de leurs œuvres sont invités à se manifester auprès des éditeurs.

Cet ouvrage a été conçu à l'occasion de l'exposition « Amitiés, créativité collective » / « Freundschaften. Gemeinschaftswerke von Dada bis heute » au Mucem, Marseille, et au Kunstmuseum Wolfsburg (Allemagne)

Commissariat des expositions
Blandine Chavanne

Conseiller scientifique
Jean-Jacques Lebel

Le musée des Civilisations de l'Europe et de la Méditerranée (Mucem) est un établissement public national à caractère administratif placé sous la tutelle de la ministre de la Culture.

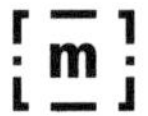
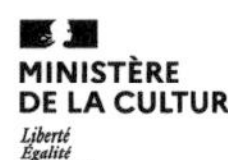

Ministère de la Culture

Ministre de la Culture
Rima Abdul Malak

Directeur général des patrimoines et de l'architecture
Jean-François Hebert

L'exposition a bénéficié du soutien de

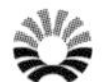
Pernod Ricard France

LA VARAPPE 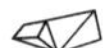

Mucem

Exposition au Mucem à Marseille du 16 octobre 2022 au 13 février 2023

Président
Jean François Chougnet

Administrateur général
Olivier Donat

Directrice scientifique et des collections
Émilie Girard

Équipe de direction
Céline Bugeia, Marie-Charlotte Calafat, Cécile Dumoulin, Aude Fanlo, Vanessa Hen, Adrien Joly, Laure Lane, Mikaël Mohamed, Axelle Monge, Sophie Sepetjan, Thierry Torres

Coordination de l'exposition au Mucem

Département de la production
Yamina El Djoudi

Chargées de production
Clarisse Le Bas et Chloé Chéronnet

Assistante de production
Sandrine Girodias

Chargée de recherches et des textes et cartels
Léa Salvador

Régie des œuvres
Jean-Luc Delest et Chloé Chéronnet

Coordination technique
Benjamin Saint-Maxent

Chargée de production audiovisuelle
Nathalie Bély

Responsable technique multimédia
Filippo Vancini

Responsable des relations internationales
Mikaël Mohamed

Responsable du mécénat
Victor Jacques, assisté de Morgane Prothière

Chargée des relations presse
Muriel Filleul, assistée de Gerrit Wilhelm

Scénographie
Joris Lipsch – Studio Matters

Graphisme
Floriane Lipsch-Pic – Studio Matters

Éclairage
Aura Studio

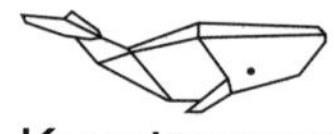

Kunstmuseum Wolfsburg

Exposition au Kunstmuseum Wolfsburg du 14 mai au 24 septembre 2023

KUNSTSTIFTUNG VOLKSWAGEN
Président du curatorium
Hans Dieter Pötsch

Comité de direction
Dr. Andreas Beitin (porte-parole)
Otmar Böhmer

KUNSTMUSEUM WOLFSBURG
Directeur
Dr. Andreas Beitin

Directeur administratif
Otmar Böhmer

Directions des départements
Dr. Manfred Müller (chef de projet), Dr. Holger Broeker (directeur des collections), Dr. Uta Ruhkamp (commissaire d'exposition), Ute Lefarth-Polland (directrice du service pédagogique), Martina Flamme-Jasper et Susan Rosenbaum (communication), Susanne Milke (responsable finances), Armin Kohlrausch (responsable régie technique et ateliers), Fred Lemme (responsable sécurité et gardiennage), et l'équipe de la boutique

Coordination de l'exposition au Kunstmuseum Wolfsburg

Assistante curatoriale
Elena Engelbrechter

Chef de projet
Dr. Manfred Müller

Régie des œuvres
Elena Pinkwart

Restauratrice
Artemis Rüstau

Avec le généreux soutien de

VOLKSWAGEN
AKTIENGESELLSCHAFT

Nous remercions chaleureusement tous les responsables d'institutions et de galeries, artistes et prêteurs ayant permis par leur généreux concours la réalisation de cette exposition et de son catalogue

France

FRAC Bourgogne, Dijon

Musée d'art contemporain ([mac]), Marseille

Musée Cantini, Marseille

Musée des Civilisations de l'Europe et de la Méditerranée (Mucem), Marseille

Musée d'Arts de Nantes

Centre d'art de la Villa Arson, Nice

Bibliothèque Kandinsky, musée national d'Art moderne / Centre de Création Industrielle, Paris

Bibliothèque littéraire Jacques Doucet, Paris

Centre Pompidou, musée national d'Art moderne / Centre de Création industrielle, Paris

Collection David et Marcel Fleiss, Galerie 1900-2000, Paris

Galerie Maeght, Paris

Galerie Natalie Seroussi, Paris

Galerie Thaddaeus Ropac, Londres, Paris, Salzbourg, Séoul

FRAC Champagne-Ardenne, Reims

Musée d'Art moderne et contemporain de Saint-Étienne Métropole, Saint-Priest-en-Jarez

Musée d'Art moderne et contemporain, Strasbourg

Le Fresnoy - Studio national des arts contemporains, Tourcoing

Collection Anne Marchand, légataire universelle de Gina Pane

Collection Arnaud Brument, incognito artclub

Collection Ben Vautier, Fondation du doute, Blois

Collection Carole Schaller, Strasbourg

Collection Paul-Armand Gette

Collection Paul Patrik Gette

Collection Soizic Audouard

Collection Véronique Joumard

Fonds de dotation Jean-Jacques Lebel

Fonds de dotation du château de Châteaudouble

Hamid Bousmah

Allemagne

Ludwig Forum für Internationale Kunst, Aix-la-Chapelle

Berlinische Galerie / Museum for Modern Art, Photography and Architecture, Berlin

ZKM | Center for Art and Media, Karlsruhe

Kunstraum Grässlin, St. Georgen

Eckhart J. Gillen, Berlin

Collection Falckenberg, Hambourg

Durs Grünbein et Via Lewandowsky

Luciano Castelli

Salomé

Werner Büttner

Australie

Collection David et Marcel Fleiss, courtesy Farrer collection, galerie 1900-2000

Belgique

Archives et musée de la Littérature, Bruxelles
Musées royaux des Beaux-Arts de Belgique, Bruxelles

Danemark

Museum Jorn, Silkeborg

États-Unis

WGBH-TV Boston for PBL of NET, Boston

Hongrie

Ludwig Museum – Museum of Contemporary Art, Budapest

Italie

Castello di Rivoli Museo d'Arte Contemporanea, Rivoli (Turin)

Portugal

CAM – Fondation Calouste Gulbenkian, Lisbonne

Royaume Uni

Tate, Londres

Suisse

Musée Tinguely, Bâle

Musée d'Art moderne et contemporain (Mamco), Genève

Et toutes les personnes qui ont préféré garder l'anonymat

Le Mucem tient à remercier Colette Barbier et toute l'équipe de la Fondation Pernod Ricard, qui a rendu possible la présentation de *L'ami.e modèle* de Mathieu Mercier, du 15 octobre au 12 décembre 2022.

Le Kunstmuseum Wolfsburg tient à remercier Volkswagen Cultural Engagement pour son soutien financier à la présentation du *Grand Tableau Antifasciste Collectif* de Jean-Jacques Lebel.

Jean-Jacques Lebel tient à remercier
Cécile Bargues, Antoine Gentil, David Lapoujade, Clarisse Le Bas, Isabelle Mallez, Francis Marmande, Michel Motron et Danielle Sorhaïtz

Blandine Chavanne tient à remercier
Philippe Favier, la galerie Farideh Cadot, Nathalie et Emmanuelle Heidsieck, Brigitte Léal, Jean Le Gac et Anne Marchand

Amitiés, créativité collective

Conception
Blandine Chavanne et Jean-Jacques Lebel

Direction d'ouvrage
Blandine Chavanne
et Jean-Jacques Lebel,
avec Andreas Beitin et Jean François Chougnet

Éditions du Mucem

Responsable des éditions
Laure Lane

Coordination éditoriale
France Bourboulon

Iconographie
Anne André, assistée de Marie Inzerillo

Traduction
Jean-François Allain (ENG → FR)
Isabelle Mallez (IT → FR)
Sibylle Muller (GER → FR)
Jean Torrent (GER → FR, pour le texte
de Peter Weibel, pages 184-191)

Création graphique et mise en pages
Wijntje van Rooijen & Pierre Péronnet

Kunstmuseum Wolfsburg

Coordination
Elena Engelbrechter

Hatje Cantz

Direction éditoriale
Lena Kiessler

Coordination éditoriale
Angelika Thill

Fabrication
Thomas Lemaître

Relecture
Fabrice Biasino

Photogravure
DLG-Graphic, Paris

Impression et reliure
Livonia Print, Riga

Publié par Hatje Cantz Verlag GmbH
Mommsenstraße 27,
10629 Berlin, Allemagne
hatjecantz.de
Une entreprise du groupe d'édition Ganske
ISBN 978-3-7757-5209-1

Dépôt légal : octobre 2022
Ouvrage reproduit et achevé d'imprimer
en Lettonie par l'imprimerie Livonia